한양
학술총서
007

근대 한국인의 만주 인식

한양
학술총서
007

2015 한양학술총서 출판원고공모 선정작

근대 한국인의 만주 인식

이명종 지음

한양대학교 출판부

서론

1. 한국인에게 만주는 무엇이었는가

한국인에게 만주는 무엇이었는가? 남북 분단이라는 현 상황에서의 만주란 우리에게는 물리적으로, 그리고 심리적으로도 먼 곳일 뿐이다. 그러나 '병자호란', 청일전쟁, 러일전쟁, '만주사변' 등과 같은 역사를 통해 보았을 때 만주는 오랫동안 한국인의 휴척에 많은 영향을 미친 지역이었다. 한반도가 만주와 연륙해 있는 이상, 한국인과 만주의 밀접한 관계는 앞으로도 계속 유지될 수밖에 없다. 그러므로 우리의 안전하고 평화로운 미래를 확보하기 위해서라도 만주를 올바르게 인식하는 일은 매우 중요한 과제이다. 그렇기 때문에 역사상 한국인의 만주 인식이 어떠했는지를 검토하는 일은 곧 우리의 만주에 대한 이해 수준을 높이는 데 필요한 초석을 놓는 일이 될 것이다. 이런 뜻에서 본 연구는 17세기 청조의 등장 무렵부터 20세기 '만주국'의 시기에 이르기까지 한국인이 만주에 대해 보여주었던 담론을 분석 대상으로 삼았다.

17세기 초반 중국의 청조가 조선을 침략한 '병자호란'은 한국인의 만주 인식에 가장 결정적인 영향을 미친 사건이었다. 지금 한국인이 만주에 대하여 고조선을 비롯하여 고구려·발해가 웅거한 고토(故土)로서 이해하는 것도 바로 '병자호란' 이후 17세기 중반부터 시작된 것이다.[1] 나중에 본문에서 검토하겠지만, 이러한 '만주=고토' 의식은 청조에 대한 복수설치(復讐雪恥)를 염두에 둔 '만주족=오랑캐[夷狄]' 의식과 '조선=중화(中華)' 의식이 결부되면서 나타났다. 이후 '만주=고토' 의식은 한국인의 만주 인식을 대표하였고, 지금도 우리의 만주 인식을 지배하는 기본 관념으로 남아 있다.

'만주=고토' 의식은 대한제국기에 이르러 간도가 한국 영토라는 주장으로 이어졌다. 간도영토론은 19세기 말 청국과의 국경선 감계(勘界) 회담을 계기로 나타났다. 그런데 이는 조선 후기에 있었던 두 가지 지리 인식을 계승한 것이었다. 하나는 고려의 경계비 윤관비가 세워진 선춘령이 두만강 이북 700리에 있다는 설이고, 다른 하나는 두만강 너머에 있는 분계강이라는 강을 조선과 청국의 경계로 삼아야 한다는 설이었다.[2] 간

---

1 유형원(1622~1673)이 1656년(효종 7)에 편찬하고 1660년대 후반까지 추보된 『동국여지지』에 이르러 만주의 지리를 기자와 고구려의 구체적 영역으로서 비정하였다. 이후부터 학자들은 대체로 요동 일대까지 기자와 한사군의 영역으로 이해하였고, 고구려·발해의 강역을 깊이 연구하기 시작했으며, 기자의 고지와 고구려 초기의 중심지를 압록강 이서지방에 비정하였다. 박인호, 2003, 『조선시기 역사가와 역사지리인식』, 이회문화사, 27쪽, 173~200쪽 참조.

2 분계(分界)강이란 백두산에서 발원하여 두만강 북쪽에서 흐르다가 다시 온성 부근에서 두만강으로 흘러든다고 상정된 강이었다. 정약용, 이규경 등은 분계강을 조선과 청국의 경계로 삼아야 한다고 생각하였다. 분계강으로 지칭된 강은 지금의 해란강(海蘭江) 또는 포이합통하(布爾哈通河)였는데, 바로 이 분계강과 두만강 사이를 훗날 간도라고 부르게 되었다. 그렇지만 해란강이나 포이합통하는 모두 백두산에서 발원하는 강이 아니다. 분계강이 백두산에서 발원한다고 생각한 것은 사실과 다르게 상상된 지리 인식이었다.

도영토론의 주장에는 백두산정계비 토문강설과 함께 '선춘령 두만강 이북설'이나 '분계강설'이 논거로서 제시되었다. 1909년 '간도협약'으로 간도 소속 문제는 중국의 영토로 일단락되었지만, 아직도 한국에서는 간도가 한국의 영토이어야 한다는 주장이 계속 제기되고 있다. 이렇게 간도영토론도 지금 우리의 만주 인식을 지배하는 관념 중의 하나로 남아 있다.

러일전쟁 이후 대한제국 말에는 만주를 단군의 발상지이자 강역으로 보는 견해가 광범위하게 나타났다. 조선 후기에는 만주를 단군의 강역으로 보는 인식보다 기자의 강역으로 보는 인식이 우세하였다. 따라서 이는 대한제국기의 새로운 현상이었다. 일제강점 이후에도 '만주=단군강역'론은 독립운동 근거지 건설운동의 이론적 역할을 하였다. '만주=단군강역'론자들은 '만주족=단군후예'론도 함께 주장하였으며, 조선 소중화사상에 대해서도 비판하였다. 이는 만주족을 오랑캐[夷狄]로 배척하는 조선 소중화사상이 조선을 고립된 쇄국으로 몰아가고 결국 망국으로 이어지게 만들었다는 비판의 결과였다. '만주=단군강역'론이나 '만주족=단군후예'론은 1910~1920년대를 거치면서 만주 인식의 일반적인 관념으로 확립되었다. 현재 학계에서 단군조선의 강역에 대해서는 '대동강중심설', '요동중심설', 요동에서 대동강으로 이동했다는 '이동설'이 아직 논쟁 중이다.[3] 이렇듯 대한제국 말기에 본격화된 '만주=단군강역'론도 지금 우리의 만주 인식을 지배하는 관념의 하나인 것이다.

---

3 김정배, 2003, 「고조선 연구의 현황과 과제」, 《단군학연구》 9, 단군학회; 노태돈, 1988, 「고조선 연구의 현황과 과제」, 《한국상고사》 1, 민음사; 서영수, 1988, 「고조선의 위치와 강역」, 『한국사시민강좌』 2, 일조각; 오강원, 1997, 「고조선 위치비정에 관한 연구사적 검토」, 《백산학보》 48, 백산학회 등 참조.

'만주사변' 전후 국내에서는 '만주로 이주한 조선인'(이하 '재만조선인'으로 칭함)의 생활 안정을 위해 만주에 조선민족자치구를 설립해야 한다는 주장이 대두하였다. 1927년부터 재만조선인이 중국 관헌으로부터 대대적으로 배척당하는 사태가 발생하였는데, 이 사태를 해결하기 위한 방책으로 재만조선인이 중국에 귀화하여 중국인과 평등한 민족으로서 제반 권리를 확보할 것을 촉구한 것이다. '만주국' 시기에도 재만조선인의 생활 안정과 자치 문제는 재만조선인의 기본 과제로 인식되었다. 이러한 자치구 설립 운동으로 지금의 연변조선족자치주가 설립되기에 이른 것이다. 최근에는 한국과 연변과의 사회·경제·문화 교류가 어느 때보다 더 크게 증대되고 있는 실정이다.

이와 같이 한국인은 시대의 변천에 따라 만주를 기자강역, 간도 영토, 단군강역, 민족자치구 등으로 인식해 왔다. 이러한 관념들은 아직도 우리의 만주 인식에 큰 영향을 미치고 있다. 그 이유는 이러한 만주 인식의 관념들이 각 시대의 현실적 과제였던 존화양이, 주권독립, 독립근거지 건설, 민족평등 등을 실현하기 위한 사상적 힘을 발휘했기 때문이라고 생각된다. 이러한 과정에서 결국 한국인은 만주를 오랑캐의 지역으로 여기던 배타적 의식을 극복하고, '만주=단군강역'론처럼 만주를 자기와 동일시하였고 더 나아가 재만조선인 박해 문제를 겪고 나서는 만주라는 타자를 자기와 평등한 세계로 인정하기에 이르렀던 것이다.

돌이켜 보면, 우리의 만주 인식은 언제나 '현실로서의 만주'와 '고토로서의 만주'가 서로 착종하며 전개되었다. 청조의 침략이나 러·일의 위협 등과 같은 '현실로서의 만주'에 대응하기 위해서 '만주=기자강역'론이나 '만주=단군강역'론 등과 같은 '고토로서의 만주'가 등장하였다. 이렇듯 만주에 대한 고토의식에는 언제나 그 시대의 현실의식이 투사되어 있었고, 만주에 대한 고토의식이 시대에 따라 중심적 내용을 달리하며 변하였던 것은 바로 이 때문이었다.

따라서 이 책에서는 고토로서의 만주 인식과 현실로서의 만주 인식을 함께 검토하였다. 고토로서의 만주 인식 양상으로는 '만주=고토' 의식, 간도영토론, '만주=단군강역'론을 검토 대상으로 하였다. 여기에서 '고토'란 주로 단군과 기자의 강역을 중심으로 고찰하였다. 그 이유는 역사상 기자와 단군을 우리 민족의 시원으로 인정하면서, 기자조선과 단군조선의 강역을 만주에 비정하는 의식이 존속했기 때문이다. 현실로서의 만주 인식 양상으로는 이주지 의식, 상품 시장 의식, 독립운동 근거지 의식, 식민지 의식, 자치구 의식 등을 검토 대상으로 삼았다. 두 가지 인식 양상을 상호 검토함으로써, 우리의 역사의식이라고 말할 수 있는 만주 고토의식은 현실의 만주라는 타자에 대한 다양한 이해와 함께 맞물리면서 발전하였고, 이와 동시에 만주는 한국인의 현실적 문제를 해소하는 데 도움이 되는 장이었음을 보여주고자 하였다. 이러한 작업은 '만주=고토'라는 우리의 역사의식이 현실의 만주라는 타자인식에 미치는 관계를 탐구할 수 있는 기회가 될 것이며, 나아가 만주에 대하여 한국과 중국의 상호이해를 위한 역사의식의 지평을 모색하는 데 도움이 될 것으로 기대한다.

2. 선행 연구의 검토

지금까지 만주 인식에 관한 연구는 각 시대별로 사학사나 또는 민족운동사 영역에서 이루어져 왔다. 만주 인식의 양상 가운데 가장 오래되고 지속적이며 공통적이었던 것은 만주를 한국 고대국가의 강역으로 표상하는 방식이었다.

17세기 후반에서부터 18세기에 걸쳐 조선의 지식인들은 조선이 중화의 옛 제도와 문화를 간직한 유일한 나라라고 자부하였다. 1990년대 정옥자는 이것을 '조선중화주의'라고 불렀으며, 일본과 여진 등 "남북 오랑캐의 무력에 유린되었던 조선의 현실에서 문화가치를 추구하던 기본 방향을 재강화함으로써 상처받은 자부심을 치유하는 조선 사회 나름의 자기회복의 방법이었다"고 하였다.[4] 이와 같은 해석은 이후 학계에 널리 퍼졌다. 김문식은 '조선중화주의'는 그동안 "이적 국가의 침략으로 상처받은 조선인의 자존심을 회복하고, 조선의 전통문화에 대한 관심을 환기시키는 촉매제로 작용했다"고 해석하였다.[5]

이러한 조선중화론 사상은 당시 북방에 대한 영토적 관심을 증대시켰다. 강석화는 18세기 이후 "사상적으로도 양란(兩亂) 특히 '호란'의 정신적 타격을 벗어나 이른바 '조선중화주의'라 지칭되는 강한 문화적 자부심이 국가의 이념으로 자리 잡았다"면서, "이러한 분위기 속에서 자국 역사와 국토에 대한 인식이 새로워져 고대국가의 강역에 대한 적극적인

---

4 정옥자, 1998, 『조선후기 조선중화사상연구』, 일지사, 16~19쪽.

5 김문식, 2009, 「조선후기 지식인의 대외인식」, 『중국 없는 중화』, 인하대학교출판부, 223쪽.

해석이 나타"났다고 하였다. 나아가 "18~19세기 함경도의 압록강과 두만강, 백두산 일대에 대한 영토적 관심이 높아지고, 이 지역 주민들의 생활에 대한 정책적 배려가 커진 것은 이와 같은 사상적 변화를 반영하는 것이었다"고 보았다.[6]

또한 허태용은 홍양호, 이종휘, 박지원 등이 "만주 지역을 기자조선, 고구려, 발해에 이르기까지 우리의 강역으로 바라보고는 실지 회복에 대한 관심을 드러내었다"고 하면서, "18세기 후반의 북방영토의식은 조선후기 단계에서 드러난 민족의식의 소산으로 보기보다는 중화계승의식의 소산으로 보는 것이 옳을 듯하다"고 하였다. 허태용은 18세기 후반 고구려와 발해 중심의 역사 인식이 강화된 것은 고구려와 발해가 기자조선의 강역을 계승하였을 뿐만 아니라 유교 문화를 보유했던 실체로도 이해되었기 때문이라고 보았다.[7] 이처럼 선행 연구에서는 17세기 후반 이후 만주에 대한 고토의식이나 고토 회복의식이 조선중화론의 영향에 의한 것이라고 보고 있다.

한편 '조선중화주의'의 성격에 대해서는 다음과 같은 비판이 제기되고 있다. 정창렬은 '조선중화주의'는 "조선 중심주의, 자민족 중심주의의 화이론"이라면서, 이것은 "타자화의 논리, 즉 청을 가치 부정하고 그 부정에 의존하여 스스로의 정체성을 구축하여 나아가는 극히 소극적인 자기 정체화의 논리"였다고 하였다.[8] '조선중화주의'는 청을 부정하는 논리를

6 강석화, 2000, 『조선후기 함경도와 북방영토의식』, 경세원, 22~23쪽.

7 허태용, 2009, 『조선후기 중화론과 역사 인식』, 아카넷, 232~233쪽, 249쪽.

8 정창렬, 2006, 「실학의 세계관과 역사의식」, 연세대 국학연구원 편, 『한국실학사상연구 1 철학·역사학편』, 혜안, 298쪽.

기초로 성립했다는 것이다. 계승범은 조선 중화 의식의 "자부심은 조선의 문명을 중화(중국 문명)에 귀속시킴으로써, 또는 중국 문명을 조선 것으로 동일시함으로써 발생한" 것이라고 보았다. 그렇기 때문에 '조선중화주의'를 조선의 주체적 자부심으로 해석하는 것은 무리라고 주장하였다. 또 그는 '조선이 곧 중화'라는 관념이 가능할 수 있었던 것은 "만주족의 겉모습은 조선인들에게 '오랑캐'의 기준을 매우 간명하고도 극명하게 부각시켜" 준 결과라고 하였다.[9] 조선중화론이 만주족을 오랑캐로 보면서 배척하는 구조를 가졌다고 본 것이다.

이처럼 17세기 후반 이후 만주에 대한 고토의식은 '조선=중화' 의식의 소산이었고, 또한 '조선=중화' 의식은 청을 타자로 배제하고, 만주족을 오랑캐로 배척하는 논리에 기초한 것이었다. 요컨대 17세기 후반 만주에 대한 고토의식은 만주족에 대한 오랑캐[夷狄] 의식의 강화와 함께 출현한 것이라고 말할 수 있다.

그렇지만 선행 연구에서는 조선 후기 북방영토의식이 만주족에 대한 오랑캐 의식과 결부되어 나타났다는 점을 주목하지 않았다. 북방영토의식이 조선중화론의 영향에 의한 것임이 강조되었고, 조선중화론이 청을 부정하고 만주족을 오랑캐로 보는 의식에 기초한 것임도 밝혀냈지만, 만주를 기자 등의 고토로 보는 의식에는 청이나 만주족을 오랑캐로서 배척하는 의식이 공존하였다는 점을 밝혀내는 데에는 나아가지 않았다. 따라서 이 책에서는 조선 후기 만주 인식을 검토하면서 이점을 규명하는 데 노력하였다.

---

9 계승범, 2009, 「조선후기 중화론의 이면과 그 유산」, 《한국사학사학보》 19집, 45쪽, 65쪽.

19세기 말 이후 만주는 한국의 주권 피탈을 유인하는 요인 중의 하나였다. 1894년 청일전쟁 이후 만주 침략을 엿보던 일본과 러시아는 경쟁적으로 한국의 독립을 간섭하기 시작하였다. 일본은 러시아의 만주 점령을 인정하는 대가로 한국에서의 세력을 확대할 수 있었고, 러일전쟁 시에도 열강의 만주 개방 요구를 수용하고 나서야 한국의 '보호국'화를 국제적으로 승인받았으며, 제2차 러일협약으로 만주의 '현상 유지'를 지켜내자 곧이어 한국 병합을 강행하였다. 이런 점에서 한국의 피식민지화는 만주를 둘러싼 제국주의 열강의 합작에 의한 결과라고 말할 수 있다.

청일전쟁 이후부터 한일합병까지 한국과 만주를 둘러싼 열강의 각축에 대해서는 일찍부터 많은 연구가 이루어졌다.[10] 이호재는 청일전쟁부터 러일전쟁까지 한국인의 청·러·일·영·미 등에 대한 인식의 변화를 분석하였다.[11] 여기서는《황성신문》과《대한매일신보》에서 일본관과 러시아관 등의 변화에 대해 초점을 맞추었다. 이 외의 연구들도 한·만을

---

10 이에 관한 주요 연구로는 다음의 것들이 있다. 송인재, 1974,「한·만을 중심한 열강간의 관계(1895-1906)」,《연구논문집》7, 성신인문과학연구소; 신기석, 1984,「한국을 둘러싼 일·로의 각축(1894~1903)」,『한·중 정치의 전통과 전개』, 심촌추헌수교수회갑기념논문집 간행위원회, 대왕사; 森山茂德, 1987,『近代日韓關係史硏究』, 東京大學出版會(김세민 옮김, 1994,『근대한일관계사연구 - 조선식민지화와 국제 관계』, 현음사); 千葉功, 1996,「滿韓不可分論=滿韓交換論の形成と多角的同盟·協商網の摸索」,《史學雜誌》105-7, 史學會; 조명철, 1998,「의화단사건과 일본의 외교전략 - 만주 문제와 한국 문제를 중심으로」,《일본역사연구》8, 일본사학회; 석화정, 1999,「러시아의 한반도 중립화정책 - 위떼의 對만주정책과 관련하여」,『중소연구』83, 한양대학교 아태지역연구소; 최문형, 2001,『한국을 둘러싼 제국주의 열강의 각축』, 지식산업사; 최덕규, 2005,「러일전쟁과 러일협상(1905-1910) - 러일전쟁 이후 러시아의 동아시아정책을 중심으로」,『아시아문화』21, 한림대학교 아시아문화연구소; 최덕규, 2008,「제국주의 열강의 만주정책과 간도협약(1905-1910),『역사문화연구』31, 한국외국어대학교 역사문화연구소.

11 이호재, 1994,『한국인의 국제정치관 - 개항후 100년의 외교논쟁과 반성』, 법문사. 이 책의 2장『청·일전쟁과 노·일전쟁 간의 외교논쟁」과 3장「노·일전쟁을 전후한 대외인식변화 - 대한매일신보의 내용중심으로」가 해당된다.

둘러싼 러시아와 일본의 각축과 이들이 미·영·프·독 등과 벌이는 외교의 전개 양상을 잘 보여주고 있다. 이렇듯 청일전쟁 이후 만주에서 열강 중심의 국제 정세에 대해서는 많은 연구가 진행되었다. 하지만 이 연구들은 만주 문제에 관한 한국인의 인식과 대응을 논하는 데까지는 미치지 않았다.

대한제국기 한국인은 제국주의 열강이 각축하고 있는 만주에 대해 적지 않은 관심을 보였다. 특히 망국을 우려하면서 나라의 부국강병과 자주독립을 염원하며 만주를 응시한 것이다. 국내에서 주권회복 기미가 점점 희미해질수록, 만주를 무대로 하는 주권회복운동의 기대는 더욱더 강렬해졌다.

만주를 향하여 대한제국의 자주독립의식이 처음 발현된 것은 간도영토론 주장에서였다. 지금까지 대한제국기의 간도영토의식에 대한 연구에서는 1712년 백두산정계비 건립, 1885년과 1887년의 감계 담판, 대한제국의 간도정책, 통감부의 간도정책, 1909년의 간도협약 등이 관심의 대상이 되었다.[12]

---

12 간도문제에 관한 대표적인 연구서로는 다음이 있다. 백산학회 편, 1998, 『한국의 북방영토』, 백산자료원; ______, 2000, 『간도영유권문제논고』, 백산자료원; ______, 2006, 『한·중 영토에 관한 논고』, 백산자료원; ______, 2006, 『간도영토의 관한 연구』, 백산자료원; 육낙현 편, 2000, 『백두산정계비와 간도영유권』, 백산자료원; 최장근, 1998, 『한중국경문제연구』, 백산자료원. 간도문제에 관한 연구사를 검토한 논문으로는 김기훈, 1996, 「근대 중국동북(만주)사 연구의 동향」, 《백산학보》 47, 백산학회; 구선희, 2009, 「근대 한중관계사의 연구경향과 쟁점 분석」, 『한중일 학계의 한중관계사 연구와 쟁점』, 동북아역사재단; 배성준, 2005, 「중국의 '간도문제' 연구동향」, 『중국의 민족·변강문제 연구동향』, 고구려연구재단; 배성준, 2008, 「한·중 간도문제 인식과 갈등구조」, 《동양학》 43, 단국대동양학연구소; 이성환, 2006, 「간도문제 연구의 회고와 전망」, 《백산학보》 76, 백산학회; 한철호, 2003, 「근대 한중 국경조약과 국경문제의 연구현황과 과제」, 국사편찬위원회·한국사학회 편, 『한중관계사 연구의 성과와 과제』 등이 있다.

간도문제에 관한 선행 연구를 검토하면, 간도의 소속 문제가 1712년 백두산정계비 건립에서부터 시작하였으며, 1887년 감계 회담에서 이중화는 청국의 '강압' 때문이거나 간도 이주민의 '차지안민(借地安民)'을 위해서 "간도를 포기"했으며, 1909년 일·청 간의 협약으로 "간도 지방을 잃었다"거나 "간도 영유권을 청국에 양도한" 것으로 결말났다는 견해가 지배적이다.[13] 이성환의 연구가 《대한매일신보》의 논조는 간도에 대해 '중국 영유론'으로 변했다면서, 통감부 시기 간도에 대한 영토의식은 이전에 비해 '소극적이며 퇴영적이었다'고 평가하고 있는 것도[14] 위와 같은 견해가 전제되어 있기 때문이라고 생각된다.

그러나 실제에 있어서 조선왕조 기간에 간도가 조선의 영토였던 적은 없었다. 백두산 정계 시 조선에서는 두만강을 국경으로 인지하고 있었고, 1887년 감계회담 후에도 고종이 중국에 보낸 자문에는 간도를 청국 영토로 전제한 후 두만강 상류인 홍토수로 국경을 정할 것을 요청하였다. 이 책에서는 이런 사실들을 보여주는 데 노력하였다.

선행 연구에서도 간도영토론에 대한 비판이 있다. 하원호와 은정태의 연구는 러일전쟁 이전 대한제국의 간도정책은 간도에 대한 영토의식을 기반으로 하였으며, 간도를 영토로서 영유하려는 '식민화 정책'이었다고 지적하였다.[15] 하원호는 대한제국기 간도에 대한 영토의식은 송화강,

---

13 김기훈, 앞의 논문, 174~182쪽; 이성환, 앞의 논문, 634~639쪽; 이영호, 2006, 「동아시아국제질서의 변동과 대한제국 평가논쟁 -2005년 한국근대사 연구의 쟁점-」, 《역사학보》 제191집, 163쪽; 구선희, 앞의 논문, 203~215쪽.

14 이성환, 2007, 「통감부 시기 대한제국의 간도문제 인식」, 《역사문제연구》 17호, 역사문제연구소, 88~90쪽.

15 하원호, 2006, 「개화기 조선의 간도인식과 정책의 변화」, 《동북아역사논총》 14, 동북아역사재

흑룡강 이동지역까지 영토로 보는 "비현실적인" 영토의식이었다고 비판하였고,[16] 은정태는 대한제국기의 "간도담론은 청국과 청국인을 항상 부정적인 자리에 배치했던 독립담론이나 문명담론에 기반으로 하고 있었다"고 지적하였다.[17] 이처럼 대한제국기 간도영토론 주장에는 청국을 배척하는 타자화의 논리와 비현실적인 영토적 욕망이 함께 공존하고 있었다.

대한제국기의 만주 인식 가운데 또 하나의 특징은 단군의 탄강지, 평양, 중심적 강역 등 세 가지 모두를 만주에 비정하였다는 점이다. 신채호는 1908년 『독사신론』에서 백두산이 단군 탄강지라는 주장을 제창하였다.[18] 이뿐만이 아니었다. 그는 같은 글에서 단군의 도읍지 평양을 만주에 비정하였고, 나아가 단군강역의 북·동·서쪽의 구체적인 경계까지도 모두 만주에 비정하였다. 한반도 전체가 일제의 치하로 전락되는 상황에서 만주를 조선민족의 발상지와 발전의 역사적 무대로 본 것이다.

선행 연구에서 이러한 신채호 만주관에 대해 박영석은 "영토회복의식"이 투영되었다고 하였고,[19] 한영우는 "구강(舊疆) 수복의 열망"을 보이는 등 전체적으로 "만주는 바로 신채호가 지향하는 민족주의의 영토적

단. 은정태, 2007, 「대한제국기 '간도문제'의 추이와 '식민화'」, 《역사문제연구》 17호, 역사문제연구소.

16 하원호, 위의 논문, 27~28쪽.

17 은정태, 앞의 논문, 117쪽.

18 이점에 대해서는 이미 장원석과 박찬승의 연구가 강조한 바가 있다. 장원석, 2010, 「민족의 상징, 백두산의 탄생」, 『백두산 -현재와 미래를 말한다』, 한국학중학연구원출판부, 385~386쪽; 박찬승, 2013, 「백두산의 '민족 영산'으로의 표상화」, 『동아시아문화연구』 55집, 한양대학교 동아시아문화연구소, 20쪽.

19 박영석, 1982, 「단재 신채호의 만주관」, 『한민족독립운동사연구 - 만주 지역을 중심으로』, 일조각, 137~140쪽.

목표"였다고 하였다.[20] 신용하는 신채호가 "만주를 한국 민족의 구영토요, 국토의 일부로 보는 관점"을 가졌다고 보았으며,[21] 박걸순은 신채호가 "강렬한 수복론의 관점에서 만주를 응시"하였다고 언급하였다.[22]

그러나 신채호의 만주에 관한 논설들을 살펴보면, 그가 만주를 독립운동의 근거지나 이주지로 생각했을지언정 고토 회복의 대상으로 삼고 있었는지는 의아스럽다. 1910년 1월 「만주 문제에 취(就)하여 재론함」이란 글에서 만주를 조선인의 이주지와 독립운동의 근거지로 삼을 것을 주장했지만 현실상의 영토로서 회복할 대상으로 보지는 않았다. 또 같은 해 2월 「한국 민족 지리상 발전」에서는 만주를 바라보면서 "장래"에 "고구려 구강(舊疆)을 색환(索還)"할 것을 염원하고 있지만, 고토 회복은 논설 속의 단어 그대로 "장래"에나 "있을 듯한" 일이었다. 오히려 이 논설에서 신채호가 마음을 더 아파한 것은 국권상실로 망국을 눈앞에 둔 현실이었다.[23] 신채호에게 만주는 고토 회복의 대상이기에 앞서, 망국을 눈앞에 둔 한국의 현실에 대한 회환을 발동시키는 공간이었다. 요컨대 신채호에게 만주에 대한 고토 회복은 미래에 일어날 수도 있는 일이었지 현재 실행해야 할 과업은 아니었던 것이다.

이와 동시에 신채호는 만주가 기자의 강역이었다는 설을 부정하였다. 1908년 『독사신론』에서, 기자가 조선의 왕이 된 것이 아니라 평양 일

---

20 한영우, 1994, 「한말 신채호의 민족주의사론」, 『한국민족주의역사학』, 일조각, 67~70쪽.

21 신용하, 2004, 『증보 신채호의 사회사상연구』, 나남출판, 271쪽.

22 박걸순, 2004, 「일제강점기 망명 인사의 고구려·발해인식」, 《한국독립운동사연구》 23, 471쪽.

23 이명종, 2015, 「1910·1920년대 조선 지식인들의 '만주=단군강역' 담론」, 《한국근현대사연구》 제74집, 99쪽.

대의 봉지를 받았을 뿐이라고 주장한 이래 줄곧 '기자조선'설을 부정하였다. 조선 시대의 지식인들이 '기자조선'의 강역은 요서까지 미쳤다고 주장한 설을 부정한 것이다. 이와 관련하여 선행 연구에서는 신채호 등 만주 중심의 한국사 인식은 "대체로 만주 수복을 목표를 두고, 고대의 동이족 제 분파를 모두 단군족(혹은 배달족)의 동일 혈통으로 간주하며, 민족문화의 기원을 동이(東夷) 문화에서 구하고, 그 문화의 성격이 중화 문화와 다른 독자성을 가진 것을 강조한다"고 하였다.[24] 이러한 해석은 만주를 한국의 영토로 간주하는 것이 마치 민족문화를 강조한 인식이라고 주장한다고 받아들여질 수 있다.

그러나 역사상 만주를 한국 영토로 보는 인식이 언제나 '동이 문화'를 강조하는 것과 연결되었던 것은 아니었다. 이미 조선 초기부터 중화 문화의 상징으로서 기자의 강역이 요서까지 미쳤다고 보는 견해가 있어왔기 때문이다.[25] 《황성신문》이나 《대한매일신보》에서 우리 민족을 단군과 기자의 자손이라고 할 때에는 유교적 교화를 강조한 경우였고, 기자를 빼고 단군만을 강조하는 경우는 중국 문화의 영향에서 벗어난 것임을 의미하였다.[26] 따라서 만주에 관한 '민족주의 사학'에 대해 좀 더 세밀하게 말하자면, 만주를 한국 영토로 보는 데에서 찾기보다는 만주를 단군의 강역으로 보는 동시에 만주에 대한 기자강역설을 부정하는 데에서

---

24 한영우, 1994, 『한국민족주의역사학』, 일조각, 120~121쪽.

25 기자강역을 요서로 보는 견해는 세조 때 권람이 지은 『응제시주』에 처음 제시되었고, 조선 후기에 들어와서 이익이 다시 주장하였다. 한영우, 1989, 「18세기 전반 남인 이익의 사론과 한국사 이해」, 『조선후기사학사연구』, 일지사, 214쪽.

26 박찬승, 2010, 『민족·민족주의』, 소화, 82~83쪽.

그 요체를 찾아야 한다고 생각된다.

1920년대에 이르면 만주는 단군조선의 역사적 표상으로 확립된다. 한말 때부터 신채호나 박은식, 대종교 등이 지속적으로 주장한 '백두산=단군발상지'론, '단군도읍지 평양=만주론', '만주=단군강역'론은 1910~1920년대 국내 언론의 지면을 통해서 확산되면서 민족주의적 만주 인식의 핵심으로 자리 잡게 된 것이다. 그렇지만 이와 같이 당시 만주에 대한 고토 의식이 '백두산=단군발상지'론, '평양=만주론', '만주=단군강역'론이 삼위일체가 되어 전개되었다는 점에 주목한 연구는 아직 부족한 형편이다.

1920년대 말에 이르면 국내에서 만주에 대한 관심은 재만조선인문제로 집중되었다. 만주로 이주한 조선 빈농이 중국 관헌으로부터 구축되거나 학살되었기 때문이다. 단군의 발상지이자 강역으로서 민족의 '성지'이고 '신성 역사'의 무대로 인식된 만주에서 조선인이 구축되고 학살된 것이다. 재만조선인이 박해받는 사태는 '만주사변'을 전후하여 더욱 극심해졌다. 이런 사태를 계기로 국내 언론은 재만조선인으로 하여금 중국에 귀화하여 민족평등의 원칙하에 생활 안정과 자치권을 확보할 것을 주문하였다.

선행 연구에서 1920년대 말부터 1930년대 초까지 벌어진 재만조선인 피해 상황의 대략은 밝혀졌다.[27] 재만조선인 박해 사태의 대응에 관해

---

27 재만조선인의 피압박 상황에 대한 대표적인 연구로는 박영석, 1978, 『만보산사건연구 - 일제대륙침략정책의 일환으로서의』, 아세아문화사; 황민호, 1995, 「1920년 후반 재만한인에 대한 중국 당국의 정책과 한인사회의 대응」, 《한국사연구》 90, 한국사연구회; 홍종필, 2000, 「在滿朝鮮人移民に對する中國官憲の壓迫問題 - 1920年代後半における在滿朝鮮人移民の抗日運動理解のために」, 《명지사론》 11·12합집, 명지사학회; 손춘일, 2001, 「만주사변 전후 재만조선인문제와 그들의 곤경」,

서는 박영석, 최병도, 홍종필, 황민호 등이 국내에서의 재만 동포옹호동맹이나 만주동포문제협의회, 만주에서의 동성(東省)귀화한족동향회 등의 조직 과정과, 재만조선인의 피해에 대한 위문과 구호활동을 중심으로 연구한 바 있다.[28]

그렇지만 이들의 연구는 재만조선인문제에 대한 원인과 해결 방안에 대한 국내 언론의 인식을 분석하는 데는 이르지 않았다. 당시 국내 언론에서는 재만조선인문제의 발생 원인과 해결 방안에 대하여 많은 논의를 전개했는데, 기존 연구에서는 이에 관한 분석이 부족하였다.

1920년대 후반 재만조선인문제에 대한 논의에는 이제까지 이루어진 만주 인식의 여러 양상이 종합되어 있다. 따라서 재만조선인문제의 발생 원인과 해결 방안에 대하여 국내의 언론이 어떻게 인식하고 있었는지를 분석하는 일은 재만조선인문제의 성격을 해명하기 위해서 뿐만 아니라 한국인 만주 인식의 성격을 규명하는 데에도 매우 필요한 과제이다.

1931년 만보산사건과 '만주사변' 이후 재만조선인의 안전이 크게 위협 당하자, 국내 언론의 만주에 대한 관심은 재만조선인의 생활 안정과 자치구 설립에 집중되었다. 재만조선인의 자치운동에 대해서 신주백과 황민호의 연구가 있다. 신주백은 1927~1928년 길림성의 한교(韓僑)문제대책강구회, 동성(東省)한교문제연합강구회, 동성귀화한족동향회 등 일

《정신문화연구》83, 한국학중앙연구원; 신규섭, 2004, 「1920년대 후반 일제의 재만조선인 정책 – '만선일체화(滿鮮一體化)'의 좌절과 '미쓰야(三矢)협정'」, 《한국근현대사연구》29, 한국근현대사학회; 최병도, 2006, 「만주동포문제협의회의 결성 및 해체에 관한 연구 – 1930년대 초 국내 민족진영의 동향과 관련하여」, 《한국근현대사연구》39, 한국근현대사학회.

28 박영석의 『만보산사건』에서는 64~79쪽에서 재만 동포옹호동맹과 길림성 한교구축문제대책강구회의 활동을 소개하였다.

련의 재만조선인 자치기관 설립운동은 중국으로부터 재만조선인의 합법적 권익을 보장받아 민족운동의 장기적인 토대를 확보하려는 항일운동이었다고 평가하였다.[29] 만보산사건 이후 재만조선인의 자치문제에 대한 국내 언론의 관심에 대해서는 황민호의 연구가 있다. 그는 1931년 9월, 10월 잡지 『동광』에서 주요한과 신언준 등이 재만조선인의 귀화권 확립과 자치단의 조직이나 자치부락 등에 관심을 보였다고 말하였다.[30]

이들의 연구는 재만조선인 자치운동에 관한 분야에서 선도적인 역할을 하고 있지만, 만보산사건 이후 재만조선인 자치운동에 대해 국내에서 전개된 논의를 충분히 다루었다고 보기는 어렵다. 재만조선인 자치구 문제에 대한 논의는 사회주의 계열의 잡지에서 더욱 강렬하게 전개되었기 때문이다. 재만조선인문제가 지닌 계급적이고 국제적인 성격을 규명하기 위해서는 무엇보다 중국 노동자·농민과의 연대를 통해서 자치구를 설립할 것을 주장한 사회주의 진영의 인식을 검토할 필요가 있다.

'만주국' 시기에도 재만조선인의 생활 안정과 자치는 국내 언론의 지속적인 관심의 대상이었다. 기존 연구에서도 '만주국'에서의 재만조선인의 위상은 중요한 주제가 되어 왔다.[31] '만주국'의 위정자나 일본인·중

---

29 신주백, 1999, 『만주 지역 한인의 민족운동사(1920~45) -민족주의운동 및 사회주의운동 계열의 대립과 연대를 중심으로-』, 아세아문화사, 180~191쪽.

30 황민호, 2006, 「재만 한인의 합법적 자치운동의 전개와 '자치'에 대한 국내 언론의 인식」, 《한국민족운동사연구》 47, 167~175쪽.

31 이에 관한 대표적인 연구로는 한석정, 1999(2007 개정판), 『만주국 건국의 재해석 -괴뢰국의 국가효과 1932~1936』, 동아대학교 출판부; 윤휘탁, 2000, 「'만주국'의 '민족협화' 운동과 조선인」, 《한국민족운동사연구 26: 한국 항일민족운동과 중국》, 한국민족운동사학회; ______, 2001, 「만주국의 2등국(공)민 : 그 실상과 허상」, 《역사학보》, 169집, 역사학회; ______, 2001, 「'만주국' 농촌의 사회상 -'복합민족구성체'의 시각에서 본 식민지 농촌의 단상-」, 《한국민족운동사연구 27집: 한국민족운

국인들에게 재만조선인은 "부담스러운 존재일 뿐"으로 인식되었고,[32] 다른 민족들로부터 멸시와 경멸감 속에서 "귀찮고 하찮은 존재"로서 혹은 "지탄받은 존재"로서 인식되었다.[33] 윤휘탁은 '만주국'의 조선인 도시민 대부분이 소외감이나 비관론에 사로잡혀 있었던 같다고 보았다.[34] 신규섭은 '만주국'의 치외법권 철폐 과정을 검토하고, 여기에서 나타난 일본의 재만조선인에 대한 인식은 '내선일체'와 괴리가 있었다면서, 제국 일본의 붕괴의 일단을 보여준 것이었다고 말하였다.[35] 한편 임성모는 1937년 중일전쟁 이후 '만주국'에서 활동한 일부의 조선인 관료나 지식인들에게 '만주국'은 '기회의 땅'이었고, '일등 국민'으로의 변신을 꾀할수 있는 장이었다고 보았다.[36]

이상의 연구들은 모두 '만주국'에서의 재만조선인 인식을 검토하고, '만주국'에서의 재만조선인의 의미를 규명한 것이다. 대개 '만주국'에서 일본인·중국인들의 재만조선인에 대한 인식을 검토했다. 이 때문에 '만주국' 시기 국내 조선인의 재만조선인에 대한 인식을 규명하기 위해서는

동사연구의 역사적 과제》, 한국민족운동사학회;『 임성모, 2001,「일본 제국주의와 만주국: 지배와 저항의 틈새」,《한국민족운동사연구 27집: 한국민족운동사연구의 역사적 과제》, 한국민족운동사학회; 신규섭, 2003, '만주국'의 치외법권 철폐와 재만조선인에 대한 인식」,《대동문화연구》43, 성균관대학교 대동문화연구원; ______, 2004,「'만주국'의 협화회와 재만조선인」,《만주연구》1집, 만주학회; 다나카(田中隆一), 2004,「일제의 '만주국 통치'와 '재만한인'문제 ; '오족협화'와 '내선일체'의 상극」,《만주연구》1집, 만주학회.

32 한석정, 2007, 앞의 책, 179~190쪽.

33 윤휘탁, 2000, 앞의 논문, 166쪽; 2001, 앞의 논문, 159쪽, 166쪽.

34 윤휘탁, 2001, 앞의 논문, 168쪽.

35 신규섭, 2003, 앞의 논문, 82~83쪽.

36 임성모, 2001, 앞의 논문, 175~183쪽.

국내 언론에서 논의되었던 재만조선인의 상황에 대한 내용을 분석할 필요가 있다.

또한 '만주국'의 농업정책, 이민정책, '민족협화' 정책, 교육정책 등에 관한 연구도 이루어졌다.[37]

이 분야에서도 국내 언론의 대응 인식을 검토한 연구는 아직 많이 부족한 형편이다. '만주국'의 정책이 조선과 조선인에 어떤 의미를 가졌는지를 규명하려면, 최근 김기훈의 연구가 《조선일보》에 나타난 만주 이민 담론을 분석했듯이, '만주국'의 조선인 정책에 대한 국내의 논의를 연구할 필요가 있다. '만주국'과 '만주국'의 조선인이 국내의 조선인에게 어떤 의미를 가졌는지를 파악하기 위해서는 국내 언론에서 '만주국' 정책이나 재만조선인을 어떻게 인식하고 있었는지에 대한 규명이 아직도 많이 필요한 실정이다.

이상 검토한 것을 종합하면 지금까지 한국인의 만주 인식에 관한 연구는 다음과 같이 크게 네 가지 점에서 한계를 가지고 있다. 첫 번째로는 17~18세기 '만주=고토' 의식은 '만주족=오랑캐[夷狄]' 의식의 강화와 함께 나타났다는 사실에 대한 분석이 부족하였다. 두 번째로는 대한제국 말기부터 일제강점기 동안 성장한 민족독립의식은 일련의 '만주=단군강역'론으로 이어졌다는 사실에 대한 분석이 부족하였다. 세 번째로는

37 이에 관한 대표적인 연구들은 다음과 같다. 김기훈, 1998, 「일제의 조선인 만주 이주정책 논쟁, 1932~1934」, 《한국민족운동사연구》 20, 한국민족운동사연구회; ______, 2011, 「만주국 시기 조선인 이민담론의 시론적 고찰 -조선일보 사설을 중심으로」, 《동북아역사논총》 31호, 동북아역사재단. 박금해, 2005, 「만주사변 후 일제의 재만조선인 교육정책 연구」, 《동방학지》 130, 연세대 국학연구원; 손춘일, 1999, 『"만주국"의 재만한인에 대한 토지정책 연구』, 백산자료원; 임성모, 1999, 『만주국협화회의 총력전체제 구상 연구 : '국민운동' 노선의 모색과 그 성격』, 연세대학교 대학원 사학 박사학위논문.

1920년대 후반 재만조선인문제의 발생과 원인, 해결 방안에 관해 국내 언론이 전개한 논의에 대한 분석이 부족하였다. 네 번째 '만주사변'과 '만주국' 시기 국내 언론이 재만조선인의 생활 안정과 자치 문제에 대해 보여준 관심에 대한 분석이 부족하였다.

따라서 이러한 한계를 보완한다면 17~18세기 이후부터 '만주국' 시기까지 한국인의 만주 인식이 어떠한 모습으로 전개되었는지, 그리고 이러한 만주 인식을 통해 한국인이 지향하려던 것이 무엇이었는지 나아가 결국 우리 한국인에게 만주는 무엇이었는가를 규명하는 데 적지 않은 도움이 되리라 기대해 본다.

차례

표와 그림 목록

표

그림

제1장

‘병자호란’ 이후 만주 고토의식의 전개

오늘날 우리에게 만주는 고조선을 비롯하여 고구려와 발해가 웅거했던 고토(故土)로서 자리매김하고 있다. 그러나 만주를 고조선의 영토로 보는 의식이 보편화된 것은 조선 시대인 17세기 중반 이후부터였다. '병자호란' 이후 효종 대에 청에 대한 복수설치를 위해 북벌론이 대두하였고, 만주족에 대한 오랑캐[夷狄] 의식도 강고해졌다. 이후 중국의 남명(南明)이 멸망하자 현종·숙종 대에는 북벌론이 쇠퇴하고 만주를 단군·기자·고구려·발해의 강역으로 보는 '만주=고토' 의식이 나타났다. 명 왕조가 멸망하자 '조선=중화'라는 자존 의식의 대두와 함께 '만주=고토' 의식이 출현한 것이다.

영·정조 시대에 이르면 '만주=고토' 의식은 만주 고토 회복 의식으로까지 전개되었다. 북벌이 현실적으로 불가능해지자 '만주족=오랑캐[夷狄]' 의식이 '만주=고토' 의식과 결합하여 나타난 결과였다. 예컨대 '만주족=오랑캐' 의식과 '만주=고토' 의식이 누구보다도 강했던 이종휘는 「취요심(取遼瀋)」이란 글을 통해 만주 수복을 적극 주장하였다. 이후 만주 고토 회복 의식은 조선인의 만주 인식을 대표하는 전형적인 관념이 되었다. 주로 남인에 의해 선도되었던 '만주=고토' 의식은 정조 대에 이르면 당색에 구애되지 않고 거의 모든 학인에게 공통적으로 나타났다.

또한 17~18세기는 고려의 경계비가 세워진 곳인 선춘령이 두만강 이북에 위치한다는 '선춘령 두만강 이북설'이 다시 등장한 시기이다. 이와 동시에 두만강 이북의 해란강이나 포이합통하(布爾哈通河)를 분계강이라 하고 이를 국경으로 삼아야 한다는 주장도 제기되었다. 19세기 중엽 이후에는 두만강 대안 즉 간도로의 이주자가 늘어났고, 이주 조선인들은 '만주=고토' 의식에 기초하여 간도가 조선의 영토라고 주장하기에 이르렀다. 이렇듯 조선 후기 '만주=고토' 의식은 '병자호란', 조선중화론, 이주자 증가 등 조선의 현실과 밀접한 관계를 맺으면서 전개되었다.

이 장에서는 먼저 '만주'라는 명칭의 기원과 의의를 살펴본 후에 17~19세기 '만주족=오랑캐' 의식과 '만주=고토' 의식, 만주 고토 회복 의식이 형성되는 과정을 분석하여 만주에 대한 고토 의식의 기원을 검토하고자 한다. '만주=고토' 의식은 '만주족=오랑캐' 의식이 강화되는 상황 속에서 출현하였으며, '만주=고토' 의식과 '만주족=오랑캐' 의식이 결합하여 만주 고토 회복 의식으로 나아갔고, 이것이 조선중화론으로 내면화되었음을 알아보고자 한다.

1. '만주(滿洲)' 명칭의 탄생

1) 청 태종의 칙어 '만주'의 탄생

'만주(滿洲)'라는 명칭은 청조가 스스로 자신들의 부족을 호칭하기 위해 사용한 명칭이었다. 『만주원류고』에는 "만주는 원래 부족의 이름이다"라면서 "오늘날 한자로 만주(滿洲)라고 쓰게 된 것은 아마도 주(洲)라는 글자의 의미가 지명과 비슷하기 때문에 가차하여 쓰다가 결국에는 그대로 썼을 뿐, 실은 부족을 이르는 것이요 땅 이름이 아님을 아주 분명하게 상고할 수 있다"고 밝혔다.[1]

부족의 공식 이름을 '만주'라는 명칭으로 정립시킨 자는 청 태종(1592~1643)이었다. 그가 중원 진출을 염두에 두고 당시까지만 해도 여러 이름으로 불리던 자기 부족의 명칭을 '만주'로 통일한 것이다. 그는 청 세조가 북경에 입성하기 8년여 전인 1635년(천총 9) 10월 13일에 아래와 같은 칙유를 내렸다.

> 우리나라는 원래 만주, 하다, 우라, 예허, 휘파 등의 이름이 있다. 무지한 사람이 왕왕 주셴[諸申]이라 칭한다. 주셴이란 석북, 초묵이근의 후예로서 실로 우리나라와 관계없다. 우리나라가 만든 이름인 만주는 계통이 오래되었고 대대로 이어져 전해 왔다. 금후 모든 사람들은 단지 우리

---

1 장진근 번역, 2008, 『만주원류고』, 파워북, 60~63쪽. 해당 원문은 다음과 같다. 『欽定滿洲原流考 券1』(1778년), 部族1, 滿洲. "按滿洲本部族名, …… 今漢字作滿洲, 蓋因洲字義近地名, 假借用之, 遂相沿耳, 實則部族而非地名, 固章章可考也."

나라를 만주라는 원명으로만 칭하고, 이전대로 망령되이 칭해서는 안 된다.[2]

자기 부족을 부르는 명칭은 다양했지만, 이제부터는 '만주'로만 부르도록 강제한 것이다. 특히 '주센[諸申]' 즉 여진(女眞)이라 부르는 것을 엄금하였다.[3] 이와 같은 내용이 『구만주당(舊滿洲檔)』에도 수록되어 있는데, 여기에서 "금후로는 어떤 자도 우리나라 본래의 만주라는 이름을 불러라. 주센[여진]이라 불렀을 때는 처벌한다"고 하여, 좀 더 강경한 어조를 취하였다.[4]

이와 같이 '만주'라는 명칭은 1635년 10월 13일 청 태종의 칙어로서 세상에 공포된 것이다.[5] '만주' 명칭의 탄생 시점을 강조하는 이유는 그

---

2 『太宗文皇帝實錄』(淸實錄 제2책, 中華書局影印), 天聰 9(1635)年 10月 庚寅條. "諭曰, 我國原有滿洲, 哈達, 烏喇, 葉赫, 輝發等名, 向者無知之人往往稱謂諸申, 夫諸申之號乃席北超墨爾根之裔, 實與我國無涉. 我國建號滿洲, 統緒綿遠, 相傳奕世, 自今以後, 一切人等, 止稱我國滿洲原名, 不得仍前妄稱." 여기서 哈達(하다), 烏喇(우라), 葉赫(예허), 輝發(휘파)는 흑룡강 지역에 거주하던 해서여진(海西女眞)의 부족명이다. 동일한 내용이 동화록(東華錄)에도 수록되어 있다. 東華錄 天聰 9年 10月, 庚寅條. "諭曰, 我國原有滿洲, 哈達, 烏喇, 輝發等名. 無知之人, 往往稱諸申, 諸申乃席北超墨爾根之裔, 與我國無涉. 今後一切人等, 止許稱我國滿洲原名." 『滿洲開國史講義 - 孟森著作集』, 2006, 中華書房, 5쪽에서 재인용. 위 인용자료의 저자 맹삼(孟森, 1869~1938)은 1931년부터 북경대학 교수로서 '만주개국사'를 강의하였다. 『동화록』은 청의 태조로부터 세종의 옹정 13년(1735)에 이르는 편년체 사서로서 청의 장량기(蔣良騏)가 20권으로 편찬하였다.

3 '제신(諸申)'이란 여진의 만주 말 '주센(jusen)'의 대음이라고 한다.

4 『구만주당(舊滿洲檔)』 천총(天聰) 9년 10월 13일조(동양문고 청대사연구실 번역). 나카미 다쓰오(中見立夫), 2004, 「歷史のなかの'滿洲'像」, 『滿洲とは何だったのか』, 藤原書店, 14쪽에서 재인용.

5 그런데 일반적으로 '만주'라는 명칭의 사용 시점은 청조의 국호가 후금에서 대청으로 바뀐 때인 1636년 5월(숭덕 원년) 이후로 알려져 있다(山崎摠與, 1937, 『滿洲國地名大辭典』, 日本書房, 826쪽). 대표적인 예로는 "태종이 숭덕 원년에 국호를 청으로 고친 후에, 그 말[만주-인용자]이 비로소 나타났다"거나(市村瓚次郎, 1909, 「淸朝國號考」, 『東洋協會調査部學術報告』 第1冊, 東洋文庫, 148쪽), "태종의 '후

것이 청이란 국호 개칭이나 숭덕이란 연호 개원보다 먼저 이루어졌기 때문이다. 청 태종은 유고를 내린 지 7개월여가 지난 후, 1636년 5월 국호를 '대청(大淸)'으로 바꾸고, 동시에 연호도 '천총(天聰)'에서 '숭덕(崇德)'으로 개원하면서 황제의 자리에 올랐다. 국호나 연호를 바꾸거나 또 황제 자리에 오르기에 앞서서 자기 부족의 정체성을 '만주'로서 정립한 것이다. '청'이란 국호는 만족과 한족을 통일한 총칭이었고, 부족으로 말하면 '만주국'인 것이었다.[6] '만주'를 비롯해서 '대청'과 '숭덕'이란 명칭의 선택은 모두 중국 천하를 얻으려는 목적을 염두에 둔 것이었다. 특히 '만주'라는 명칭은 변방의 여진족에서 중국 천하의 주인으로 되려는 청조가 자신의 정체성을 표현한 것이었다. 청 태종의 중원을 향한 꿈은 그가 죽은 이듬해 1646년(순치 원년)에 이루어졌다.

한편 '만주'라는 명칭은 청의 시조 포고리옹순(布庫里雍順) 때인 14세기 말 이전부터 사용되었다는 기록이 있다.[7] 청조 강희 시대

금' 칭호의 도말(塗抹)" 때부터 "만주란 명칭이 고출(考出) 대용되었다"거나(稻葉岩吉, 1935, 『增訂 滿洲發達史』, 日本評論社, 569쪽), "태종이 후금이란 이름을 폐지하자 만주로 개칭하여 국명으로 삼게 했다"는 것이다(『滿洲開國史講義 - 孟森著作集』, 2006, 中華書房, 5쪽). 이들이 '만주'라는 명칭의 사용 시기를 숭덕 이후라고 보는 가장 주된 이유는 청 태종 천총연간(1626~1636)의 실록에 나오는 '만주국주(滿洲國主)'나 '만한(滿漢)'이란 자구가 새로 발견된 기초사료 문서에는 '금국한(金國汗)'이나 '금한(金漢)'으로 되어 있다는 점이었다(市村瓚次郎, 앞의 논문, 147~148쪽; 稻葉岩吉, 앞의 책, 564~567쪽; 孟森, 앞의 책, 1~3쪽). '금(金)'이란 글자를 실록 편찬 시에 '만주(滿洲)'나 '만(滿)'으로 수정했다는 것이다. 즉 천총연간(1626~1636)에는 '만주'나 '만'이란 글자가 '금'으로 되어 있었다는 것이다. 그렇다고 해도 1635년 10월 13일 청 태종이 유고를 통해 '만주'라는 명칭을 공식화했다는 점은 부정할 수 없는 사실이다. 이날 청 태종에 의해 '만주'라는 호칭이 청조의 유일하고 공식적인 명칭으로 정립되었던 것이다. 따라서 '만주'라는 명칭의 탄생 시점은 태종의 유고가 있었던 1635년 10월 13일 이후로 보아야 한다.

6 孟森, 앞의 책, 5쪽; 市村瓚次郎, 앞의 논문, 149쪽.

7 청 시조 포고리옹순의 시대는 자세하게 밝혀지지 않았지만, 대략 14세기 말 이전이라는 점은 알 수 있다. 명나라 제1대 건주좌위 지휘사이자 청의 조조(肇祖) 원(原)황제로 추숭된 맹특목(孟特穆)

(1662~1722)에 찬수된 청 태조실록에는 시조 포고리옹순이 "국호를 만주"로 정했다고 기술하고 있고,[8] 건륭제의 지시에 의해 1778년에 간행된 『흠정만주원류고』에도 동일한 내용이 수록되어 있다.[9] 그러나 청 시조 때부터 '만주'로 칭했다는 기록은 대체로 사실로 인정받지 못하고 있다. 청조의 선조에 대해 '만주'라는 글자로 호칭한 사료는 아직 발견되지 않았기 때문이다.

2) 호국불법(護國佛法) 황제로서의 '만주'

중원 진출을 목적으로 삼은 청조가 자기 정체성으로 표현하였던 '만주'는 과연 무슨 뜻이었을까? 『흠정만주원류고』에서는 '만주'에 관하여 다음과 같이 고증하고 있다.

> 만주는 본디 만주(滿珠)로 썼는데, 두 글자는 모두 평독(平讀)이다. 우리 왕조가 동쪽으로 영역을 넓혀 가자, 서장(西藏)에서는 해마다 단서(丹書)를 올리면서 만주사리대황제(曼珠師利大皇帝)라 일컬었는데, 그 뜻은 만주(曼珠)로 번역되며, 중국말로 묘길상(妙吉祥)이라는 뜻이다.

의 생애는 1370~1433년이고, 건주좌위 지휘사로 있던 기간은 1405~1433년이었으므로, 포고리옹순의 시기는 바로 그 이전임을 알 수 있다.

8 "布庫里雍順居長白山東俄漢惠之野俄朵里城. 國號曰滿洲. 是爲滿洲開基之始也." 市村瓚次郎, 1909, 「清朝國號考」, 『東洋協會調査部學術報告 第1冊』, 東洋文庫, 146쪽에서 재인용.

9 "居長白山東鄂多理城, 建號滿洲, 是爲國家開基之始." 『欽定滿洲源流考』 卷1, 部族1, 滿洲.

또 만수실리대교왕(曼殊室利大教王)이라고도 하였는데 『경(經)』에 이르기를 '석가모니사(釋迦牟尼師)는 비로차나여래(毘盧遮那如來)이다'라고 하였으니, 대성만수실리(大聖曼殊室利)는 비로차나본사(毘盧遮那本師)이시기도 하다.[10] 수(殊)와 주(珠)는 운(韻)이 같고, 실(室)과 사(師)는 같은 음이니, 그 당시 우리 황제에 대한 거룩한 칭호가 맨 처음 불리기 시작한 것이 실로 여기에 있었던 것이다.[11]

'만주'라는 칭호는 본래 '만주(滿珠)'에서 비롯했고, '만주사리(曼珠師利) 대황제'나 '만수실리(曼殊室利) 대교왕'으로도 불렸다는 것이다.

『황조통지(皇朝通志)』 권1에서도 "만주는 만주(滿珠)의 전음이었고, 또한 만주(曼珠)라 불렀다"라고 하였다.[12] '만주(曼珠)'는 중국어로 '묘길상'의 뜻이라 했는데, 묘길상이란 곧 문수사리(文殊師利)를 말한다.[13] 곧 '만주(滿洲)'란 칭호는 문수보살을 의미하였다.[14]

---

10 『만주원류고』에서 "만수실리"가 "비로나자본사"를 말한다고 한 것은 근거가 없다고 한다. 鄭天挺, 1999, 『清史探微』, 北京大學出版社, 3쪽; 정진근 번역, 앞의 책, 63쪽에서 재인용.

11 장진근 번역, 앞의 책, 62~63쪽. 해당 원문은 다음과 같다. 『欽定滿洲原流考 券1』(1778년), 部族1, 滿洲 : "國書考之, 滿洲本作滿珠, 二字皆平讀. 我肇光啓東土, 每歲西藏獻丹書, 皆稱曼珠師利大皇帝, 飜譯名義曰, 曼珠華言妙吉祥也. 又作曼殊室利大教王. 經云釋迦牟尼師毘盧遮那如來. 而大聖曼殊室利, 爲毘盧遮那本寺. 殊珠音同, 室師一音也. 當時鴻號肇稱, 實本諸此."

12 市村瓚次郎, 앞의 논문, 150쪽.

13 『五洲衍文長箋散稿』 經史編, 釋典類, 釋典總說, 釋敎梵書佛經辨證說 : "釋氏諸名號解 …… 文殊師利菩薩, 此云妙首, 亦云妙吉祥. 表信解之智, 故亦云妙德. 表證智, 故文殊師利. 梵語訛正云曼殊室利"(문수사리보살은 묘수, 또는 묘길상이라 하는데, 신해의 지를 나타내기 때문에 묘덕이라고도 하고 또한 증지를 나타내기 때문에 문수사리라고도 하며, 『범어와정』에는 만수실리라 하였다.)

14 '만주(滿洲)'의 어원에 대한 지금까지의 연구는 다음과 같이 대체로 4가지 견해로 나눌 수 있다. ① 滿珠(曼珠, 文殊) → 滿洲, ② 肅愼 → 滿洲, ③ 滿節 → 滿洲, ④ 滿住 → 滿洲. 이 외에 용맹을 뜻하는 여진어 'Mang'에서 만주라는 국호를 만들었다는 설, '물길(勿吉)' 또는 '말갈(靺鞨)'이 '만주'로

청조의 황제들은 스스로를 문수보살로 여겼다. 1653년 3월 청 세조(순치제)는 국서에 '문수대황제'라는 문구를 사용했고, 1743년과 1783년 청 고종(건륭제)은 문수암에 행차하여 문수보살과 자신을 동일화시키는 일련의 행위를 했으며, 현재 북경 옹화궁(雍和宮)의 건륭좌선도에서도 건륭제는 문수보살로 표현되어 있다.[15] 이처럼 '만주'는 청조 자신의 부족과 부족장에 대한 존호로서 문수보살이라는 뜻을 가졌다.

청조의 '만주' 명칭이 불교적 기원을 갖는 것은 이 지역에서 성립한 다른 국가들의 경우와도 상통한다. 예컨대 발해국에서도 국왕을 "법왕의 지위" "부처의 화신"으로 여겼고, 흑룡강 지역의 물길(勿吉) 부족에게도 많이 보이는 "막불만돌(莫弗瞞咄)"이란 명칭은 대문수(大文殊)를 의미하였다.[16] 또 고려에서도 1131년(인종 9) 묘청의 주청에 따라 8성당을 궁중에 설치하여 신위를 모셨는데, 그중 "첫째가 호국 백두악 태백선인 실덕문수사리보살"이었다.[17] 이것은 문수사리보살이 '호국 선인'을 상징하고 있었으며, 백두산과 연결되어 있음을 보여준다. 그리고 백두산은 청조 건국의 발상지이기도 하였다. 이 두 사실을 통해서 '만주'라는 명칭이 문

전음했다는 설 등이 있다. 만주 명칭의 기원과 의의에 대해서는 다음 논저들을 참조하였다. 市村瓚次郞, 앞의 논문, 129~158쪽; 稻葉岩吉, 앞의 책, 563~574쪽; 孟森, 앞의 책, 1~6쪽; 陸建義, 1985, 「滿洲名称及划分東·西·南·北滿的由來」, 『東北地方史硏究』 1985年 第3期, 遼宁社會科學院; 윤휘탁, 1996, 『일제하 「만주국」연구 -항일무장투쟁과 치안숙정공작-』, 일조각, 1~2쪽; 윤영인, 2005, 「만주라는 이름에 대하여」, 『만주 그 땅, 사람 그리고 역사』, 고구려역사재단; 조법종, 2009, 「한국 고중세 백두산신앙과 만주명칭의 기원」, 《한국사연구》 147, 한국사연구회, 142~155쪽.

15 조법종, 위의 논문, 152쪽.

16 위와 같음.

17 "八聖一曰護國白頭嶽太白仙人實德文殊師利菩薩." 고전번역서 『고려사절요』 제9권, 인종 공효대왕1.

수보살이라는 의의를 가지게 된 경위가 백두산을 문수보살로 모시는 신앙으로부터 연원했을 수도 있다고 생각된다.[18]

이와 같이 '만주'라는 명칭은 청조 부족의 대내외적 존칭이었으며, 문수보살을 의미하였다. 일반적으로 불교에서 문수보살은 지혜를 상징하지만, 여기서 살펴본 바와 같이 '불법왕(佛法王)' 내지 '호국선인(護國仙人)'으로서의 성격도 갖고 있다. 따라서 '만주'라는 명칭은 '불법'으로 나라를 다스리는 지혜로운 왕이라는 뜻으로 '호국불법의 황제'라고 규정할 수 있지 않을까 생각한다. 중원으로 진출을 앞두고 청 태종은 자신을 비롯한 부족의 지위를 불교적 최고 존호인 문수보살 즉 '만주'로 정립한 것이었다.

3) 조선에서의 '만주' 호칭

조선에서 '만주(滿洲)'란 글자의 명칭이 처음 나오는 자료는 1640년(숭덕 5) 청으로 보낸 문서라고 한다.[19] 조선왕조실록에서 '만주'라는 글자가 처음 나타난 것은 1647년(인조 25) 2월 5일 기사에서이다.[20] 이로 보아

---

18 조법종, 앞의 논문, 151~154쪽. 그는 "통일신라, 고려 시대에 확립된 백두산과 문수신앙의 결합 및 신격화 관념은 여진족에게 영향을 미쳐, 이들에게 백두산 시조인식과 함께 문수사리보살 인식을 연결시켜 자신들의 시조 및 황제를 신격화하고 자신들의 종족 자체를 신성화하는 장치로서 활용하게 하였을 가능성이 크다"고 하였다. 이런 점을 두고 그는 청조의 만주 명칭의 연원이 "우리 민족과 연결되는 역사문화적 관계성과 귀속성을 보여주고 있다"고 주장한다. 하지만 만주 명칭이 우리 민족의 문화에 귀속성을 갖는지는 좀 더 직접적인 근거가 필요하다고 생각한다.

19 市村瓚次郎, 앞의 논문, 152쪽.

20 "청나라 호부(戶部)에서 우리나라에 자문을 보내기를, '만주(滿洲) 뇌달호(賴達胡) 등이 농사

조선에서 '만주'라는 명칭은 1640년대부터 사용되기 시작하였다고 볼 수 있다.

조선에서는 '만주'라는 호칭 이전의 북방 여진족을 흔히 야인(野人)이라고 불렀다. 이 가운데 후에 청조를 설립한 건주위(建州衛)의 여진족에 대해서는 건주야인 또는 파저강(婆猪江)야인 또는 숙(熟)여진 등으로 불렀다. 이러한 호칭은 '만주'라는 명칭이 생긴 이후에도 여전히 사용되었다.

또한 '만주(滿洲)'라는 명칭을 갖기 이전의 여진에 대하여 '만주(滿住)'라고도 불렀다. 명나라의 원군 요청 시에 강홍립의 부하로 출전하였다가 후금의 포로가 되었던 이민환(1573~1649)이 당시의 정황을 기록한 「책중일록(柵中日錄)」에 따르면, 1619년(광해군 11, 명 만력 47, 후금 천명 4) 3월 즈음 누르하치는 부하 장수에 의해 "만주(滿住)"로 불렸던 것이다.[21] 이때는 국호를 '후금'이라 하고 연호를 '천명'이라고 건원한 지 3년이 되었으므로, 누르하치를 '만주(滿住)'로 불렀다는 점은 '만주(滿住)'란 칭호가 누르하치나 건주여진에 대한 존칭이었다는 것을 알 수 있다.[22]

누르하치의 존칭이었던 '만주(滿住)'라는 칭호는 원래 이만주(李滿

를 지을 때 쟁기·가래·코뚜레 등의 기구가 부족하니 양쪽에서 공평하게 무역하여 농삿일에 도움이 되게 하라' 하였는데, 대개 의주(義州)의 중강개시(中江開市)에 관한 일이었다."(丙子/淸戶部移咨于我國曰:滿洲賴達胡等耕作之際, 缺少犁, 鏵, 環鼻器具, 宜兩平貿易, 以資農務云. 蓋義州中江開市事也.)

21 『연려실기술』 제21권, 광해군, 심하의 역[深河之役]. 여기에 이민환(1573~1649)의 「책중일록」에 나오는 다음과 같은 내용이 실렸다. "화친을 약속한 뒤에야 비로소 군사들이 산에서 내려와 물을 마실 수 있었다. 오랑캐 장수들이 말하기를, '이 군사들은 마땅히 성에 이르러 만주(滿住)를 보게 한 뒤에 환국을 허락하겠다(約和後軍始下山飮水, 胡將仍言, 此軍當到城見滿住後, 許令還國)." 「책중일록」(『자암집(紫巖集)』 권5)의 해당 원문은 "而一將曰, 滿住奴酋在城中, 不可不往見而回還"으로 되어 있다.

22 稻葉岩吉, 앞의 책, 571쪽; 孟森, 앞의 책, 4~5쪽.

住, 1407~1467)라는 건주여진의 추장의 이름이었다. 그의 할아버지는 아합출(阿哈出)이고, 아버지는 석가노(釋加奴)인데, 아합출은 1403년 건주위 창설 때부터 지휘사를 맡았다. 명나라는 이들에게 성명을 주어, 아합출은 이사성(李思誠), 석가노는 이현충(李顯忠)이라 하였다. 이만주도 1426년(세종 8)에 이현충의 뒤를 이어 건주위 지휘사를 맡았다.[23] 이만주는 1467년(세조 13)에 조선과 명의 연합토벌군에 의하여 죽임을 당했는데, 그 후 150여 년이 지났는데도 그의 이름이 누르하치의 존칭으로 사용되고 있었던 것이다.

조선에서는 '만주(滿洲)'라는 칭호가 '만주(滿住)'에서 유래했다는 견해가 적잖게 있다. 이것은 중국과 일본 측의 자료에서는 발견되지 않는 조선 특유의 현상이다. 예컨대 오도일(1645~1703)은

> 소위 만주(滿洲)란 옛날 여진족 추장 가운데 벌판에서 뛰어난 만주(滿住)라는 자의 이름이 그대로 전습된 칭호를 말한다.[24]

라고 하였다. 이익(1681~1763)도

> 만주(滿住)라는 것은 이름이 아니고, 곧 가한(可汗)의 호칭과 같은 것.[25]

---

23 이익, 『성호사설』; 孟森, 앞의 책, 4쪽.

24 『西坡集』 券26, 雜識 丙寅燕行日乘 : "稱漢人則爲蠻子 稱清人則爲滿洲. 所謂滿洲者, 奴酋中, 古有名滿住者雄長於沙漠間, 故仍傳襲稱號云."

25 『성호사설』 제3권, 천지문(天地門), 생숙여진(生熟女眞).

이라고 하였다. 또 황윤석(1729~1791)도 '만주(滿洲)'에 대하여

> 또한 만주(滿住)라고 하며, 부족장의 호가 국호가 되었다.[26]

라는 주석을 하고 있다. 이처럼 조선에서는 '만주'라는 명칭은 건주위의 추장의 이름 '만주(滿住)'에서 비롯된 것이라는 견해가 조성되었다.[27] 이 만주가 죽은 뒤에, 그의 이름이 청 태조를 부르는 존칭이 되었고, 이것이 다시 청조의 부족 명칭 만주(滿洲)가 되었다는 것이다.

그리고 앞에서 오도일이 "청인을 칭하여 만주라 한다"고 말했듯이, '만주'는 청인에 대한 호칭으로 이해되었다. 이의현(1669~1745)도 "청인은 곧 만주(滿州)라 칭한다"고 하면서, "만주(滿州)란 본래 여진의 이름이니, 이렇게 칭하는 것이 참으로 마땅하다"고 하였다.[28] 그는 '만주'의 '주(洲)' 자를 '주(州)'로 다르게 사용했지만, 청인에 대한 호칭 '만주'는 '여진'을 가리키는 것으로 이해하고 있다.

또 '만주'는 지명으로도 이해되었다. 예컨대 1678년 8월 이하진

---

26 『이재유고(頤齋遺藁)』, 나덕헌(羅德憲, 1573~1640)의 행장, "滿洲[亦曰滿住. 其君長之號因爲國號."

27 이와 반대로 '만주(滿住)'는 '만주(滿洲)'의 잘못이라는 주장도 있다. 정조 24년과 순조 1년에 이조와 예조의 판서를 지낸 바 있는 윤행임(尹行恁, 1762~1801)은 "今淸人. 建州之餘耳. 或稱滿洲. 萬曆中. 數爲邊患. 我朝命將討之. 禽其酋. 書之史曰獲建州李滿住. 滿住者盖滿洲之訛也. 東人不知滿洲之爲國名而名其酋. 字又傳訛. 盖不能覘國而然爾."(『석재고(碩齋稿)』 권11, 序 送閔判樞[鍾顯]之燕序)라고 하였다. 그의 주장대로라면 이만주 활동 시기인 15세기 이전에도 '만주(滿洲)'라는 글자의 명칭이 있었다는 셈인데, 확인할 길은 없다.

28 『경자연행잡지(庚子燕行雜識)』(1720). "淸人則稱滿州. 漢人則稱蠻子. 滿州本女眞之號, 稱之以此, 固其宜矣."

(1628~1682)이 숙종에게 "청인이 장차 만주(滿州)로 나오려고 하니 우리에게 있어서 비록 조석의 근심은 아니라 하더라도 그러나 재난을 대비하는 데에 유의하지 않을 수 없다"고[29] 진언한 데서 보이는 바와 같다.

'만주'를 청조의 발상지이자 옛 국호로 보는 예도 있었다. 홍양호(1724~1802), 성해응(1760~1839), 정약용(1762~1836) 등이 이에 속하였다.[30] 이들의 이해는 청조의 건국 설화를 통해 얻어진 것이었다. 청조의 조상이 장백산 북쪽의 아다리성(俄多里城) 혹은 아타리성(俄朶里城) 혹은 악다리성(鄂多理城)에서 건국을 하여 국호를 '만주'라 했다는 것이다. 이규경(1788~1856)도 "영고탑이 곧 만주요 청의 고국이다"라고 하였다.[31] 이들이 언급한 내용은 『만주원류고』에 실린 청조의 건국 설화와 같은 것이었다. 『만주원류고』는 1778년(정조 2)에 완성되었고, 1785년(정조 9) 4월 사은사 서장관 이정운의 별단에 따르면, 당시 『만주원류고』라는 책이 이미 완성되어 있음을 조선에서도 알고 있던 것이다.[32]

---

29 『숙종실록』 7권, 숙종 4년(1678) 8월 20일조, 청인의 만주 진출에 대비하는 방책을 정유악·이하진 등과 의논하다. "上引見夏鎭等. 夏鎭袖進通報七卷曰 : 聞清人將欲出來滿州. 在我雖非朝夕之憂, 然亦不可不留意於備患也."

30 ① 홍양호, 『이계집(耳溪集)』 권12, 북색기략(北塞記畧), 강외기문(江外記聞) : "寧古塔. 距盛京東北一千三百五十餘里, 吉林烏喇東北五百四十餘里, 所轄地方東西三千二百五十餘里, 南北一千二百里, 西南三百三十里. 勒福陳河西岸, 有俄多里城. 清遠祖定三姓之亂, 肇居於此, 國號滿洲者也." ② 성해응, 『연경재전집속집(研經齋全集續集)』 15책, 서청인발상세기후(書清人發祥世紀後) : "命之曰汝姓愛新覺羅氏, 名布庫哩雍順, 居長白山北之俄朶里城, 國號滿洲." ③ 정약용, 『여유당전서(與猶堂全書)』, 「대청세계략(大清世系略)」 : "姓愛信覺羅, 名布庫哩雍順, 居于長白山北之俄朶里城, 國號曰滿洲."(청국의 책 『개국방략(開國方略)』을 인용한 글) "我朝發祥長白, 自遠祖定三姓之亂, 俄漠惠之野鄂多理城, 在今寧古塔西南三百餘里, 國號曰滿州."(청국의 책 『황조문헌통고(皇朝文獻通考)』를 인용한 글)

31 『오주연문장전산고(五洲衍文長箋散稿)』, 영고탑변증설(寧古塔辨證說). "寧古塔卽滿洲, 清之古國也. 距我甚近, 自北關慶源爲六百里, 開局於長白山之北, 向南爲一大都."

32 『정조실록』, 정조 9년(1785, 건륭 50) 4월 19일조, 사은사 서장관 이정운의 별단.

또한 이규경의 『오주연문장전산고』에는 청 고종이 지은 「어제전운시(御製全韻詩)」에 나오는 "만주(滿洲)는 본시 만주(滿珠)이다. 우리 국가가 동쪽 지방에서 기업을 이루기 시작하였으므로 서장(西藏)에서 매년 단서(丹書)를 올릴 적마다 만주사리대황제(曼珠師利大皇帝)라 호칭한다"라는 내용이 실려 있다.[33] 이규경은 '만주(曼珠)'가 문수사리를 가리킨다는 것을 알고 있었으므로, '만주'라는 칭호가 문수보살을 의미한다는 사실도 알고 있었을 것이다. 하지만 '만주'가 문수보살을 의미한다는 내용이 다른 학인들의 글에서는 발견되지 않았다.

이상 살펴본 것처럼 '만주'라는 명칭은 청조의 자기 부족에 대한 존호로서 문수보살을 의미했고 호국불법의 황제라는 뜻을 가졌다고 규정할 수 있다. 이에 비해 조선에서 '만주'라는 용어는 대개가 여진의 '부족장' '청인' 또는 '청의 발상지'이자 '청의 옛 국호'의 의미로 사용되었다.

---

33 『오주연문장전산고』, 청계원류변증설(淸系源流辨證說). "按滿洲. 淸字本作滿珠. 我國家肇基於東. 故西藏每歲獻丹書. 皆稱曼珠師利大皇帝. 至今漢字作滿洲者. 蓋因洲字義近地名. 假借用之. 遂相沿從俗云."

2. '만주족=오랑캐[夷狄]' 의식의 등장

1) '만주족=오랑캐[夷狄]' 의식의 출현

조선 후기 만주족을 오랑캐로 보는 의식은 여말선초에 여진족에 대한 인식에서부터 연원한다. 고려 시대에는 금 건국을 전후로 여진족에 대한 인식이 변하였다. 1126년 금과 조공책봉 관계를 맺고 1135~1136년 묘청의 난이 진압된 이후, 이때까지 여진족을 '인면수심(人面獸心)'이라며 오랑캐로 보는 의식은 점차 수그러들어 사라지게 되었다.[34]

고려 후기에 수그러들었던 여진족에 대한 오랑캐 의식은 조선 초기에 다시 대두하였다. 여진족이 서북과 동북을 자주 침입하여 살인과 약탈을 자행했기 때문이다. 이 가운데 대표적인 사건의 하나는 1432년(세종 14) 11월 압록강 건너편의 파저강 유역에 있던 건주여진의 추장 이만주(李滿住)의 침략이었다. 이만주 일파는 "강계(江界) 여연구자(閭延口子)에 돌입하여 군사와 백성을 살해하고 사람과 가축과 재산을 약탈"하였다.[35] 이에 조선에서는 이듬해 4월 최윤덕(1376~1445)을 평안도 도절제사로 삼고 이들의 본거지를 공격하여 대파하였다. 정벌에 성공한 세종은 그해에 자성군(慈城郡)을 설치하였다.[36] 정벌 후 세종은 교서를 내리면서,

---

34 김순자, 2009, 「고려 전기의 거란(遼), 여진(金)에 대한 인식」, 『한국중세사연구』 26호, 144~145쪽.

35 『동문선』 제24권, 건주야인을 정벌한 뒤에 파고(播告)하는 교서(征建州野人後播告敎書[尹淮]). "至宣德七年,十一月間. 乘虛突入江界閭延口子. 殺害軍民. 刼掠人畜財産. 背施負恩. 窮凶極惡. 罪不容誅."

36 이인영, 1954, 『한국만주관계사의 연구』, 을유문화사, 209쪽.

> 어리석은 저 견융(犬戎)이 험한 지형만을 믿고 천리를 거역하여 내 변방 백성들을 마구 학대하였으니, 저들의 화는 자초한 것이고, 나의 노함은 부득이한 것이다. …… 아, 깊숙한 소굴이 깨트러졌으니 바로 적의 무리가 전멸되는 때요, 강역이 깨끗해졌으니 한 번 수고하여 오래도록 편안한 공효를 거두게 되었다. 만방에 포고하여 모두 들어 알게 하라.[37]

고 하였다. 조선 "강역" 내 "군사와 백성을 살해하고 사람과 가축과 재산을 약탈"하는 이만주 등의 여진족에 대하여 '견융(犬戎)'이라 하여 오랑캐로 간주하였다.

위 사건을 계기로 세종은 1436년(세종 18) 윤6월 4품직 이상인 자들에게 '외적의 침입을 막는 방책'을 강구하도록 하였다. 세종은 이 방책들을 모아서 서북 방어의 책임자인 평안도 도절제사 이천에게 유시하였는데, 내용인즉 모두 서북의 여연(閭延)과 자성(慈城) 방면에서 침략하는 건주여진 이만주에 대비하기 위한 것들이었다. 방책을 올린 자들은 야인에 대해서 "금수"라거나 "인면수심"이라고 하고, 또 이만주에 대해서 "성상의 품어 기르시는 은혜를 잊고, 그 시랑(豺狼)과 같은 마음을 자행"하는 자라거나, "산간소로(山間小虜)"라고 하여,[38] 여진에 대해 금수 내지 오랑캐 의식을 표출하였다. 이와 동시에 이들은 이만주의 침략에 대비하여 서북의 "변비(邊備)"와 "변민(邊民)"의 확고한 안정을 위한 여러 가지 구체적 방

37 『동문선』 제24권, 건주야인을 정벌한 뒤에 파고(播告)하는 교서. "蠢爾犬戎. 憑恃險阻. 違天逆理. 噬我邊氓. 禍實彼之自求. 怒豈予之得已. …… 於戲. 窮廬震蕩. 正群醜畢殲之秋. 疆域肅淸. 收一勞久安之効. 布告中外. 咸使聞知."

38 『세종실록』 73권, 세종 18년(1436, 명 正統 1) 윤6월 18일조, 4품 이상이 올린 외구의 제어책을 평안도 도절제사에게 보내다.

안을 호소하고 있다. 이처럼 이만주 등의 변방 침노는 여진에 대해 금수나 오랑캐 의식을 갖게 하는 데 결정적 역할을 하였다.

세조와 성종 때에도 건주여진에 대한 큰 정벌이 있었다. 세조 때에 건주여진은 의주와 창성 등지를 침범하였고, 요동으로도 공격하였다. 이에 명이 조선에게 협공 요청을 하자, 1467년(세조 13) 조선은 강순(1390~1468), 어유소(1434~1489), 남이(1441~1468) 등으로 하여금 건주여진의 본거지를 정벌하도록 하였다. 이 정벌로 인해 이만주는 죽음을 맞게 되었다.

1479년(성종 10)에도 조선 정부는 윤필상(1427~1504) 등에게 명하여 건주여진을 정벌하게 하였다. 정벌이 성공한 것을 기리어 김종직(1431~1492)은 시 한수를 지었는데, "여진은 금수와 같아서, 동북의 변방에서 함부로 날뛰네"라는 첫 구절로 시작한다.[39] 여진을 오랑캐보다 못한 금수로 간주한 것이다. 이 시를 수록한 『점필재집』은 1520년(중종 15)에 간행되었고, 1649년(인조 27)에 재간되었다.

조선 최초의 서원인 백운동서원을 건립한 주세붕(1495~1554)의 글에서도 여진에 대한 오랑캐 의식을 찾을 수 있다. 그는 1525년(중종 20) 12월 서북 야인의 침노를 방비하기 위해 첨절제사(僉節制使)로서 만포진(滿浦津)으로 출사하는 심사손(1493~1528)에게 글을 지어 보냈는데,

오랑캐[夷狄]의 중국에 대한 관계는 음(陰)이 양(陽)에 대항하는 것과

39 『점필재집(佔畢齋集)』 제19권, 시(詩), 「좌상 파평공이 절월을 받아 북쪽으로 가매 강 진산이 출새곡 다섯 편을 받들어 전별하므로, 나는 삼가 입새곡 다섯 장을 지어 담비 꼬리에 대신하다(左相坡平公受鉞北征姜晉山奉贐以出塞曲五篇僕謹以入塞五章續貂)」. "女眞是禽獸, 跳梁東北陲."

같다. …… 또한 왜(倭)와 야인(野人)이 우리나라에 대한 것도 마찬가지다.[40]

고 하였다. '왜'나 '야인'을 모두 조선의 '오랑캐'로 보고 있다. 조선의 서원 문화를 창시한 인물이 여진족을 오랑캐로 본 것이다. 또 그는 국경을 접하고 있는 야인의 "흉악하고 사나움[凶悍] 흉포함과 교활함[桀黠]"이 "왜"에 비할 수 없을 만큼 오래되었다고 하며, 조정의 우려가 서북에 있음을 아울러 밝히고 있다. 당시 조선의 국방에 대한 우려는 남쪽으로부터 일본 침입보다 북쪽에서의 여진 침입이 보다 더 컸음을 알 수 있다.

17세기 초 요동에서 활약한 누르하치에 대해서도 오랑캐로 보았다. 1618년(광해군 10) 명나라의 병력 요청이 있자, 그해 윤4월 비변사는 이에 대한 책략을 광해군에게 진언하는 중에 "노추(奴酋)가 흉악하고 불충스러운 생각을 품고 병력을 증강시켜 10여 년 동안에 이미 감당하기 어려운 오랑캐[虜]가 되고 말았습니다"라며, 누르하치를 '감당하기 어려운 오랑캐[虜]'라 하였다. 이어서 비변사는 "우리나라와 국경이 맞닿아 있는 관계로 조만간 반드시 물어뜯을 형세가 있게 될 뿐만 아니라 요동과 광녕의 각 아문에서도 모두 이를 우려해 온 지 지금 몇 년이 지났습니다"라고 하여,[41] 이미 누르하치의 세력이 조선과 명에 위협적임을 보고하고 있다.

---

40 『무릉잡고(武陵雜稿)』 권7 원집(原集), 서(序), 送沈僉使赴滿浦鎭序. "夫夷狄之於中國. 如陰之抗陽. 上世患山戎. 三苗梗舜. 鬼方拒殷宗. 玁狁侵周室. 漢匈奴, 唐突厥, 宋之遼金. 皆是. 若倭, 野人於我國. 亦然. 然倭人則距鯨濤萬里. 資木道爲變. 雖跳踉試劍. 而無弓馬長技. 是固不足以動心也. 野人者. 本女眞蒙古之遺種. 壤地相接. 凶悍桀黠. 其非倭奴之比也久矣. 故方今聖上之所憂而大臣之所議者. 實在西北."

41 『광해군일기』 127권, 광해 10년(1618, 명 만력 46) 윤4월 16일조, 비변사에서 군문 및 요동·광

마침내 1618년(광해군 10) 봄에 누르하치가 명나라를 향해 기병하자, 명은 조선에게 출병을 요구하였다. 이에 대해 광해군은 구체적인 정벌방략을 요구하는 자문을 명에 보내어 출병을 연기하였는데, 이 글에서 누르하치를 "여진 유종(遺種)"이라면서, 조선의 북변을 위협하는 이들을 "호(胡)"나 "노(虜)", 또는 "적(狄)" "건이(建夷)"로 불렀다.[42] '정묘호란' 때 인조는 여진족을 금수로 간주하였다. 1627년(인조 5, 명 천계 7, 후금 천총 2) 정월에 후금 아민(阿敏)의 침공을 피해 강화도로 천도한 인조가 내린 교서에는 이들을 "여진 소추(小醜)"라면서 "개와 양[犬羊]"으로 간주한 것이다.[43]

여진족을 오랑캐로 보는 의식은 청조가 중국을 차지한 뒤에도 지속되었다. 앞서 인용한 세종의 교서는 『동문선』에 수록되어 이후에 수차례 간행되었다. 1478년(성종 9)에 처음 편찬된 『동문선』은 1713년(숙종 39, 청 강희 52)까지 약 230여 년에 걸쳐 중인(重印)과 번각(飜刻)을 모두 9차례나 하였다.[44] 이 사실을 미루어보아 『동문선』을 통해서 세종의 교서는 여진족에 대한 오랑캐 의식을 선도하는 데 중요한 역할을 했다고 생각된다. 1823년(순조 23, 청 도광 3)에 간행된 『해동역사』에서도 건주위의 여진을

령 각 아문에 회자하는 일로 아뢰다. "奴酋情形之兇逆, 兵力之鴟張, 十餘年來, 已作難當之虜. 非但境連我國, 有早晩必噬之形, 遼, 廣各衙門, 亦皆憂之, 今有歲年. 今者無端生事, 入犯華界, 其樂禍之心, 必不至於侵擾邊上而已." "回咨末端, 當遵咨意, 候勅諭到日, 整頓聽調之意, 善爲措辭添入宜當." 당시 비변사의 보고는, 누르하치의 공격이 예상되므로 명의 병력 요청에 섣불리 응답하지 말고, "칙유가 도착하는 날을 기다리며 병력을 정돈하고 지휘 받을 태세를 갖추고 있다"는 정도로 회답하기를 주청한 것이다.

42 『광해군일기』 128권, 광해 10년(1618, 명 만력 46) 5월 22일조, 중국 조정에 보낸 자문의 내용.

43 『인조실록』 15권, 5년(1627, 정묘년, 명 천계 7) 2월 4일조, 강도로 천도하였으니 더욱 분발하여 공을 세우라는 교서를 내리다.

44 김두종, 1968, 「동문선 해제」, 한국고전종합DB 웹 사이트(http://db.itkc.or.kr).

"건주이(建州夷)", 건주좌위의 우두머리인 범찰과 동찰에 대해서 "건주이추(建州夷酋)"로 소개하고 있다.[45] 이 외에도 조선 중기 이후 여진족에 대해서는 '만호(滿胡)', '만로(滿虜)' 또는 '청호(淸胡)'라는 용어를 통해 오랑캐 의식이 적지 않게 표출되었다.

이와 같이 조선에게 여진족은 침략자, 약탈자였다. 그러므로 오랑캐 내지 금수로 간주되었으며, 징벌의 대상이었다. 여진족에 대한 오랑캐 의식은 이미 조선 초기부터 나타났고, 17세기 초 누르하치의 활약 이후 강화되었다. 또한 청조가 중국을 차지하여 흥성할 때까지도 지속되었다. 특히 조선 변방의 인축(人畜)을 겁략하던 여진이 청 태종에 이르러서는 조선의 본토를 침략함으로써, 후술하듯이 여진 즉 만주족에 대한 오랑캐 의식은 조선의 지배적 이데올로기로서 자리잡게 된다.

2) '만주족=오랑캐[夷狄]' 의식과 북벌대의(北伐大義)

조선 초기에는 만주 즉 압록·두만강 이북 지역은 변방을 교란하는 여진을 관리하기 위한 관심 지역이었다. 건국 초기 정도전의 주동에 의해 요동정벌 계획이 국가정책으로 채택된 적이 있었지만, 1398년(태조 7) 이방원의 정변으로 정도전 일파는 제거되고 정벌 반대파였던 조준 등이 중용됨으로써 요동정벌 계획은 무산되었다.[46] 이후 1432년(세종 14), 1467년

---

45 『해동역사(海東繹史)』 권66, 본조비어고(本朝備禦考)6, 건주사실(建州事實).

46 한영우, 1973, 『정도전사상의 연구』, 서울대학교출판부, 171~172쪽.

(세조 13), 1479년(성종 10)에 있었던 건주여진 정벌도 변경을 침범하여 인축을 노략질하는 야인에 대한 관리차원의 대처였을 뿐이다.

그러나 1636년 병자호란 이후 조선의 여진에 대한 위상은 정반대로 변하였다. 조선은 오랑캐라며 멸시하던 여진에게 '세 번 절하고 아홉 번 머리를 조아리며' 굴복하였고, 이로부터 이제 여진은 더 이상 조선 정부의 관리 대상이 아니라 오히려 조선의 왕을 책봉하고 조공을 받는 존재가 되었다.

병자호란 이후 조선에서 만주족에 대한 오랑캐 의식은 이전보다 더 강화되었다. 청에게 치욕적으로 굴복한 조선 권력층은 이후 청에 대한 복수설치(復讐雪恥)를 위한 북벌을 국가 제일의 대의로 삼으면서 만주족에 대한 오랑캐 의식을 더욱 강화한 것이다.

청에 대한 북벌을 국가대의로 수립한 인물은 효종과 송시열이었다. 1649년 효종은 즉위하자 산림의 김상헌·김집·송준길·송시열 등을 대거 등용하고 복수설치를 위한 북벌대의를 표방하였다. 이 가운데 송시열(1607~1689)은 북벌대의를 이론적으로 강화시켰다. 이들은 모두 명나라를 위해 복수하는 것을 대의로 삼았는데, 특히 송시열은 "또 거기에다 일절을 더 넣어서 춘추대의에 오랑캐[夷狄]로서는 중국에 들어올 수 없고 금수로서는 인류와 나란히 할 수 없다는 것을 첫 번째 의리로 삼고, 명나라를 위해 복수하는 것을 두 번째 의리로 삼았"던 것이다.[47] 송시열의 북

47 『송자대전』 부록 19권, 기술잡록, 윤봉구 강상어록. "鳳九曰. 聞淸, 愼, 春諸先生. 皆以大明復讎爲大義. 而尤翁則又加一節. 以爲春秋大義. 夷狄而不得入於中國. 禽獸而不得倫於人類. 爲第一義. 爲明復讎. 爲第二義. 然否. 曰. 老先生之意正如是矣." 이 글은 윤봉구(尹鳳九, 1681~1767)가 그의 스승인 권상하(權尙夏, 1621~1721)와 함께 송시열에 대해 나눈 대화의 기록이다. 조영록, 1996, 「조선의 소중화관」, 《역사학보》 149, 136~137쪽 참조.

벌론이 단순한 복수의식이 아니라 존화양이(尊華攘夷)라는 춘추대의에 입각하였음을 보여주는 대목이다. 1655년(효종 6) 김익희가 찾아와서 효종의 북벌 결의를 전달할 때에, 송시열은 "예부터 오랑캐[夷狄]가 천하를 얻으면 일찍이 백 년을 누린 나라가 없었는데, 지금 청인은 또한 어찌 오래갈 수 있겠는가"라고 말하였다.[48] 청은 오랑캐 나라이어서 결코 오래갈 수 없다고 무시한 것이다. 이처럼 북벌론 속에는 '만주족=오랑캐[夷狄]' 의식이 기본 관념으로 자리를 잡고 있었다.

송시열은 인(人)과 동열에 설 수 없는 이(夷)를 청인(淸人)으로 실체화하였다. 그는 청에 대하여 '복수설치'하는 것은 인(仁)·의(義)를 세우기 위하여서이고, 인·의를 세우는 것은 삼강오륜을 지키기 위한 기본이라고 강조하였다. 그리고 삼강오륜이 없으면 나라가 나라로서 성립되지 않으며 나라의 안정을 도모하기 위해서도 북벌은 필요하다고 하였다. 송시열은 명을 조선의 부모, 청은 우리나라 부모의 원수라고 하였다.[49]

그렇지만 조선의 북벌대의는 북벌이란 구호조차 청을 향해 직접 공개하지 못할 만큼 위선적인 것이었다. 1649년(효종 즉위년) 김자점(1588~1651)은 송준길 등이 자신을 탄핵한 일에 앙심을 품고, 조선이 장차 북벌할 준비를 하고 있다고 청에게 밀고하였다. 이 사건으로 1650년 의순 공주가 청나라에 가게 되었고,[50] 조정의 수상인 영의정 이경석이

48 『강한집(江漢集)』 32권, 전, 명배신전(6). "宋先生時烈 …… 金益熙知王決意北伐. 因從容. 復言先生. 王由此. 遂欲大用先生矣. 是時. 先生居母憂. 益熙臨弔. 夜將半. 泣謂先生曰. 自古夷狄得天下. 未嘗有饗國百年者. 今淸人亦安能久乎."

49 정창렬, 2006, 「실학의 세계관과 역사 인식」, 연세대 국학연구원 편, 『한국실학사상연구, 1 철학·연사학편』, 혜안, 294쪽, 296쪽.

50 『숙종실록』 4권, 숙종 1년(1675) 윤5월 21일조, 송시열을 위리 안치하다.

책임을 지고 귀양을 갔으며, 청의 칙사 10여 패가 연달아 와서 힐문하였다.[51] 1667년(현종 8)에도 청에서 사신을 보내와 북벌을 계획한 일에 대해 조사하였다. 이때 우상 허적(1610~1680)은 현종이 벌금을 내는 선에서 마무리되도록 무마하였다.[52] 이처럼 효종, 현종 대에 북벌이 국내에서는 춘추대의로서 표방되었지만, 정작 청을 향해서는 한마디도 꺼내지 못하는 것이었다.

이처럼 북벌대의가 청을 향해서는 무력하였지만, 조선 내에서는 당쟁을 유발하며 위력을 발휘하였다. 조정의 북벌논의에 반대한 대표적 인물은 윤선거(1610~1669)였다. 윤선거는 "한 가지 착실한 조치도 없이 단지 '복수'라는 말만 내세우는 것이 오늘의 큰 폐단"이라고 하였다.[53] 송시열은 윤선거가 효종의 북벌대의를 훼손하고 있다고 자주 불만을 드러냈다. 송시열은 윤선거가 "효종이 장차 대의를 펴려던 일에 대해서까지 반드시 비소하는 말을 하며 '구천(句踐)은 속였고 경연광(景延廣)은 미친 짓을 하였다'고 하였고, 또 오랑캐의 세력을 과장하여 천하에 당할 자가 없으니 결코 금나라, 원나라에 비길 바가 아니라고 하였으며, 효종이 놀기를 좋아하고 거드름을 피운다고 논했다"고 하였다.[54] 또 송시열은 1687년

51 『연려실기술』 30권, 효종조, 청사사문(淸使査問).

52 『송서속습유(宋書續拾遺)』 부록 2권, 묘지(墓誌)(윤봉구).

53 『명재년보(明齋年譜)』 후록 2권, 의변무소(擬辨誣疏) 임상덕(林象德) 제(製). "無一着實擧措. 而只發復讐之說. 今日之大弊."

54 『송자대전』 132권, 잡저, 쇄록(瑣錄). "尹既改名宣卜. 受虜札往來之後. 自謂不復爲盛德事. 如聞人取義成仁事則甚不喜聞. 至於孝廟將伸大義則必爲非笑之言. 曰句踐詐矣. 延廣狂矣. 又且張皇虜勢. 以爲天下莫能當. 決非金元之比. 且議我孝廟盤樂怠傲噫." 『송자대전』 부록 제2권, 연보(1)에 따르면, 윤선거가 구천과 연광 운운한 서신을 송시열에게 보낸 시기는 1657년(효종 8) 11월경이다.

(숙종 13) 11월 박세채에 보낸 편지에서도, 생전의 윤선거가 북벌 "대의에 관한 말"을 듣기 싫어한 것이 "큰 죄"였다고 평하면서, '구천은 속였고 경연광은 미친 짓을 하였다'고 한 말이 "좌우에서 저해시켜 사람들을 현혹시켰고", 장황하게 청의 형세를 늘어놓아 "사람들이 의구심을 품게 함으로써 해 보려는 의도[북벌 - 인용자]를 와해시키고 있다"고 하였다.[55]

윤선거가 말했다는 '구천은 속였고, 연광은 미친 짓을 하였다(句踐詐矣, 延廣狂矣)'는 구절을 두고 송시열 측에서는, 부차(夫差)에게 치욕을 당한 뒤 몰래 복수를 계획한 구천을 효종에게 비유하고, 국력을 헤아리지 않고 큰소리친 경연광을[56] 송시열에게 비유한 것으로 해석하고 윤선거를 공격한 것이다. 이 구절은 윤선거가 효종과 송시열의 북벌대의에 반대하였다는 것을 입증하는 제일의 근거가 되었다.

윤선거의 아들인 윤증(1629~1714)도 소위 '신유의서(辛酉擬書)'(1681년)에서 북벌대의를 비판하였다. 송시열이 자임한 '존명벌청(尊明伐淸)'의 의리는 말로만 내세우고 실적은 하나 없고, 밖으로 드러난 것은 그의 작록과 이름뿐이라며, 실제로 병자년 복수를 기도하려면 이 '허명(虛名)'과 '이행(利行)'을 하루속히 고쳐야 된다고 비판하였다.[57] '신유의서'의

---

55 『송자대전』 68권, 서(書), 여(與)박화숙, 정묘년(1687년). "且尹有大罪. 以己貪生畏死之故. 惡聞大義之說. 孝廟有寧以國斃之教. 又引朱子說. 以爲不幸蹉跌. 死生以之. 吾於君臣父子. 無所憾焉. 其賢於屈辱而苟存也遠矣云. 則尹曰. 延廣狂矣. 又引朱子說. 以爲視吾力之强弱. 觀彼釁之淺深. 徐起而圖之云. 則尹曰. 句踐詐矣. 左右沮抑. 以眩群聽. 又且張皇虜勢. 使人疑懼懾憚而解體於有爲. 其秉心殊不可曉也." "尹之罪. 可與鑴並按. 而不當在末減之科也."

56 경연광(景延廣)은 후진(後晉)의 신하로서 거란에게 칭신(稱臣)하기를 거부하고 "우리나라에 대검(大劍) 10만 자루가 있으니, 싸우고 싶다면 얼마든지 오라고 전하라"라고 하였다가 뒤에 거란의 군사에게 생포되어 자살하였다.

57 이은순, 1995, 『조선후기당쟁사연구』, 일조각, 59~60쪽.

내용은 3년 후에 송시열에게도 알려져서 노론·소론이 분당하는 원인의 하나가 되었다.

윤선거가 북벌대의를 비판했다는 사실은 노론이 소론을 공박하는 중요한 구실이 되었다. 윤증이 아버지 윤선거의 문집을 간행하자, 1716년(숙종 42, 병신) 7월 25일 경기·충청·전라도에서 신구(1666~1734) 등의 유생 60인은 윤선거 문집은 송시열 특히 강화도 피난 시절의 효종을 무함하는 내용을 실었다고 하면서 처분해 달라고 상소하였다.[58] 그러자 곧이어 이에 반대하여 7월 29일 예조참판 오명준, 8월 3일 수찬(修撰) 엄경수, 8월 8일 진사 이홍제, 8월 19일 우윤(右尹) 김연 등은 신구가 윤선거를 무함하고 있다고 하며 처벌해주길 상소하였다.[59] 그러나 8월 24일 노론의 영수 좌의정 김창집(1648~1722)은 신구의 소가 지나친 점이 있으나, 윤선거의 본뜻은 아니라 하더라도 효종을 욕되게 한 망발이 더 크다고 하며, 신구를 견책하는 소들을 나무라며 윤선거 문집의 판본을 훼철할 것을 상소하였다. 숙종은 김창집의 상소를 받아들여 이홍제는 유배 보내고, 엄경수는 파직되었으며, 판본은 헐어 없애도록 하고, 이제부터 이에 관한 소는 봉입하지 말도록 하였다.[60]

북벌대의를 둘러싸고 일어난 '신구 상소' 사건은 1680년(숙종 6) 경신

58 『숙종실록』 58권, 숙종 42년(1716, 병신) 7월 25일조, 송시열을 옹호하고 윤선거를 배척하는 내용의 경기·충청·전라도 유생 신구 등의 상소문.

59 위의 자료, 7월 29일조, 윤선거를 배척한 신구의 상소에 대해 윤선거의 문집 내용을 들어 옹호한 오명주의 상소문; 8월 3일조, 신구를 죄주기를 청한 수찬 엄경수의 상소문; 8월 8일조, 신구의 소를 논하여 배척한 진사 이홍제 등 2백여 인의 상소문; 8월 19일조, 우윤 김연이 상소하여 신구의 소를 배척하며 귀양보내기를 청하다.

60 위의 자료, 8월 24일조, 시비가 끊이지 않는 윤선거 문집의 판본을 헐어버릴 것을 청한 김창집의 차자.

환국 이후 30여 년간 엎치락뒤치락해온 노론·소론 당쟁의 절정이었다. 1727년(영조 3) 소론 계열의 사관이 다시 보완한 『숙종실록보궐정오』의 1716년 8월 24일조에는 "사문의 쟁투가 30년 동안 그치지 않고 엎치락뒤치락 괴격함이 신구의 소에 이르러 극에 달했다"고 하며, 그 죄를 김창집에게 돌렸다.[61]

이처럼 북벌은 현실성이 전혀 없었음에도 불구하고, 오히려 조선 내부에서 북벌대의는 통치 이데올로기로서 강화되었다. 1675년(숙종 1) 조정에서는 송시열의 북벌대의가 거의 망한 조선을 구해냈다고 칭송하였다. "국가가 정축년(1637, 인조 15) 이후 멸망할 뻔하다가 겨우 멸망하지 아니한 것은 송시열이 의리를 부르짖고, 분연히 일어나서 자기 몸을 돌보지 않았고, 청나라의 연호를 쓰지 아니하였으며, 처음부터 끝까지 원수 갚는 것을 자신의 임무로 여겨서다"라고 평가하였다.[62] 송시열의 북벌대의 주창은 그의 사후에도 국가에 의해 현창되었다. 1787년(정조 11) 정조는 송시열이 북벌대의를 수립하고 만동묘를 설립한 공으로, 특별히 그의 후손을 대보단 망배례(望拜禮) 시에 참여하도록 한 것이다.[63] 정조 시대에도 북벌대의가 국가 통치 이데올로기로 계속 선전되고 있었음을 알 수 있다.

정조는 '숭명반청(崇明反淸)' 의식을 고양하는 서적들도 간행하도록 장려하였다. 대표적인 예로 규장각 제학을 지낸 황경원(1709~1787)의 저

---

61 『숙종실록』 보궐정오 58권, 숙종 42년(1716, 병신) 8월 24일조, 좌의정 김창집이 윤선거 문집의 판을 헐기를 청하니 따르고, 소유 이홍제를 정배하다. "噫嘻. 昌集之罪, 可勝誅哉. 斯文之爭閱, 三十年未已, 轉輾乖激, 至球疏而極矣."

62 『숙종실록』 4권, 1년(1675) 윤5월 21일조, 송시열을 위리 안치하다. "國家自丁丑後, 亡而僅不滅, 時烈倡義, 奮不顧身, 不書淸國年號, 終始以除讎爲己任."

63 정옥자, 1998, 『조선후기 조선중화사상연구』, 일지사, 173~176쪽.

술인 『명배신전(明陪臣傳)』을 들 수 있다. 이 책은 조선과 명을 위해 청에 항거한 49명과 그 외 인물 등 모두 65명의 이야기를 담아, 대명의리 의식과 대청복수 의식을 고취하고 있는데, 당대에 이미 여러 이본이 돌아다닐 만큼 많이 읽혀졌다.[64] 여기에는 청을 오랑캐의 나라로 보며, 오래갈 수가 없다고 멸시한 송시열의 일화도 수록되어 있다. 정조는 『명배신전』이 사기와 한서의 격법(格法)을 얻었다고 칭송하고,[65] 황경원이 죽자 문집을 간행하라고 명하였다. 이에 의해 『명배신전』은 『강한집(江漢集)』에 수록되어 1790년(정조 14, 건륭 55) 6월 4일에 간행되었다.[66] 또 정조 말년에 국책 사업으로 시작되어 순조 대에 편찬된 『존주휘편』의 「제신사실(諸臣事實)」에는 '중화질서의 수호자들' 150명의 사적이 정리되어 있는데, 여기에 『명배신전』에 나오는 50명의 인물도 포함되었다.[67]

이는 국가에 의해 『명배신전』이 공간된 것이므로, 정조가 앞장서서 '숭명반청' 사상을 국가사상으로서 보급한 셈이었다. 『존주휘편』은 춘추대의에 입각한 존주론을 표명하면서, 존화양이의 화이론 사상을 골자로 하였는데, 이를 국가에서 편찬했다는 것은 정조 대에 조정과 학자 층에서 청을 오랑캐[夷狄]로 보는 의식이 매우 강고했음을 보여준다.

'숭명반청' 사상은 19세기의 대표적 지식인 박규수(1807~1877)에게도 전승되었다. 1828년(순조 28) 박규수는 순조의 대리청정을 하는 효명

---

64 임유경, 2002, 「황경원의 『명배신전』 연구」, 《한국고전연구》 8집, 한국고전연구학회, 8~27쪽.

65 『홍재전서』 161권, 일득록(日得錄). "近世, 黃景源文章最號古雅, 而陪臣考尤得史漢格法." 임유경, 앞의 논문, 10쪽에서 재인용.

66 김은정, 「해제 『강한집』」, 한국고전종합DB 웹 사이트(http://db.itkc.or.kr).

67 허태용, 2009, 『조선후기 중화론과 역사 인식』, 아카넷, 197~198쪽.

세자의 명에 따라서, 정조 대에 이르기까지 조선 역대 왕의 성덕고사를 7언 절구로 찬술한 『봉소여향(鳳昭餘響)』을 찬진하였다. 이 시에서 효종이 북벌에 대비하여 송시열에게 초구(貂裘)를 하사하고 성대한 열병식을 거행한 일을 찬양하였다. 이 외에도 박규수는 숙종이 명나라의 인장을 모각하여 사용하게 했다거나, 영조가 명나라 마지막 황제 의종의 순사일을 맞아 대보단에서 치제하고 명나라 진사의 복제를 부활하도록 했다는 고사도 찬양했던 것이다.[68] 이것으로 보아 북벌대의를 비롯한 '숭명반청' 사상은 박규수 시대에 이르기까지 면면히 이어지고 있었음을 알 수 있다.

이상 살펴본 것처럼 만주족을 오랑캐[夷狄]로 보는 의식은 북벌대의라는 통치 이데올로기의 기초가 되었다. 조선 전기까지 변방을 관리하던 차원에서의 적대감이던 오랑캐 의식이 '병자호란'을 계기로 권력층이 조선의 지배체제를 유지하기 위한 통치 이데올로기의 수단으로 변한 것이다. 북벌대의는 만주족이나 청에 대해서 그 실체를 인정하지 않고 오랑캐로만 보았으며, 나아가 조선 내부의 북벌 비판 세력에 대해서도 적대시하였다. 이로써 북벌대의 속의 적대감의 표적은 만주족이 아니라 조선 내부로 이동하였다. 이리하여 만주라는 타자는 북벌대의라는 통치 이데올로기를 통해서 조선의 정체성을 만들어내는 또 하나의 조선으로 전화되었다.

68 이완재, 1999, 『박규수연구』, 집문당, 130~131쪽.

3. '만주=고토(故土)' 의식의 출현

1) 북벌론 퇴조와 고토의식 출현

효종의 승하(1659년)와 남명(南明)의 멸망(1662년) 이후, 현실적으로 북벌이 불가능해지면서 조선에서 북벌론은 퇴조하였다. 이와 동시에 일부 학인들 중에서 북방의 만주를 조선의 고토로 보는 인식이 새롭게 나타나기 시작하였다.

고려 시대에는, 우리 상고시대의 강역이 미쳤던 요동 지역에 대해 구체적으로 지명을 비정할 정도의 지리 정보를 가지지 못하였다. 조선 초기 관찬사서에서는 고구려 초기의 주요한 지명들을 모두 한반도 안에 설정하였고, 여러 지도도 대체로 북방의 강역을 부정확하게 표시하고 있었다.

만주를 기자조선의 강역으로 보는 생각은 세조 때 권람이 지은 『응제시주』에 처음 제시되었는데, 17세기 이후 다시 나타나서 더욱 구체화되었다.[69] 즉 1660년대 후반까지 추보된 『동국여지지』(1656년)에 이르러 유형원(1622~1673)이 만주의 지리를 기자와 고구려의 구체적 강역으로서 비정한 것이다.

이후부터 학자들은 대체로 요동 일대까지 기자와 한사군의 영역으로 이해하였고, 고구려·발해의 강역을 연구하기 시작했으며, 기자의 고

69 서영수, 1988, 「고조선의 위치와 강역」, 『한국사시민강좌』 2집, 28쪽.

지와 고구려 초기의 중심지를 압록강 이서지방에 비정하였다.[70] '병자호란'이 일어난 지 20년 후에 이르러 만주를 기자와 고구려, 발해의 강역으로 비정하기 시작한 것이다.

단군과 만주를 연관시켜 생각하기 시작한 사람은 허목(1595~1682)이었다. 그는 『동사(東事)』에서 숙신과 부여를 단군조선의 부용국으로 보았다.[71] 만주가 단군조선의 부용국 지역이었음을 말한 것이다.

그는 「변새(邊塞)」란 글에서 윤관 9성 중의 하나인 공험진이 두만강 북쪽 700리에 있다는 설도 주장하였다. 여진 지역이 고구려의 영토였음을 언급하면서, 윤관이 1108년(예종 3) "선춘령 동남 두만강 이북 700리"에 "업적을 기록한 비를 세워 경계로 삼았다"고 하였다.[72] 선춘령의 위치에 대해서는 원래 『고려사』 「지리지」(1451년)에서 두만강 이북 700리로 되어 있었으나 『동국여지승람』(1481년) 이후로는 함경도에 있는 것으로 보는 것이 통설로 되어 왔었는데, 허목에 이르러 다시 두만강 이북설을 주장하였던 것이다. 이후 선춘령 두만강 700리설은 이세구·이익도 주장하

---

70 박인호, 2003, 『조선시기 역사가와 역사지리인식』, 이회문화사, 20~21쪽, 27쪽.

71 한영우, 1989, 「17세기 중엽 남인 허목의 고학과 역사 인식」, 『조선후기사학사연구』, 일지사, 114쪽, 116쪽. 『동사』는 1677년(숙종 3) 1월 12일 다른 저술들과 함께 허목이 직접 숙종에게 상차(上箚)한 바 있고, 사후 1692년(숙종 18) 경에 문집 『기언(記言)』에 수록되어 간행되었다.

72 『기언』 30권 원집 잡편, 변새(邊塞). "東女眞. 靺鞨遺種. 高句麗部落. 地方三百里. 東極于海. 西至蓋馬山. 南接于長 , 定二州地. 本句麗舊地. 高麗肅宗十年. 女眞數寇邊. 將大發兵討之. 肅宗歿. 睿宗立. 二年秋. 以尹瓘爲大元帥. 吳延寵爲副元帥. 發十七萬衆. 擊破女眞部落. 定疆域. 東至火串嶺. 北至弓漢嶺. 西至蒙羅骨嶺. 幷所侵之地. 鐵嶺以北千餘里. 置九城. 曰咸州. 曰英州. 曰雄州. 曰吉州. 曰福州. 曰宜州. 曰公險鎭. 曰通泰鎭. 曰平戎鎭. 爲北界. 咸州. 今咸興府. 英州在蒙羅骨下. 雄州在吉州火串嶺下. 福州古禿魯兀. 今端川郡. 宜州在定州南. 公險鎭在會寧府蘇下江濱. 先春嶺東南豆滿江北七百里. 三年. 立石記功於先春嶺以爲界."

였으며, 이종휘에게도 이어졌다.[73] 허목은 조선 후기 북방 지리 인식의 특징의 하나인 '선춘령 두만강 이북설'을 선도한 것이다.

또한 허목은 근기남인의 영수로서 국방을 중시하면서도 북벌에 반대하였다.[74] 숙종 초 북벌을 주장하던 윤휴가 높이 등용된 일에 대해서, "국세가 크게 무너지고 민심이 흩어졌는데 망령되이 천하의 공에 뜻을 두고 국가의 큰 근심을 돌아보지 않으니, 장차 헤일 수 없이 사람을 죽이고 나라를 망칠 것이다. 나라의 대계가 과연 이런 것인가"라며 비판하였다.[75] 그는 효종과 송시열에 대해서도 비판적이었다. 1688년(숙종 14) 1월 송시열의 회고에 따르면, 허목이 '효종의 정치가 문란하다'라거나 송시열 자신에 대해서도 '부허한 임금을 지나치게 존상한다'고 말하였다. 송시열은 허목과 윤선거가 서로 기맥을 통했다고 보면서, 이들을 찬양하는 여론이 무리를 이루고 있다고 말하였다.[76] 이를 보면 당시 사회 일각에서 조정의 북벌론에 대해 비판적인 여론이 상당히 존재하였음을 알 수 있다.

허목은 4군 철폐를 아쉬워하였다. 조선 초에 4군 6진을 개척하여 여진에게 빼앗긴 강역을 되찾았지만, 1455년(세조 1)에 다시 4군 지역 9백여

---

73 한영우, 1989, 「18세기 중엽 소론 이종휘의 역사 인식」, 『조선후기사학사연구』, 일지사, 272쪽. 이 외에도 홍양호, 성해응, 정동유 등도 '선춘령 두만강 이북설'을 주장했고, 반면에 안정복, 정약용, 한진서 등은 부정하였다. 조광, 1974, 「조선후기의 변경의식」, 《백산학보》 16호, 백산학회, 167쪽.

74 한영우, 1989, 「17세기 중엽 남인 허목의 고학과 역사 인식」, 『조선후기사학사연구』, 일지사, 91~109쪽. 채제공이 지은 성호의 묘갈명에 따르면, 허목의 학문은 이황을 이어받아 이익에게 계승되었다.

75 『기언』 66권, 자서(自序) 2. "尹鑴已薦名於孝廟時. 至是乃出言北伐事致貴用. 某曰國勢大壞. 人心離散. 妄意天下之功. 不顧國家之大患. 將殺人亡國而有不計者. 國之大計. 果如是耶. 鑴不悅."

76 『송자대전』 131권, 잡저, 간서잡록(看書雜錄). "許穆嘗於榻前說孝廟政亂. 又與人書論賤臣事曰. 浮虛之君. 尊尙過當. 宣擧尊穆異常. 嘗請穆篆以額牛溪碑. 而士論不許. 故不用之. 其氣脈元來如是矣. 今日時輩贊揚穆與宣擧於榻前. 更無餘蘊. 眞所謂不易之公論也."

리를 버렸다고 하였다.[77] 만주가 옛 고구려나 고려의 강역이었지만, 지금의 조선은 압록강 이남의 4군마저도 버려두고 있다는 현실을 안타까워한 것이다.

만주 지리에 관한 구체적인 지식은 청국으로부터 지리 서적을 입수하고부터 비로소 얻을 수 있었다. 1697년(숙종 23)에 『성경지(盛京誌)』가 입수되고, 남구만(1629~1711)은 『성경지』에 실려 있는 「성경여지전도」를 확대 복제하여 숙종과 비변사에 바쳤다. 당시 조선의 조정은 『성경지』를 통해 성경·영고탑·오라·선창 등 만주의 중요 위치를 짐작할 수 있게 되었다. 조선이 『성경지』를 입수한 요인에는 청조가 중원에서 쫓겨나서 영고탑으로 돌아올지도 모른다는 위기의식 때문이었다.[78]

남구만이 1697년(숙종 23) 5월 18일 「성경도」라는 지도와 함께 올린 상소문에는 청조의 발상지인 심양, 오랄, 영고탑 등에 대한 고토의식이 잘 나타나 있다. "두만강 북쪽은 지금은 비록 다른 지역이 되었지만 실로 이곳은 우리 목조·익조께서 임금을 탄생하게 한 곳"이고, "요동 왼쪽에 이르러서는 처음에는 바로 기자가 봉지로 받은 지역"이었고, "개원(開原)현은 바로 옛날의 부여국이며, 고구려의 시조 주몽이 나라를 세운 곳"이

---

77 『기언』 30권 원집 잡편, 변새. "四郡之地. 東自虛川, 西至禿魯江 , 萬年四百四十三里. 南北自靑河至永興 , 陽德之境五百里. 本肅愼靺鞨之墟. 朝鮮古地沒於女眞. 我太宗 , 世宗置六鎭於北界. 又置四郡於靑河. 忽剌溫 , 兀良哈 , 婆猪雜胡數寇邊. 世宗十五年. 遣崔潤德討破之. 十九年. 又遣李蕆討之. 世祖元年. 棄四郡九百餘里. 以絶胡."

78 배우성, 1998, 『조선후기 국토관과 천하관의 변화』, 일지사, 239쪽. 남구만은 소론의 영수로서 북방 지역에 대한 강렬한 영토의식과 각 지역의 관방에 관심을 가진 인물로 평가된다. 박인호, 2003, 「남구만과 이세구의 역사지리인식」, 『조선시기 역사가와 역사지리인식』, 이회문화사, 202~203쪽. 1720~1721년의 상황을 반영한 『함경도지도』에는 「성경 지도」와 「영고탑 지도」가 제작되어 있다(배우성, 위의 책, 212~213쪽.).

그림 1-1 「성경도」『대한지리도』

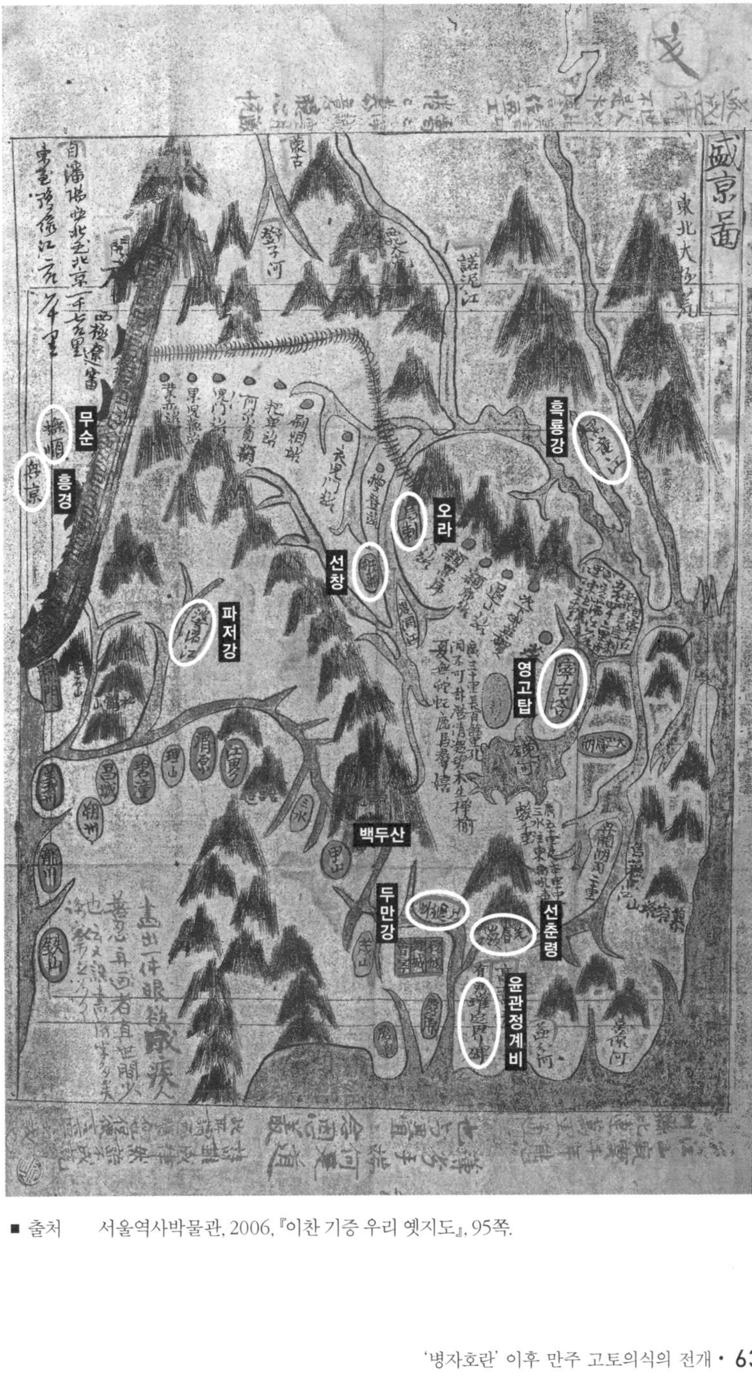

■ 출처 서울역사박물관, 2006, 『이찬 기증 우리 옛지도』, 95쪽.

라 하였다. "그리고 지금의 개평(盖坪)현은 바로 진한(辰韓)의 옛 지경인데, 역시 우리 삼한의 하나"이었다고 하면서, "일찍이 고구려가 융성할 때에는 요동 일대와 여진에 속한 것들 대부분이 지경 안에 속해 있으며, 이로 인해 해동의 강국이 되었다"고 하였다.[79]

이어서 그는 지금 조선의 "쇠약한 형세와 조잔하고 피폐한 힘"으로 인해, "기자의 옛 강토와 목조·익조가 옛날에 살던 곳의 회복"을 감히 논하지 못하고 있는 것은 말할 것도 없지만, 심지어 "우리나라의 지경으로 여기는 부분에 대해서도" "내버려 두고 있어 사람이 살지 않는 수풀뿐인 곳으로 만들었다"고 한탄하였다.[80] 압록강이나 두만강 이북의 옛 강역은 말할 것도 없고 현재의 강역조차도 완전히 지배하지 못하는 현실을 못내 아쉬워하고 있다. 이어서 그는 무산·강계·자성 지역의 개간과 개척을 통해 지켜낼 것을 주청하였다. 남구만의 만주에 대한 고토의식 안에는 폐사군에 대한 영토적 불안의식이 병존하고 있음을 알 수 있다.

79 『숙종실록』 31권, 숙종 23년(1697) 5월 18일조, 영중추부사 남구만이 『성경도(盛京圖)』라는 지도를 바치다. "蓋豆滿江北, 今雖爲異域, 實是我穆, 翼兩祖胚胎日月之地, 比之周家, 卽同不窋之自竄, 古公之陶穴." "至於遼左, 初是箕子受封之疆, 而開原縣, 乃古扶餘國, 高句麗始祖朱蒙發迹之地. 今之盖平縣, 乃辰韓故境, 亦我三韓之一也. 曾在高句麗盛時, 遼東一帶及女眞之屬, 大抵皆是封內, 以此爲海東强國. 及至末季, 君臣失道, 地蹙於隨, 唐, 民遷於江, 淮, 剪焉傾覆, 無復餘燼之可尋, 興亡盛衰之際, 倂呑分裂之迹, 俱載障中, 亦足爲慨然興歎, 怵然思懼之具矣."

80 위의 자료. "鴨綠, 豆滿二江之源, 竝出白山之嶺, 東西分流而入海, 此乃我國之界限. 故今此盛京圖書, 此朝鮮界於二江之南者也. 方今以我國委靡之勢, 凋弊之力, 凜凜有不能自存之憂, 其於復箕子之故彊, 恢穆, 翼之舊居, 誠不敢妄議, 至於彼中圖籍所記, 以爲我界者, 亦不敢生意於畫而守之, 列置州鎭, 以爲申固封疆之規, 棄之爲林藪無人之地. 但使採蔘奸民, 隱身藏迹, 出沒往來, 恣意犯越, 無得以誰何. 今之議者, 但慮實民之爲犯越, 而不知空地爲犯越之尤甚者, 臣誠恨之."

2) '만주=단군·기자강역' 의식의 생성

이익(1681~1763)은 만주가 기자강역이었을 뿐 아니라 그 이전에 단군의 강역이었다고 주장하였다. 그는 단군강역의 중심을 요(遼)·심(瀋) 지방으로 설정하였다. 그는 태백산의 위치를 묘향산으로 비정하는 통설을 따르지 않고, 요지(遼地)로 비정함으로써 단군강역의 중심을 요양(遼陽)과 심양(瀋陽) 지방으로 설정하였다. 지금까지 단군의 중심지를 압록강 이남의 평양으로 보는 통설에 이의를 제기한 것이다.[81]

그의 글 「요계시말(遼界始末)」은 단군에서 시작하여 청국으로 끝난다. "단군·기자 시대의 강역은 상고할 데가 없"지만, "고구려에 이르러 온 요계의 땅을 다 차지하여, 동쪽은 바다까지 이르고, 서쪽은 장령(長嶺)까지 이르러서 요하로 경계를 삼았고, 신라 말기에 발해에 통합된 바 되었다"고 하였다.[82] 비록 '강역은 상고할 데가 없다'는 단서를 달았지만, 요계의 시초를 단군으로 삼은 것이다. 요계 일대가 단군·기자·고구려·발해의 영역이었고, 이후 차례로 요·금·원·청이 이곳을 차지하였다고 하였다. 이익은 단군을 요계 역사의 시초로 꼽음으로써, 만주의 역사가 단군에서부터 시작되었음을 말하고 있다.

다음과 같이 단군의 강역에 대해 구체적으로 언급도 하였다. 「단기(檀箕)」라는 글에서 "순(舜)은 제풍(諸馮)에서 태어나 동이(東夷) 사람이

---

81 한영우, 1989, 「18세기 전반 남인 이익의 사론과 한국사 이해」, 『조선후기사학사연구』, 일지사, 208쪽; 서영대, 2000, 「전통시대의 단군 인식」, 노태돈 편, 『단군과 고조선사』, 사계절, 178쪽.

82 『성호사설』 3권. 天地門, 遼界始末. "檀箕之際疆場無所考 至句麗幷有全遼之地 東窮於海 西抵長嶺 與遼爲界 新羅之末爲渤海所統地 …… 清本興於興京在長嶺之西矣 幅員最廣無所不包云此遼界之始末"

라 칭했으니 그 땅은 요심(遼瀋)과 근접했다. …… 조선의 땅은 처음에 요심을 아울러 가졌으니 반드시 제풍과 멀지 않았을 것이다"라고 하였다.[83] 「단기강역(檀箕疆域)」에서는 순임금이 설치한 유주(幽州)는 "지금의 요심"인데, 이 지역에서 단군에 이어 "기자가 계속하여 나라를 세웠"다고 하였다.[84] 이처럼 이익은 경계의 범위는 밝히지 못했지만, 요심 즉 요양과 심양이 단군조선의 강역이었다고 언급하였다.

그는 기자조선에 대해서는 강역의 범위도 밝혔다. 같은 글 「단기강역」에서 기자조선의 서쪽 경계는 산해관을 훨씬 지나간다고 하여, 요동과 요서의 전 지역이 기자조선의 강역이었다고 주장하였다. 기자강역을 요서로 보는 견해는 세조 때 권람이 지은 『응제시주』에 처음 제시되었는데, 조선 후기에 들어와서 이익이 다시 주장한 것이다. 이후 이익의 주장은 안정복의 『동사강목』, 홍봉한의 『문헌비고』(여지고), 이긍익의 『연려실기술』, 이종휘의 『동사』 등에서 그대로 수용되었다.[85]

이처럼 이익은 이전 다른 누구보다도 더욱 분명하게 요동과 요서에 대한 고토의식을 나타냈다. 이제까지 평양을 중심지로 보았던 단군강역을 요심 중심지로 보았다. 단군강역의 경계를 밝히지는 못했지만, 기자의 강역은 요서에까지 이르렀다고 주장하였다.

---

83 『성호사설』 제23권, 경사문(經史門), 단기(檀箕). 한영우, 앞의 논문, 209쪽에서 재인용.

84 『성호사설』 1권, 천지문(天地門), 단기강역(檀箕疆域). "舜肇十有二州封十有二山 又在十有二牧咨命之中幽州居其一 按漢地理志 幽州其山醫巫閭 其利魚鹽 非今遼瀋而何哉 檀君與堯並立 至十二州時已百年矣 雖未知疆土遠近 而箕子繼立 其後孫朝鮮侯時與燕爭强 燕功其西取地二千餘里 至滿潘汗爲界 朝鮮遂弱 自燕以東本無許多地 滿潘汗則今鴨綠水 則滿者是滿州 潘是瀋之誤也 鴨綠之外距山海關 不過千有餘里 其爲燕所侵奪者 遼瀋之外更無其地"

85 한영우, 앞의 논문, 214쪽.

그림 1-2 17~18세기 만주고토론에 나오는 지명 약도

이익이 요심 일대를 단군과 기자의 강역으로 보는 의식의 기저에는 '조선=화(華)'라는 자부심이 있었다. 「단기강역」 모두에서 "단군은 요와 같은 시기에 나라를 세웠"으며, 순임금이 유주를 포함하여 "12개의 주를 설치할 때는 벌써 건국한 지가 백 년이 넘었다"면서, 단군 시대에 이미 "이(夷)에서 화(華)[夏]로 변한 지가 오래되었다"라고 말하였다. "요순시대부터 중국 내지와 같이 다루어 왔고 단군·기자, 백이·숙제의 교화가 이루어졌으니 문명의 영향을 받은 것이 여기만 한 곳이 없다"라고 하였다.[86] 단군 시대에 이미 요순과 같은 중화의 단계에 들어섰다는 주장이다. 이전까지 단군 시대를 이(夷) 단계로 보아온 통념과 배치되는 주장으로 단군을 정통의 시발로 평가한 것이다.[87]

이익은 이어서 "지금 압록강 이외의 지역은 지세나 인풍으로 보아 다시 합할 수 없게 되어서", 조선으로서는 마침내 "압록강을 경계로 삼아 영토의 일부가 완전히 없어지고, 일부 지역만을 보존하고" 있는 형편이라고 말하고 있다. 그러나 그러면서도 조선이 "의관(衣冠)과 구속(舊俗)을 잃지 않고 있으니, 또한 천지간에 한 즐거움이다"라고 하였다.[88] 지금 조선이 비록 요심 일대를 잃어버려서 강역은 줄어들었지만 이미 단군 시대부터 중화문명과 다를 바 없던 '의관과 구속'을 여전히 간직하고 있다고 자

---

86 『성호사설』 1권, 천지문, 단기강역. "…… 檀君與堯並立 至十二州時已百年矣 …… 然則檀君亦必在虞廷風化之內 而東邦之變夷爲夏久矣 舜本東夷之人 則諸馮負夏亦必九夷之中也 箕子雖都平壤 而與燕接界 而孤竹之墟又在其中 自堯舜之世 視作內服閱 檀箕夷齊之風化聲教所迄莫有此若也 今也鴨綠以外地勢人風有不可以更合 退以江流爲界 金□金缺 保全一方不失衣冠舊俗亦天地間一樂爾"(□는 판독 불능 글자 - 인용자, 이하 동일)

87 한영우, 앞의 논문, 205쪽, 210쪽. 이익의 단군 인식은 허목과 홍만종의 견해를 종합한 것이었다. 허목은 단군 시대를 민풍이 순박한 시대로 긍정했고, 홍만종은 단군을 정통의 시발로 설정했다.

88 『성호사설』 1권, 천지문, 단기강역.

긍하고 있음을 보여주고 있다. 이렇듯 이익의 '만주=단군·기자강역' 의식에는 '조선=화'라는 의식이 동반하고 있었다.

그리고 이익도 북벌에 반대하는 뜻을 나타낸 바가 있다. 그는 「장준망국(張浚亡國)」이라는 글에서 남송에 대해서 "권간(權奸)들이 정권을 농락하여 한갓 북벌의 명분만 믿고 망령되이 강린(强隣)을 도발하여 마침내 멸망에 이르렀다"라고 평하여,[89] 북벌논의에 대해 폐해를 들면서 비판하고 있다.

이상을 종합해 보면 이익에 있어서 '만주=단군·기자강역'이 나타난 것은 당시에 이미 비현실적으로 되어버린 북벌론을 지양하고, 그 대신에 '조선=화'라는 문화 자존 의식을 함양한 결과였다고 생각한다.

또한 이익도 폐사군 개발을 촉구하였다. 폐사군 일대가 이제는 외침으로 인해 어지러워질 염려가 없게 되었고 정계비가 세워진 이후 조선 측에게 그 권리가 보장된 지역이므로 이곳을 개발해야 한다고 주장하였다.[90]

이익 이후에 '만주=단군·기자강역' 의식은 일반화되었다. 안정복의 『동사강목』, 신경준의 『강계고』, 홍봉한의 『문헌비고』(여지고), 이긍익의 『연려실기술』, 이종휘의 『동사』, 정약용의 『강역고』, 한진서의 『해동역사』 등에서도 기자조선의 강역은 요서 지역에까지 미쳤다고 보았고,[91] 특

---

89 『성호사설』 26권, 경사문(經史門), 장준망국(張浚亡國). "後權奸擅弄徒憑恃北伐之名 安犯强隣遂至於亡 矯枉過直必至斷折 張浚之謂矣"

90 조광, 1974, 「조선후기의 변경의식」, 《백산학보》 16호, 백산학회, 175쪽.

91 한영우, 앞의 논문, 214쪽; 서영수, 앞의 논문, 26~27쪽, 29쪽; 오강원, 1996, 「고조선 위치비정에 관한 연구사적 검토」(1), 《백산학보》 47호, 7~18쪽: 오강원, 1996, 「고조선 위치비정에 관한 연구사적 검토」(2), 《백산학보》 48호, 55~56쪽.

히 안정복과 이종휘는 단군 조선의 강역도 요동 지역을 포함하였다고 보았다.[92] 이렇듯 '만주=단군·기자강역' 의식은 18세기 조선에서 만주 고토의식의 전형적인 관념이 되었다.

이상 살펴본 것처럼 '만주=고토' 의식은 북벌론의 퇴조와 폐사군에 대한 영토의식의 자각과 함께 출현하였다. 현종·숙종 대에 형성된 '만주=고토' 의식의 내용은 만주를 기자·고구려·발해의 강역으로 보는 것이었으며, 여기에는 고려의 국경이라고 알려진 선춘령이 두만강 이북에 있다는 '선춘령 두만강 이북설'도 포함되었다. 이익의 경우는 만주의 요심 지역이 단군의 강역이었다고 주장하였지만, 구체적인 사방 경계의 범위를 논급하지는 못하였다.

4. 만주 고토 회복 의식의 생성

1) '만주족=오랑캐[夷狄]' 의식과 '만주=고토' 의식의 결합

안정복(1712~1791)은 만주에 대한 고토 회복의 염원을 보여주었다. 그는 『동사강목』의 「요동군고(遼東郡考)」에서 요순시대부터 요계(遼界)는 단군과 기자조선의 땅이었지만, 고려 이후 금·원·명·청이 차례로 요계

92 서영수, 위의 논문, 29쪽; 오강원, 위의 논문(1), 11~12쪽.

를 차지했음에도, 조선은 끝내 "요동을 복구하지 못하였기 때문에 압록강이 하나의 큰 철한(鐵限)이 되어 끝내 천하의 약국이 되었으니 애석하다"고 하였다.[93] 「동국지계설(東國地界說)」(1758년)에서도 "근본을 따져서 논하자면 요동의 절반 땅인 오라(烏喇) 이남은 모두가 우리 땅인데," "발해·거란·완안(完顏) 등의 잡종이 번갈아 일어나면서 땅의 경계가 점차 줄어들었다"고 하면서, 신라 문무왕 이후 고구려의 옛 강토를 회복하지 못했다고 애석해 하였다. 이어서 "오랑캐가 점점 강성해짐에 선춘(先春)의 옛 강토도 보전하지 못하고 덕릉[이성계의 고조부 목조의 능]·안릉[목조 비의 능] 두 능도 이역으로 들어가 두만강과 압록강이 하나의 큰 철한이 되어버렸으니, 이것이 바로 뜻 있는 선비가 길게 한숨 쉬고 짧게 탄식하는 까닭이다"라면서, "지금의 병력으로는 기자와 고구려의 옛 강역을 회복한다거나 목조·익조의 구거(舊居)를 회복하자고 말할 수는 없으니, 마땅히 옛 일을 많이 알아 그 계한을 밝혀 스스로 강해질 길을 찾아야 할 뿐이다"라고 하였다.[94] 여기에서도 이제 북벌이 아주 불가능하게 변화된 현실 속에서, '만주=고토'라는 의식이 나타나고 있음을 확인할 수 있다.

안정복의 만주에 대한 고토의식에는 만주족에 대한 오랑캐[夷狄]

---

93 『동사강목(東史綱目)』, 요동군고(遼東郡考). "噫自遼東之不復, 而鴨綠爲一大鐵限, 終爲天下之弱國, 惜哉."

94 『순암선생문집』 19권, 동국지계설. "究本而論之. 則遼地半壁. 烏喇以南. 皆我地也. 而隋唐宋之際. 渤海, 契丹, 完顏雜種代興. 地界漸縮. 惜乎. 新羅文武以後. 皆無遠慮. 幷濟平麗. 志願已足. 不能收復句麗舊疆." "夷虜漸盛. 先春舊疆. 亦不得保. 而德安二陵. 淪在異域. 豆滿鴨綠. 作一大鐵限. 此有志之士所以長吁短歎者也. 以今兵力. 無論於復箕高之故域. 恢穆翼之舊居. 當多識舊事. 明其界限. 爲自彊之道而已."

의식도 함께 공존하고 있었다. 「동국지계설」에서 '오랑캐가 점점 강성해짐에 선춘의 옛 강토도 보전하지 못한다'라고 말했듯이, '선춘의 옛 강토'에는 강성해진 오랑캐 즉 '이·로(夷虜)'가 있었다고 보았다. 그의 만주족에 대한 오랑캐[夷狄] 의식은 이전의 누구보다 더 강력하였다. 그에게 "여진과 몽고는 오랑캐[夷狄]의 가장 포악한 자"이고, "오직 살육만을 일삼는" 자였던 것이다. "지금의 청인도 역시 여진의 종내기로서 우리나라가 이른바 야인이라고 하는 자들로, 족히 칭할 만한 것이 없는" 자였다.[95] 그는 중화[中夏]가 "원(元)·청(淸)에서 더럽혀지고 어지럽혀졌"고, "중화의 주인은 곧 하늘의 아들이고, 오랑캐[夷狄]은 곧 겁도(刦盜)"로 보았다.[96] 안정복에게 만주족은 중화를 도둑질한 오랑캐[夷狄]였다.

안정복도 조선이 단군 이래 중화의 문명을 간직하고 있다고 말하였다. 1775년 그는 「소강절 경세음을 흉내 내다[效邵康節經世吟]」라는 시를 지었는데, 여기서 중국에는 복희(伏羲)·헌원(軒轅) 이래 천년만년 동안 사람이 있어 왔다고 말한 뒤, "하늘이 우리나라[我東]을 내셨는데, 구역은 사뭇 다르나, 본래의 품성이 같으니 근원은 다를 바 없다"고 하였다. 조선과 중국의 '본래의 품성'이 같다는 것은 조선이 곧 중화임을 표현한 것

95 『순암선생문집』 12권, 잡저, 상헌수필(橡軒隨筆) (상), 이적난화(夷狄亂華). "然至後世. 女眞蒙古爲夷狄之最暴者. 而唯以殺戮爲事. 金據中原之半. 元又混一. 能至百餘年. 今之淸人. 亦女眞餘落. 我國所謂野人而無足可稱. 能享國百數十年而不已. 豈非陽運漸衰而陰運乘之. 天亦莫可奈何而然耶."

96 위의 자료, 상헌수필(상), 화이정통(華夷正統). "苟可以得天下. 通謂之正統. 則是大不然. 中夏聲名文物之鄕. 天以是命之聖人. 使之保以守之. 此所謂神器也. 是器也傳自羲農. 至于堯舜禹湯文武. 而金甌無缺. 玉燭長明. 動搖乎秦晉隋南北五代. 復正于漢唐宋明. 而穢亂于元淸. 譬如一家. 以父傳子. 以子傳孫. 多歷年所. 忽有刦盜奪而有之. 以爲己物. 又經累年. 幸其子孫有能克家者. 勦除刦盜. 克復舊業. 則不可以中間刦盜之掩取者. 謂之眞主人. 而使奉其先祀. 撫其奴僕. 以續其宗統也明矣. 以此言之. 中華之主. 卽天之子也. 夷狄卽刦盜也."

이다. 이어서 그는 단군·기자·삼국에 이르기까지 "도리"가 이어졌고, 마침내 고려 말에 "성스러운 왕조가 발흥하여, 문교가 전국에 발달하고, 소화(小華)라는 칭호가 붙어, 우리의 도를 잃지 않았네"라고 읊었다.[97] 조선이 중국과 다를 바 없으며, 단군 이래 중화의 도를 지켜 왔다고 자긍한 것이다. 안정복의 '만주=고토' 의식은 '만주족=오랑캐[夷狄]' 의식과 '조선=중화' 의식에 기반을 둔 것이었다.

2) 조선중화론과 만주 고토 회복 의식

'만주=고토' 의식과 '만주족=오랑캐[夷狄]' 의식이 결합된 '조선=중화' 의식을 더욱 강렬하게 보여준 인물이 이종휘(1731~1797)이다. 그는 청이나 건주여진을 "청호(淸胡)" "건로(建虜)"라 부르고,[98] 청조의 중원 진출에 대해서 평하기를 "만번(滿藩)이 중국에 들어가고 나서 중국의 가르침은 당연히 사라지고 오랑캐 풍속만 남아, 소위 중국을 구하려 해도 얻을

97 『순암선생문집』 1권, 시(詩), 효소강절경세음(效邵康節經世吟) 을미년(1775). "羲軒堯舜. 湯武桓文. 皇王帝覇. 父子君臣. 四者之道理限于秦. 降及兩漢. 又歷三分. 東西俶擾. 南北紛紜. 五胡十姓. 天紀幾棼. 非唐不濟. 非宋不存. 千世萬世. 中原有人. 天生我東. 區域殊異. 本稟之同. 原無所貳. 檀君尙矣. 箕聖致治. 八政昭揭. 三條垂示. 韓濊交亂. 三國旋熾. 道理重明. 爰自麗季. 聖朝勃興. 文敎四曁, 小華有稱, 吾道無墜."

98 『수산집(修山集)』 6권, 책(策), 책1(策一) 수요해(守要害). "今淸胡本我北鄙. 嗚吠相達之隣." 『修山集』 卷6, 策 策二 取遼瀋 : "然遼瀋之所以不可取者. 非以建虜之遺種. 窟穴盤據. 有難朝夕下也. 我縮伏惴惴. 不敢抗一矢窺江外. 惟欲虛淸北而絶之. 棄六鎭而避之. 有十步退. 無一步進. 我之伎倆. 止此故耳."

수 없다"고 하여,[99] 청이 중국을 차지했어도 중화를 지켜낼 수 없다고 내다보았다. 반면 조선이 유일한 중화의 나라라고 주장하였다. "지금 중국을 구하려면 마땅히 이쪽에 있는 것이지 그쪽에 있는 것이 아니다"라거나 "중국이 중국이 되는 까닭은 사람에 있는 것이요, 땅에 있는 것이 아니다"라고 하여,[100] 조선이 중국임을 주장하였다. "만주인이 중국의 황제가 된 뒤에도 해동의 한 모퉁이는 천하가 치발(薙髮)하는 세상에 관상(冠裳)하고 읍양(揖讓)하는 예를 잃지 않고 있으니 또한 성대하다고 할 만하다"라고 하여,[101] 만주족이 중국을 차지했지만 중화 문화는 조선이 간직하고 있음을 자긍하고 있다.

이렇게 '조선=중화' 의식이 강하였던 이종휘는 만주를 고토로 보고 이에 대한 회복을 강력히 염원하였다. 「취요심(取遼瀋)」이라는 글의 제목이 보여주듯이 요심 즉 만주를 취할 것을 적극 주장하였다. 먼저 그는 "요심 일대는 곧 기자와 고구려의 옛 강역"으로 "천하용무(天下用武)의 땅"이라 하며, 거란과 여진이 모두 이곳에서 일어나서 중원을 차지할 만큼 중요한 곳이고, 단군에서 발해까지 모두 우리의 전조(前朝)가 될 수 있었던 것도 만주의 청석령(靑石嶺)과 선춘령(先春嶺)을 경계로 삼은 덕분이라고 하였다.[102] 이어서 요심 일대를 다시 찾을 것을 주장하였다. 금·원 이래

---

99 『수산집』 10권, 제후(題後), 제동국여지승람후(題東國輿地勝覽後). "自滿藩入主中國. 而中國之教. 蕩然無復存者. 髡首左衽. 欲求其所謂中國而不可得矣."

100 위의 자료, "則今之求中國者. 宜在此而不在彼." "則中國所以爲中國. 盖亦在人而不在地也." 한영우, 1989, 「18세기 중엽 소론 이종휘의 역사 인식」, 『조선후기사학사연구』, 일지사, 252~253쪽.

101 『수산집』 6권, 책, 혁구속(革舊俗). "及夫滿人帝中國. 而海東一隅. 冠裳揖讓於天下薙髮之世. 亦可謂盛矣." 한영우, 위의 논문, 254쪽.

102 『수산집』 6권, 책, 책2, 취요심(取遼瀋). "今遼，瀋一帶. 卽箕，高舊疆. 而天下用武之地也. 契

중국의 땅이 되어 조선과 다른 이역으로 여기게 된 세태를 탄식하면서, 이제 천하는 변하여 요심 일대를 취하지 않을 수 없는 상황이 되었다고 말하였다. 그 이유는 "요심을 취하지 않으면, 양계[청석령과 선춘령]를 확보하지 못하고, 양계를 확보하지 못하면 동국 또한 따라서 이적(夷狄)이 되기" 때문이라고 하였다.[103] 만주족을 오랑캐[夷狄]로 보면서, 조선이 요심을 차지하지 않으면 만주족의 침입으로 오랑캐[夷狄]의 지역이 될 것을 염려하고 있는 것이다. 그는 「선춘령기」에서도 백두산정계비로 인해서 청석령과 선춘령을 "호지(胡地)"로 넘겨주었다고 개탄하면서, 발해 고토를 수복해 만 리의 땅을 가진 나라로 웅비할 필요성을 역설하였다.[104]

이처럼 이종휘는 만주 고토에 대한 회복을 매우 적극적으로 주장하였다. 위에서 보았듯이 그의 만주 고토 회복 의식은 '만주족=오랑캐[夷狄]' 의식과 '조선=중화' 의식이 결합되면서 나타난 것이다. '만주=고토' 의식은 안정복을 거쳐 이종휘에 이르러 '만주족=오랑캐[夷狄]' 의식과 '조선=중화' 의식이 결합하면서 만주 고토 회복 의식으로까지 나아갔다고 말할 수 있다.

정조 시대에 만주에 대한 고토 의식 또는 고토 회복 의식은 당파를 넘어서는 지배적인 문화현상이 되었다. 박지원(1737~1805)은 한사군과 평양, 패수의 위치를 모두 요동 지역에 비정하였다. 1780년(정조 4) 6월 28일

丹, 女眞. 皆以是起遂能拓冠裳之區而尸其郊. 其要且重. 可知也已. 其地自檀氏以來. 至于渤澥大氏. 皆爲東方之有勝國. 亦以青石, 先春二嶺爲界."

103 위의 자료. "東國置斯區於度外者. 幾千年矣. 議者以爲別域異方. 曾不敢近. 而况於取之乎. 然愚以爲天下有變. 則事勢自有不可不取者. 何也. 不取遼瀋. 則無以保兩界. 兩界不保. 則東國亦隨之而夷狄矣."

104 한영우, 앞의 논문, 244쪽.

봉황성을 바라보면서 이곳이 평양의 하나라고 말하였다. 그는 요서의 광녕현에 기자묘가 있었으며, 요동의 요양현과 함께 평양이라는 호칭도 갖고 있다고 하였다. 요양의 한우락수(薛芋濼水)도 역시 패수의 하나라고 보았다. 그는 후세 조선의 선비들이 "요동이 본시 조선의 땅이며" "오랄(烏剌)·영고탑(寧古塔)·후춘(後春) 등지가 본시 고구려의 옛 땅임을 알지 못하"고, 한사군이나 패수나 평양을 모두 압록강 이남으로만 비정하여 "조선의 강토는 싸우지도 않고 저절로 줄어들"게 하였다고 탄식하였다. 그는 한사군 중 "진번·임둔은 한(漢)나라 말기에 바로 부여·읍루·옥저에 들어간 것이니, 부여는 다섯이고 옥저는 넷이던 것이 혹 변하여 물길(勿吉)이 되고, 혹 변하여 말갈(靺鞨)이 되며, 혹 변하여 발해(渤海)가 되고, 혹 변하여 여진(女眞)으로 된 것이다"라고 하였다. 이를 근거로 "한사군의 절반은 요동에, 절반은 여진에 걸쳐 있어서, 서로 포괄되어 있었으니, 이것이 본디 우리 강토 안에 있었음은 더욱 명확하다"라고 확신하였다.[105]

정조의 『존주휘편』 편찬에 주도적으로 참여한 성해응(1760~1839)도 만주족을 오랑캐로 보고 조선을 문명국으로 보면서, 만주에 대한 강한 고토 회복의식을 보여주었다. 그는 "만주가 중국에 들어가고부터" "화이(華夷)가 뒤섞여서 불순해졌"는데, "유독 우리 동국만이 그 문명을 보존

---

105 『열하일기』, 동강록(渡江錄), 6월 28일 을해(乙亥). "然吾東之士, 只知今平壤, …… 若復言鳳城爲平壤則大驚, 若曰, 遼東復有平壤則叱爲怪駭, 獨不知遼東本朝鮮故地, 肅愼濊貊, 東彝諸國, 盡服屬衛滿朝鮮, 又不知烏剌寧古塔後春等地, 本高句麗疆, 嗟乎, 後世不詳地界, 則妄把漢四郡地, 盡局之於鴨綠江內 …… 是朝鮮舊疆, 不戰自蹙矣, 此其故何也, …… 由是論之, 眞番臨屯, 漢末, 卽入於扶餘, 挹婁, 沃沮, 扶餘五沃沮四, 或變而爲勿吉, 變而爲靺鞨, 變而爲渤海, 變而爲女眞, …… 以此推之, 漢之四郡, 半在遼東, 半在女眞, 跨距包絡, 本我幅員, 益可驗矣."

하고 있다"라고 하였다.[106] 그는 고구려와 발해의 강역이 만주족의 근거지였음을 강조하였다. "청천강 북쪽은 고구려의 옛 강역이다. 발해가 이를 이었고 발해가 멸하고 나서 숙여진이 근거 삼아 널리 왕성하였다"고 하고, "여진의 우두머리가 압록 북쪽으로 피해 가서 유종을 널리 퍼뜨렸는데, 이것이 만주족이 되었다"라고 하였다.[107] 성해응도 안정복이나 이종휘처럼 요동의 지정학적 중요성에 주목하였다. 동북방 지역이 천지의 기운이 있어 국가들이 이 지역에서 발생하여 중국을 위협 또는 지배하였다고 보았다.[108] 그는 「복설의(復雪議)」를 지어 요동은 말할 것도 없고 북경까지 취할 것을 주장하였다. 서북인들의 뛰어난 무력을 바탕으로 압록강·두만강 일대에서 방어에 성공하면, 바로 요동 지역을 취하여 고구려의 옛 강토를 회복할 수 있고, 그 다음에는 북경으로 입성할 수 있을 것으로 생각하였다.[109] 그는 "오랑캐[夷虜]"인 "청인을 몰아내고 중화를 회

---

106 『연경재전집』 외집 65권, 잡철류(雜綴類) 연중잡록(燕中雜錄). "雜者. 不純之稱也. 自滿洲之入中國. 冠屨倒置. 華夷雜而不純. 獨我東葆其文明. 而孔子尊攘之義. 朱子復雪之議. 士猶有講劘之者. 誠不愧乎君子國之稱."

107 『연경재전집』 12권, 문(文), 잡저(雜著), 장인재(奬人材). "淸北. 高句驪故壃也. 渤海繼之. 渤海滅而熟女眞據之. 方其盛也. 魁健雄豪之倫. 指不勝摟. 乙支文德之破隋兵也. 太祚榮之雄視東方也. 蓋蘊文之倔彊也. 王思禮, 高仙芝, 唐之良將也. 皆産於是地. 女眞之豪流徙鴨綠之北, 種落布漫, 是爲滿洲之族."

108 『연경재전집』 외집 25권, 예류(例類), 역대제왕세손보(歷代帝王世系譜). "右東夷部族. 史稱東夷性仁者. 指朝鮮也. 若遼東西强悍無比. 自東漢以後. 侵擾邊塞. 爲中國患者. 高句麗, 鮮卑之屬也. 至宋後則黑水女眞之族. 入中國而據大江以北. 野人女眞之族. 入中國而混一天下. 天地之氣. 其在東北乎. 東北者物之所發也." 김문식, 1993, 「성해응의 경학관과 대중국 인식」, 《한국학보》 70, 151쪽에서 재인용.

109 『연경재전집』 32권, 풍천록(風泉錄)2, 복설의(復雪議). "今若鼓西北之氣. 臨鴨綠豆滿之界. 我氣充彼氣縮. 我師銳彼師懦. 其勝負之機. 不待戰而可決矣. 苟能取遼東按高勾麗之舊疆而有之. 彼淸人部落皆失巢穴而遠屛. 夫然後可與爭衡於燕城之下矣." 김문식, 위의 논문, 156쪽에서 재인용.

복"하는 것을 염두에 두었다.[110] 성해응에게 만주 고토 회복은 오랑캐[夷狄]을 물리치고 중화를 회복하는 것이었다. 박지원이나 성해응도 만주 고토 의식을 지녔다는 것은 남인과 소론에 의해 선도되었던 만주 고토 의식이 정조 대에 이르면 노론이나 북학파나 실학자에게까지 공통된 지배적인 문화현상이 되었음을 말해준다.

이상 살펴본 것처럼 '만주=고토' 의식은 '만주족=오랑캐[夷狄]' 의식과 결합하여 만주 고토 회복 의식으로까지 전개되었다. '병자호란' 이후 강화된 '만주족=오랑캐[夷狄]' 의식이 현종·숙종 대에서 생성된 '만주=고토' 의식과 결합하고, 영조·정조 대에 이르러 '조선=중화' 의식으로 내화되면서 만주 고토 회복 의식으로 나타난 것이다. 만주 고토 회복 의식은 북벌이 현실적으로 불가능해짐에 따라 더욱 강렬하게 나타났다. 조선 후기 만주 인식은 청에게 당한 치욕을 씻기 위해 '만주족=오랑캐[夷狄]'론과 '조선=중화'론을 내세우면서, 만주에 대하여 중화 문화를 지켜온 단군과 기자의 강역으로 보았던 점에 특징이 있다. 만주 고토 회복 의식에는 조선 후기 지식인이 자신의 존립 근거로 삼은 '존화양이'의 이념이 그대로 표현되었다.

---

110 위의 자료, "雖爲淸人所撲滅. 天下有變. 此其心豈恬然事夷虜哉." "或曰旣驅逐淸人而復中華. 且將如何"

5. 만주 이주와 간도 영토 문제

1) 19세기 중엽 월경 이주

조선인들의 만주로의 범월(犯越)은 백두산정계비 건립 이전부터 있어 왔다. 1627년 '정묘호란'을 계기로 조선과 청국 정부가 금월과 봉금 조치를 하고 있었지만, 북변의 지방민들은 인삼 채집과 수렵을 위해 수시로 만주로 범월하였다. 주로 두만강 육진 지역 경원과 종성의 변민들이 강의 대안 지역으로 넘나들었다.

조선 정부의 북변(北邊) 정책은 변경민의 월경을 금지하는 것이었다. 함경도민들이 두만강을 월경하여 인삼을 채취한 문제로 인해 청인들과 마찰이 생겨 살해 사건으로 이어져서 조·청 간의 외교 문제를 야기했기 때문이다. 조선 정부의 금월(禁越) 정책 중 1686년(숙종 12) 1월에 제정된 「연변범월금단사목(沿邊犯越禁斷事目)」의 주요 내용을 보면 다음과 같았다.

① 서북 연변을 범월한 자는 그 이유를 막론하고 국경에서 효시(梟示)하며,
② 병마절도사는 연변을 신칙하여 강북이 금단지역임을 알리며,
③ 병마절도사는 불시에 군관을 연변 각 읍과 진보(鎭堡)에 파견하여 범월행위를 적발케 함과 동시에 매월 말 관찰사 및 비변사에 그 상황을 보고하며,
④ 범월한 사람을 변졸(邊卒)·변장(邊將)이 적발치 못하고 병마절도사에게 적발되면 그들을 잡아서 심문하여 극변(極邊)에 충군시키

고, 범월사실을 알면서도 보고하지 않은 자는 범인과 함께 처단하고, 특히 범월한 자가 청국 땅에서 잡힌 경우 변졸·변장이 비록 몰랐다 해도 중죄에 처하고, 병마절도사·관찰사도 등급을 주어 정죄(定罪)할 것이며,

⑤ 범월인임을 알면서도 가까이하거나 또는 교유(教誘)·지시(指示)한 자도 모두 범인과 똑같이 처단하고, 신고하지 않은 자 중 한량(閑良)·공사천인(公私賤人)은 변지(邊地)의 잔읍(殘邑)에 종으로 삼고, 양인 및 관인은 당사자만 서북연변 진보에 충군하며,

⑥ 범월한 사람을 신고한 자는 양인 이상은 당상(堂上)으로, 당상은 가선대부(嘉善大夫)로, 공사천인은 양인으로 승격시키며, 아울러 범인의 재물도 준다는 것이었다.[111]

그러나 이러한 조선 정부의 금월 조치에도 불구하고 함경도 변경민의 범월은 그치지 않았다.

1712년 백두산정계비 건립 이후 조선 정부의 북변 정책은 적극적으로 변하였다. 청인들이 월경하여 넘어오는 것에 대해 적극적으로 항의하였고, 북변 지역에 대한 입주와 경작을 허용하기 시작한 것이다. 정계비 건립 이전에는 북방 관원들로부터 북방 지역을 개척해야 한다는 상소가 계속되었어도, 정부는 금월과 방수(防守)에 어려움이 있다는 이유로 시종 소극적인 태도를 보여 왔다.[112] 정계비 건립 이후에는 청국과의 외교적

111 김춘선, 1998, 『'북간도' 지역 한인사회의 형성 연구』, 국민대대학원 박사학위논문, 28쪽.

112 위의 논문, 24쪽.

분쟁을 감수하더라도 청인의 국경 침범을 철저히 견제하려는 적극적 변방정책으로 전환하였다.[113]

백두산정계비 건립 이후에는 범월이 두만강과 압록강 연안 전 지역에서 이루어졌으며, 이주 지역도 대안 지역에 국한되지 않고 길림·영고탑·봉천 등 내지에까지 확산되었다. 범월 형태도 채삼이나 수렵을 위한 일시적인 범월에서 경작을 위한 정착 이주로 변해갔으며, 그 규모도 수십 호에 이르는 집단적인 이주 형태로 발전되어 갔다.[114] 이렇듯 백두산정계비의 건립은 조선인의 월경 이주를 촉발하는 계기가 되었다.

그 후 정부의 북변 정책에서 제일 큰 변화는 북방 개척이 조정의 현안으로 되었다는 점이다. 정부에서는 북변 지역에 대한 주민의 입주와 토지 개척을 전면 허용하여 변경 지역의 안정된 생활을 보장함으로써 변민들이 생활난으로 인하여 발생되는 범월을 미연에 방지하고, 나아가 백두산 정계로 인해 보장된 북방 지역의 영유권을 보다 확고히 한다는 방향으로 정책 전환을 시도하기에 이른 것이다. 북변 지역을 적극 개방하여야 한다는 논의는 영조(재위 1724~1776) 대와 정조(재위 1776~1800) 대를 거치면서 순조(재위 1800~1834) 대에 이르러 부분적으로 수용되어, 주민의 주거가 인정되는 범위가 점차적으로 넓어지고 백두산 일대의 개간과 주민 입거가 허용되면서 새로운 읍치(邑治)나 진보(鎭堡) 설치가 이루어지는 국면이 조성되었다.[115]

---

113 강석화, 1996, 『조선후기 함경도의 지역발전과 북방영토의식』, 서울대학교 대학원 박사학위논문, 51쪽.

114 김춘선, 앞의 논문, 31쪽, 39쪽.

115 위의 논문, 35~38쪽.

그러나 정부의 이와 같은 북변 개발을 위한 정책 추진에도 불구하고 주민의 월경은 끊이지 않았다. 범월하는 주민들이 이주지로 선택한 곳은 두만강 대안의 간도 지역이었다. 조선인의 간도 이주는 봉금(封禁)이 늦춰진 1845년 이후부터 시작되었다고 보고 있다.[116] 현재 중국 조선족의 선조는 1850년 전후에 이주한 조선인이 가장 이른 이주민이었다고 알려졌다.[117] 이런 가운데 1860년대 이후 조선인의 간도 이주가 본격화되었던 것이다.[118] 1860년 조선 북부에 대수재의 발생으로 유민이 발생했고, 1869년과 1870년의 연이는 흉년으로 수많은 기민(饑民)이 굶어 죽는 참상이 발생했기 때문이다. 이때부터 금령을 어기면서까지 간도 각처로 이주하는 자가 끊이지 않았다.

1880년 회령(會寧)부사로 부임한 홍남주(洪南周)는 부민들이 청원서를 제출하면 두만강 대안 지역을 개간할 수 있도록 조치하였다. 이것이 이른바 '경진개척(庚辰開拓)'이라는 것으로 간도 지역에 대한 최초의 집단적 개척이었다.[119] 홍남주는 당지의 유지인사 이인회(李寅會)을 권유하여 부민으로 하여금 지원서를 제출하고 두만강 건너편을 개간하도록 하였다. 그 결과 이듬해 봄에 수많은 농민이 강을 건너서 길이 500리, 너비 40~50리의 땅을 개간하였다. 이후 관부에서도 양전 관리를 파견하여 토

---

116 牛丸潤亮·村田懋麿 공편, 1927, 『最近間嶋事情』, 朝鮮及朝鮮人社出版, 65쪽.

117 김원석, 1992, 「중국 조선족의 遷入史에 대한 연구」, 《동아연구》 25, 서강대학교 동아연구소, 218쪽.

118 김기훈, 1996, 「근대 중국동북(만주)사 연구의 동향」, 《백산학보》 제47호, 백산학회, 190쪽.

119 김춘선, 앞의 논문, 62~63쪽. 현규환(앞의 책, 136쪽)은 홍남주의 간도 개척을 '경진개척(庚辰開拓)'이라고 부른다면서 그 해를 1870년으로 잘못 기술하였다. 1870년은 '경오년(庚午年)'이고, '경진년(庚辰年)'은 1880년이다. 또한 홍남주는 1870년 경상좌도수군절도사, 1871년 경상좌도병마절도사를 지냈고, 회령부사로 된 해는 1880년이었다.

지대장을 작성하고 '간도(間島) 토지대장'이라고 명명하였다. 이것이 후에 '간도'라고 부르게 된 연유가 되었다고 한다.[120] 1881년까지 연변 지역에 거주하는 조선인은 1만 명을 넘었던 것으로 추정된다.[121] 1883년 서북경략사 어윤중이 간도 이주자에게 지권(地券)을 교부하여 거주를 보장한 이후에는 이주자가 더욱 급증하였다.[122]

청국 측에서도 1881년부터 조선인의 간도 거주를 인정하기 시작하였다. 청국은 러시아의 남하에 대한 방비를 위하여, 1881년 훈춘(琿春)에 초간총국(招墾總局), 남강(南崗)·훈춘·동오도구(東五道溝) 등지에는 간국(墾局)을 설치하여, 간도 지역을 개척하는 '이민실변(移民實邊)' 정책을 취하였다. 이를 위해 같은 해 10월 길림장군 명안(銘安)과 둔간사의(屯墾事宜) 오대징(吳大澂)은 조선인의 간도 거주와 개간을 허용하고 세금을 징수하기 위해, 청국 정부에 영조납조책(領照納租策)을 건의하였다. 이에 청국 정부는 조선인들을 귀화·입적시켜 청국 판도 내로 편입시키는 방안을 취하였다.[123]

1884년 조선 정부는 길림성 당국과 통상 장정을 체결하여 화룡욕(和龍峪)·광제욕(光霽峪)·서보강(西步江) 등 3곳을 상부지(商埠地)로 지정하고, 청국은 이 지역에 초간국(招墾局)을 설치하였다. 그 결과 이주한 조선인의 수는 배로 증가하였다. 1890년 청국은 초간국을 무간국(撫墾局)

---

120 현규환, 1967, 『韓國流移民史』, 어문각, 136~137쪽.

121 이은형 옮김, 王勝今, 2006, 『중국 동북지역 이민사 -만주국시기 일본 제국주의의 이민침략-』, GCIG ECONOMIC RESEARCH INSTITUTE, 119쪽.

122 박영석, 1982, 『한민족독립운동사연구 -만주 지역을 중심으로-』, 일조각, 57쪽.

123 김춘선, 앞의 논문, 66~67쪽.

으로 개칭하였다. 이후 청국인은 이제까지 해란하 이남에 이주하고 있던 조선인을 소작인으로 고용하여 토지를 대부하였다. 이리하여 개간지가 점점 확대되었고, 결국 무산에서 종성까지의 대안 200리를 개방하기에 이르렀다. 이곳의 조선인의 호구는 격증하여 청인의 몇십 백 배에 달하게 되었다.[124] 1889년부터 1894년까지 청국은 무산·회령·종성·온성·경원 등의 대안 지역을 4개의 보(堡) 아래 39개의 사(社)와 124개의 갑(甲), 415개의 패(牌)로 구성하는 행정구역을 편제하였다. 이때 사·갑에 편입된 조선인의 수는 2만 899명이었고 호수는 4308호였다.[125] 4보, 39사 설치 이후, 조선인의 간도 이주지는 두만강 연안을 거쳐 점점 북쪽으로 확대되었다.

한편 압록강 대안으로 이주도 1869년과 1870년의 흉년 이후에 격증하였다. 1871년 이주자 보호를 위해 평안북도 관찰사는 정부의 명령도 받지 않고, 압록강 대안 일대 이주지를 28개면으로 구획하고, 그 관할을 강계·초산·자성·후창 4군에 분속시켰다.[126] 1872년경 함경도 삼수군에서 평안도 후창군까지의 압록강 대안에서 조선인 이주자가 470호, 3130여 명이 거주했는데, 주로 청인에게 소작을 부치거나 품팔이로 생계를 잇고 있었다.[127]

청국은 1876년에 안동(安東)현, 1877년에는 관전(寬甸)·회인(懷

124 牛丸潤亮·村田懋麿 공편, 앞의 책, 67쪽.

125 김춘선, 앞의 논문, 80쪽.

126 牛丸潤亮·村田懋麿 공편, 앞의 책, 76쪽.

127 하원호, 2006,「개화기 조선의 간도인식과 정책의 변화」,《동북아역사논총》14호, 동북아역사재단, 11쪽.

仁)·통화(通化) 3현을 설치하였다. 이후 조선인의 압록강 대안으로의 이주는 급속히 진행되었다. 이주 조선인들은 주로 벌목·채약(採藥)·수렵·농업에 종사하였다. 그 무렵 산동인이 이 지역으로 많이 이주하여 왔는데, 조선 이주 농민은 수확의 반을 그들과 나누는 계약을 하였다. 임강(臨江)현 모아산(帽兒山) 이동에 이주한 조선인은 함경북도의 길주·명천·경성·무산·삼수·갑산 등 각지에서 온 자로서 농작을 전업으로 삼고, 벌목·수렵·채약 등을 부업으로 삼았다. 반면에 청인은 벌목·채약·채용(採茸)을 주로 하고 농업을 부업으로 삼았다. 압록강 대안의 조선인 이주 시기는 산동인보다 먼저였다. 임강현에서 조선인의 수는 청인의 7~8배에 달하고, 적은 곳이라도 2~3배가 되었다. 하지만 이와 반대로 압록강 하류 안동현에서는 청인이 조선인보다 몇십 배, 몇백 배에 달하였다.[128]

1882년에도 흉년을 맞이하여 조선인의 월강 이주는 또 다시 성하였다. 1883년 조선 당국은 월강 금지령을 폐지하고 1889년에는 압록강 대안 이주지의 구획을 강계군 소속 11개면, 자성군 소속 4개면, 초산군 소속 7개면, 벽동군 소속 2개면 등 모두 24개면으로 재조정하였다.[129] 1897년 압록강 대안의 조선인은 8722호, 3만 7000명에 달하였다.[130]

---

128 牛丸潤亮·村田懋麿 공편, 앞의 책, 85~86쪽.

129 현규환, 앞의 책, 139쪽. 각 군에 배속한 면은 다음과 같다. 江界郡 소속(괄호 안은 청국 지명) = 新兵堡(興京), 大荒面(大荒溝), 小篁面(通溝), 八道江面(八道江), 九龍面(麻泉溝), 泰平面(太平溝), 檢樹面(檢樹林子), 新上面(大青溝門子), 新下面(冷水甸子), 福江面(江甸子), 蘆青面(拉古子) 이상 11면. 慈城郡 소속 = 鴻生面(帽兒山), 流淸面(七十二道口河), 葦沙面(葦沙河), 祥和面(三道溝) 이상 4면. 楚山郡 소속 = 雲山面(外岔河下流), 雲下面(外岔河上流), 蓮上面(二股流), 蓮下面(雙岔河), 橫道面(橫道川), 邱山面(馬鹿吻門), 央島面(冷水泉子) 이상 7면. 碧潼郡 소속 = 水上面, 水下面 이상 2면.

130 牛丸潤亮·村田懋麿 공편, 앞의 책, 77쪽.

2) 19세기 말 간도 영토 문제의 발생

17세기 이후 북방 지리 인식의 특징으로 '선춘령 두만강 이북설'이 대두하였다. 고려의 경계비였던 윤관비가 있다는 선춘령이 두만강 이북 700리에 있다는 설이 다시 등장한 것이다. 선춘령의 위치는 『고려사』 지리지(1451년)에 두만강 이북 700리로 되어 있었으나, 『동국여지승람』(1481년) 이후로는 함경도로 비정하는 것이 통설로 되어 왔다. 그런데 허목(1595~1682) · 이세구(1646~1700) · 이익(1681~1763) 등이 다시 두만강 이북설을 주장하였고, 이는 홍양호(1724~1802), 이종휘(1731~1797), 정동유(1744~1808), 홍경모(1774~1851) 등으로 이어졌다.[131] 또한 17세기 후반에 제작된 지도 『조선팔도고금총람도』와 『팔도총도』에서도 선춘령이 두만강과 흑룡강 중간 지점에 그려져 있다. 1697년 『성경지(盛京誌)』가 수입된 이후에는 선춘령이 온성부 건너편의 그리 멀지 않은 곳에 그려지기 시작하였다.[132]

이와 더불어 1740년대 이후 조선의 지도와 지리지에는 '토문강(土門江)'이라거나 또는 '분계강(分界江)'이라고 하는 새로운 명칭이 등장하였다. 〈그림 1-3〉처럼 1740년대 정상기(1678~1752)가 만든 『동국지도』에서는 백두산 동쪽으로 두만강과 구별되는 토문강을 표기하고, 온성 부근에서 두만강과 합류하는 강을 분계강이라고 표기하였다. 이 지도에서는

131 조광, 앞의 논문, 166~167쪽; 한영우, 1998, 「17세기 중엽 남인 허목의 고학과 역사 인식」, 『조선후기사학사연구』, 일지사, 272쪽; 강석화, 2000, 『조선후기 함경도와 북방영토의식』, 경세원, 251~255쪽. 하지만 이들과 달리 안정복(1712~1791), 정약용(1762~1836), 한진서(1777~?) 등은 선춘령이 두만강 이북에 있다는 설을 부정하였다. 조광, 위의 논문, 167쪽.

132 배우성, 앞의 책, 242~246쪽.

그림 1-3 「함경북도」『동국지도』

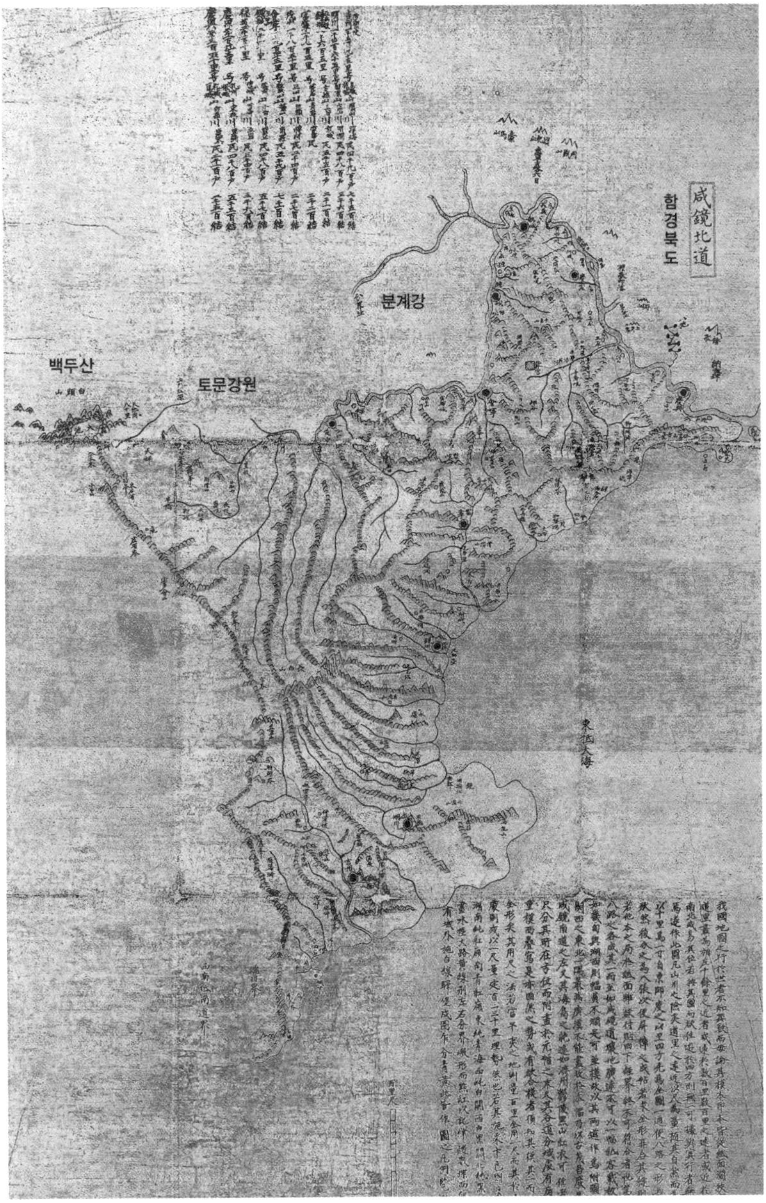

■ 출처 서울역사박물관, 2006,『이찬 기증 우리 옛지도』, 149쪽.

그림 1-4 「함경도」『각도지도』

■ 출처 영남대학교 박물관, 1998, 『한국의 옛지도』, 61쪽.

백두산 동쪽으로 흐르는 토문강이 중간에 끊어졌다가 새롭게 분계강이 나타나서 온성 부근에서 두만강과 합류하는 것으로 그려져 있다. 〈그림 1-4〉는 18세기 후반에 그려진 것이다. 이처럼 18세기 후반 함경도 지도에는 두만강 너머로 '토문강'과 '분계강'을 그려 넣은 것이 다수 발견된다.

정상기의 토문강과 분계강 인식은 신경준(1712~1781)에게로 전승되었다. 그는 『사연고(四沿考)』에서 분계강에 대해 백두산에서 발원하여 동쪽으로 흐르며 원류 부분을 토문강이라고 칭하고, 동쪽으로 흘러 해란하가 되고 또 동쪽으로 흘러 분계강이 된다고 기록하였다.[133] 1777~1791년경에 제작된 「서북계도(西北界圖)」에서는 온성에서 두만강과 합류하는 강의 이름으로 해란하와 분계강을 모두 사용하였다. 분계강이라는 명칭이 계속 사용되었던 것은 이 지역이 조·청 간의 경계가 되리라는 판단이 인정되고 있음을 말해 준다.[134] 이런 배경 속에서 18세기 말부터는 정약용이나 이규경(1788~?)처럼 조선의 국경이 '분계강'이어야 한다고 생각하는 학인들이 나타났다.[135]

'분계강'에 관한 자료를 종합하면, 대개 '분계강'이란 두만강 상류와 다른 물줄기가 백두산에서 발원하여 두만강 이북 지역에서 두만강과 평행하게 흐르다가 온성 부근에서 두만강과 합류하는 강으로 상정되어 있다. 지도상에 그려진 분계강은 지금의 포이합통하(布爾哈通河) 또는 해란강을 지칭한 것이다. 이 강들의 발원지는 백두산이 아니다. 사실상 백두산 부근에서 발원하여 두만강 이북에서 흐르다가 두만강과 합류하는 강물은 없다. 따라서 두만강과 합류하는 '분계강'이 백두산 동편에서 발원한다고 생각한 것은 올바른 지리 인식이 아니었다.[136]

당시에는 다소 차이가 있지만 대개 두만강과 분계강 사이에 선춘령

---

133 이화자, 2009, 「18·19세기 조선의 토문강·분계강 인식」, 『근대 변경의 형성과 변경민의 삶』, 동북아역사재단, 68~79쪽.

134 배우성, 앞의 책, 246~267쪽.

135 조광, 앞의 논문, 168~169쪽.

136 강석화, 앞의 책, 261~268쪽.

과 윤관의 비가 있다고 보았다. 예컨대 서명응(1716~1787)은 "온성 서남 100리쯤에 분계강이 있는데, 선춘령 아래에는 고려 시중 윤관의 정계비가 있다. 강의 이름과 비로 유추해 보건대 이곳이 우리의 경계가 된다는 것은 의심이 없다"고 하였다.[137]

이처럼 18세기 말부터 '선춘령 두만강 이북설'과 '분계강론'이 결합하여 조선의 국경이 '분계강'이어야 한다는 견해가 나타났다. 이것은 훗날 간도가 한국 영토이어야 한다는 주장의 이론적 근거로 되었다.

1880년대에 이르러 간도로의 조선인 이주가 급증하자, 청국은 간도의 조선인들을 귀화·입적시켜 청국 판도 내로 편입시키는 정책을 취하였다. 1882년 3월 8일 청국 정부는 조선 정부에 월경 간민은 본래 징계해야 할 것이지만 관대히 처리하여 과거의 잘못을 묻지 않고 호적을 분명히 해서 훈춘과 돈화현에 귀속시킬 터이니 앞으로는 금령을 엄격히 지키기를 바란다는 자조(諮照)를 보냈다. 이와 동시에 훈춘과 돈화현에서도 경원부와 회령 및 종성부에 같은 내용의 자문을 보냈다.[138]

조선은 임오군란으로 1882년 8월에야 이에 대해 회답을 보낼 수 있었다. 조선 정부는 월간한 조선인의 풍토와 관습이 청국인과 달라 청 측에 편적될 경우 사단이 일어날 우려가 있다면서 조선인들을 돌려보내 달라고 요구하였다. 청국은 조선 측의 요구를 받아들여, 1882년 11월 청국 길림장군은 '토문강 서이북'에 거주 개간하는 조선인들을 돌려보낸다는 고시를 내렸고, 1883년 4월에는 돈화현에서 경성·회령 두 읍의 두만강

---

137 徐命膺, 『保晩齋集』 권8, 遊白頭山記; 강석화, 2007, 「19세기 북방 강역에 대한 인식」, 《역사와 경계》 65, 부산경남사학회, 10쪽에서 재인용.

138 김춘선, 앞의 논문, 68쪽.

대안 조선인들을 돌려보낸다는 고시를 내렸다. 조선 정부 측에서는 어윤중을 서북경략사로 임명해 유민을 데리고 돌아오도록 하였다.[139]

그러나 조선과 청국 정부의 이런 조치와 달리, 종성·온성·회령·무산 4읍의 변민들은 두만강과 토문강은 별개라면서 두만강 이북을 자국 영토로 보는 청의 요구는 부당하다며 반발하였다. 청국의 조치는 1712년에 세워진 백두산정계비상의 '서위압록(西爲鴨綠) 동위토문(東爲土門)'이라 새긴 '토문'을 두만강으로 오해한 데 따른 부당한 것이라며 종성부사 이정래에게 이렇게 호소하였다.

> 토문(土門)이라 함은 분계한 곳의 토문강이고 도문(圖們)이라 함은 경원 이하의 바다로 들어가는 곳이다. 본국에선 본국 지계 안의 발원에서 바다에 들어가는 곳에 이르기까지를 두만강이라고 통칭한다.[140]

따라서 '토문'이나 '두만'이나 '도문'은 모두 각각 다르기 때문에, 청국으로 하여금 토문강과 두만강의 정당한 경계를 바르게 하도록 요청하였다. 이 사실을 들은 서북경략사 어윤중은 1883년 5~6월 종성의 군민 김우식에게 백두산정계비에 대한 탐사를 지시하였다. 탐사 보고를 통해 토문강은 두만강과 별개로 흑룡강으로 들어간다는 것을 확인한 어윤중은 이정래로 하여금 다음과 같이 돈화현에 조회하도록 하였다.

---

139 하원호, 앞의 논문, 13쪽.

140 이동환, 1983, 「북여요선 국역(探界公文攷)」, 『영토문제연구』 1, 민족문화연구원, 242~243쪽.

…… 마땅히 사실을 조사하고 감정하여 한결같이 강희조(康熙朝)에서 획정한 강계(疆界)를 따라야 할 것이다. 청컨대 귀현(貴縣)에서 사람을 파견하여 함께 먼저 백두산정계비를 살펴 토문강의 발원처를 알고, 이어서 경계를 조사하여 밝히고 강토(疆土)를 변별하도록 하는 것이 타당할 것이다. 이에 민간인이 바친 바에 의거하여 토문강과 분계강 이남의 옛 지도를 모사한 것 1본(本)과 새 지도 1본과 백두산 분수령의 정계비문의 탑본 1본을 함께 보내니 조사하고 대조하여 헤아려 변별함이 옳을 것이다.[141]

여기서 토문강과 분계강의 지도가 국경 감계 요청의 주요한 근거로 제시되고 있음을 알 수 있다. 또 다른 자료의 이정래 조회문에서는 종성 등 4곳의 읍민들이 분계강을 조선의 국경으로 생각하고 있다는 점을 직접 보여주고 있다.

종성·온성·회령·무산민 첩장에 이르기를 "민 등은 비록 경작을 업으로 하고 있지만 어찌 나라 법에 전연 어두울 수 있겠습니까? 민 등이 개간한 땅은 토문 이남입니다. 동방에서 입국한 지 가장 오래된 것이 우리나라입니다. 우리나라 땅은 본디 토문강을 경계로 하지만 물러나 두만강을 지키고 있었습니다. …… 또한 종성 맞은 편 90리 감토산 아래에 분계강이 있는데 이로써 경계를 나눈다는 뜻입니다. 카포(卡鋪, 경비처)가 분계강 북안에 있으므로 상국의 경계가 이곳에서 머문다는 것을 알

141 위의 자료, 245쪽.

수 있습니다. …… 이로써 돈화현에 알려 경계를 조사함으로써 민이 경작에 안심하도록 할 것"을 요구하였습니다.[142]

분계강은 종성 맞은편 90리에 있고, 이로써 조선과 청국이 경계를 삼는다고 주장한 것이다. 이렇게 18세기 중반 이후부터 나타난 분계강론은 19세기 말에 이르러 간도 이주자가 증가하는 현실 속에서 간도 영토 주장의 이론적 근거가 되었다.

1883년 어윤중은 그간의 활동 내용을 조정에 주달했고, 이에 따라 정부가 청국에 요청하여 1885년(을유)과 1887년(정해) 두 차례 국경선 감계회담이 열렸던 것이다. 두 차례의 감계회담에서 결국 조선은 두만강 상류의 홍토수를 국경으로 삼아야 한다고 주장하고, 청국은 이보다 남쪽의 지류인 석을수를 주장하여, 회담은 서로 합의를 보지 못한 채 중지되고 말았다. 간도 영토 문제는 대한제국 시기로 이어져서 한·청 양국 간의 중요한 현안이 되었다.

이상 살펴본 것처럼, 18세기 말부터 두만강 너머의 분계강이 조선의 국경이어야 한다는 인식이 확산되었다. 17세기 중반 이후 '만주=고토' 의식의 발전이 분계강론의 확산으로 이어진 것이다. 현실적으로 1860년대 말부터는 두만강 대안으로의 이주자가 크게 증가하였다. 1880년대 청국이 이곳의 조선인 이주자들을 청국 국적으로 편적시키려 하자 이들은 백두산정계비에 적힌 토문강은 두만강이 아니고 분계강이 조선의 국경이

---

142 中央研究院 近代史研究所 編, 1972, 『清界中日韓關係史料』 제4권, 1910~1913쪽. 이화자, 앞의 논문, 91쪽에서 재인용.

어야 한다며, 조선 정부로 하여금 청국과의 감계를 통하여 국경을 바르게 정하도록 요청하였다. 간도 이주라는 현실적 요구가 증대하면서 이제 분계강론은 실제로 영토 주장의 이론적 근거가 되었다.

제2장

대한제국기 간도영토론과 만주 표상

간도란 일반적으로 백두산에서 온성까지 이르는 두만강 이북부터 현재 중국 연변의 해란강 또는 포이합통하 이남까지의 지역을 가리켰다. 1880년대 이후 간도로 이주하는 조선인이 급격히 늘어났고, 이들의 요구로 인하여 조선 정부는 1885년과 1887년 두 차례 청국과의 국경 감계 회담을 갖었던 것이다. 대한제국 때에도 간도로의 이주민은 계속 증가하여 1907~1908년 동안에는 가장 많은 이주자 증가수를 보였다.

대한제국의 출범과 함께 간도에 대한 영토권 주장이 본격적으로 전개되었다. 간도영토론은 청조의 조상인 여진족의 근거지였던 곳에 대해 영토주권을 주장한 것으로, '선춘령 두만강 이북설'('윤관비 두만강북설')이나 '분계강 국경설'과 같은 일종의 만주 고토의식에 의거한 것이었다. 그러나 이 이론들은 확증되지 않은 불명확한 지리 지식이었다. 이런 이유로 간도영토론에서 주장하는 영토의 크기는 일정하지 않았고 그 범위도 송화강과 흑룡강을 잇는 경계로까지 확장되기도 하였다.

러일전쟁 이후에는 일진회가 간도영토론을 적극적으로 주장하여

1907년 통감부 간도파출소가 설치되기에 이르렀다. 이후 일진회는 통감부 간도파출소와 함께 간도영토론을 강력히 주장하며 일본의 간도 침범에 앞장섰다. 이에 대해《대한매일신보》는 일진회와 통감부가 간도의 소속 문제를 해결하지 않고 청국과 군사적 긴장만을 고조시키고 간도 한국인의 생활을 불안하게 만든다고 비판하였다. 통감부 간도파출소 설치 이후부터《대한매일신보》는 간도가 청국 영토라는 주장에 주목하기 시작했고, 마침내 청국의 간도영토권을 '승인'하기에 이르렀다. 간도를 한국 영토로 삼는 것이 정당하다고 말한 이전과는 전혀 다른 태도를 보인 것이다.《대한매일신보》의 이런 변화는 일본의 간도 침략에 대한 저항인 동시에 현실적 영토주권에 대한 자각의 결과였다.

1908년 중반부터 간도를 청국 영토로 인정하게 되자,《대한매일신보》의 신채호와《황성신문》은 논설을 통해서 만주를 단군의 발상지와 도읍지 및 강역으로 보고, 만주족을 단군의 후예로서 보기 시작하였다. 이는 국권 상실의 상황 속에서 만주를 주권 회복의 역사적 근거지로서 표상한 것이었다. 또한 이와 더불어 만주를 이주지와 상품 시장으로 보는 견해도 나타났다. 여기에는 만주에서 일본을 비롯한 열강과 경쟁하여 민족의 정치적·경제적 주권을 회복하겠다는 의지가 담겨 있었다.

이 장에서는 간도·만주 이주자의 증가 그리고 이와 더불어 전개된 간도영토론의 등장과 소멸, 그리고 이어서 만주에 대해 나타난 단군강역 의식과 이주지 및 상품 시장 의식 등의 전개 과정을 살펴보면서 그 성격을 검토하고자 한다.

1. 만주의 정세와 이주 상황

1) 만주에서 러·일의 경쟁

청일전쟁 이후 일본과 러시아는 만주와 한반도에서 자신들의 세력범위를 확장하기 위해 경쟁하였다. 1895년 4월 17일 일본은 시모노세키조약 제2조에서 요동반도의 할양을 요구하기에 앞서 먼저 제1조에서 "조선국은 완전무결한 독립자주국임"을 내세웠고, 조선의 청국 조공을 폐지하도록 하였다.[1] 이미 갑신정변의 정령에서도 '조공허례의행 폐기'가 주창되었지만, 정변의 실패 이후 조선에서 청국에 의한 종속 관계는 더 강화되고 있는 상황이었다. 이런 가운데 만주 진출을 노리는 일본이 한반도를 교두보로 확보하기 위해 한국의 '독립'을 내세웠던 것이다. 러시아도 시모노세키조약이 조인된 직후 4월 23일 삼국간섭을 주도하여 일본의 요동 점령을 무산시키면서 역시 한국의 '독립'을 명분으로 내세웠다. 러시아·프랑스·독일 삼국이 취한 '요동반도 환부 권고'의 이유는 일본의 요동 점령이 청국의 수도를 위태롭게 하고 '조선 독립'을 유명무실하게 만들어 극동의 평화를 어지럽힌다는 것이었다.[2]

이처럼 만주에서 세력범위를 확장하려는 일본과 러시아는 기회마다 한국의 독립을 간섭하였다. '병자호란' 시에도 청이 조선의 명과의 관계 단절을 요구한 것과 유사한 맥락이었다. 만주의 신흥 세력은 언제나

---

1 일본 외무성편, 1965, 「日清講和條約」(1895년 4월 17일), 『日本外交年表竝主要文書』 上, 原書房, 165쪽.

2 위의 책, 169~170쪽.

한국의 독립을 위협하였다.

삼국간섭으로 만주와 한국은 서로 연계되어 이를 둘러싼 러시아와 일본의 관계를 복잡하게 만들었다. 러시아는 1895년 6월 3일 러·청 동맹 조약을 맺고 9월 8일 동청철도 부설권을 획득하여 만주로의 진출에 전기를 마련하였다. 러·청 동맹 조약은 제1조에서 "일본이 러시아, 청국, 조선을 공격할 경우 상대국을 원조한다"는 것을 비롯하여, 만주에서 러시아의 철도 부설과 항구 이용, 군사 주둔 허용 등을 보장한다는 내용이었다. 러·청 동맹 조약으로 한국에 대한 러시아의 정책은 현상 유지에서 적극 개입으로 근본적인 변화를 보였다.[3]

1897년 10월 12일 대한제국 선포 이후에도 한국에 대한 만주의 영향력은 더욱더 커졌다. 만주에서 러시아의 세력이 점차 강해질수록 이에 상응하여 일본은 한국에 대한 독점적 지배력을 적극적으로 주장했기 때문이다. 1898년 3월 청국이 여순항과 대련항 및 그 인근 지역을 러시아에 할양하기로 결정하자, 3월 19일 일본 외상 니시(西德二郎)는 주일러시아공사 로젠(Rosen, R.)에게 일본이 한국에 대한 영향력에 우선권을 가진다면 일본은 "만주와 그 연해 지방을 모두 우리의 이해관계에서 관심 밖의 것으로 생각할 것"이라는 뜻을 전달하였다.[4] 러시아가 여순과 대련을 조차하자, 일본은 "러시아가 새로 취득한 권리를 발전시키고 앞으로 자국의 막대한 이권의 보호에 힘쓰면서 조선을 전적으로 일본의 영향권하

---

3 송금영, 2004, 『러시아의 동북아 진출과 한반도 정책(1860-1905)』, 국학자료원, 213~215쪽.

4 「조선독립의 결정적 인정에 대한 러시아의 제의와 이에 대한 일본측 회답」, 1898년 3월 20일, 『주한일본공사관기록』 8, 163쪽.

에 두는 데 동의하기를" 제의하였던 것이다.[5] 마침내 3월 27일 여순과 대련 조차에 관한 러·청 협정이 체결되자, 이어서 4월 25일 일본과 러시아는 소위 '니시-로젠 협정'을 체결하여, "한국의 주권 및 완전 독립을 확인하고", 한국 내에서 상공업상의 일본의 우월권을 인정하였다.[6] 러시아의 여순과 대련의 조차를 계기로 한국은 공식적으로 일본의 상공업적 세력권 아래 놓이게 되었다.

만주가 러시아의 세력권에 들어가자, 한국에서는 이에 대한 위기의식이 높아졌다. 1899년 3월《제국신문》은 러시아의 만주 철도 부설로 인해 "우리나라 지경이 청국과 상접하였던 것이 끊어지고, 청국과 대한 사이에 아라사가 끼였으니 동으로 강한 일본이 있고 북으로 아라사에 막혔으니 위태한 형세가 어떻다 하리오"라고 하였다.[7]《독립신문》도 러시아의 만주 진출이 한국의 위기로 이어질까 염려하였다. "청국을 두고 볼지라도 아국에 만주 철도와 여순구를 허락하고 영국에 위해위와 양자강을 허락하고 덕국에 교주만을 허락하고 불란서에 운남 철도와 복주를 허락하여 청국의 형세가 삼분오열이 될 지경이거늘 대한 정부에서는 남의 나라 되어가는 형편도 보지 못하는지 소연한 거울이 곁에 있으되 비추어 보지 못하니 실로 한심하도다"라거나,[8] "아라사에서 일간 북경으로 대군을 기송한다는 풍설은 우리가 말하지 아니하여도 세계가 다 짐작하려니

5 「만주의 새로운 이권 대신 조선에 대한 영향력행사 포기를 러시아정부에 제의」, 1898년 3월 21일, 『주한일본공사관기록』 8, 163~164쪽.

6 日本 外務省 編, 1965, 『日本外交年表竝主要文書』 上, 原書房, 186쪽.

7 《데국신문》, 1899년 3월 2일, 1면 논설.

8 《독립신문》, 1899년 6월 23일, 1면 논설 「공로대단」.

와 청국의 위급하고 존망함이 실로 시각에 있도다. …… 청국이 만일 삼분오열이 될 지경이면 대한 형세가 점점 외로울 것이니 또한 대한 정국을 위하여 극히 염려할 일이로다"라며,[9] 러시아의 만주 진출로 청국이 무너지면 반드시 위험이 한국으로 넘어올 것이라 보고 정부가 이에 방비할 것을 촉구하였다.

더욱이 1900년 의화단사건으로 러시아가 만주를 점령하자, 만주에서 러일전쟁의 기운과 한국의 영토적 위기가 높아질 것이라는 우려가 커졌다. 《제국신문》은 "일본의 주의하는 동정을 자세히 보는 것이 가하니 필경 일본은 가까운 데를 엿볼 것이오, 아라사는 과연 만주를 점령하였으면 한국의 북방 두만강으로 서편 압록강이 모두 아국과 접경이 될지라. 동으로 강국을 이웃하고 서북으로 강국을 접하였으니 그 사이에 처한 나라가 어찌 편안이 잠자고 화락하게 즐겨할 겨를이 있으리오"[10]라며, 러시아와 일본의 중간에 위치한 한국이 이들의 세력 쟁탈전으로 인해 위기에 처했음을 경고하였다. 또 "아국은 만주 3성을 점령한 모양인데 …… 이때를 당하여 일본이 어찌 그런 증거를 가지고 아국이 만주 차지하는 것을 앉아서 보고만 있으리오. 필경 압록강과 두만강 건너 풍운이 크게 일어남을 면치 못할지니 그런즉 그 이웃집 사람들은 그 일에 대하여 장후 이해득실이 어찌될 것을 맹성하여 방수하기를 등한이 말진저"라며,[11] 러일전쟁을 예견하며 이에 대한 대책을 촉구하였다.

이러한 우려는 곧 현실로 나타났다. 의화단사건 이후 일본의 한국

---

9 《독립신문》, 1899년 10월 2일, 1면 논설.

10 《데국신문》, 1900년 8월 16일, 1면 논설.

11 《데국신문》, 1900년 9월 3일, 1면 논설.

정책 목표는 한국을 일본의 세력범위로서 독점하려는 것으로 바뀌었다.[12] 1902년 1월 30일 체결된 영일동맹(英日同盟)은 이러한 일본의 목표가 관철된 것이었다. 영일동맹은 일본이 "한국에 있어 정치상 그리고 상업상 및 공업상 현격한 이익을 가질 것"을 확인함으로써, "양국이 동아시아에서 각각 제국주의적 이익을 옹호하기 위해 협동하고, 특히 일본이 영국 제국주의 지원을 얻어 조선의 독점적 지배를 실현하고, 더욱이 만주에서 러시아 행동을 억제하기를 기대한 제국주의 동맹으로 성립했던 것이다."[13]

영일동맹 이후 만주에서 제국주의 열강 간의 대립은 일본-러시아 관계를 축으로 하여 전개되었다. 러·일의 대립은 특히 만주·한국을 둘러싸고 전개되었는데, 러시아는 한국에서의 일본의 우월한 이익, 러시아의 만주 독점 지배를 주장하였고, 일본은 만주에서의 러시아의 우월한 이익, 일본의 한국 독점 지배를 주장하였다. 이때 일본은 만주에서의 경제적 권익보다는 한국에서의 지배권 확립을 더욱 중요시하였다.[14] 러시아는 일본이 한국을 독점적으로 지배하는 것을 인정하지 않았고, 일본은 러시아가 만주를 독점적으로 지배하는 것을 인정하지 않았던 것이다.

1903년 7월 러시아는 동청철도를 완성하고 한국 정부의 반대에도 불구하고 용암포를 군사기지화하기 시작하였다. 이에 1903년 12월 16일

12 정창렬, 2005, 「러일전쟁의 한일관계 - 일본·한국 정부·한국민중의 관계」, 『한일관계사연구논집 7 - 일본의 한국침략과 주권침탈』, 경인문화사, 255쪽.

13 鈴木隆史, 1992, 『日本帝國主義と滿洲 1900~1945』 上, 塙書房, 50~51쪽.

14 정창렬, 앞의 논문, 256쪽.

일본 정부는 러시아에 대하여 전쟁 방침을 결정한 데 이어서, 1904년 2월 6일 외교단절을 통보하고, 8일에는 여순항과 인천항에서 러시아 군함을 기습하여, 2월 10일 선전 포고를 하였다. 2월 23일에는 한국 정부를 강박하여 한일의정서를 체결하였다. 이 조약은 2월 27일에야 관보에 공포되었다. 5월 31일 일본은 각의에서 '한국에 대한 방침' '한국에 대한 시설강령' 등을 결정하였다.

이와 같이 청일전쟁 이후부터 러일전쟁 발발에 이르기까지 만주를 둘러싼 러·일의 경쟁은 곧 한국의 독립을 침해하는 결과로 이어졌다.

2) 만주 이주의 상황

1897년 정부는 함경북도 관찰사 조존우에게 백두산정계비를 탐사시키고 감계사적을 조사하여 보고하도록 하였다. 조존우의 보고서 중 제4요목인 「거민정형(居民情形)」에는 다음과 같이 이주민의 상태를 기록하고 있다.

> 무산에서 월변(越邊)하여 길이가 백여 리나 수십 리, 넓이가 수삼 십 리나 오륙십 리인 동북계(東北界)에서 온성에 이르기까지의 600리 땅에 한민(韓民)의 이주자가 이미 수만 호를 넘으나, 모두 청인(淸人)의 압제를 받고 있다. 청인의 수는 한인(韓人)의 백분지 일에 불과하고, 한인으로서 치발역복(薙髮易服)한(청인에의 귀화) 자도 백분지 일이 못 된다. 이들이 토지를 점거 개간함에 있어 처음엔 우리 땅인 줄 알고 들어가 거주했다가 마침내 저들의 땅이 되었으니, 부득이 한때 생활할 수밖에 없

고, 조상의 분묘가 이쪽에 있으며 부자 형제가 각각 양국에 갈린 자들이 많아, 고토를 잊지 못하고 매양 정계(定界)하기를 해를 바라듯 바라고 있다.[15]

여기에서 월강 이주 한인이 수만 호에 달하고 있다는 것과 청인에게 압제를 받고 있으며, 또한 귀화를 강요당하고 있음을 알 수 있다. 청국에 귀화한 한인은 극히 소수이고, 대다수는 간도 지역의 국경이 속히 정계되기를 희망하고 있었다.

또한 같은 해 정부는 서상무(徐相懋)를 서변계 관리사로 임명하여, 압록강 대안 일대의 이주 한인을 보호하게끔 하였다. 즉 통화현을 팔도면 등 11면으로, 회인현을 수상면 등 3면으로, 흥경부를 왕청면 등 1면으로 분할하고, 이주민의 행정사무를 담당시켰다. 당시 이주민은 대략 8722호, 3만 7000인이었다.[16]

1900년경 평안북도 관찰사 이도재(李道宰)는 연안 지방을 순시하고 월경민 보호의 필요성을 인식하여 면(面)을 강 연안의 각 군에 안배하고 관리하게끔 하고 이주민에게 호세 30전을 상납하도록 하였다. 그는 충의사(忠義社)를 조직하여 민병을 모집하고 경비를 맡기고 이주민의 관리도 맡겼다. 이후 이민에 관한 사항은 군수가 결단하여 원만하게 처리하였다.[17]

---

15 이동환, 「북여요선 국역(察界公文攷)」, 『영토문제연구』 1, 민족문화연구원, 248~249쪽.

16 牛丸潤亮·村田懋麿 공편, 1927, 『最近間嶋事情』, 朝鮮及朝鮮人社出版, 77쪽.

17 당시 각 군에 배속한 면은 다음과 같았다. 厚昌郡 = 九道面, 八道面, 七道面, 六道面. 慈城郡 = 帽山面, 葦沙面, 流清面, 祥和面. 江界郡 = 大篁面, 小篁面, 新上面, 新下面, 九龍面, 志清面, 福江面,

1900년 러시아군의 만주 점령을 계기로 정부는 간도에 대한 적극적인 영유권 행사를 시도하기 시작하였다. 만주 지역에 러시아군이 주둔하면서 청국의 지배력이 현저히 약화되고, 동시에 의화단의 소요로 인하여 현지 주민의 보호 요청과 간도가 러시아 영토로 될 가능성에 대한 우려가 제기됨에 따른 것이었다.[18] 정부는 1901년 2월 회령·무산·종성에 변계경무서를 설치한 데 이어, 1902년 5월 이범윤을 간도시찰사로 파견하여, 간도 한인에 대한 '순찰무유(巡察撫諭)'와 '호수 인구 조사'를 맡겼다.

1902년에는 서변계 관리 지역 내에 향약을 만들어 의정부 참찬 이용태(李容泰)를 향약장으로 삼고, 부향약장으로는 서상무에 이어서 이완구(李完求)를 파견하여 임명하였다.[19] 1903년 5월 양지달·김상습 등 서간도 유지시찰단이 조사한 바에 따르면, 장백부(長白府)·임강현·집안현·통화현·흥경청·회인현·관전현·안동현 등 압록강 방면에 이주한 조선인은 9754호에 남자가 2만 3937명이고 여자는 2만 1656명으로 모두 4만 5593명이었다.[20] 한편 1903년 4월 간도시찰사 이범윤의 보고에 따르면, 당시 간도에 이주한 한인의 호수는 1만 3000~1만 4000호에 달하였다.[21]

위의 두 자료를 종합하면, 1903년 4~5월경 압록강과 두만강 대안의

泰平面. 楚山郡 = 央道面, 雲上面, 雲下面, 蓮上面, 蓮下面, 邱山面, 橫道面, 新上面, 新下面, 泰平面, 楡樹面. 碧潼郡 = 水上面, 水下面. 현규환, 앞의 책, 139쪽.

18 은정태, 2005, 「1899년 한·청통상조약 체결과 대한제국」, 《역사학보》 186집, 역사학회, 52~53쪽.

19 牛丸潤亮·村田懋麿 공편, 1927, 『最近間嶋事情』, 朝鮮及朝鮮人社出版, 77~78쪽.

20 위의 자료, 80~82쪽.

21 《황성신문》, 1903년 4월 7일, 2면, 「간도사적(間島査籍)」.

표 2-1 1907년 11월 간도의 한국인과 청국인 거주 인원수

	사(社)수	촌수	호수	남자	여자	합계
한국인	50	529	15,356	39,523	32,553	72,076
청국인		209	3,074	13,623	8,360	21,983
합계	50	738	18,430	53,146	40,913	94,059

참조 『대한매일신보』, 1908년 1월 15일, 2면, 「간도호구」; 「간도 호구조사에 관한 동지(同地) 파출소장의 보고 송부의 건」(1907년 12월 19일), 『간도의 판도에 관한 한청양국분의 일건』 제5권.

조선인 이주자는 대략 2만 2754~2만 3754호 가량인 셈이다. 이를 1호당 4.6명으로 계산하면 10만 4668~10만 9268명이 된다. 결국 1903년경 국경 대안으로 이주한 조선인은 대략 10만 수천여 명에 달하였다고 추산할 수 있다.

1906년 4월 한국주차일본군참모부에서 간도에 관해 일본 외무대신에게 보고한 조사서에 따르면, 당시 "간도에서 논밭을 개간하는 한인은 정확한 조사가 없으나 약 6만 인이라 칭"해지고 있었다.[22] 1907년 9월 9일부터 11월 7일까지 통감부 간도파출소는 관내에 대한 호구조사를 실시했는데, 그 결과 간도의 50개의 사(社)에 거주하는 한국인 마을의 수는 529촌, 호수가 1만 5356호이고 인구수는 남자가 3만 9523명, 여자가 3만 2553명으로 합이 7만 2076명이었다. 청국인에 대한 호구조사 결과도 함께 포함하여 표로 작성하면 〈표 2-1〉과 같다.

22 「간도에 관한 조사 개요」(한국주차일본군참모부, 1906), 『간도영유권관계발췌문서』(한국 국회도서관 편, 1975), 255쪽.

표 2-2 1907~1911년 간도의 조선인 호구수

	1907년	1908년	1909년	1910년	1911년
호수	14,200	17,100	19,100	21,200	24,300
호수 증가		2,900	2,000	2,100	3,100
인구수	71,000	89,000	98,500	109,500	126,000
인구 증가		18,000	9,500	11,000	16,500

참조 우환윤량(牛丸潤亮)·촌전무마(村田懋麿) 공편, 1927, 『최근간도사정』, 조선급조선인사, 121쪽.

위의 표에서 1907년 한국인 호수가 1만 5356호이고, 앞의 이범윤 보고에서 1903년 호수가 1만 3000~1만 4000호였으니, 1903~1907년 사이 4년간 증가한 호수는 대략 1356~2356호이고, 매년 평균하여 339~589호 정도 증가한 셈이다. 또 다른 자료에 따르면 1907~1911년 사이의 간도 거주 한국인의 호구 통계는 〈표 2-2〉와 같다.

1907~1911년 사이 4년 동안 증가한 호수가 1만 100호이다. 앞에서 1903~1907년 사이 증가한 호수에 비해 4~7배가 더 많은 것이다. 또한 표를 통해 1907~1911년까지 간도의 한국인 증가수를 확인해 보면, 1908년도와 1911년도에 폭발적인 증가수를 보이고 있다. 1909년 다소 수그러들었던 간도로의 이주는 1910년 8월 병합 이후 다시 급증하였다.

1909년 청·일 간에 간도협약이 체결되자, 청국은 서간도 지역의 한국인 향약을 폐지하고 자치제도를 인정하였다. 이로부터 서간도와 한국 정부의 정치적 관계는 단절되었다. 대한제국기 만주 전체의 이주 한인수를 보면, 1894년(청일전쟁 직전)에는 약 6만 5000명이고, 1904년(러일전쟁 직전)에는 약 7만 8000명에 달하였으며, 1910년(한일합병 직전)에는 10만

9000명이었다.[23]

이상 살펴본 것처럼, 청일전쟁 이후 한국에서는 국권을 상실해 갈수록 만주와 간도로 떠나는 이주민이 점점 더 증가하였다. 만주를 놓고 경쟁을 벌이는 러시아와 일본은 한국의 독립을 크게 위협하였다. 결국 러일전쟁으로 남만주에서 세력 우위를 확보한 일본은 한국을 '보호국'으로 만들 수 있었다. 일본의 한국과 만주 침략이 거세질수록 한국인의 만주 이주도 더욱더 증가하였다.

2. 한국인의 영토의식을 각성시키는 간도

1) 간도영토론의 등장과 성격

대한제국과 간도영토론의 등장

대한제국기 청국과 벌인 간도 소속 분쟁은 1885년(을유)과 1887년(정해)의 두 차례 국경선 감계회담에서부터 시작되었다. 감계의 쟁점은 백두산정계비에 새겨진 '토문'강을 어디로 정하여 국경의 출발로 삼느냐는 문제였다. 1885년 감계에서 청국은 두만강의 정류를 거슬러 올라가며 찾아서 정계하려 했고, 조선은 백두산정계비상의 '토문'강의 근원으로 정

23 현규환, 1967, 『한국유이민사』, 어문각, 142~143쪽.

그림 2-1 간도 부근 약도

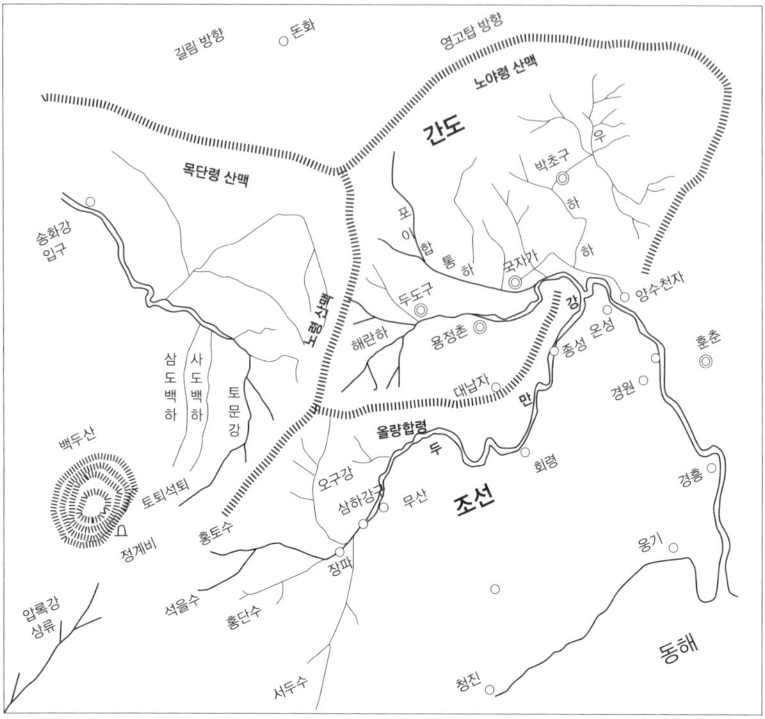

참조 김정주 편, 1970, 『조선통치사료 제1권 간도 문제』, 한국사료연구소, 857쪽.

계할 것을 주장하여 서로 결론을 보지 못하였다.[24] 회담 후 조선 측 감계사 이중하는 북병영에 보관된 「강희임진정계등록(康熙壬辰定界謄錄)」의 비변사(備邊司) 관문(關文)에서 '토문강은 중국 음으로 곧 두만강'이라고 기록한 사실을 확인하고, 두 번째 감계에서는 옛 경계를 밝혀서 본토를

24 이동환, 「북여요선 국역(勘界公文攷)」, 『영토문제연구』 1, 민족문화연구원, 246~247쪽.

잃지 않는 데 주력하였다.[25] 하지만 1887년 감계에서도 국경의 발원처로서 조선은 홍토수(紅土水)를 주장하였고, 청국은 석을수(石乙水)를 주장하였기 때문에 완전한 타결에 이르지 못하였다. 그렇다 하더라도 이중하의 말에 따르면 당시 양국이 무산(茂山)에서부터 두만강 상류의 "홍토수와 석을수가 합류하는 곳까지는 일일이 고증하여 서로 다른 의심이 없으니 이미 감정을 다한 것"이었다.[26]

1887년 음력 8월 19일 고종은 청국 예부에 보낸 자문에서 두만강을 국경으로 인정하였다. "이번 감계는 무산에서 강을 따라 장백산 중 장산령(長山嶺)의 서쪽에 있는 홍토수와 석을수의 합류처에 이르기까지 일일이 살피고 고쳐서 다른 의문점이 없이 모두 감정을 거쳤으나 그 합류처 이상의 결정하지 못한 양수(兩水)는 그림을 그리고 …… "라 하고, 『흠정황조통전』을 전거로 하면서 "길림과 조선은 도문(圖們)으로 경계를 삼는다"고 하면서, 두만강의 최초 발원처는 석을수가 아니라 홍토수로 정하는 것이 합당하다는 점을 강조하였다.[27] 이처럼 1885년과 1887년 감계회담에서 조선 정부는 두만강 대안의 간도를 자국 영토로 주장하지는 않았다.

그러나 대한제국을 선포한 정부는 간도에 대한 영토 주장을 적극

---

25 고승희, 2009, 「1880년대 조·청감계협상과 국경문제 인식」, 『근대변경의 형성과 변경민의 삶』, 동북아역사재단, 122쪽, 127~128쪽.

26 「계초(啓草)」(1887年 이중하 복명서), 『간도영유권관계발췌문서』(앞의 책), 70쪽.

27 "此次勘界自茂山沿江至于長白山中長山嶺西紅土水石乙水合流處則逐改考訂並無他疑悉經勘定其合流處以上所未定之兩水會印圖繪 …… 按欽定皇朝通典曰吉林朝鮮以圖們爲界 …… "「한청문제에 대한 참고서류 송부 건」(기밀통비발 제538호, 1907년 12월 3일, 총무장관 鶴原定吉 → 외무차관 남작 珍田拾己)의 부속서 5「勘界節略校閱轉奏事北京禮部咨」(광서 13년 8월 19일), 『통감부문서』 2권(국사편찬위원회 편, 1998).

적으로 내놓기 시작하였다. 광무 원년 1897년 가을, 정부는 함경북도 관찰사 조존우로 하여금 백두산 정계의 탐사와 감계에 관한 사적을 조사하도록 하였다. 그는 보고서에서 "대개 분수령의 토문강이 동쪽으로 300여 리를 흘러 증산(甑山)을 지나 송화강(松花江)에 들어가니, 토문강 이동·증산 이남이 우리 영토가 됨은 적확하여 의심이 없다"고 하였다.[28] 여기서 조존우가 주장한 영토 경계는 백두산 분수령에서 시작하여 '북증산(北甑山)'을 거쳐 '하반령(下畔嶺)'[지금의 합이파령(哈爾巴嶺)]에 이르고, 이곳에서 '분계강(分界江)'[지금의 포이합통하(布爾哈通河)]를 따라 남하하여 두만강으로 이어지는 것이었다. 그는 국제적 회담을 통해 이곳을 한국 영토로서 바로잡기를 희망하였다. 이렇듯 조존우의 보고서는 간도 땅을 영토로 확정해야 한다는 공론을 정부 입장에서 처음으로 제기한 것이었다.

한청통상조약 이후 간도영토론의 확산

1898년 8월 한청통상조약을 위한 교섭 준비 단계에서부터 국경선 확정과 간도 한인 문제는 주요 논쟁거리였다.[29] 간도에 대한 영토 주장을 선도한 자는 함경북도 종성의 전 오위장 오삼갑(吳三甲)이었다. 1898년 10월 청국과의 조약 교섭 소식을 접하자 그는 다음과 같이 간도의 국경을 확정해 달라고 상소하였다.

---

28 이동환, 「북여요선 국역(察界公文攷)」, 앞의 책, 249~250쪽.

29 은정태, 2005, 「1899년 한·청통상조약 체결과 대한제국」, 《역사학보》 186집, 역사학회, 34~42쪽.

분계(分界) 두만(豆滿) 두 강 사이에 간도라 명하는 땅이 있으니 내지 인민이 한계(韓界)로 알고 입거한 자가 수만 호라. 지금 청인에게 압제를 받아 생명을 지키기 어려우니, 당당한 대한 토지와 인민을 다른 나라에 주는 것이 어찌 분하지 아니 하오리까. …… 신들이 근래 듣자오니 주청공사를 파견한다 하오니 이것은 천재의 일 기회라. 이 경계에 관한 약조와 장정을 분명하게 정하시면 국가에 만행(萬幸)이옵고 인민에게 만행이로소이라.[30]

분계강과 두만강 사이의 땅을 간도라 하며 이를 한국 영토로 확정해야 한다는 것이다.

1899년 2월 15일 1차 교섭회담이 열렸고, 며칠 지나지 않아 오삼갑은 또 다시 청원하였다. 이번에도 "청 강희 51년(1712)간에 목극등으로 하여금 정계할 시에 백두산 대택 하에 비를 세우고 토석을 잇달아 쌓아 토문자강(土門子江)으로 분계하고 하반령 하에 또 토문자강이 있으니", 이를 경계로 삼아야 한다면서, 또한 청인이 "이 강북을 변리(邊裡)라 하고 강남을 변외(邊外)라 했으니" 이 강이 경계가 되는 것이 분명하다고 하였다. 이럼에도 만약 "토문과 두만 두 강이 같은 강인데 다른 음이라"는 "청의 억설로 본국 판도와 간도 거민을 끝내 잃어버려 타당하게 결정하지 못하면 국가 체면에 흠이 되고 조정의 실수인 것을 어찌 하겠는가"라고 하였다. 지금 양국 간에 통상조약을 결정하는 때에 이곳에 대하여 "국경을 확정

30 《황성신문》, 1898년 10월 20일, 1면, 「별보」.

하고 관을 배치하여 인민을 진정시키는 급무"라고 강조하였다.[31] 하반령 아래에 토문자강이 있는데, 옛날부터 청인이 이곳을 경계로 삼아 왔다고 하면서, 이 강을 국경으로 삼아야 한다고 주장한 것이다. 토문자강은 포이합통하 즉 분계강의 상류를 일컫는 명칭이었다.

오삼갑은 분계강과 토문강을 동일시하였다. 오삼갑은 백두산 분수령의 '토문'강을 분계강이라 말하고 이것이 하반령의 '토문자강'까지 이어진다고 본 것이다. 이런 인식은 실제의 지리와 다른 것이었다. 1883년 5~6월 어윤중의 지시로 백두산 일대를 탐사한 김우식은 토문강과 분계강 사이는 영(嶺)으로 격해 있어 서로 통하지 않는다고 보고한 바가 있다.[32] 백두산 발원의 '토문'강이 하반령의 분계강으로 이어진다는 개념은 실제의 지리에 기초한 것이 아니라 상상에 의한 지리 인식이었다고 말할 수 있다.

청국과의 통상조약 교섭을 계기로 한국의 언론은 간도에 대한 영토 주장을 일제히 제기하였다.《독립신문》도 유지자의 기고문을 통해 "대한서는 농업을 흥왕코저 하되 토지 개척할 줄을 알지 못할뿐더러 자기 나라의 당당한 토지를 누백년 버려두고 찾아서 백성 기를 줄을 모르니 어찌 애석하지 아니 하리요"라 하며, "두만강 건너 토문강이 있는데 두 강 사이 700~800리 토지가 당당한 대한에 속한 토지라. …… 지금 청국 사신이 와서 새로 조약을 하는 지경이니 대한 토지를 대한서 찾는 것이 당당한 일이요"라면서, 이에 관한 정부의 방책을 요구하였다.[33] 2차 교섭을

31 《황성신문》, 1899년 2월 23일, 3면, 잡보「한청정계」.

32 이동환,「북여요선 국역(勘界公文攷)」, 앞의 책, 244쪽.

33 《독립신문》, 1899년 2월 28일, 3면, 잡보「조흔 의견」.

십여 일 앞두고 《제국신문》도 중추원이 정부에 건의한 내용을 보도하였다. 중추원이 정부에 건의하기를,

> 우리 대한은 …… 형세가 아직 간난하고 약하여 …… 땅을 넓히고 백성을 옮기는 것은 의론할 수 없거니와 있는 바 토지와 인민은 비록 자만한 땅과 일개 백성이라도 기어코 침치하여 잃어버리지 아니하는 것이 자주하는 지도리라. 서로 청국과 접경한 곳에 우리 잃은 땅과 끼친 백성 사건은 대한과 청국이 금석같이 약조하여 급히 지경을 정하여 보호할 것이오.[34]

라고 하였다.

이처럼 한청통상조약 교섭을 즈음하여 간도의 땅을 영유하고 그곳에 거주하는 한인을 보호하는 것이 대한제국의 자주권을 확립하는 길이라는 여론이 비등하였다. 이러한 여론의 반향으로 한국 정부에서는 재차 백두산정계비 일대에 대해 조사하였다.

1899년 초 오삼갑의 소지(所志)로 인하여, 내부는 함북관찰사 이종관에게 훈령하여 1899년 4월 16일부터 5월 15일에 걸쳐 경원부사 박일헌과 함북관찰부주사 김응룡으로 하여금 분계강의 근원과 백두산정계비 일대를 조사하게 하였다. 박일헌은 분계강의 근원이 하반령에서 나오며 하류가 온성에서 두만강으로 들어가는데, 이것이 토문강의 하류는 아니라고 보고하였다. 또 그는 토문강이 백두산 분수령에서 발원하므

34 《데국신문》, 1899년 4월 6일, 1면, 별보 「중추원건의」.

로 두만강과도 만나지 않은 다른 물줄기라고 하였고, 토문강이 북증산이나 하반령에서 발원한다는 논의에 대해서도 토문의 참 근원을 버린 것이라고 책망하였다. 그는 토문강이 북증산 서쪽을 지나 송화강과 합류하여 동쪽으로 흑룡강에 이르러 바다로 들어가므로 이 경계의 동쪽은 진실로 한국의 영토라고 하였다. 당초에 분쟁을 우려해 비워두었는데 청국이 먼저 점거하고, 천여 리 땅을 임의로 러시아에게 할양하여 작금의 변경문제가 더욱 불거졌다고 하면서, 한국·청국·러시아 3국이 공동으로 정계비와 토문강을 역력히 조사하여 만국통행의 법례를 원용하여 공평하게 국경을 확정할 것을 주문하였다.[35] 박일헌 주장의 요점은 토문강을 분계강으로 보는 견해에 대해서 옳지 않다고 반박한 데 있다. 한 달여 이후《독립신문》도 토문강 동쪽 지역을 "청국서 먼저 점거하다가 합 몇천여 리를 아라사 사람에게 베어 주었다. 지금 한청조약을 하려는 즈음에 그 지계를 찾는 것이 당연하다고 하"는 박일헌 등의 보고 내용을 보도하였다.[36] 대한제국의 정부 출범과 함께 등장하기 시작한 간도영토론은 한청통상조약 교섭을 계기로 송화강과 흑룡강 이동지역까지 강역으로 삼을 것을 주장하기에 이른 것이었다.

1899년 4월 19일에 열린 제2차 교섭회담에서 한국은 청국에 간도 한인에 대한 보호와 간도 국경선에 대한 감계를 제안하였다. 이에 대해 청국은 압록강과 두만강이 양국의 국경인 것이 분명하므로 감계는 불필요하다면서, 한국 정부가 감계를 고집한다면 후일 육로통상조약을 체결

35 이동환, 「북여요선 국역(査界公文攷)」, 앞의 책, 250~254쪽.

36 《독립신문》, 1899년 6월 26일, 3면, 잡보「짜 ᄎᆞ질일」.

할 때 논의하자고 하였다.[37] 결국 9월 11일 한청통상조약은 국경 감계와 간도 한인문제가 제외된 채 체결되었다.

정부 내 간도영토론 고조

1900년 의화단사건 이후 청의 통제력이 약화된 사정을 기회로 간도에 대한 지배권을 확보하려는 정책과 시도들이 나타났다.[38] 그 예로는 1901년 변계경무서의 설치, 1902년 간도시찰사의 파견 등이 있다. 특히 1902년 5월부터 간도시찰사로 활동한 이범윤의 보고는 정부 내에서 간도영토론을 더욱 고조시켰다. 간도 한인에 대한 '순찰무유(巡察撫諭)'와 '호수 인구 조사'를 맡은 이범윤은 1년간의 활동 결과를 보고하면서 간도를 대한의 영토로서 '회복'할 것을 정부에 요청하였다. 그는 "무릇 간도(墾島)는 우리 대한의 임금들이 강역으로 다스린 땅인데 …… 지금은 수만여 천 호의 우민(寓民)이 다시 우리 판적(版籍)에 예속하고 거백만 원의 전결과 부동물가치가 통틀어 우리 장부에 들어오니 민인도 우리의 것이요 땅도 우리의 것인데 …… 강역의 경계를 다시 회복하는 일은 손안에 쥐고 옮기는 것처럼 쉬운 일이니 정부에서 속히 조치할 처분을 내리기를 천만 복망한다"고 하였다.[39]

1903년 7월 내부 지방국장 우용정은 이범윤의 보고에 의거하여 다음과 같은 의견서를 제출하였다. 청국으로 하여금 간도 한인에게 치발을

---

37 은정태, 앞의 논문, 45~46쪽.

38 하원호, 2006, 「개화기 조선의 간도인식과 정책의 변화」, 《동북아역사논총》 14, 동북아역사재단, 21쪽.

39 「청한국경문제연혁」(통감부 간도파출소 편), 『간도영유권관계발췌문서』(앞의 책), 353~354쪽.

행하지 않도록 해야 한다면서, "강계에 이르러서는 정계비 이하 토문강 이남을 우리나라의 계한으로 확정하여 관리를 두어 세금을 정할 것이다. 단 수백 년 공광의 땅을 갑자기 타정한다는 것은 너무 장대한 것 같으므로 잠시 먼저 보호관을 특파하여 관리의 명칭으로 해도에 주차하여 사무를 전관하고 생명 재산을 보호하여 조정에서 품고 지키겠다는 뜻을 보여야 할 것이다"고 하였다.[40] 이어서 8월 내무대신서리 김규홍도 이범윤을 간도관리사로 승임시켜야 한다고 상소하였다. "분수령 정계비 이하 토문강 이남의 구역은 본시 우리나라 땅의 경계로 삼아 집결(執結)하여 세금을 정할 것이나 수백 년 공광의 땅을 갑자기 타정하는 것은 너무 장대한 것 같으므로 잠시 먼저 보호관을 특치하지 않으면 안 될 것"이라고 하였다.[41] 이렇듯 간도에 보호관을 파견해 달라는 상소에는 '토문강 이남'은 한국의 강역이라는 인식이 전제되어 있다. 같은 시기에 《황성신문》도 사설을 통해서 간도보호관 파견에 큰 기대를 걸었다. 간도보호관을 파견하여 관리정책에 진력하면 머지않아 경계를 타결하여 군현을 설치하고 병사를 주차하게 되어, 조선 '성조의 발상지'를 회복하고 정계비의 판도를 완전히 거두어들일 것이라고 기대하면서, 이범윤의 공적은 윤관과 김종서의 위업에 추배할 만하게 될 것이니 힘써달라고 주문하였다.[42]

마침내 1903년 8월 11일 정부는 이범윤을 '북간도관리'로 명하였다. 그렇지만 청국은 간도가 청국의 영토이며, 이범윤의 간도 활동은 불법이므로 그를 소환할 것을 한국에 요구하였다. 이러한 청국의 요구에 대해

---

40 《황성신문》, 1903년 7월 17일, 2면, 별보 「북도변계 간도(墾島)에 관흔 의견서」(속).

41 《황성신문》, 1903년 8월 19일, 2면, 「별보」.

42 《황성신문》, 1903년 8월 20일, 2면, 논설 「기(寄) 신임간도관리 서(書)」.

서 한국은 백두산 정계로 "토문 이남 두만강 안까지는 분명히 우리나라 경계 안"이라며, 이범윤을 파견하여 간도를 관리하고 한국인의 생명과 재산을 보호하는 것은 청국에서 청인을 위해 '설관보호'하는 것과 같은 위민정책이라며 청국의 요청을 거부하였다.[43] 이처럼 정부의 간도보호관 파견에는 간도가 대한제국의 강역이라는 인식이 깔려 있었다.

이범윤의 간도 활동과 함께 고조된 간도영토론은 그 주장하는 강역의 범위가 흑룡강 일대로까지 확장된 것이었다. 1903년 가을에 경흥감리 황우영은 토문강 이하 송화강·흑룡강으로 이어지는 일대에 대해 국경을 결정할 것을 주문하였다. 그는 외부대신 이도재에게 보낸 의견서에서, 백두산정계비에 적힌 토문강이 "송화강과 합류하여 흑룡강으로 들어간 후 바다로 흘러들어가는 것이 만고불변의 경계"라며, "토문강에서 발원하여 바다로 들어가는 곳 안쪽이야말로 우리 한국의 국경"이라고 주장하며, "현재는 감계할 당시와 상황이 달라졌으므로 …… 현지로 가서 일일이 답사한 후 공법에 따라 비문상의 경계를 증명하고 과거의 경계를 명확히 한다면", 청국은 "억지 주장을 펴지 못하고 물러날 것이 분명하다"고 내다보았다.[44]

청국은 한국에 이범윤의 소환을 수차 요구해도 회답이 없자, 1904년 5월 1일 간도국경선 감계를 위한 회담을 제의하였다. 이때는 이범윤이 군사를 이끌고 회령과 무산 간도 지역을 점령한 직후였다.[45] 회담을 통해 간

43 《황성신문》, 1903년 9월 24일, 2면, 「별보」.

44 「황우영 의견서」(「間島問題ニ關スル件」, 京第20號, 1903년 11월 20일), 『주한일본공사관기록』 20권, 500~501쪽.

45 「북간도(北墾島)관계서류」, 『간도영유권관계발췌문서』(앞의 책), 38~39쪽.

도를 자국의 영토로 확정하여 이범윤을 철회시키려는 것이 청국의 목적이었다. 이에 대하여 한국 정부도 간도 한인들이 "청국 관헌의 압제를 호소"하는 터라, 청국이 제의한 경계 문제에 대한 "해결의 필요성을 절감하고, 의정부 의결을 거쳐 경계를 조사해 정할 위원을 파견할 계획을 세웠다."[46] 이처럼 대한제국기에는 간도영토론의 고조와 함께 간도 경계를 확정하기 위해 청국과의 감계회담을 준비하는 데 이르기까지 하였다.

그러나 한·청 양국의 감계회담 추진은 일본의 간섭으로 중단되었다. 이는 러일전쟁을 끝낸 후 자국의 중재하에서 해결하려던 일본의 요구 때문이었다.[47] 이런 상황에서 6월 15일에 함경북도 교계관 최남융 등은 연길청 당국자와 '한·청변계선후장정'을 맺었다. 장정은 제1조에서 "양국의 계지는 백두산비의 기록 증거가 있으나 양국 정부가 사람을 파견하여 회감(會勘)하기를 기다릴 것이다. 다시 감계하기 전에는 구례에 따라 도문강을 간격으로 각각 지역을 지키고 다 같이 무기를 가진 군대를 배치하여 몰래 월경해서 사단을 일으키지 못하게 할 것"이라 규정한 뒤에, 이범윤을 간도에서 철수시키도록 조치하였다.[48] 이후 8월 3일 청국은 한국에 국경 감계의 회담을 연기할 것을 정식으로 조회하였다.[49]

46 「간도 지역의 한청 경계 사정(査定)에 관한 건」(왕전 제486호, 1904년 5월 21일), 『주한일본공사관기록』 23권, 257~258쪽.

47 위의 자료; 「咸鏡北道交界官ノ報告及間島問題ニ關スル意見上申ノ件」(기밀제63호, 1904년 6월 15일), 『주한일본공사관기록』 22권, 412쪽.

48 「회의중한변계선후장정(會議中韓邊界先後章程)」, 『간도영유권관계발체문서』(앞의 책), 86~87쪽.

49 「조회」(청국 흠차출사 대신 허(許) → 대한 외부대신 이(李), 1904년 8월 3일), 『간도영유권관계발췌문서』(앞의 책), 41쪽.

간도영토론의 성격과 한계

간도영토론 주장은 대한제국의 출범과 함께 대두하였고, 한청통상조약을 계기로 확산되었다. 그리고 이에 대한 논의를 만국공법에 입각하여 전개하였다는 점을 통해 미루어 볼 때, 그 배경에는 자주독립의식과 민족의식의 성장이 있었음을 알 수 있다.[50] 이렇게 근대적 주권독립의식의 발현이라고 볼 수 있는 간도영토론은 다음과 같은 성격을 띠었다.

첫째, 간도영토론은 대한제국기에 처음 본격적으로 주장되기 시작하였다. 대한제국 이전까지 정부 차원에서 조선이 간도에 대해 영토 주장을 제기한 바는 없었다. 간도영토론이 주장의 근거로 삼는 것은 1712년 백두산정계비에 적힌 "서위압록 동위토문"에서 '토문'이란 문구이다. '토문'을 근거로 하여 국경은 두만강이 아닌 분계강 또는 송화강-흑룡강이고, 따라서 간도는 마땅히 대한제국의 영토라고 주장한 것이다.

그러나 1712년 백두산 정계 시에 조선 정부는 정계비의 '토문'을 두만강과 같은 강으로 이해하였다. 예컨대 청이 토문강의 원류를 확인하자는 내용의 자문을 보내자, 조선 조정에서는 토문강이 무엇을 가리키는지에 대한 논란 없이 백두산과 압록강, 두만강 상류의 지세를 미리 확인하도록 조치하였다.[51] 정계 과정에서도 청국의 책임자 목극동과 조선의 접반사 박권 사이의 대화에서 토문강과 두만강이 각각 다른 강을 지칭하는 것으로 논란을 벌인 바가 없었다. 1757년(영조 33)에도 조선인 범월자 처벌에 관해 청국 예부에서 보낸 자문에 대한 회답에서 조선 국왕은 "두

50 하원호, 앞의 논문, 30~31쪽.

51 『숙종실록』 권51, 숙종 38년 4월 7일(기미)조. 강석화, 2005, 「조선후기의 북방영토의식」, 《한국사연구》 129, 한국사연구회, 99쪽에서 재인용.

만강과 토문강의 명칭의 차이에 대해서는 소방의 북계 일대에서는 두만강이라고 속칭하고 있다. 여러 죄수들이 공술하면서 칭한 두만강은 바로 대국이 토문강을 칭하는 것이다. …… 이로써 볼 때, 하나의 강이 두 개의 명칭을 가지고 있음을 알 수 있다"고 하였다.[52] 정계비 건립 이후 학인들 사이에서도 다수는 토문강과 두만강이 같은 강이라고 인식하였다. 이익(1681~1763), 정동유(1744~1808), 성해응(1760~1839), 정약용(1762~1836), 한진서(1777~?), 이규경(1788~1856) 등이 이에 해당한다.[53]

이와 같이 18세기 백두산 정계 시에 조선의 정부나 다수의 지식인들은 정계비문상의 '토문'을 두만강과 동일시하였다. 지도상으로 보자면 압록강과 두만강 이남이 조선의 강역으로 인식된 것은 18세기 이후였다.[54] 앞서 보았듯이 1880년대 청국과의 감계회담 시에도 조선 정부는 간도를 청국 영토로 인정하고 있었다. 결국 조선 개국 이래 간도가 조선의 현실적 영토이었던 적은 없었다. 1712년 백두산정계비를 근거로 간도가

---

52 구범진·이지영, 2010, 『국역 동문휘고(同文彙考)』 범월 사료 2, 동북아역사재단, 597쪽. 원문은 "…… 至於豆滿江 土門江之 名稱相左 小邦北界一帶水 國俗謂之胃之 豆滿江 諸囚之 供稱 豆滿江卽大國所稱 土門江也 …… 可知 一江而二名也"(『同文彙考』 권57, 犯越編, 乾隆 22年 12月 初 6日 回答).

53 토문강이 두만강과 다르다고 언급한 학자들도 있었다. 신경준(1712~1781)과 홍양호(1724~1802)가 토문강이 하류에서 두만강과 합류하지만 그 발원은 두만강과 다르다고 하였다. 신경준은 토문강이 백두산 동면에서 발원하여 그 하류가 두만강에 합류된다고 설명하였고, 홍양호는 토문강의 근원은 백두산 동면에 있으며 백두산 서남면 40여 리에 있는 북증산(北甑山) 앞에서 두만강으로 흘러든다고 하였다. 서명응(1716~1787)은 토문강이 북쪽으로 흘러 흑룡강으로 들어가므로 두만강과 합류한다고 하는 것은 잘못이라고 말하였다. 조광, 1974, 「조선후기의 변경의식」, 《백산학보》 제16호, 백산학회, 169~172쪽; 강석화, 2007, 「19세기 북방 강역에 대한 인식」, 《역사와 경계》 65, 부산경남사학회, 10~24쪽. 그렇지만 이들의 주장은 정계비 건립으로부터 훨씬 훗날의 일이고, 또 이들은 두만강과 다르다고 본 토문강을 조선의 국경이라고 주장하는 데까지 이르지는 않았다.

54 문순실, 2002, 「白頭山定界碑と十八世紀朝鮮の疆域觀」, 《朝鮮史研究會論文集》 40집, 朝鮮史研究會, 42~52쪽.

조선의 영토라는 주장은 사실과 맞지 않는 것이었다.

둘째, 간도영토론은 '선춘령 두만강 이북설'과 '분계강론'이 결합된 지리적 인식을 기초로 전개되었다. 예컨대 오삼갑의 상소문에서 고려 윤관의 선춘령 비가 조선의 북변 경계였다고 하면서 분계강을 경계로 하며 간도에 대한 영유권을 주장하였다.[55] 『북여요선』에서 대표적으로 표출된 한국의 북방영토인식은 선춘령 경계에 대한 인식을 기반으로 간도를 조선의 강역으로 보고 있다.[56] 간도에서 이범윤을 수행했던 이병순이 『북여요선』의 발문에서 밝히기를,

> 지금 북지는 우리 한국의 변경으로 고려 때에 선춘령에 정계비를 세워 북쪽 경계의 표지로 했으니 송화강 이북은 모두 우리의 옛 강토 안에 든다. 청 강희 임진년에 호위의 세력을 가지고 오라총관 목극동이 독단으로 백두산에다 돌을 새겨 토문강으로써 한청의 경계를 삼아 우리 강토를 안으로 우므러뜨리고 우물쭈물 월점하여 이제 또 토문의 남쪽을 우므러뜨리려 하니, 이는 천고 지사의 길이 한탄할 바이며 북여요선이 지어진 연유다.[57]

---

55 "麗朝肅宗睿宗時에 尹瓘과 吳延寵을 派遣ᄒᆞ야 女眞을 勦逐ᄒᆞ고 其地限을 遂定ᄒᆞ니 白頭山內外에 地勢와 山脉이 尙今指点可考ᄒᆞ겟고"(《황성신문》, 1898년 10월 20일, 1면, 「별보」); "地本北邊은 女眞所居處라 前朝 肅宗 睿宗時에 尹瓘과 吳延寵으로 女眞을 剿滅하고 地界를 定限하엿스니 自遼東으로 至先春嶺立碑處하야 長爲 三百餘里라"(《황성신문》, 1899년 2월 23일, 3면, 잡보「한청정계」)

56 배성준, 2008, 「한 · 중의 간도문제 인식과 갈등구조」, 《동양학》 43, 단국대동양학연구소, 354쪽.

57 이동환, 「북여요선 국역(跋)」, 앞의 책, 254쪽.

라고 하였다. 오삼갑이나 이병순은 조선이 고려의 강역을 계승했다고 전제하였다. 따라서 당시 고려의 국경으로 인식되었던 윤관비가 두만강 이북 700리 선춘령에 있었다는 견해를 취하면서 간도가 조선의 영토임은 당연하다는 주장을 전개한 것이다.

그렇지만 백두산 정계 당시에 '두만강 이북 700리 선춘령' 또는 '분계강'이 영토 경계로 정해지지는 않았다. 이익이나 심상규(1766~1838)는 백두산 정계 시에 '두만강 이북 700리 선춘령'의 윤관비를 경계로 삼지 못했음을 한탄했으며,[58] '분계강'이 조선의 국경이 되어야 한다고 주장한 자들은 백두산 정계로 인해 조선의 영토가 줄어들었다고 비판하였다는 점이[59] 그런 사실을 잘 입증해 준다.

그럼에도 대한제국기 간도영토론이 '선춘령 두만강 이북설'이나 '분계강론'에 입각하여 확산될 수 있었던 데에는 그만한 이유가 있다. 즉 간도영토론은 두만강 이북을 조선왕조의 발상지로서만 국한시키지 않고 고구려와 발해 특히 고려의 강역으로서도 강조하여 주장했다는 점이 바로 그것이다.[60] 영토주권의 주체를 조선왕조만으로 보지 않고 조선이나 고려나 발해를 공통으로 잇고 있는 민족 중심으로 파악했던 것이다. 또

58 조광, 앞의 논문, 167쪽.

59 강석화, 2000, 앞의 책, 256~260쪽.

60 예컨대《황성신문》은 1903년 9월 14일자 논설「변청관복조간도사건(辨淸舘覆照墾島事件)」에서, 두만강 이북이 고구려·발해·고려의 강역이었고, 조선 왕업의 기지였음을 강조한 후에 백두산정계비에 의해 토문 이남과 두만강에 이르는 곳이 한국의 경계임이 분명하므로, 해란강과 합류하여 두만강에 들어오는 '분계강'이 정확한 경계여서 간도가 '대한계내(大韓界內)'임도 분명하다고 주장하였다. 또한『북여요선』의「백두구강고(白頭舊疆攷)」에서도 백두산 일대가 기자·고구려·발해·고려의 강역이었고, 조선이 고려의 강역을 이어받아서 '토문(土門)' 하류 송화강 이남이 본래 한국의 소유였다고 주장하였다. 이동환, 1983,「북여요선 국역 : 백두구강고」, 앞의 책, 235~236쪽.

한 두만강 이북은 청조의 선조인 여진족 세력의 근거지였다. 이곳에 대해 청국의 주권을 부정하고 한국의 주권을 주장하였던 것이다. 이런 점은 간도영토론이 반청 자주독립의식에 따른 발로였음을 보여준다. 이처럼 대한제국기의 간도영토론은 영토주권에 대한 자주독립의식의 발로였다. 이러한 점들이 대한제국 주권 위기의 심화 속에서 간도영토론이 더욱 확산되는 중요한 요인이 될 수 있었다.

셋째, 간도영토론은 불안정하며 확장적인 성격이었다.[61] '토문'강은 어떨 때는 해란강으로 불리고 어떨 때는 포이합통하, 또는 송화강 상류로 불리는 등 그 지칭이 다양하면서도 일정하지 않았다. 따라서 주장하는 강역의 크기 또한 송화강, 흑룡강 이동지역까지 확장하여 영토로 보는 "비현실적인 영토의식"이었다.[62] 1880년대 감계회담에서는 두만강 상류의 홍토수를 국경으로 주장하는 데 머물렀었다. 1897년 광무원년에 함북 관찰사 조존우의 조사 보고서에서 처음으로 두만강 대안의 포이합통하 이남 지역 즉 간도를 영토로 주장하였다. 1899년 5월 경원부사 박일헌 보고서에서는 '토문강-송화강-흑룡강'을 경계로 하는 것이 지당하다고 주장하였다. 1903년 가을 황우영도 위와 같은 주장의 의견서를 정부에 제출하였다. 이처럼 간도영토론은 강역의 범위가 일정하지 않고 가변적인 것이었으며, 한청통상조약을 계기로 송화강과 흑룡강 이동을 포함하는 것으로 확장되었다. 조선 후기에는 서명응의 예처럼 토문강이 흑

---

61 배성준은 「간도협약이 무효면 간도는 우리 땅인가」(2005, 『만주 그 땅, 사람 그리고 역사』, 고구려역사재단, 203~206쪽.)에서 대한제국기 간도영토론이 주장하는 간도의 범위가 분명하지 않다는 문제점을 가졌으며, 이 점은 간도 영유권 주장이 허술한 것임을 보여주는 것이라고 말하였다.

62 하원호, 앞의 논문, 28쪽.

룡강으로 연결된다고 인지하면서도 강역의 이상적인 경계는 '분계강'으로 상정했었다.[63] 이를 보면 백두산정계비를 근거로 하여 '토문강-송화강-흑룡강'을 경계로 삼는 영토 주장은 대한제국기의 독특한 영토의식이라고 할 수 있다.

2) 러일전쟁 이후 간도영토론의 파행

간도 경계 문제와 통감부 간도파출소

러일전쟁이 끝난 후 일본 군부는 만주 진출을 위한 기지로서 간도에 대해 큰 관심을 보였다. 1906년 일본 육군 참모본부는 일본 외무성 촉탁 나이토에게 간도문제에 대한 조사를 의뢰하였는데, 그해 2월 19일 나이토는 조사 결과를 「간도문제조사서」로 작성하여, 포이합통하 이남의 간도는 "한국의 영토로 하는 것이 당연한 일로서 속히 지방관을 설치하고 수비병을 파견함은 목하 긴요한 처치라고 믿는다"고 보고하였다.[64] 이어서 4월 16일 일본 육군 참모총장 고다마는 한국주차군사령부가 작성한 「간도에 관한 조사개요」를 외무대신에게 보고하였다. 조사서의 말미에는 '한국 국방상으로 본 간도의 가치'에 대해서 "…… 만일 우리가 공격을 취하여 함북 방향에서 길림 지방으로 진출하려고 한다면 먼저 간도를 점령

---

63 강석화, 2007, 앞의 논문, 10쪽. 또한 조선 후기 홍양호는 조선왕조의 이상적 국경을 흑룡강으로 생각했다고 알려졌는데(조광, 앞의 논문, 165~166쪽.), 홍양호의 이러한 인식은 백두산정계비에 근거한 것이 아니라 역사적 고토였다는 의식의 일종이었다.

64 「간도문제조사서」(內藤虎次郎, 1906년 2월 19일), 『간도영유권관계발췌문서』(앞의 책), 328쪽.

하지 않으면 용이히 그 목적을 달할 수 없을 것이다. 간도의 군사적 가치는 이와 같다. 이 지역이 한·청 어느 나라의 영토에 속할 것인가는 한국 국토 방어상 등한히 할 문제가 아닌 것이다"라고 끝맺고 있다.[65] 이처럼 러일전쟁 후 간도는 만주 진출을 위한 일본 군부에 의해 지방관 설치와 군사파견의 목표가 되었다.

통감부와 일본 정부도 간도로의 헌병대 파견을 우선적 정책으로 취하였다. 1906년 11월 16일 통감 이토는 '한국시정개선에 관한 협의회'에서 간도 경계 문제에 대해 "한국 측에서도 충분한 확증이 없기 때문에 오늘 경계론을 주장함은 좋은 계책이 못 된다. 단지 간도에 재류하는 한국인들이 청국 관헌으로부터 학대를 받고 있기 때문에 청국의 영토로 보고 이들 한국인을 보호하는 대책을 취할 수밖에 없다"고 하면서, "일본 관리를 주재시켜서 경찰 기타 인민 보호에 필요한 기관을 부속시키고," 여기에 한국인 관리도 파견한다는 방책을 제시하였다. 이를 위해서 이토는 참정대신 박제순에게 "국경 문제는 미정이나 간도에 거류하는 한국인이 한국 정부에 보호를 청구해 왔기 때문에 이에 보호해 주기 바란다는 취지의 간단한 공문을 내 앞으로" 보내달라고 요구하였다.[66] 이틀 뒤 11월 18일 박제순은 이토의 주문대로, 간도 한인 보호를 위해 일본 정부가 관리를 파견해 줄 것을 공식적으로 요청하였다.[67] 이를 근거로 내세워, 이토는 같은 해 12월 11일 외무대신에게 헌병대 등의 일본 관헌을 간도에

---

65 「간도에 관한 조사 개요」(참모본부 참통 제120호, 1906년 4월 16일), 위의 책, 258쪽.

66 「韓國施政改善ニ關スル協議會 제12회 회의록」, 『통감부문서』 1권.

67 「재간도 한인 보호요구 조회」(조회제102호, 1906년 11월 18일), 『통감부분서』 2권.

파견하고 한국 관리를 부속시켜 간도 한인을 '보호'하도록 건의하였다.[68] 이후 이토는 한국주차군사령부 사이토 중좌를 통감부파출소장으로 촉탁하여 1906년 말부터 1907년 1월까지 대략 파견 인원을 내정하고, 그 해 2월 1일부터 동경에서 비밀리에 통감부파출소 창설 작업을 시작하였다.[69] 곧이어 2월 8일 일본 "제국정부는 우선은 해당 지역의 소속 문제를 제기하는 것을 피하고 종래 한국 정부가 실행한 예를 따라 단순히 재류 한민보호를 위해 상당수의 관헌을 출장 보내, 가능하면 두드러지지 않는 방법으로 점차 우리들의 기반을 확립함을 득책으로 한다"며, 간도에 통감부 직원을 '파견'하기로 결정하였다.[70]

통감부파출소는 백두산 동쪽의 국경은 미정이고 간도는 한국 영토이어야 한다는 입장을 취하였다. 통감부파출소는 창설사무소를 개설한 후, 1907년 3~7월 동안에 촉탁 스즈키로 하여금 한·청 간의 간도 경계 문제의 유래와 쟁점 등에 관해 조사하도록 하였다. 통감에게 제출된 조사 결과는 결론에서 두만강은 이미 정해진 경계선이 아니고, 백두산-합이파령-노야령산맥-온성으로 이어지는 구역을 경계선으로 삼아야 한다는 주장을 담았다.[71] 1907년 4월 중에 간도를 답사한 사이토도 통감에 보고하기를, 장차 파출소 직원은 "간도가 한국의 영토임을 전제로 일

---

68 「재간도 한민보호를 위해 관헌을 동지에 파견하는 건에 관한 조회」(1906년 12월 11일), 위의 책.

69 篠田治策 편, 1910, 『통감부임시간도파출소기요(統監府臨時間島派出所紀要)』, 통감부임시간도파출소잔무정리소, 37쪽.

70 「間島在住韓國民保護ノ爲同地ニ日本官吏派遣ニ關スル閣議決定」(1907년 2월 8일), 『일본외교문서』(일본 외무성 편) 제40권 2책, 84쪽.

71 「청한 국경문제 연혁」(鈴木信太郎, 1907), 『간도영유권관계발췌문서』(앞의 책), 360~362쪽.

에 임할 것"이라고 주장하였다.[72]

대외적으로 통감부파출소의 기본 원칙은 간도를 '소속 미정의 땅'으로 대하며 행동한다는 것이었다. 1907년 8월 19일 통감부가 헌병대를 간도에 진입시킨 날, 일본 외무성은 청국에게 "간도의 소속 문제는 아직 한·청 간에 해결되지 않았다"는 점을 성명하였다.[73] 이후 "청국 측에서 철두철미 간도를 자국 영토로서 행동함에도 불구하고", 통감부 간도파출소는 간도에 대해 "단지 소속 미정의 땅으로서 행동하였다."[74] 청국에서 파출소 철회를 요구할 때마다 일본 외무성은 통감부보고에 의거하여, 한·청의 경계는 두만강이 아니며 간도 경계 문제는 아직 해결되지 않았다고 하면서, 파출소를 철회할 수 없다고 반박하였다.[75] 천보산사건으로 군사적 긴장이 고조되었을 때에도, 11월 20일 이토 통감은 외무대신을 통해 청국 정부에게 "계쟁 중인 지방을 청국 영토라고 독단하여 이것을 공식적으로 고시하거나 또는 우리 관헌에게 통첩하는 일이 없도록 명령하기를 바란다"고 요구하였다.[76]

이처럼 통감부와 일본 외무성은 간도는 '계쟁(係爭)' 지역이므로 청

---

72 篠田治策 편, 앞의 책, 65쪽.

73 「間島ニ統監府員派出ニ關スル淸國政府ヘノ聲明並右ニ對スル同政府ノ抗議寫送付ノ件」(1907년 8월 26일), 『일본외교문서』(일본 외무성 편) 제40권 2책, 92쪽. 통감부 간도파출소는 8월 20일 용정촌에 개설되었고, 23일부터 사무를 시작하였다.

74 篠田治策 편, 앞의 책, 355쪽.

75 「명치 40년(1907) 8월 31일자 제65호 공문」(주청 일본임시대리공사 阿部守太郎 →청국외무부), 「명치 40년(1907) 10월 31일자 제83호 공문」(주청 일본임시대리공사 阿部守太郎→청국 慶親王), 『간도영유권관계발췌문서』(앞의 책), 142~143쪽, 147~149쪽.

76 「왕전 제208호, 재간도 청국 관헌의 전단적 행동에 대한 청국 정부에의 강경대응 건」(伊藤 통감→林 외무대신, 1907년 11월 20일), 『통감부문서』 제2권.

국이 독단해서는 안 된다고 주장하였다. 이들의 의도는 간도를 분쟁 지역으로 삼는 데 있었다. 반면에 청국의 주장은 이미 1887년 감계에 의해 한·청의 국경은 두만강으로 정해졌고, 다만 두만강 상류의 석을수와 홍토수 가운데 어느 것으로 정하느냐는 문제만 남아 있다는 입장이었다.

1907년 12월 3일 일본은 원세개와 만나 간도 경계 문제에 대한 교섭을 시작하였다.[77] 이후 일·청 양국은 서로 근거 자료를 제출하며 각자의 주장을 전개하였다. 1908년 4월 사이토 파출소장은 이제까지 간도 경계 문제에 대해 조사한 것을 종합하여 통감에게 보고하였다. 여기에서도 간도문제 해결을 위해 취해야 할 조치로서 "정부는 종전대로 의연히 백두산정계비를 기초로 하여 간도가 경계 미정지임을 주장할 것"을 주문하였으며, "단 필요하면 …… 양국에서 위원을 파견하여 정계비와 석퇴와 토문강을 답사하게 할 것"을 제시하였다. 이와 함께 "현재의 보호구역은 간도 면적의 약 4분의 1에 불과하다"면서 "간도에 있어서 한민보호의 구역을 더욱 확장할 것"을 촉구하였다. 파출소에서 주장한 간도의 범위는 동쪽으로 훈춘하, 서쪽으로 '토문강', 남쪽으로 두만강, 북쪽으로 노야령과 합이파령에 이르는 지역이었다.[78] 이와 같이 통감부 간도정책은 간도를 한·청 간의 국경 분쟁지로 만드는 가운데 이곳에서 일본의 세력범위를 확장하는 데 주안을 두었다.

한편 이즈음 일본 정부 안에서는 간도를 청국 영토로 인정하고 간도

---

77 「간도문제 해결을 위한 방침과 훈령 및 능동적 대처 요청 건」(내전 제122호, 1907년 12월 5일, 林 외무대신→伊藤 통감), 『통감부문서』 제4권.

78 「간도문제의 전말과 의견[間島問題之顚末並意見]」(齋藤季治郎, 1908년 4월), 『간도영유권관계 발체문서』(앞의 책), 388~389쪽.

문제를 교섭한다고 내부방침을 결정하였다. 1908년 4월 7일 일본 외상이 주청공사에게 보낸 훈령에서, "간도문제에 관해 충분히 조사한바 한국 측의 주장은 근거가 다소 박약하여 결국 두만강을 국경으로 인정할 수밖에 없다고 생각한다"면서, "한·청 양국의 국경은 두만강으로 정하고 홍토수·석을수 분쟁은 일·청 양국의 조사원이 입회하고 조사한 뒤 결정하는 것이 득책이다"라고 말하고, 이에 대해 통감 이토가 대체로 동의하였다고 밝히고 있다. 덧붙여서 말하기를, 이 제안은 '최후의 고안(考案)'으로 갖고 있되, 표면상으로 "당분간 종래의 방침을 고수하는 태도를 보이"기를 주문하였다.[79] 이후에도 일·청 양국은 종전대로 각자의 주장을 서너 차례 교신하였다. 그렇지만 결국 9월 25일 일본 내각에서 만주의 다른 현안들을 결정하면서 간도문제에 대해서도 "한국의 주장은 근거가 심히 박약하다"면서, "두만강이 청·한 양국의 국경인 것을 확인한다"고 결의하였다.[80] 이어서 10월 28일에 일·청 양국의 당국자는 간도 경계 문제의 해결을 위해 회담을 가졌다. 일본 외상 고무라는 청국 봉천순무 당소의(唐紹儀)에게, 일본 정부는 간도문제에서 경계 문제보다는 "한민보호 목적을 관철하기로 결심하였"고, '한민보호'도 "조약에 의해 영사관에 속하는 권한"에서 벗어나지 않는다고 하자, 당소의는 "그렇다면 간도문제 해결은 결코 곤란하지 않다"고 답하였다.[81] 이때에 일본은 간도가 청국 영토라는

---

79 「間島問題解決安ニ付內訓ノ件」(1908년 4월 7일, 林董 외무대신이 재청국 林權助 공사에게 보낸 전보), 『일본외교문서』(일본 외무성 편) 제41권 제1책, 437~439쪽.

80 「對淸交涉開始方二關シ訓令ノ件」(1908년 10월 2일, 小村 외무대신→재청국 伊集院 공사), 위의 책, 685~686쪽.

81 「間島問題ニ關シ唐昭儀ト會談の件」(1908년 10월 28일, 小村 외무대신→재청국 伊集院 공사), 위의 책, 691~692쪽.

점을 인정할 것을 청국과 교감하였던 것이다.

일진회의 간도영토론

러일전쟁 이후 한국 측에서 간도영토론을 적극적으로 전개한 그룹은 일진회였다. 일진회는 간도를 자신들의 '생명'으로 여겼다. 이토 통감이 전언한 일진회장 이용구의 말에 따르면, "일진회는 종래부터 간도에 관해서는 매우 힘을 쏟아 왔을 뿐만 아니라 함경도 방면은 일진회의 근거지로 봐야 할 지방으로, 간도의 개간은 일진회에 있어서는 생명으로 여기고 있었"고, 1905년 1차 박제순 내각에게도 "머지않아 간도 보호에 착수할 경우 일진회로 하여금 이를 담당하게 할 것을 요구하여 승낙을 얻었"던 바였다.[82] 실제로도 이용구는 1905년 6월 당시 일진회 지부총회장으로서 평의원 윤갑병 등과 함께 일본군의 북진대를 따라가며 만주를 시찰하였다.[83]

또한 윤갑병은 1905년 10월 회령에 있던 한국주차군사령관 하세가와에게 글을 보내 간도 한인에 대한 보호를 요청하였다.[84] 윤갑병은 그해 9월 18일부로 일진회 '북간도' 지부 회장으로 선출된 바였다.[85] 이뿐만 아니라 일진회는 10월 5일 압록강 대안의 '서간도'에 대해서도, 이광수를

---

82 「韓國施政改善ニ關スル協議會第21回」(1907년 7월 9일), 『일한외교자료집성』(김정명 편, 1964) 제6권(중), 590쪽.

83 《황성신문》, 1905년 6월 16일, 2면, 「일회종군(一會從軍)」; 민족문제연구소 편, 2010, 『친일인명사전』 2, 40~41쪽, 648~649쪽. 이용구과 윤갑병은 러일전쟁 때에 일본군의 군수물자 수송 등의 공로로 일본 정부로부터 각각 '훈3등 서보장'과 '훈4등 서보장'을 받았다.

84 中井喜太郎 편, 「간도문제연혁」(1907), 『간도영유권관계발췌문서』(앞의 책), 297쪽.

85 이인섭, 1911, 『원한국일진회역사』 권2, 문명사, 149쪽.

'민장(民長)'으로 파견하여 한국인의 "생명 재산을 보호하여 대한제국 국가 교화에 복종케" 하도록 정부에 청원하였다.[86] 1906년 3월 28일 일진회는 정부 대신회의에 12개의 안건을 제출했는데, 그중 첫 번째가 "서북간도 개척을 인가하여 본회로 하여금 불일내로 실시케 할 사"였다.[87] 5월 26일, 6월 2일에는 독립관에서 대중 연설회를 개최하여 홍긍섭이 '북간도개식론(北墾島開植論)'이란 주제로 강연하였다.[88]

1907년에 들어서 통감부가 파출소 설치 작업을 시작하자, 일진회도 간도에서 활동을 더욱 적극적으로 전개하였다. 3월 20일 일진회는 '북간도' 지회의 사무와 회원의 관리와 중요 사안을 본부에서 직접 관리하기로 결정하고 종전의 지부를 폐지하여 지회의 조직과 운영 방침을 일신하였다.[89] 7월 12일자《황성신문》에 따르면, 정부 내각회의에서도 "북간도를 일진회에게 위임하여 해도 내의 진황지를 개척하여 흥업 식민하기로 하였다."[90] 7월 29일 윤갑병이 다시 '북간도' 지부회장으로 선임되었고, 7월 31일에는 내부서기관 최기남·김해룡 등 2명, 서기랑 7명, 경찰관 10명 등 모두 19명의 일진회 회원들이 파출소로 파견되었다.[91] 10월 21일

---

86 위의 자료, 97~98쪽.

87 《황성신문》, 1906년 3월 30일, 2면, 잡보「일회제안(一會提案)」.

88 《황성신문》, 1906년 5월 26일, 6월 2일, 4면, 광고.

89 이인섭, 1911,『원한국일진회역사』권4, 문명사, 26쪽.

90 《황성신문》, 1907년 7월 12일, 2면, 잡보「북간도개척」.

91 이인섭, 앞의 책, 69~70쪽. 1907년 7월 31일에 파출소에 파견된 일진회 회원 19명을 보면, 내부서기관 최기남(崔基南)·김해룡(金海龍), 내부서기랑 한재찬(韓在燦)·전복룡(全福龍)·이구민(李求敏)·윤남철(尹南哲)·이은영(李殷永)·종의식(宗義植)·김영철(金永喆), 경시청경부 이경재(李庚在), 권임 김대원(金大元), 순사 전치극(全致極)·이병건(李秉健)·김종헌(金宗憲)·방한표(方漢杓)·김준현(金駿鉉)·김정희(金鼎熙)·고성환(高性煥)·최태욱(崔泰郁) 등이다.

에도 일진회는 '북간도개척사무 확장'을 위해 총순 원병희를 비롯하여 권임 1명, 순검 17명 등 모두 20명을 추가로 파견하였다.[92] 이듬해 1908년 8월 26일에도 주범중·손범철을 내부주사 겸 군주사로 서임하는 등 모두 17명의 일진회 회원을 내부 경무국 관리로서 간도에 파견하였다.[93] 이처럼 다수의 일진회 회원이 통감부 간도파출소 설치와 동시에 파출소 직원으로서 두루 활약하였다.

일진회 회원들은 간도가 한국의 영토라는 주장을 강력히 펼쳤다. 파출소 설치에 앞서서, 1905년 12월 4일 김해룡을 비롯한 박주훈 등 '북간도' 일진회 회원 28인은 '지나인 압제'에 분개하여 결사동맹을 맺고 '구양(舊壤) 회복' 등을 결의하였다.[94] 이들 가운데 김해룡은 1906년 5월 28일 일진회 '북간도' 지회장이 되었고,[95] 앞서 언급했듯이 1907년 7월 31일에 내부서기관으로 간도파출소 직원이 되었다. 같은 해 11월 17일에는 청국 당국자로부터 치안을 어지럽히므로 처벌해야 한다는 항의를 받았다.[96] 1909년 11월 간도파출소 폐쇄 당시에는 감찰과 과장이었다.[97]

통감부파출소 설치가 가시화하자, 간도의 일진회 회원들은 거주대표자들과 함께 경성에 올라와서 간도를 한국 영토로 확보할 것을 정부

92 이인섭, 1911, 『원한국일진회역사』 권5, 문명사, 36쪽.

93 이인섭, 1911, 『원한국일진회역사』 권6, 문명사, 32쪽; 《황성신문》, 1908년 8월 30일, 1면, 관보 「서임급사령」.

94 《황성신문》, 1906년 4월 25일, 4면, 잡보 「회원동맹」.

95 이인섭, 1911, 『원한국일진회역사』 권3, 문명사, 28쪽.

96 「내전 제36호, 간도의 청국 관헌의 전단적 행동에 대한 청국 정부에의 강경 대응 件」(1907년 11월 19일, 齋藤 파출소장→伊藤 통감), 『통감부문서』 제2권.

97 篠田治策 編, 앞의 책, 424쪽.

에 수차례 요청하였다. 1907년 2월 29일 주범중, 김현묵, 김갑승 등 '북간도 거민' 3인은 백두산정계비상으로 '토문강 이남'은 우리의 강역이 확실하다면서 간도에 대해 청국과 교섭하여 "약장을 확정하고 관리 파견과 법을 시행하여 국권을 떨치고 민생을 보호할 것"을 정부에 청원하였다.[98]

4월에도 주범중을 비롯하여 김현묵 등 '변계 거민' 6인은 간도를 영유하고 7개 구획으로 나누어 관리를 파견할 것 등을 정부에 청원하였다. 이들은 1712년 백두산 정계로 송화강 이동과 흑룡강 이남은 그 경계범위 안의 '내지'라고 하였고, 간도의 범위를 포이합통하와 두만강 사이로 보았다.[99]

6월에도 주범중, 손범철 등 14명의 '북간도 변계민'은 정부가 간도를 영유하는 조약을 맺고 '설관입법(設官立法)'할 것을 청원하였다. 이들이 간도가 한국의 영토라고 주장하는 증거로 들고 있는 것은 선춘령과 토문강, 분계강이었다. 선춘령이 토문강과 송화강이 합류하는 곳에 있다고 하고, 한국이 고려의 강역인 선춘령 이남을 계승하였으므로 토문강 이남은 본시 한국의 소유이며, 백두산 정계 시부터 백두산에서부터 분계강 하류 온성까지의 지역인 간도가 한국의 영토인 것은 분명하다고 주장하였다.[100]

---

98 「북간도민들의 치안관청 설립 청원」, 『청원서』 3(각사등록 근대편), 국사편찬위원회.

99 「북간도민들의 청나라 관청에 대항할 관리 파견 청원 및 첨부문건과 처분」, 『청원서』 6(각사등록 근대편), 국사편찬위원회.

100 《황성신문》, 1907년 6월 12일, 13일, 1면, 잡보 「간도청원(墾島請願)」. "我朝繼主高麗封疆五百有餘年天下咸稱之曰高麗之界我之界也雖盡復高麗舊地義無不可而麗之先春在其內我之土門又在其內大抵土門下流接於松禾而今伯都訥城乃松禾以北之地則城南山川不甚遠麗限而本是我韓之有也"(12일자) "盖穆氏定界之時淸國以土門韓國以分界爲限而分界南北俱空而其地絶無居人矣粵自二十餘年間我民之流寓入居其地者不下四萬餘戶而現稱北間島者正謂此也以白山定界爲主則

7월과 8월에도 주범중과 손범철을 포함하여 대체로 동일한 인물들이 간도에 대한 '영토소유권의 완전'을 청원하였다.[101] 이처럼 통감부 간도파출소 설치가 시작된 1907년 초부터 간도의 일진회 회원들과 한인들은 "속속 상경하여 의정부, 내부, 내부대신 저택 등으로 거의 매일같이 찾아가서 간도문제의 해결을 강요하였고, 또 경무총장이나 경무고문 등 한일 유지를 방문하여 속히 간도 한민을 청인의 학대로부터 구출해 줄 것을 청하였다."[102] 앞서 언급했듯이, 이들 가운데 지속적으로 활동한 주범중과 손범철은 일진회에서 1908년 8월 26일 간도파출소 경무국 관리로 임명한 인물들이었다. 주범중은 1909년 11월 간도파출소 폐쇄 때에도 감찰과 직원이었다.[103] 주범중과 손범철은 서북학회 출신이기도 하였다.

통감부 간도파출소의 활동에 누구보다 더 적극적으로 협력한 윤갑병은 간도영토론 주장에서도 매우 강렬하였다. 그는 1905년 9월 일진회 북간도지부 회장으로 선출되었고, 한 해 걸러서 1907년 7월 29일 또다시 지부 회장으로 선임되었다.[104] 1907년 9월 23일 윤갑병은 종성 대안에 위치한 광덕사에서 일진회 명의로 '광고 제5호'를 고시하였다. 여기서 한국과 청국의 국경은 백두산정계비에 의해 토문강－송화강－흑룡강으로 분명하게 정해졌다면서, 따라서 간도는 한국의 '내지'이므로 미경작

土門姑捨而自分界下流于穩城之間長爲七百里而廣可數三百里之間島我地分明不待爭辨而可知也"(13일자)

101 《황성신문》, 1907년 7월 6일, 1면, 잡보「간도인민청원내각문」; 1907년 8월 5일, 1면, 잡보「간민상서내각」.

102 「간도문제연혁」(中井喜太郎 편, 1907), 『간도영유권관계발췌문서』(앞의 책), 297쪽.

103 篠田治策 編, 앞의 책, 424쪽.

104 이인섭, 1911, 『원한국일진회역사』 권2, 문명사, 149쪽; 권4, 69쪽.

지를 자기의 경작지로 만들 것과 청국 관아에 납세하지 말 것을 주장하였다. 아울러 "한인 중에 누구를 막론하고 청인에 아부하여 도향약(都鄕約), 갑장(甲長), 패두(牌頭)라는 명목으로 한인 마을에 세금을 징수하는 자 있으면 엄중히 처벌할 것이라"며 그러한 직위에서 물러나라고 위협하였다.[105]

일진회의 이러한 활동은 "한국이 다년간 해결하지 못했던 간도문제를 파출소 설치에 의해 바로 해결될 것으로 믿었던" 데서 나온 것이다. 일진회 회원들이 파출소에 와서 소작료 거부에 대한 보호를 요청하는 일이 속속 발생하기도 하였다. 하지만 파출소로서는 "한민 등의 이러한 주장을 적극적으로 보호하기에는 소요를 야기할 우려가 있어서 그 주장의 옳고 그름을 접어두고 간도 귀속 문제가 결정될 때까지 현상을 유지하고 종래의 관례에 의거할 것"을 종용하였다.[106]

윤갑병은 1907년 12월 20일 함경북도 관찰사로 임명되었다.[107] 1908년 2월 23일부터는 이완용 내각의 기관지로 알려진 《대한신문》에 「백산가(白山歌)」를 발표하였다. 《대한신문》은 「백산가」가 "도내(島內) 인민으로 풍송기가(諷誦記歌)하야 고국을 회상하는 감의(感意)를 해석하고 구양(舊壤)에 안락하는 환정(歡情)을 자인(自認)케" 하였다고 평하였다.[108] 윤갑병은 「백산가」에서도 백두산정계비에 의해 토문–송화강 이남이 한

---

105 「광고(제5호)」(융희원년 9월 23일, 일진회 북간도지부회 윤갑병), 『간도영유권발췌문서』(앞의 책), 163~165쪽.

106 篠田治策 편, 앞의 책, 173~175쪽.

107 《황성신문》, 1907년 12월 26일, 1면, 관보 「서임급사령」.

108 《대한신문》 필사본, 1908년 2월 23일, 「간도(墾島)의 한계증명(韓界證明)」.

그림 2-2 1899년의 「대한전도」(위)와 1907년의 「대한전도」(아래)

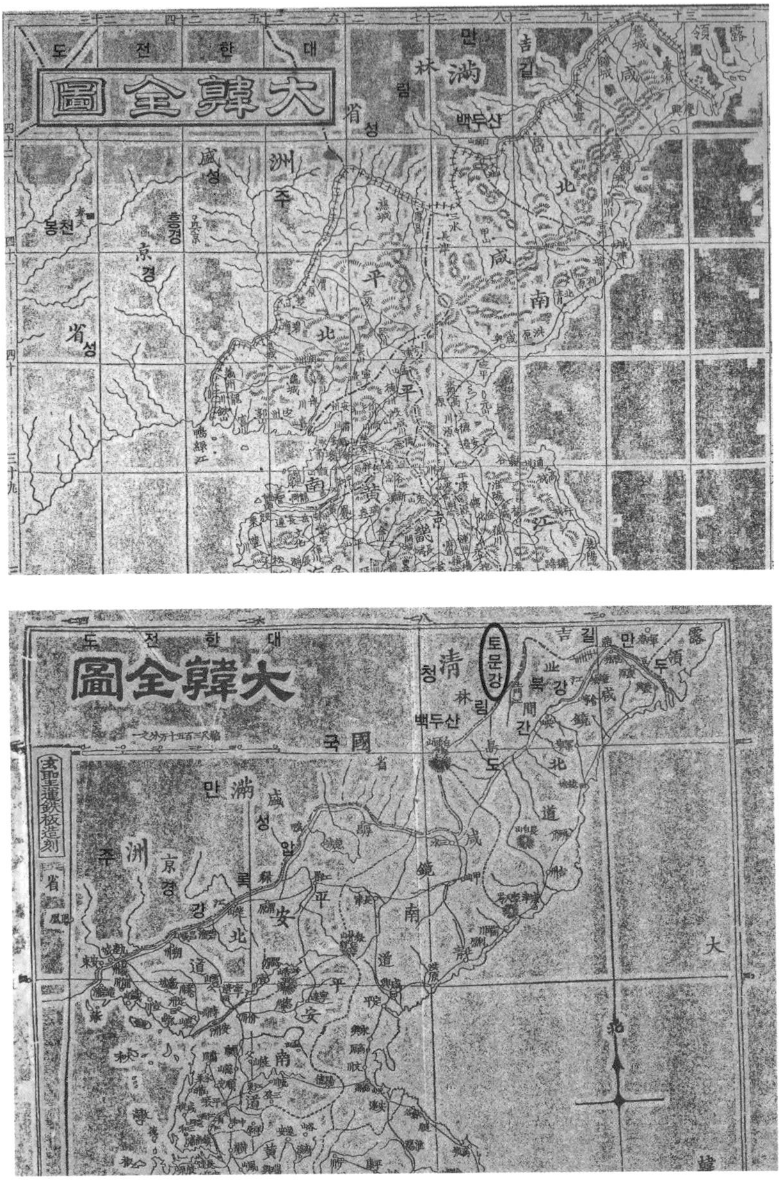

■ 출처 서울역사박물관, 2006, 『이찬 기증 우리 옛지도』, 170쪽(아래), 219쪽(위).

국의 강역임이 분명하다면서 "백산상 청석비는 청백정계 확연하다. 백산아 너도 만세, 우리 정부도 만만세라. 우리 황상이 만만세요 일진회도 만만세라"라며, 간도에 대한 영토 주장을 강하게 표출하였다.[109]

〈그림 2-2〉에는 1899년 학부에서 편찬한 「대한전도」와 1907년 장지연이 저술한 『대한신지지(大韓新地誌)』에 수록된 「대한전도」를 비교해 놓았다. 1899년의 「대한전도」에는 간도에 대해 영토 표시를 하지 않았지만, 1907년의 「대한전도」에는 백두산에서부터 토문강을 거쳐 두만강으로 이어지는 영역을 '북간도'라고 명명하고 한국 영토로 포함시키고 있다. '북간도'가 한국 영토로 표시된 「대한전도」는 일본이 1907년 통감부 간도파출소를 설치하고 간도는 한국 영토라고 주장했던 시대적 상황을 반영한 것이었다.[110]

이렇듯 통감부의 간도파출소 설치와 일진회의 간도영토론 주장은 간도를 대한제국의 영토로 포함시킨 지도까지 만들어내는 데 큰 영향을 미쳤던 것이다.

3) 《대한매일신보》의 통감부 간도정책 비판

통감부파출소와 일진회에 대한 비판

《대한매일신보》는 일본의 간도정책과 일진회의 간도 활동에 대해

109 《대한신문》 필사본, 1908년 2월 28일, 「백산가(속)」.

110 양보경, 2006, 「도판해설」, 『이찬 기증 우리 옛지도』, 서울역사박물관, 274쪽.

정면으로 반대하였다. 일진회가 1906년 3월 28일 한국 정부에 '서북간도 개척 인가'를 요구한 일에 대해서,

> 오륙삭 이전에 일본 정부의 창귀(倀鬼)된 소위 일진회가 상전의 명령을 몰래 받아 그 지방에 독치정체(獨治政體)를 조직하여 식민지(殖民地)를 창설하자고 한국 정부에 강청함으로 그 문제에 대한 주목을 재차 야기하였는데, 일본이 일진회를 부려 먹은 주지는 이 문제에 대하여 사단을 일으켜서 이곳의 기름진 땅을 반드시 취하여 한국이나 청국과 러시아가 착수하기 전에 버젓이 그 주인 노릇을 하려는 계책인가 보더라.[111]

라고 하였다. 일진회의 간도 '개척' 운동이 간도를 침탈하려는 일본의 계책에 의한 것이라고 비판한 것이다. 일본이 간도를 침탈하려 하며, 일진회는 이런 일본을 위한 '창귀' 역할을 하고 있다는 것이다.

《대한매일신보》는 통감부 간도파출소의 설치가 한국인의 요구에 의한 것이 아니라는 점을 분명히 하였다. "근신한 보도로 탐문컨대 그 땅의 거민이 한국의 복사(服事)로 인하여 이토 후작의 계책 범위에 스스로 들어가기는 조금도 바라지 않고 …… 서양 습속으로 구정(區定)된 법률은 아직 없으나 한·청 거민이 자못 자유와 안이한 방책을 각자 반대한다는 것은 듣지 못하였도다"라고 하였다.[112] 통감부의 간도정책을 받아들이고 싶어 하는 간도 한인은 없으며, 이들은 통감부 간도파출소가 없더라

111 《대한매일신보》, 1906년 8월 12일, 1면, 논설 「간도문제」.

112 《대한매일신보》, 1907년 9월 15일, 1면, 논설 「간도」.

도 자유롭고 편안한 생활을 영위해 나가고 있다는 것이다.

오히려 간도 한인들이 간도파출소에 반대하고 일본에 대항하고 있다고 밝혔다. "재등 씨가 그 땅에 출장한 것은 간도 인민의 청원이라 칭탁하나 그 실상은 간도 인민의 청원이 아니오 회령군에 있는 일진회 회원 몇몇이 간도에 있는 한국 사람 1명을 꾀여서 간도에 일반 인민의 청원을 꾸며 가지고 정부의 보호를 청"한 것에 불과하다고 말하면서, 실제의 간도 한국인들은 러일전쟁 시기부터 "일본인에 항거한 사실도 있었고", 파출소 설치 이후에는 "일병을 꺼리고 싫어하여 거민들이 많이 흩어져서 수청(水淸)·취풍(吹風)·해삼위(海參威) 등지로 옮겨 가니 보호를 청하던 자라면 어찌 이런 일이 있으리오"라고 하였다.[113]

또한《대한매일신보》는 통감부 간도파출소가 군사 갈등만을 고조시켰고, 간도 경계 문제의 해결을 어렵게 만들었다고 비판하였다. 곡식과 광물이 풍부한 간도에 "몇 해 전부터 일본이 그 땅에 욕심을 내어 기회를 타서 발을 붙이려 하더니 한국 일진회 회원들이 통감부에 주선하여 일본 보호병을 청득하여 그 땅에 주둔함으로 청국도 병정을 많이 두고 노국도 훈춘을 점령하였으니, 간도사건이 필경은 세 나라 사람의 큰 문제가 일어날지라. 이 땅을 공변된 이치로 말하면 한국 강토가 되는 것이 당연하나, 한국은 힘이 없어 자유 권리로 그 땅을 찾지 못한 것인데 일본 사람이 진실로 한국을 위하여 줄진데 마땅히 공법을 좇아 청국과 교섭하여 지경을 확정할 것이거늘 이제 한국인을 보호하여 준다 하고 병정을 파송하였으니 실상은 그 땅에 있는 한국 백성이 결단코 일인의 보호

113 《대한매일신보》 한글판, 1907년 12월 7일, 1면, 논설「간도사건」.

는 바라지 아니하는지라. 일본이 병정을 파송하는 까닭으로 청국과 노국은 일인이 그 땅을 엿보는 줄로 알고 각기 병정을 두는 것은 자연한 형세로다"라고 하였다.[114]

《대한매일신보》는 일본이 간섭하지 않으면 간도 경계 문제는 일찍이 평화적으로 해결되었을 것으로 예상하였다. 간도 경계 문제란 "연전에 한청 간에 해지 정계사로 평화상으로 교섭하여 기간에 러일전쟁의 장애가 없었던들 이미 타결되었을" 것이고,[115] 또 "한국이 자치하는 권리를 이제 두었으면 청국으로 더불어 돈목한 정의로 처리하기에 응당 곤란한 일이 없을 것"이었다.[116] 한국이 일본의 '보호국' 처지로 떨어지지 않았다면, 간도 경계 문제는 청국과 평화적으로 해결되었을 것이라고 본 것이다.

《대한매일신보》는 일본이 청국과 벌이는 간도 경계분쟁에 대해서 반대하였다. 작금 일·청 간의 경계분쟁은 간도 "지방 거민의 사상과 희망을 불허하는 것"이어서 "정계로 분쟁하는 일국에나 혹 양국에 모두 만족하는 어떠한 해결을 얻더라도 간도 거민 중에 불만은 면하지 못하리니" 라고 하였다.[117] 통감부 헌병대의 간도 침범으로 야기된 간도 경계분쟁은 간도 인민의 의사와는 거리가 멀다고 비판한 것이다.

현재의 간도 경계 문제란 일본이 간도를 침탈하기 위해 만들어낸 분쟁이라고 보았다. "현금에 청국과 일본 사이에 상지하는 간도의 문제는 한 가지 큰 관계라. 대개 이 상지하는 일은 전혀 일본이 주출한 바이니 일

114 《대한매일신보》 한글판, 1907년 9월 21일, 1면, 논설 「북간도」.

115 《대한매일신보》, 1906년 8월 12일, 1면, 논설 「간도문제」.

116 《대한매일신보》 한글판, 1907년 11월 22일, 1면, 논설 「간도」.

117 《대한매일신보》, 1907년 9월 15일, 1면, 논설 「간도」.

본이 간도를 취코자 하여 이같이 용력하야 마지아니하는 것이 연전에 한국에 주차하던 일본 공사관 서기관 추원 씨가 장삼등길의 한국 안에 진황지를 점령하려든 계책을 제출하여 힘써 도모하던 사건과 조금도 다름이 없는 줄로 우리는 확실히 믿노라"라고 하였다.[118]

이와 같이 《대한매일신보》는 일진회와 통감부 간도파출소가 간도 경계 문제의 해결뿐만 아니라 간도 한인의 생활도 곤란하게 만들었다고 비판하였다. 통감부의 간도파출소 설치가 간도 경계 문제의 해결이나 간도 한국인의 보호를 위한 것이 아니라 간도 이권을 침탈하기 위한 것이었으며, 청국과 러시아와의 군사 갈등만을 고조시켰다고 밝힌 것이다.

간도에 대한 청국 영토권 '승인'

일찍이 《대한매일신보》는 간도가 한국의 영토임을 주장했었다. 간도 소속 문제에 대하여 "해토는 원래 한국의 영토이었음이 의심할 것 없으나 자고 이래 청국에 부속하였던 증거는 전혀 없으니, 현금까지라도 한국의 소유라 함이 정당한지라"라고 말한 것이다.[119] 통감부 간도파출소가 설치된 즈음에도 간도에 대하여 "이 땅을 공변된 이치로 말하면 한국 강토가 되는 것이 당연하"다고 하였다.[120]

그러나 통감부파출소 설치 이후 《대한매일신보》는 간도 소속에 대해 변화된 입장을 보였다. 먼저 《대한매일신보》는 간도가 청국 영토라는 청국 주장에도 주목하였다. 청국이 간도가 청국 영토임을 입증하는 서

118 《대한매일신보》 한글판, 1907년 12월 7일, 1면, 논설 「간도사건」.

119 《대한매일신보》, 1906년 8월 12일, 1면, 논설 「간도문제」.

120 《대한매일신보》 한글판, 1907년 9월 21일, 1면, 논설 「북간도」.

류를 제출하면서 통감부 간도파출소의 철폐를 요구할 때에, 《대한매일신보》는 "청국 정부에서는 간도문제에 관계한 주장 언론에 대하여 두만강으로 경계를 삼는다고 1887년에 부친 한황 폐하의 서간을 내보였다"고 보도하였다.[121]

여기서 '한황 폐하의 서간'이란 앞 111쪽의 각주 27번에서 인용한 것으로, 1887년 음력 8월 19일 고종이 청국 예부에 보낸 자문으로, 고종이 청국과의 국경이 두만강임을 인정한 것이었다.

《대한매일신보》는 다른 논설에서도 고종의 자문이 일본의 교섭력을 곤란하게 만들 것으로 예상하였다. "일본의 현세를 잠시 돌아볼진댄 한국 북부에서 간도문제로 청국과 항변하였다. 그런데 일본은 실지정계(實地定界)를 요청하는 동시에 청국은 두만강이 정계로 확실하게 기록된 한국의 전일 국서를 제출하였으니 그 결과를 예언키 어려우나 청국과의 교섭에 곤란한 형세가 있을 것이로다"라고 하였다.[122] 1887년 감계 시에 한·청 국경을 두만강으로 인정한 한국 국서가 있는 것이 밝혀졌기 때문에, 일본 측 주장의 설득력이 어려운 지경에 처해질 것으로 예견한 것이다.

1907년 12월 3일부터 일본은 원세개와 직접 만나서 간도 경계 문제에 대해 교섭하기 시작하였다. 이즈음 《대한매일신보》는 청국의 간도 영토 주장을 용인하는 태도를 보여주었다. 한·청 간도 경계 문제는 시비를 결단하기 어렵고, 간도가 청국 영토라는 증거도 많다고 평가한 것이다.

---

121 《대한매일신보》 한글판, 1907년 11월 17일, 3면, 북경전보 「십일월십륙일발, 간도 경계 문제」.

122 《대한매일신보》, 1907년 11월 26일, 1면, 논설 「일본의 가수지해(可受之害)」.

지난 수백 년 이래로 이 문제에 대하여 한국과 청국 사이에 분수령 정계비로 의견을 잡아 서로 여러 번 다투던 바라. 이제 우리는 그 시비를 결단하여 말하기 어려우나, 그러하나 기왕에 두 나라가 오래 서로 돈목하던 까닭으로 화평한 뜻을 표하기 위하여 피차간에 유안하고 긴급하지 아니한 일로 치지도외 하였던 일이거늘, 일본이 한국 외교 사무를 지도하는 자로 담당한 이후로 이 간도문제의 힐난함이 위태한 형세에 이른 것은 현저히 볼 것이로다. 저 담대한 재등 중좌가 헌병이라 일컫는 실상 병정을 거느리고 간도에 가서, 청국 파원의 무수히 배척함을 불구하고 몇 날 병정으로써 주둔하면서 즐겨 물러가지 아니하며, 남의 나라 영지에 주둔함이 법에 불합하다 변론함도 듣지 아니하는지라. 간도가 실로 청국 영지라 할 만한 사실은 빙문의 증거가 많이 있거늘, 저 재등 중좌와 저를 지휘하는 자들은 강박히 고집하야 원수를 짓고 싸움을 구하는 불같은 욕심을 보이는 듯하다.[123]

한·청 양국의 간도 경계 문제는 시비를 단정하기 어려운 문제라고 말하고, 일본이 간섭한 이후부터 위험한 형세로 변하였다는 것이다. 그러면서 간도가 청국 영토라는 증거가 많은데도 불구하고 헌병대부터 파견하는 일본의 침략 행위를 비판하고 있다. 간도 경계의 시비를 논하기 어렵다거나 간도가 청국 영토라는 증거가 많다고 말한 태도는 간도를 한국 영토로 하는 것이 정당하다거나 간도가 청국 소속이었던 증거는 전무하다고

---

123 《대한매일신보》 한글판, 1907년 12월 7일, 1면, 논설 「간도사건」. 이 논설은 12월 6일 국한문판에서 「사재간도(事在間島)」란 제하로도 실렸다.

보았던 이전의 인식에 비하면 질적으로 크게 변한 것이다.[124]

일·청 간 간도 경계 문제의 교섭이 진행되면서, 《대한매일신보》는 간도가 청국 영토라는 청국 주장을 보도하였다. "동경 전보를 거한즉 간도문제에 대하여 청국 정부에서 진상조(陳常照)에게 명하여, 유래로 한청 양국 경계를 두만강으로 정계한지라, 그리고 간도가 청국의 영토 됨을 확실히 알지라, 그러므로 일본이 경영하는 천보산의 광산채굴사업을 금후로 정지하라고 포고한 일에 대하여 …… "라거나[125] "북경 전보를 거한즉 청국 정부에서 먼저 간도문제에 대하여 증거서류를 제출하고 다시 장문으로 조회장을 송부하고, 한청 경계 문제에 의하여 압록강 두만강 사이의 삼림 이삼십 리가 모두 청국 영지라 하고, 만약 일본인으로 하여금 재간도 한국인을 보호하기 위하여 적당한 방법을 하려면 속속히 교섭하라 하였더라"라고 한 것처럼,[126] 외신을 인용하여 간도가 청국 영토라는 청국의 주장을 보도하였다.

《대한매일신보》는 1908년 1월 25일자 논설에서 간도에 대한 청국 주권을 승인하기에 이르렀다. 일본이 한인 '보호'를 빌미로 간도에 헌병을 출주시켜서 간도문제를 일으켰다고 비판하면서,

평화적 정책으로는 그 땅에서 청국의 주권을 승인하는 외에는 특별히

124 이성환(2007, 「통감부 시기 대한제국의 간도문제 인식」, 《역사문제연구》 17호, 역사문제연구소, 82~85쪽)은 「간도사건」에 대한 분석을 통해서 《대한매일신보》가 종래 간도에 대한 '한국 영유론'에서 '중국 영유론'으로 변화하고 있다고 하였다. 이성환은 대한매일신보의 논조 변화는 '대일정책의 일환으로 나온 고육지책'인 것으로 '간도 영유권' 그 자체를 포기한 것으로 보기는 어렵다고 평가하였다.

125 《대한매일신보》, 1907년 12월 7일, 1면, 외보 「간도문제의 항의」.

126 《대한매일신보》, 1908년 1월 11일, 1면, 외보 「간도문제」.

다른 계책이 없는데, 이등(伊藤) 공작이 지금 급히 서두르는 태도는 어떠한 이유인지 우리는 자세히 알기 어렵도다. 간도 지경은 청국과 러시아의 강토가 상접하였으니 이 양국이 일본으로 하여금 지금보다 접경이 더 가깝도록 국경을 넓히게 할런지 그런 기틀은 아마 없을 듯하다.[127]

라고 하였다. 간도가 청국 영토임을 승인할 수밖에 없으며, 청국과 러시아가 일본의 간도 점령을 용인할 리가 없다는 점을 밝힌 것이다. 또한 러시아 해삼위에서 '혁명당 기관신문'이 "간도는 한국 영토가 아니라 논"하면서 일본의 간도 점령을 묵시하지 않을 것이라고 했다는 외신도 보도하였다.[128]

《대한매일신보》는 일·청 간의 간도 경계 문제 교섭에서 일본이 불리한 입장에 처할 것으로 예견하였다. 일·청 양국이 각각 증거자료를 제출하였는데, 일본에서 제출한 것에 모호한 점이 적지 않아 담판 결과가 일본에 불리할 것이라는 외신을 보도한 것이다.[129] 실제로 1908년 2월 10일 일본 외무성은 통감부파출소가 제시한 자료를 검토하고 유리한 증거가 되지 못한다고 평가하였다. 그 이유로 다음의 사항들을 제시하였다. 1885년 감계 시에 한국 측에서 토문강설이 극히 박약함을 자각하

127 《대한매일신보》, 1908년 1월 25일, 1면, 논설 「간도」. 한글판에서는 2월 6일자 같은 제목의 논설로도 실렸다. 내용 중 강조한 방점은 인용자에 의함.

128 《대한매일신보》, 1908년 2월 9일, 2면, 동경전보 「불가묵시(不可默視)」.

129 《대한매일신보》, 1908년 1월 29일, 1면, 외보 「간도문제상황」. 이와 같은 내용이 《황성신문》(1908년 1월 28일, 1면, 「간도문제의 상황」)에도 보도되었다.

고 있었고, 1887년 감계 시에 이중하는 두만강 기초설을 승인하였고, 1712년 백두산 정계 시에 한·청 양국은 모두 두만강을 국경으로 인정하였고, 1887년 감계 직후 한국 측은 홍토수를 경계로 주장하였다.[130] 결국 1908년 4월 초 일본 외무성과 통감부는 간도가 청국 소속임을 인정할 수밖에 없다는 내부방침을 정하였고, 《대한매일신보》도 "간도문제에 관하여 일본 정부는 청국에 양보하였다는 설이 유하"다고 보도하였다.[131] 10월 28일 동경에서 일·청 외교당국이 두만강을 국경으로 정할 것에 합의했을 때, 《대한매일신보》는 양국이 서로 "간도에 대한 청국 영토권을 확인"하고, "청국이 주장하는 경계선을 시인"한다는 것을 협정했다고 보도하였다.[132]

1909년 9월 4일 「간도에 관한 일청협약」에서 "일청 양국 정부는 도문강(圖們江)을 청국과 한국 두 나라의 국경으로 하고, 강원 지방에서는 정계비를 기점으로 하여 석을수로써 양국의 경계로 할 것을 성명한다"고 결정되었다.[133] 이에 관해 대한협회 기관지였던 대한민보에서 짧은 논평이 있었다. "이 새 좋은 소식 들었네, 무슨 소식이야, 기백 년 서로 다른 마음으로 해결하지 못하던 한·청 간 경계를 이번에 도문강으로 정하고 협

130 「일본통감부 간도파출소에서 조사한 간도 소속 문제에 관해 한국측 주장에 유리한 점에 대한 일본 정부외무성의 평」, 『간도영유권관계발췌문서』(앞의 책), 135~136쪽.

131 《대한매일신보》, 1908년 4월 15일, 1면, 외보 「간도문제해결」.

132 《대한매일신보》, 1908년 10월 29일, 2면, 잡보 「간도귀청(間島歸淸)」.

133 일본 외무성 편, 1965, 『일본외교연표병주요문서(日本外交年表竝主要文書)』 상, 原書房, 324쪽. 1960년 10월 12일 북한 김일성과 중국 주은래가 맺은 국경조약에서는 천지를 반분하기로 합의하였고, 천지에서 북한 홍토수와 중국 약류하(弱流河)가 만난 곳까지 연결하는 경계를 국경으로 정하였다(이종석, 2010, 「1960년대 북한 - 중국 간 백두산 국경 확정 과정」, 김정배·이서행 외, 『백두산 현재와 미래를 말한다』, 한국학중앙연구원 출판부, 96쪽).

약에 조인까지 되었다니 양국 간에 그만치 다행한 일 어디 있나. 참 다행한 일일세 만은 약장(約章) 끝에 우리나라 대사도 조인하였다던가. 글쎄 자세히는 모르겠네만 외교권이 업으니까 허허"라며,[134] 한국 정부가 참여하지 못한 채 간도협약이 조인되는 현실을 안타까워하였다. 9월 4일 '간도협약'과 '만주5안건협약'이 체결된 후,[135] 11월 1일에 통감부 간도파출소는 폐쇄되었고, 2일에 일본 총영사관이 설치되었다.

이상 살펴본 것처럼, 대한제국의 출범과 함께 등장한 간도영토론은 마치 대한제국의 운명과 함께 하듯이 1908년 중반부터 자취를 감추었다. 간도영토론은 영토주권에 대한 자주독립의식의 발로였다. 그렇지만 불안정하고 확장적인 영역을 주장하는 비현실적인 영토관을 노정하였다. 그 이유는 '선춘령 두만강 이북설'이나 '분계강론'과 같은 불명확한 지리 지식에 입각하였기 때문이다. 간도영토론은 명확하지 않은 지식을 근거로 삼았다는 점에서 취약한 영토의식이었다고 말할 수 있다. 통감부 간도파출소 설치 이후, 《대한매일신보》는 파출소와 일진회의 간도 활동이

134 《대한민보》, 1909년 11월 14일, 3면, 「인뢰(人籟)」.

135 '간도협약'에서는 두만강을 국경으로 하고, 청국 정부는 용정촌(龍井村) · 국자가(局子街) · 두도구(頭道溝) · 백초구(百草溝)에 일본 영사관 또는 분관 개설을 허가하고, 두만강 북방 간지(墾地)에서 한국인의 잡거를 승인하며, 청국이 재판권을 가진 잡거 구역 내의 한국인에 관한 민형사 재판에서 일본인 관리의 입회를 허가하고, 장래 길장(吉長)철도를 회령까지 연장하여 한국 철도와 연락하는 문제에 대해서 일본 측과 상의할 것을 협약하였다. '만주5안건협약'에서는 청국 정부가 신법(新法)철도를 부설하는 경우는 미리 일본 정부와 상의할 것에 동의하고, 대석교(大石橋)-영구(營口) 지선(支線)을 만철(滿鐵)의 지선으로 인정하며, 일본이 무순(撫順) · 연태(煙台) 양 탄광의 채굴권을 갖는 것을 승인하고, 안봉선(安奉線) 및 만철(滿鐵) 연선(沿線)의 탄광을 일청합변(日清合弁)으로 하는 것에 동의하며, 일본 측은 청국이 경봉(京奉)철도를 봉천성(奉天城)까지 연장하는 데 이의가 없다는 것을 성명하였다. 鈴木隆史, 앞의 책, 187~188쪽.

간도 한국인의 생활을 곤란하게 만든다고 비판하는 가운데, 간도에 대한 청국 영토권을 '승인'하였다. 간도 소속 문제에 관한 《대한매일신보》의 이러한 태도는 일본의 간도 침략에 대한 비판인 동시에, 일진회 등의 간도영토론 주장에 대한 반성의 결과였다고 생각된다.

3. 단군의 강역으로 등장하는 만주

1) 만주에 대한 '단군발상지·도읍지·강역' 의식

1908년경에 이르면 만주 인식에 새로운 양상이 나타났다. 백두산을 단군의 발상지로 보는 동시에 단군의 도읍지 평양이 만주에 있었다고 보았으며, 단군조선의 강역도 만주 일대에 구체적으로 비정하기 시작한 것이다. 단군조선의 발상지, 도읍지, 강역 중심 등 세 가지 모두를 만주 일대에 비정한 것이었다.

먼저 백두산을 단군의 탄강지로 보는 견해에 대해서 알아보면, 이는 이미 안정복의 『동사강목(東史綱目)』(1756년)에 나타났다. 『삼국유사』에서 태백산을 지금의 묘향산이라고 지칭한 것에 대해 안정복이 분석하기를, 단군이 태백산 단목(檀木) 아래에 하강하였고 단(檀)이란 바로 향나무인 까닭에 후인이 그 임금을 단군이라 칭하고 그 산을 묘향산이라 불렀을 것이라고 추측하였다. 이어서 그는 『삼국사기』의 「최치원전」에서 고구려의 잔민이 발해를 세웠다는 곳으로 언급된 태백산을 가리키면서 "여기서 말한 태백산은 지금의 백두산을 가리킨 것이요, 위에서 말한 장백산이 바로 그것인데 단군이 하강하였던 지역이다"라고 하였다.[136] 단군이 탄강한 곳이 묘향산이 아니라 백두산임을 주장한 것이다.

단군이 탄강한 곳이 묘향산이 아니라 백두산이라는 견해는 한말의 신채호에 의해 다시 새롭게 제창되었다. 그도 1908년 8월 『독사신론』에서 말하기를, 세상 사람들이 '단군이 처음 일어난 땅'을 묘향산으로 알고 있는 것은 고기(古記)에서 말한 "신인(神人)이 태백산 단목(檀木) 아래에 내려왔다"는 구절에 의거하여 태백산을 서북 일대에서 찾다가 묘향산에 이르러 향단나무가 울창함을 보고 이를 태백산이라 단정하였기 때문이라면서, 장백산의 옛 이름이 태백산임을 알지 못한 소치라고 보았다.[137] 신채호가 단군의 탄강지 태백산을 묘향산이라고 보는 견해를 잘못이라고 판단하는 이유는 안정복의 견해와 유사하였다.

그렇지만 신채호와 안정복의 단군 탄강지 인식에는 미묘한 차이가 있다. 안정복은 단군 탄강지 태백산이 묘향산이 아니라 백두산임을 피력하는 데 그친 반면에, 신채호는 백두산을 단군 탄강지로 보았던 데에서 더 나아가 조선의 역사와 문명 발상지로서 의미를 부여하면서 이곳이 지금은 다른 나라에 귀속된 현실을 안타깝게 여겼던 것이다. 신채호는 「독사신론」에서 이렇게 말하였다.

> 아, 우리나라는 조상의 발상지가 다른 나라의 영토에 귀속되어 연혁이 전해지는 것이 없고 이견[聚訟]이 많아 어지러우니, 실로 역사를 좇아

136 안정복, 「태백산고(太白山考)」, 『동사강목』 부권(附卷) 하, 경인문화사(1975), 558~559쪽.

137 박찬승, 2013, 「백두산의 '민족 영산'으로의 표상화」, 『동아시아문화연구』 55집, 20쪽.

서 쓸 만한 전거가 없어 안타까운 실정이다. 그러나 그 대세를 관찰하여 간단하게 평하고자 한다. 대개 우리 부여(扶餘)족 시조는 장백산(長白山) 고원에서 일어나 압록강 줄기를 따라 내려와서 부근의 넓은 지역에 흩어져 살았는데 강의 서쪽은 요동(遼東)이요 강의 동쪽은 조선(朝鮮)(이 조선은 평안·황해도만 가리킴 -원주)이 이것이다. 사람들이 처음 살았던 때의 문명은 압록강 유역에서 일어났던 것이다. 그 자손들이 점차 번창하여, 한 갈래는 요동 및 만주의 각 지역에 분포하고, 한 갈래는 조선 및 삼한의 각 지역에 분포하여, 각기 그 종족을 결집하여 토착의 다른 종족들이 정복 혹은 흡수하여 들이니, 이것이 우리 민족 발달의 제1기이다.[138]

조상의 발상지가 타국에 귀속되어 연혁이 전함이 없고 이견이 분분하니 실로 좇아서 쓸 만한 전거가 없어 안타깝다고 하고 있다. 이 점 때문에 민족의 발상지를 규명해 보겠다고 밝히면서 백두산과 압록강 유역, 요동 일대를 조선 문명의 발상지로 보고 있는 것이다. 이처럼 신채호는 조선 역사의 기원이 분명하지 않음을 한탄하며 이를 규명하고 확립하기 위해 단군발상지를 백두산에 비정하고 요동을 단군강역으로 말한 것이다. 신채호의 주장은 이후 단군교(뒤에 대종교)에 큰 영향을 주어, 나철도 백두산은 단군이 강림한 곳이라는 인식을 강하게 드러냈다.[139]

다음은 단군 도읍지 평양의 위치에 대한 논의를 살펴보면, 주지하

138 단재신채호전집편찬위원회 편, 『단재신채호전집』 제3권, 독립기념관 한국독립운동사연구소, 2007, 312쪽. 정해렴 편역, 1995, 『신채호 역사논설집』, 현대실학사, 17쪽.

139 박찬승, 앞의 논문, 21~22쪽.

듯이 『삼국유사』에 따르면 단군이 도읍하여 조선을 세운 곳은 바로 지금의 평양이다. 단군이 도읍한 평양이 평안도 대동강변에 있는 것이라는 인식은 조선 시대에도 계속 이어졌다. 고조선의 강역이 요서에까지 펼쳐졌다고 본 경우에도 수도 평양은 한반도에 있었다고 생각한 것이다. 예컨대 안정복은 "단군이 요(堯)와 같은 때에 나라를 세워 압록의 안팎을 차지하였다"라고 하여,[140] 단군조선의 강역이 압록강 남북에 걸쳐 있었다고 보면서도, "단군이 처음에 평양에 도읍하였다"라는 부분에서는 평양의 위치에 대해 어떤 설명도 달지 않았으며,[141] 또한 평양의 위치로 언급한 곳은 지금의 평양과 서울 두 곳뿐이었다.[142] 안정복은 단군 탄강지 태백산이 백두산을 가리킨다고 말했지만, 이처럼 단군 도읍지 평양은 한반도의 평양이라고 보았던 것이다.

이런 가운데 안정복보다 후세대인 박지원(1737~1805)은 평양이 본래 요서와 요동에 있었다고 주장하였다. 그는 『열하일기』(1780) 「도강록」에서 요동의 봉황성(鳳凰城)을 옛 평양이라고 하였다.[143] 『당서』와 『금사』, 『요사』를 인용하면서 역사상 평양으로 불린 곳은 요서의 영평부(永平府)와 광녕현(廣寧縣), 그리고 요동의 요양현(遼陽縣)이 있었다는 점을 역설하며 평양의 위치를 어느 한곳에 고정시켜 보는 것은 잘못이라고 하였다. 기자가 영평부에서 중국 연나라에 쫓겨나 동쪽으로 옮겨 머물렀던 곳은

140 "檀君與堯并立跨居鴨綠內外". 안정복, 「기묘조선기자원년(己卯朝鮮箕子元年)」, 『동사강목』 제1상, 105쪽.

141 위의 책, 104쪽.

142 안정복, 「패수고(浿水考)」, 『동사강목』 부권하, 584~587쪽.

143 이명종, 2013, 「17·18세기 조선에서 '만주=고토' 의식의 출현과 전개」, 《동아시아문화연구》 58집, 232쪽.

모두 평양이라고 불렸으며, 고구려의 평양도 본래 요동에 있었고 낙랑군의 평양도 바로 요양의 평양이었다고 보았다.[144] 다만 여기서 박지원은 평양을 단군의 도읍지로서 말하지 않고 기자의 도읍지로서만 말했을 뿐이다.

그런데 1908년 이후에는 백두산을 단군 탄강지로 보는 동시에 단군 도읍지로서의 평양도 만주에 비정하는 견해가 나타나기 시작하였다. 신채호는 『독사신론』에서 단군이 처음 도읍한 곳이 졸본부여임을 여러 번 강조하였다. 평양성은 단군이 원정하다가 잠시 머물렀던 지역을 기념하기 위해 세운 성이라고 말하였으며,[145] 단군이 정복한 지역은 '길림성 → 봉천성 → 조선' 순서라고 하였다.[146] 이로 보면 신채호는 『독사신론』에서 길림, 봉천, 한반도 등 세 군데 모두에 평양이 있었다고 말하고 있는 셈이라고 할 수 있다.

또한 신채호는 만주에다 단군강역의 경계 범위를 구체적으로 비정

---

144 『열하일기』, 「도강록」 6월 28일 乙亥. "唐書裴矩傳. 言高麗本孤竹國. 周以封箕子. 漢分四郡. 所謂孤竹地. 在今永平府. 又廣寧縣. 舊有箕子廟. 戴冔冠塑像. 皇明嘉靖時. 燬於兵火. 廣寧人或稱平壤. 金史及文獻通考. 俱言廣寧咸平. 皆箕子封地. 以此推之. 永平廣寧之間. 爲一平壤也. 遼史. 渤海顯德府. 本朝鮮地. 箕子所封平壤城. 遼破渤海. 改爲東京. 卽今之遼陽縣是也. 此推之. 遼陽縣. 爲一平壤也. 愚以爲箕氏初居永廣之間. 後爲燕將秦開所逐. 失地二千里. 漸東益徙. 如中國晉宋之南渡. 所止皆稱平壤. 今我大同江上平壤. 卽其一也. …… 由是觀之. 氏境土之在遼東者. 唐雖得之. 不能有而復歸之高氏. 則平壤本在遼東. 爲寄名與浿水. 時有前郤耳. 樂浪郡治在遼東者. 非今平壤. 乃遼陽之平壤."

145 "今에 余가 歷史的 地理的으로 推斷컨대, 蓋 檀君이 卒本扶餘에 建都하여 子孫의 湯沐邑을 作하고, 鴨綠 以東의 列國은 但只 恩德으로 懷하며 兵革으로 威하여 羈縻臣服케 할 而已오, 平壤城·三郎城 等의 建築은 必是 强悍 蠻族의 不庭者를 遠征하다가, 當日 駐蹕紀念地에 築한 城闕인가 하노라." 『단재신채호전집』 제3권, 315쪽.

146 "檀君의 征服한 聖跡이 有할진대, 當何地로 爲始오, 曰 其 肇基가 旣是 卒本扶餘인즉, 其 最始는 瀋陽(卽今 吉林省), 其次는 遼東(卽今 奉天省), 又 其次는 朝鮮本部니라." 위의 책, 315~316쪽.

하였다. 이전 시대에 만주를 단군강역의 중심으로 보기 시작한 사람은 성호 이익(1681~1763)으로 확인된다. 그는 태백산의 위치를 묘향산으로 비정하는 통설을 따르지 않고 요지(遼地)에다 비정함으로써 단군강역의 중심을 요양(遼陽)·심양(瀋陽) 지방으로 설정하였다. 지금까지 단군의 중심지를 압록강 이남의 평양으로 보는 통설에 이의를 제기한 것이다.[147] 그렇지만 이익은 단군강역의 범위를 구체적으로 언급하는 데까지 이르지는 못하였다. 안정복도 「단군강역고」란 글을 지었지만, 단군강역의 범위로 '요지(遼地)'와 '한수(漢水)'를 언급하는 것으로 그쳤다.[148] 또한 이익과 안정복이 요동을 단군강역으로 본 것은 단군조선의 후대의 강역에 해당한다.[149] 이처럼 이익이나 안정복은 단군의 강역을 만주에다 비정하기 시작했지만, 단군의 초기 강역을 만주에 비정한다거나 강역의 사방 경계를 규정하는 데까지는 나아가지 못하였다.

신채호는 처음으로 만주를 단군강역의 구체적인 경계로 규정하였다. 만주에다 단군강역의 사방 경계를 구체적인 지리로 비정했다는 것은 단군조선이 만주에 존재하였다는 점을 객관적으로 실증하려 했다는 의미를 가진다. 1908년 신채호는 『독사신론』에서 만주에서의 단군강역을 밝히면서 다음과 같이 말하였다.

---

147 한영우, 1989, 「18세기 전반 남인 이익의 사론과 한국사 이해」, 『조선후기사학사연구』, 일지사, 208쪽; 서영대, 2000, 「전통시대의 단군 인식」, 노태돈 편, 『단군과 고조선사』, 사계절, 178쪽.

148 송호정, 2011, 「실학자들의 역사지리관과 고조선 한사군 연구」, 《한국고대사연구》 62, 35쪽.

149 강병수, 2007, 「조선후기 성호학파의 단군조선 인식 ―『성호사설』·『동사강목』 기사를 중심으로」, 《선도문화》 2집, 145~146쪽.

> 아아, 우리나라를 개창하신 시조가 단군(檀君)이 아닌가. 그러나 우리들이 오늘날에 있으면서 단군 시대를 우러러 생각할 때, 그 너무 멀고 아득하기 때문에 반신반의(半信半疑)하는 것이 곧 구약성경의 창세기를 읽는 것과 다름이 없으니, 아아, 우리 단군 시대가 과연 태고 시대의 까마득한 불가사의한 시대인가. …… 그 강역이 북으로 흑룡강(黑龍江), 남으로 조령(鳥嶺), 동은 대해(大海), 서쪽으로 요동(遼東)이라 한즉 그 문화와 무공(武功)이 멀리 미쳤음을 알 수 있다. 그런데 후대에 역사를 편찬한 자들이 그 유적을 다룰 때 너무 아득하고 고증할 수 없다고 탄식하였음은 무엇 때문인가.[150]

신채호는 먼저 단군 시대를 반신반의하거나 불가사의한 시대로 생각하는 세태를 한탄하고 있다. 그가 생각하기에는 단군의 강역이 흑룡강-조령-동해-요동에 걸쳐서 분명히 존재했는데도 이를 고증할 수 없다고 푸념하는 역사가를 나무라고 있는 것이다. 여기에서도 보이듯이 신채호가 만주에다 단군강역을 규명한 제일의 이유는 단군 시대의 존재를 의심하는 세간의 불신을 불식시키기 위한 것이었다.

신채호는 『독사신론』에서 사람과 땅 즉 민족과 지리가 역사를 만들어내는 2대 핵심 요소라고 보았다. 한국 역사의 주인공은 한반도를 침략했던 중국족이나 여진족, 몽고족, 일본족이 아니라 한민족의 시조 단군의 자손인 부여족이라고 강조하였다. 한국 역사의 주체는 중국이나 일본이 아니라 바로 한국 민족이라는 것이다. 그리고 단군 이래 부여와 고구려를

150 『단재신채호전집』 제3권, 314쪽. 정해렴 편역, 앞의 책, 20쪽.

거쳐 백제와 신라 그리고 발해 시대에 이르기까지 만주와 한반도는 다른 종족과의 혈전을 통해 승리한 부여족의 영토였다고 주장하였다. 단군을 이은 것은 기자가 아닌 부여로 보았다. 부여를 단군의 정통이라고 말한 것은 왕조의 정통을 논했다기보다는 '주권상의 주족과 객족의 경계'를 논한 것이었다. 이는 역사의 주체를 왕조가 아니라 나라의 종족 즉 민족으로 본 것임을 말해준다. 이처럼 신채호는 만주가 단군 이래 한국 민족이 다른 종족과의 경쟁에서 승리하여 일궈낸 역사적 영토였다고 보았다.

이런 가운데 신채호의 국가관을 보면 '지리'보다는 '민족'을 더 중시하였다. 「정신상의 국가」라는 글에서는 민족의 독립, 자유, 생존, 국권 보전 등을 '정신상 국가'로서, 강역이나 군주, 정부, 의회, 군대 등은 '형식상의 국가'로서 구분하였다. 그러고 나서 "정신상 국가는 곧 형식상 국가의 어머니"이고, "정신상 국가가 망하면 형식상 국가는 망하지 않았을지라도 그 나라는 이미 망한 나라이며, 정신상 국가만 망하지 않았으면 형식상 국가는 망하였을지라도 그 나라는 망하지 않은 나라이다"라며, "형식상 국가를 건립하고자 하면 먼저 정신상 국가를 건립할 것이며, 형식상 국가를 보전하고자 하면 먼저 정신상 국가를 보전할 것이며, 형식상 국가의 망함을 근심할진대 먼저 정신상 국가의 망함을 근심할 것이다"라고 하였다.[151] 이처럼 신채호는 영토나 관료, 군대보다는 민족의 독립과 자유, 생존을 국가의 근본으로 인식했으며, 영토가 없어지는 것보다도 민족이 없어지는 것을 더 크게 염려하였다.

따라서 신채호가 만주를 단군·고구려·발해의 강역으로 강조한 것

151 《대한매일신보》, 1909년 4월 29일자, 「정신상 국가」. 정해렴 편역, 앞의 책, 300~301쪽.

은 고토 회복을 염원하기에 앞서 민족의 독립과 자유, 생존을 위한 관심이었다고 생각된다. 옛날의 강역 — 만주를 잃은 지 오래되었고, 현재의 강역 — 한반도마저 일제에 수중으로 떨어져가는 현실 속에서 신채호는 민족의 기원과 발전 사례로서의 단군조선의 역사를 만주에다 비정하는 데 진력하였다. '형식상의 국가'는 망했어도 '정신상의 국가'를 지켜내기 위한 작업이었던 것이다. 이는 국내에서 국권 회복 운동이 일어나기는 어렵다고 판단하고, 역사적 고토인 만주로 망명하여 이곳을 민족의 독립과 자유의 근거지로 삼으려는 운동의 이론적 토대를 역사학적으로 구하는 작업이었다고 생각된다. 이러한 점에서 신채호에게 만주는 "민족주의의 영토적 목표"[152]이기에 앞서, 상실된 주권과 이를 회복한 한민족의 역사적 표상이자 또 다시 이를 재현하기 위한 현실적 근거지였다. 그의 만주에 대한 고토 의식은 주권 상실에 대한 통한과 주권 회복을 향한 염원이 동시에 결합된 결과인 것으로 생각된다. 요컨대 신채호에게 만주는 영토적 욕망의 대상이기보다는 민족의 독립과 주권 회복을 증명해 주는 역사적 표상이었다.

2) 만주족에 대한 단군 후예 의식

한민족과 만주족을 모두 단군의 후예로 동일시하는 견해는 이 시기의 매우 독특한 생각이었다. 조선 후기에는 오랑캐[夷狄]로 보던 만주족

152 한영우, 1994, 『한국민족주의역사학』, 일조각, 67~70쪽.

을 단군의 후예로서 동족으로 보았기 때문이다. 만주족을 단군의 후예로 보는 인식도 그 기원은 신채호로부터 시작한다. 신채호는 금(金)이나 청(淸)이 한민족의 후예가 세운 나라라고 인식하였다. "만청(滿淸) 선조가 되는 김준(金俊)이 본시 한인(韓人)으로 이에 들어가 새로운 식민지(殖民地)를 개척하고, 당시에 중국을 병탄하여 대금국을 건설하고, 금일에 이르러 만청 조정이 되었"다고 한 것이다.[153] 신채호는 다른 글에서도 기회마다 김준이 한민족의 후예라고 강조하였다. 그는 『독사신론』에서

> 말갈족과 여진족은 본래 고구려의 부속되어 함경도·황해도 지역에 살았던 종족인데, 고구려가 신라에 병합되므로 고구려의 남은 신하들이 이들을 이끌고 요심(遼瀋) 등지에 옮겨 들어가 발해국을 창설하였는데, 중국의 대금(大金)과 대청(大淸) 두 제국(帝國)도 모두 이 종족이 건설했다.[154]

라고 하였다. 금국과 청국을 세운 말갈족과 여진족이 '본래 고구려에 부속'되었다고 말한 것이다. 만주족의 선조가 고구려의 지배를 받았다는 사실이 있다고 강조한 것이다.

이후 한민족과 만주족이 모두 단군의 후예라는 견해는 《황성신문》에서 보다 분명하게 나타났다. 1910년 1월 22일자 논설에서 만주와 한국은 지리적으로나 민족적으로 모두 같은 하나라고 주장하였다. 지리적으

153 《대한매일신보》, 1908년 7월 25일, 1면, 논설 「한국과 만주」.

154 단재신채호전집편찬위원회, 2007, 『단재신채호전집』 제3권, 한국독립운동사연구소, 311쪽.

로는

> 곤륜산의 한 가닥이 큰 사막의 남쪽을 지나서 동해에 임박하여 백두산으로 웅장하게 솟아나니 그 일맥은 북으로 뻗쳐서 영고탑이 되어 만주 대륙을 열고, 그 일맥은 서남으로 뻗쳐서 우리나라의 터전을 연지라.

라고 하였고, 민족적으로는

> 우리 단군 자손이 백두산 남북에 나눠 살며 하나는 만주민족이 되고 하나는 조선민족이 되니, 여러 사료를 살펴보면 대금(大金)과 대청(大淸)의 시조가 우리나라에서부터 만주로 이주한 것이 역력히 증명될 수 있다. 또 지금 만주민족이 단군의 후예라고 서로 전해오는 것이 또한 그 하나의 증거이다.[155]

라고 하였다. 만주와 한국은 모두 백두산에서 뻗어나가 같은 뿌리를 가졌고, 모두 같은 '단군 후예'라고 주장한 것이다. 만주와 한국은 지리적으로 백두산을 같은 뿌리로 했으며, 민족적으로는 모두 단군을 시조로 했다는 것이다.

《황성신문》이 이렇게 주장한 목적은 '4천 년 신성한 역사의 광복'에 있었다. 비록 지금 한국은 "비참한 지경에 떨어져 있는" 상태지만, 지리적으로나 민족적으로 "대륙의 기운으로 웅장하고 뛰어난 민족의 가치"를

155 《황성신문》, 1910년 1월 22일, 2면, 논설 「아포낙관적사상(我抱樂觀的思想) (속)」.

가졌다고 보았다. 이러한 "낙관적 사상"을 일반 동포에게 "균배하여, 절망병을 제거하고 희망심을 분발하여, 4천 년 신성한 역사를 광복하는 날에 고상한 가치와 우승한 권리와 유쾌한 복리를 향유코자 한" 것이었다.[156] '4천 년 신성한 역사의 광복'을 가능하게 하는 '낙관적 사상'의 요체는 만주와 한국을 지리적으로나 민족적으로 동일체로 보는 것이었다.

《황성신문》은 '신성 역사'를 통해서 얻고자 한 바는 민족의 '자존자립의 정신'이었다. "우리 대한민족이여. 우리 선조의 신성한 역사를 기념하고 숭배하여, 항상 자존자립의 정신을 분려하여 고등 종족의 가치를 발표하고, 결코 자비자굴의 사상을 지니고 노예열등의 추락하기를 스스로 달게 여기지 말지어다"라고 한 것이다. 이어서 만주가 단군·기자·고구려·발해의 고토이고, 만주와 한국이 모두 단군 후예의 동족임을 강조한 뒤, 다시 한 번 '자존자립의 정신'을 분려할 것을 촉구하였다.

> 그러므로 우리 민족의 신성하고 위무(偉武)한 역사가 이처럼 광명하니, 금일 우리 민족이 비록 이렇게 몰락하였으나, 생각하건대 바로 우리 선조의 신성한 역사를 기념하고 숭배하여 자존자립의 정신을 분려하면, 장래 백성을 길러 나라를 부강하게 만든 교훈의 결과로 필연코 세계에 웅비할 훌륭한 자손이 무수히 나올 것으로 확인하노라. 그러니 오로지 우리 동포는 현재의 경우로써 자비자굴하지 말아라. 신성한 종족의 혈맥이 고유하니라.[157]

---

156 《황성신문》, 1910년 1월 21일, 2면, 논설 「아포낙관적사상」.

157 《황성신문》, 1910년 4월 21일, 2면, 논설 「아(我)민족의 신성역사」. 이 논설에서 '신성위무한 역사'라고 말한 내용은 다음과 같다. "我始祖檀君이 宅茲大東ᄒᆞ사 山川을 開拓ᄒᆞ야 後世子孫의 生活

'신성위무한 역사'란 만주와 한국이 모두 단군의 후예이고, 단군 민족의 강역이었다는 점을 가리켰다. 이러한 역사를 기념하고 숭배하는 취지는 '민족 자존자립 정신의 분려'에 있었던 것이다.

나아가《황성신문》은 단군을 경모하는 기관을 만들어 민족의 사상통일 기구로 삼을 것을 주장하였다. "지금 청국의 만주족은 즉 금인(金人)의 후예이니, 우리 시조의 역사를 발전케 하면 만주족 수천만이 또한 동일 단군 자손이라 할지니 …… 아! 우리 형제자매여! 4천 년 전에 하늘에서 강림(降臨)하신 우리 시조 단군을 기념하고 경모하여, 전체 민족 간에 동일자손의 도리를 강구하여 밝혀서 관철하면, 즉시 사상통일의 제일기관이라 하노니 생각하고 힘쓸지어다."[158]

이렇게《황성신문》은 만주족을 단군 후예로 보면서, 민족 자존자립 정신의 확립을 지향하였다. 국권이 침탈당하는 현실이지만 '자비자굴'의 사상과 '노예열등'의 처지에 빠지지 말고, '신성위무'한 역사의식으로 '민족 자존자립의 주권'을 확립할 것을 주문하였던 것이다.

基址를 遺傳ᄒᆞ심으로부터 其子孫이 白頭山南北에 分處ᄒᆞ야 一은 朝鮮族이되고 一은 滿洲族이 된지라. 四千年間에 代有偉人ᄒᆞ야 國基를 鞏固케 ᄒᆞ며 民族을 發展케 ᄒᆞ얏스니, 고구려 시조 동명성왕은 위씨조선의 파멸한 후를 因하여 북부여 일우에서 발적하사 雄威神武로 檀箕의 舊疆을 克復하시고, 광개토왕은 幼年英主로 남정북벌하여 威武를 사해에 顯揚하시고, 신라 문무왕은 현신을 위임하여 내수외양의 대공업을 건립하시고, 발해 고왕은 宗國覆亡의 餘燼을 수습하여 奮臂一呼에 오천리 新邦國을 건설하였으며, 고구려 대신 을지문덕과 신라 대각천 김유신과 고려 시중 강감찬과 本朝 李忠武舜臣 제공은 皆轟轟赫赫한 세계위인이오, 至若 지나 역사에 설인귀·왕사례·이성량 諸氏가 皆我의 自出이오, 금국의 시조가 即 吾族의 一泒라. 고려 예종 3년에 금국 사신이 奏曰 昔我太師盈哥穆宗이 出自大邦이라 ᄒᆞ며 今太師 烏雅束이 康宗亦以大邦爲父之國이라 하고, 금태조 아골타가 거란을 旣滅하고 汴宋을 欲圖할 시 예종 8년에 국서를 送ᄒᆞ야 曰 自我祖考로 分在一方하여 謂高麗爲父母之邦이라 하였으니 금인의 出於吾族이 鑿鑿可證이오, 今之大淸의 祖先이 즉 금국의 후예인즉 其係吾族이 亦明矣라."

158 《황성신문》, 1910년 08월 10일, 2면, 논설「아(我)민족의 사상통일적 기관」.

이상 살펴본 것처럼 1908년 중반 즈음부터《대한매일신보》와《황성신문》에서는 백두산을 단군의 발상지로 보면서 단군의 강역과 도읍지 평양을 모두 만주에 비정하는 동시에 만주족을 단군의 후예로 보는 인식 양상들이 나타났다. 만주를 민족 시조로 여기고 있던 단군의 발상지이자 도읍지·강역으로 보기 시작했으며, 조선 후기에는 오랑캐로 여겼던 만주족에 대해서도 단군 후예로서 동족으로 보기 시작한 것이다. 만주에 대한 단군강역론과 만주족에 대한 단군후예론 속에는 만주를 민족의 독립과 주권 회복을 역사적으로 증명해 주는 근거지로서 표상하고 있다. 이는 국권 상실의 상황 속에서도 '신성위무'한 역사를 가진 민족으로서 '자비자굴'의 사상과 '노예열등'의 처지에 빠지지 말고 '자존자립의 주권'을 확립하기 위한 것이었다.

4. 이주지와 상품 시장으로서의 만주

1) 이주지로서 만주 인식

1908년 9월 25일 일본 정부는 간도를 청국 영토로 승인하는 동시에 만주 이민의 장려와 상공업 발전을 대외정책의 방침으로 결정하였다. 이날 일본 내각은 먼저 간도의 소속을 청국으로 인정하면서 이와 함께 만주 문제 5안건을 일괄 처리한다는 '청국에 대한 제 문제 해결방침'을 결정하였다. 청국의 문호 개방과 영토 보전을 내세우는 미국과 독일의 반대에 따른 결과였다.[159] 같은 날 일본 내각은 '대외정책방침'도 결정하였는데, 이것에는 '이민에 관한 방침'이 포함되었다. 여기에서 일본은 청국과 러시아의 "양 대국에 대항하기 위해 가능한 한 우리 민족을 동아시아 방면에 집중하여 세력을 확립하고 유지함으로써 확정적인 부동의 방침으로 삼을 뿐만 아니라, 또한 대외 상공업 발전을 제국의 국시로 삼는다"라고 하였다.[160] 만주 이민의 장려 방침은 1909년 4월 청국과의 교섭 시에 야마가타 아리토모[山縣有朋]가 정부 요인들에게 제출한 '만주경영의 5가지 방침'에서도 다섯 번째 "다수의 우리나라 사람을 만주로 이식시키고, 금융기관을 설치하는 일"로 제시되었다.[161]

이즈음부터 한국에서도 만주는 세계적 경쟁무대이자 민족의 현실적 이주지로서 주목하였다. 1909년 11월 6일 미국은 만주 철도 중립화를 영국에게 제안하였고, 또한 12월 17일부터 21일까지는 러시아·일본·청국·독일·프랑스에게도 동일한 제안을 하였다.[162] 신채호는 이를 보면서, "구미 열강이 어찌 현시대 이익의 박집장(博集場)이 되는 중국 대륙의 한 요로에 해당한 만주 천지에 노일 양국의 도랑(跳踉)을 방임하며, 또 어찌

---

159 최덕규, 2008, 「제국주의 열강의 만주정책과 간도협약(1905~1910)」, 《역사문화연구》 제31집, 한국외국어대학교 역사문화연구소, 217쪽.

160 일본 외무성편, 1965, 앞의 책, 308쪽.

161 鈴木隆史, 앞의 책, 184쪽.

162 미국 국무장관이 영국 정부에 제안한 내용은 다음과 같다. ① 청국에 대규모 국제적 차관을 주고, ② 그 자금을 통해서 만주 철도 소유권을 청국에 부여하고, 그것을 관계 제국에 의해 경제적, 과학적이고 공평하게 경영하기로 하고, ③ 차관의 기한은 상환이 확실히 실행될 수 있는 범위 내로 하고, ④ 관계 제국은 차관이 상환되기까지 동안에 철도 시설 및 운용을 감시하고, 또 그동안 관계 제 국민은 대등한 조건 아래 재료(材料)의 공급에 관해 항상적으로 우선권을 받고, ⑤ 일·로 양국도 영·독과 마찬가지로 계획에 참가할 권리를 가진다. 鈴木隆史, 앞의 책, 193~194쪽.

동방의 한 모퉁이 작은 섬나라 일본의 장수무(長袖舞)를 좌시하리오"라고 평하면서, "일본인이여, 세계는 세계 사람의 세계라. 일본의 독보(獨步)를 불허하나니"라고 하였다.[163]

'세계인의 세계'로서 만주가 구체적으로 어떤 모습인지에 대해서는 「만주 문제를 인하여 다시 의론함」에서 이렇게 자세하게 밝히고 있다.[164] "장래에 만주가 뉘 손에 들어갈는지는 모르거니와, 지금 세계에서 경쟁하는 것이 동양으로 모였고, 또 동양의 문제는 만주가 첫째 된지라. 그런즉 이 시대의 만주는 열강국들의 주목하는 바가 되었으니"라고 한 것이다.[165] 만주에서 일본 세력은 오래가지 못할 것으로 예견하였다. "근세 만주의 주인이 된 여진 민족은 저렇듯이 무능하고, 야심을 가득히 품은 아라사는 일본의 타격을 받아 물러갔고, 일본이 또한 한때 기세가 등등하더니만 열강국이 합력하여 운동하는데 굴복하지 아닐 수 없을뿐더러, 설령 이 문제가 돌연히 변하여 만주 일폭이 전혀 일본 세력 중으로 들어갈지라도, …… 오래도록 점령하기는 허락지 아닐지니, 장래 만주의 풍운이 일어남은 우리가 한번 보기를 기필하는 바로라."[166]

따라서 만주 정세에 한국 민족도 적극적으로 대처할 것을 주문하였다. 먼저 조선 초 "이후로는 만주에 대하여 한 번 꿈을 꾸어본 자도 없었으며, 지어 근세에 아라사와 일본이 만주를 서로 다투는 바람에 자기나

---

163 《대한매일신보》, 1910년 1월 12일, 1면, 논설 「만주와 일본」.

164 이 논설은 《대한매일신보》 한글판에서 1910년 1월 19일~22일 동안 연재되었고, 국한문판에서도 「만주 문제에 就하여 재론함」으로 연재되었다.

165 《대한매일신보》(한글판), 1910년 1월 20일, 1면, 논설 「만쥬문뎨를 인하여 다시 의론함(속)」.

166 위의 자료, 1910년 1월 21일, 1면.

라 흥망이 발등에 떨어진 불같거늘, 오히려 캄캄히 깨닫지 못하고 있다가 마침내 오늘날 비참한 지경을 당하였다"는 점을 강조하였다. 그렇지만 이런 '비경'에 굴하지 말고, "나라가 망했다고 눈물만 흘리지 말고, 눈을 들어서 세계 열강국의 경쟁하는 만주의 문제는 주야를 불계하고 힘써 연구할 바"를 촉구하였다.[167]

신채호는 만주에서 열강의 경쟁이 심화될수록 일본은 한국 지배를 더욱 강화할 것이고, 이로 인해 만주는 한국인 이주자의 집주지가 될 것으로 예견하였다. 일본이 만주에서 열강의 간섭에 대항하지 못하는 대신에 "어찌할 수 없이 일아 전쟁 전에 만주와 한국을 바꾸어 갖자던 옛 문제나 다시 강론하여, 한국 안에서나 횡행하고자 할 뿐이"고,[168] 이 때문에 "한국 안에 비통의 절박함을 인하여 외국으로 이주하는 자가 날마다 증가"하여, 그 결과 "만주가 장래에 한국 사람들의 집합할 땅이 될 것은 가히 미리 추측할 바로다"고 하였다.[169]

이 점을 염두에 둔 신채호는 만주로의 이주자들에게 애국과 동포애 사상, 국수의 보전, 정치 능력의 양성 등 세 가지를 권계하였다. 이를 실현하기 위해서는 "정치가들은 정치가의 천생 능력을 나타내며, 실업가들은 실업가의 천생 본분을 극진히 하여, 어떻게 하면 이 만주 문제에 대하여 활동을 잘 할까 하며, 어떻게 하면 장래에 우리 국민도 이런 문제에 대하여 의론에 참여하여 볼까 하는 것이 모두 공들의 직분 내에 당연히 연

---

167 위와 같음.

168 위의 자료, 1910년 1월 20일, 1면.

169 위의 자료, 1910년 1월 22일, 1면.

구할 바니라"라고 하였다.[170]

이처럼 신채호는 만주를 한국 민족의 정치적·경제적 주권을 회복하기 위한 이주지로 인식하였다. 신채호에게 만주는 민족의 주권 회복을 위한 객관적 조건과 주관적 조건을 모두 갖춘 곳이었으며, 이뿐만 아니라 고구려나 발해의 역사처럼 주권 회복의 성지였음을 증명해 보이는 곳이었다. 그가 "이 논의의 주지가 객관적 만주에 재함이 아니라, 주관적 한국에 재하니라"라고 밝혔듯이,[171] 만주 문제를 논의하는 신채호의 본뜻은 만주에 있는 것이 아니라 한국 자신을 겨냥한 것이었다. 이제 만주는 청국이나 러시아, 일본 등 열강의 무대로서 있는 것이 아니라, 한국 민족의 역사적 주권 지역이자 현실적 이주지로서 다가온 것이다.

2) 상품 시장으로서 만주 인식

1909년 4월경부터 《황성신문》은 만주에 대해 민족의 활로를 찾아주는 '대시장'으로 보도하였다.

> 지금 동양 대륙에 문호가 개방되어 세계 각국의 상업점이 집주하는 대시장은 어느 곳이며, 우리 대한인의 무역을 확장하여 생로를 개척할 땅은 어느 곳인가. 바로 문전지척에 만주가 그곳이다. …… 세계상 대시장

170 위와 같음.

171 《대한매일신보》, 1910년 1월 19일, 1면, 논설 「만주 문제에 취(就)하야 재론함」.

이 문전에 자재하니 저 해외 열방인과 생업을 경쟁하려고 하면, 부질없이 사반공배(事半功倍)로 말할 것이 아니니라, 일반 동포는 대두와 밀과 보리의 농작을 더욱더 전력(專力)하여 만주 시장에 대이익을 점득하여 경제문제에 장래를 발전하기로 십분 권면하노라.[172]

만주를 세계 시장인 동시에 한국 시장으로 보면서 대두와 밀, 보리 종목을 중심으로 세계 각국과 상업 경쟁을 하여 경제적 발전을 도모하길 권유하고 있다.

또한 만주를 세계 각국의 '상업 경쟁지'로 보았다. 청조가 중원을 차지한 후에 돌보지 않아 스스로 주인의 권리를 잃어버린 "천하의 요충지" 만주는 "지리 관계가 동서 각방의 상업 경쟁지가 되는 고로, 구미인이 또한 이를 노려보아 문호 개방과 기회균등을 주창하다가 오늘날에 만철중립문제까지 제출되었으니," 이곳이 "각국인의 마찰하며 경쟁하는 땅이 되"어 "일개 강국의 병탄지가 되지 못할 것은 틀림없는 형세로다"라고 예상하였다. 따라서 "만주 무역 발달에 대하여 우리나라가 그 이익을 점득하는 영향도 다대할 것이오, 장래 만주의 주권의 공고하는 날에는 우리나라가 또한 보거순치(輔車脣齒)의 세를 득하는 결과도 있을 줄로 생각"한다고 하였다.[173] 만주는 세계 각국이 경쟁하는 상업시장이 될 것이므로 한국도 만주 무역을 통해 경제 발전을 도모할 것을 주문한 것이다.

만주 무역에 적극적으로 참여하자는 호소는 주로 실업가들을 향한

---

172 《황성신문》, 1909년 4월 30일, 2면, 논설 「만주 무역 장래론」.

173 《황성신문》, 1910년 1월 20일, 2면, 논설 「지리의 관계」.

것이었다. "향일 본보에 만주 무역의 장래와 작잠 회사의 유망이란 두 가지 문제로 논술함이 있는 것은" "특별히 우리나라의 실업동포를 위하여 장려의 뜻을 발표한 바"라고 하였다. 이어서 "지금 경성 내에 작잠 회사도 조직되고 의주 지방에 대두 판매로 융통되는 상황이 상당히 있으니, 이같이 점차 진보되어 만주 시장에 상업상 이익을 점득하면, 현재 우리 동포가 살아갈 하나의 방도도 되려니와 장래 발전에 실로 다대한 복리가 될 줄로 사유하노니"라며, 국내 실업가들이 만주 시장을 목표로 작잠 생산과 대두 판매 등에 투자할 것을 독려하고 있다.[174] 여기에서도 보이듯이, 만주 무역에 기대한 이유는 장래 민족의 활로 개척과 발전에 크게 기여할 것으로 보았기 때문이다. 만주 무역에의 호소는 실업회사의 설립을 권유하고, 농공상업학교나 강습소, 외국어학교 등 교육 기관의 설치를 촉구하는 것으로도 나아갔다.[175]

당시 각지에서는 자강운동론의 실업진흥론과 밀접한 관련 아래에서 여러 상공업 관계 회사가 세워졌다. 자강운동의 여론을 이끌어가던 《황성신문》과 《대한매일신보》는 각지에서의 회사 설립에 대해 비교적 상세히 보도하면서 이를 성원하였고, 각 학회에서 발간하는 잡지들에서도 각 회사들이 설립 시 내놓은 취지문 등을 전재하는 등 성원을 아끼지 않았다.[176]

《황성신문》은 만주에서 민족의 "산업기지를 진취할" 것을 촉구하였

---

174 《황성신문》, 1909년 5월 19일, 2면, 논설 「만주 무역의 작준사와 대두」.

175 《황성신문》, 1910년 2월 19일, 2면, 논설 「권고 국내실업가」.

176 박찬승, 1992, 『한국근대 정치사상사연구 - 민족주의 우파의 실력양성운동론』, 역사비평사, 35쪽.

다. 비록 한국이 열강처럼 철도와 상업 등의 이권을 두고 경쟁할 능력은 없지만, 지세(地勢)·민족·생업 등 세 가지 면에서 만주를 민족의 산업기지로 만들 수 있는 이점을 가졌다고 보았다.

> 일·노 충돌할 시에는 만주 대륙이 대전장을 이루었더니 현금은 문호가 개방되어 세계 각국의 상업 대시장을 이룩한지라. …… 지금 만주는 세계에 문물이 폭주하고, 이익이 발달하고, 경쟁이 일진하는 요충이라. 우리들로 말하자면 이에 대하야 각국과 같이 이권을 경쟁할 능력은 전무하나, 천연적 관계로 우리들의 산업기지를 진취할 형편은 있으므로, 해당 지역의 무역에 대두와 잠사 등이 발매되는 상황을 본보에 이미 누차 알렸거니와, 재차 그 지세와 민족과 생업의 여러 가지 관계를 들어서 동포의 지침에 공헌하노라.[177]

이어서 만주에서 민족의 산업기지를 세울 수 있는 이점을 지세·민족·생업의 세 측면에서 밝히고 있다. 지리상의 편리는 한국과 만주가 상접했다는 점이다. 이로 인해 30~40년 전부터 서북변계의 "동포들이 배고픔과 추위에 내쫓겨 생로를 찾을 요량으로 강북에 유입하야 개간 경작함이 세세 증가하여 천연적 식민지(殖民地)를 만들"었다고 보았다.[178]

민족상의 이점은 한국과 만주가 동족이라고 본 점에 있었다. "한민족은 단군시조 북부여의 자손이고 북부여는 즉 만주의 고국이"며, "금일

177 《황성신문》, 1909년 6월 30일, 2면, 논설「만주에 대한 관계론」.

178 위와 같음.

은 우리나라와 만주 간에 휴척의 가장 밀접한 관계가 있으니, 우리 민족이 생존을 얻지 못하는 경우이면 만주 민족이 또한 순망치한의 걱정을 면하지 못할 것"이므로, 만주에 "이식과 개간을 양국 인민이 호상 면려하여 동족상보의 기초를 확장함이 가하"다고 하였다.[179] 문화 발전이나 문명 수입의 길로서도 한국에서 만주로 나아가는 것이 '이세(理勢)의 자연'이며 막대한 이익이라고 하였다.

생업상 이점은 한국과 만주 양쪽이 모두 곡물과 잠사에 유능하다는 것이었다. "현금 만주가 세계상 일대시장이 되어, 곡물과 잠사가 구미에 출품이 일증한 즉, 농잠의 사업은 한·만 양족이 동일한 능력이 있고, 겸하여 청국 이민이 일일 증가한 즉, 인종이 번식하여 물품의 수용도 번화하고 풍성할지니, 제조물의 발매도 자연 증진할지라. 그러니 우리가 이에 대하여 농작제조 등 사업으로 산업을 증식할 희망도 있다"면서, "문전지척에 복전(福田)이 자재하니 우리 동포는 십분 주의할" 것을 촉구하였다.[180]

만주를 민족의 산업기지로 만들 수 있는 길이 이주와 농지 개척에 있다고 본 것이다. 만주에는 1860~1870년대 이후로 이미 한국 이주민들의 개간 경작지가 많이 있고, 만주에서 수출이 증가하고 있는 대두와 잠사는 한국인이 농사짓기에 능한 것이므로, 이 분야를 육성하면 만주를 산업기지로 만들 수 있다고 기대하였다.

만주에서의 상업경쟁은 열강과 벌이는 "상업전쟁"으로 여겨졌다. "우

179 위와 같음.

180 위와 같음.

리 국민 동포는 현상의 국권과 인권이 전연 실추함에 대하여, 헛되이 비관적 사상을 포유함도 무익하고 절망적 상태를 지유함도 불가한지라"라고 전제하고, 세계 대세로 보아 장차 "상업전쟁의 준비가 있어서, 그 권리를 능히 얻는 경우이면 만반의 권리를 회복할 형편이 있으니, 부디 마음에 새기고 귀를 기울이고 주의 깊게 보고 관찰하여, 준비의 방법을 착착해 나갈지어다"라고 하였다. 이어서 "대저 현세 각국의 경쟁력은 상업전쟁의 진보로 말미암으니, 과거 몇 년간은 저 서양 각국의 상업전쟁이 우리 동양을 향하여 점차 진보되었으나, 현금과 같이 각국 전체의 세력이 만주 한쪽으로 집주함은 과연 처음 있는 일대 장관이라"하며, "만주는 즉 우리 한국의 문전시장이니 그 상업전쟁의 영향이 어찌 파급함이 없으리오"라고 하였다.[181] 실추된 주권이나 인권 등 만반의 권리를 회복하기 위해서 상업전쟁의 준비는 반드시 필요하다고 보았다. 지금 세계 각국의 경쟁력은 상업전쟁의 진보에서 비롯되었는데, 마침 바로 문전시장과 같은 만주에서 세계 각국의 모든 세력이 모여 상업전쟁을 벌이고 있으므로, 한국도 여기에 참여하여 경쟁력을 키울 것을 주문한 것이다.

《황성신문》은 향후 만주가 한국에게 문명 발달을 가져다 줄 것으로 기대하였다. 세계의 문명 발달의 순서가 섬나라에서 대륙으로 바뀌었다고 하면서, 그 중심에 만주가 있다고 보았다. 이제 만주는 더 이상 미개한 종족이 사는 지역이 아니었다. "현금은 각국의 철궤부설지이고, 각국의 상업 경쟁지이고, 각국의 문물 수입지"가 되어서, '대륙 발달의 시대'라는 신문명을 여는 곳으로 변하였다. 만주 대륙이 발달하면 중국은 물론이

181 《황성신문》, 1910년 2월 5일, 2면, 논설 「상업전쟁의 준비를 주의함이 최요(最要)홈」.

고 한국의 문명도 발달할 것으로 기대하였다.

> 우리 한국은 반도국이라. 머리는 만주 대륙을 베어서 건강한 기초를 가졌고, 다리는 태평양을 향하여 활동할 형세를 가졌는데, 일면으로 일본해의 맹렬하게 몰고 들어오는 풍조를 받고, 일면으로 만주 대륙의 각국의 경쟁하는 영향을 입으니, 문명 발달에 대하여 최종점의 좋은 결과를 반드시 얻을 줄로 사유하노라.[182]

이제 만주 대륙의 시대를 맞이하여, 한국이 만주를 발판 삼아 영국이나 일본 등의 문명 수준을 넘어서는 최고의 문명국으로 발전하기를 기대한 것이다.

만주를 세계적 시장으로 보고 무역을 강조하는 입장에는 민족의 실추된 주권을 회복하겠다는 의지가 담겨 있었다. 일본의 지배를 받고 있는 상황이었지만, 통상무역의 권리는 민족의 생존멸망에 관한 큰 문제라고 보았다. 《황성신문》은 러일전쟁 이후에 "우리 한국이 일본과 협약을 체결하여 외교와 내치상에 일본의 보호를 받게 되었으니, 이에 국제단체상 단원의 자격을 실하고 일본의 권력에 복종치 아니치 못할 운명을 당하였도다. 이것이 즉 한국 현재의 지위"라며, 작금 일본의 지배 아래에 있는 한국의 현실을 직시하였다. 그러나 그렇다고 해서 한국이 세계열국과 전혀 관계가 없는 것은 결코 아니라고 하면서, "우리 한국이 세계열국과 관계가 끊겼다고 하는 것은 외교적 방면으로 말한 것이고, 통상조약상

182 《황성신문》, 1910년 4월 27일, 2면, 논설 「대륙 발달의 시대」.

관계는 의연히 존재하는데, 단 일본이 대표자의 자격으로서 그 사태에 당하여 그 조약의 권리 의무를 주장, 이행할 뿐이라"고 하였다.[183] 한국이 일본의 '보호정치'를 받더라도 세계 각국과의 통상할 권리는 예전대로 갖고 있다고 본 것이다. "금일 국제상에 통상권은 세계 인류의 공통적 권리"이며, 더욱이 "당당한 조약을 가진 한국"은 "통상적 방면으로는 열국과 관계가 의연 상존하다"고 하였다. 그러므로 "일본이 금후로 한국에서 여하한 세력을 부식하더라도 한국의 문호를 폐쇄하여 열강의 통상권을 부인키는 불능하"다고 보았다.[184]

《황성신문》은 같은 논설에서 장래 "민족의 생멸존망에 관하는 큰 문제"의 하나로 '실업 발달'을 내세웠다. 민족 생존을 위해 "내치와 외교 양 방면으로 연구함"이 급선무라고 하면서, "내치로 논하면 교육과 실업을 발달케 하야 실력을 양성할 것이오, 외교로 논하면 전국인민이 세계적 지식을 양성하여 우내대세의 변천여하를 잘 알되, 특히 일·러·청 삼국의 외교상·정치상·경제상 변천은 직접으로 우리 한국의 독립문제에 대관계를 가지니, 이를 연구할 필요가 있다"고 결론을 내렸다. 만주로의 통상무역 활동이 민족의 독립과 생존을 위한 실력양성운동이라고 보고 있는 것이다. 이렇듯 만주와의 통상무역을 촉구하는 주장에는 민족의 주권을 회복하려는 의지가 담겨 있었다.

이상 살펴본 것처럼 1909년경부터 일본의 '만주 경영'이 본격화되

---

183 《황성신문》, 1909년 7월 15일, 2면, 논설 「우내대세(宇內大勢)와 한국 (속)」.

184 위와 같음.

고 영국과 미국 등 열강의 만주 '문호 개방' 요구가 강렬해지자, 이후 언론에서는 만주를 민족의 이주지와 상품 시장으로 보는 견해가 등장하였다. 만주에서 열강의 경쟁이 심해질수록 일본의 한국 지배가 강화되고, 이에 따라 한국인의 만주 이주도 늘어날 것으로 예상했으며, 또한 만주를 열강이 경쟁하는 세계 시장인 동시에 민족의 활로를 찾아주는 상품 시장으로 보았던 것이다. 이 시기 만주를 민족의 이주지나 상품 시장으로 보는 인식에는 만주에서 일본을 비롯한 열강과 경쟁하여 민족의 정치적·경제적 주권을 회복하겠다는 의지가 담겨 있었다.

제3장

1910년대 만주 이주와 만주식민지론

대한제국 말기 국권이 쇠약해지자 간도를 비롯하여 만주 등 해외로 이주하는 조선인이 많아졌다. 일제 강점 이후 정치·경제적 압박을 당하는 조선인의 만주 이주는 더욱 급증하였다. 만주에 거주하는 조선인이 1909년에 약 21만 명이었는데, 1919년에 이르면 43만여 명이나 되었다. 만주로 이주한 조선인은 대개 빈농이었고, 바야흐로 만주는 조선인 빈농의 활로 개척지가 되었다. 이들 가운데는 특히 간도를 '요지정토', '자유천지' 등으로 생각하고 이주하였으며, 1914년에 이르면 간도는 '배일 조선인의 소굴'이라고 불릴 정도가 되었다. 이런 이유로 1910년대 초기 조선총독부 기관지《매일신보》에서는 조선인이 간도 등 만주로 이주하는 것을 반대하였다.

이런 가운데 1915년 이후《매일신보》를 통하여 '만주식민지'론이 대두하였다. 이는 지금까지 조선인 만주 이주에 반대하던 주장과는 정반대인 것으로 조선인의 만주 이주를 장려하여 만주를 조선인의 이주식민지로 만들자는 논지였다. 만주에서 독립운동 근거지 건설 운동이 한창

이던 무렵 조선총독부 기관지인《매일신보》가 만주를 조선인 이주식민지로 만들자고 선전한 것이었다. 국외의 독립 운동가들이 만주를 민족의 고토로 보면서 동시에 항일 독립운동의 근거지로 보았던 점에 비하여, 《매일신보》에서의 '만주식민지'론은 역시 만주를 조선의 고토로 보면서도 만주를 다만 식민지 대상으로 인식하는 데 그친 것이었다. 이러한《매일신보》의 '만주식민지'론은 1914년 7월 제1차 세계대전의 발발을 계기로 일본이 만주에서 '특수 권익'을 획득하려고 1915년 5월 중국과 체결한 '남만주 및 동몽고에 관한 조약'의 영향을 받아서 전개된 것이다.

이렇듯 1915년 이후《매일신보》에서의 '만주식민지'론은 국외에서 만주를 항일운동의 근거지로 만들려는 독립운동에 정면으로 맞서는 주장을 펼친 것으로, 일본에 대한 조선인의 정치·경제적 대립이 이제 한반도를 벗어나 만주로까지 확대되고 있다는 사실을 보여주는 현상이라 하겠다. 그만큼 조선총독부 기관지로서《매일신보》는 1910년대부터 만주에서의 항일 독립운동에 반대하는 만주 담론을 생산하기 시작한 것이다. 따라서 이 장에서는 1910년대 조선인은 간도나 만주를 어떻게 생각하고 이주하였으며, 조선총독부 기관지로서《매일신보》는 이에 어떻게 대응하였는지 살펴보고자 한다.

1. 망국 조선인의 만주 이주

일제강점 직후 국내의 많은 조선인이 새로운 생활 근거지를 찾아 만주로 이주하였다. 이 가운데 특히 간도로 이주하는 조선인의 수는 급속히 증가하였다. 1907년 이후부터 매년 약 1만여 명이 증가하던 간도 이주자가 1910년 이후는 1만 5000여 명에 달하였다.[1] 1910년 11월 말 함경도 지방에서 간도로 이주하는 조선 농민은 매일 평균 20여 명에 달하였고,[2] 1910년 8월부터 1911년 3월까지 조선인의 간도 이주자 수는 3만여 명에 달하였다.[3] 1911년 초부터 함경도 관내의 빈민 부락의 경우에는 전호가 간도로 이주하는 경우가 날마다 증가하여, 1911년 2월부터 6월까지 이주자가 1만여 명에서 3만 9000여 명으로 증가하였다.[4] 1911년 4월 말에는 간도로 이주하는 조선인은 하루에 백 명이 넘었다.[5] 1913년경에도 조선인의 간도 이주자는 날로 증가하여, 그해 봄에 이미 약 1만 5000명에 달하였고, 계속해서 "노유(老幼) 남녀가 상부장렬(相扶長列)을 작하여, 많으면 백수십 명, 적더라도 수십 명이 못 되지 않는 이주대는 일일북진"하였다.[6]

국권이 피탈된 이후 조선인의 간도 이주는 끊임없이 전개되었다. 종래의 두만강 도강은 매년 10월경에 시작해서 다음해 5월에 마쳤지만, 1910년 8~9월경부터는 끊이지 않았다.[7] 농경 파종을 위한 계절적인 이동에 불과했던 간도 이주가 1910년 이후에는 일 년 내내 발생한 것이다.

---

1 조선총독부, 「비 대정 4년 2월 국경지방시찰복명서」(1915), 김정주 편, 1971, 『조선통치사료』 제9권, 한국사료연구소, 897쪽.

2 《매일신보》, 1910년 11월 26일자 2면, 「간도의 근황」.

3 《매일신보》, 1911년 4월 25일자 2면, 「간도 이주자증가」.

4 《매일신보》, 1911년 7월 12일자 2면, 「간도 이주자격증」.

5 《매일신보》, 1911년 4월 29일자 3면, 「간도의 近狀雜話(간도로 來한 모씨의 담)」.

6 《매일신보》, 1913년 4월 24일자 1면, 「간도 이주의 선인」.

7 조선총독부, 「비 대정 4년 2월 국경지방시찰복명서」(1915), 앞의 책, 897쪽.

표 3-1 1909~1913년 간도의 조선인 호구수

	1909년 6월	1910년 6월	1911년	1913년 5월
호수	15,385	18,526	22,555	24,142
인구	78,158	98,137	118,004	134,430

참조 1909~1911년까지는『매일신보』, 1912년 1월 10일, 2면, 「간도 이주 조선인」에 의하고, 1913년 통계는『매일신보』, 1913년 5월 20일, 2면, 「간도재주조선인」에 의함. 1913년 당시 간도 중국인의 경우 호수는 4474호였고, 인구는 3만 1792명이었다.

간도총영사관의 조사 보고를 보더라도 1910년 이후 간도의 조선인은 계속 증가하였다. 1912년 1월과 1913년 5월 간도총영사관의 보고에 따라 작성한 간도의 조선인 호구수는 〈표 3-1〉과 같다.

1910년대 만주로 이주하는 조선인의 증가 속도도 비교적 빨랐다. 1894년 6만 5000명이었고, 1909년 약 21만 명이었다.[8] 1911년 7월경 현재 청국 정부의 자료에 따르면, 만주에 거주한 조선인의 총수는 25만 6900여 명에 달하였다.[9] 1913년이 되면 재만조선인의 수는 적게는 17~18만 명에서 많게는 26~27만 명으로 불리고, 보통 20만 명으로 불릴 정도로 증가하였다.[10]

---

8 김원석, 1992, 「중국 조선족의 천입사(遷入史)에 대한 연구」, 《동아연구》 25, 서강대학교 동아연구소, 222~223쪽.

9 《매일신보》, 1911년 7월 29일자 2면, 「선인만주이주수」.

10 南部露庵, 1913, 「國境より溢れたる鮮人を統治せよ」, 《조선》 제1집, 조선사연구회, 273~274쪽.

표 3-2 1912~1930년 재만조선인 수

연도	재류자 수	연도	재류자 수
1912	238,403	1922	515,865
1913	252,118	1923	528,027
1914	271,388	1924	531,857
1915	282,070	1925	513,973
1916	328,318	1926	542,185
1917	337,461	1927	558,280
1918	361,772	1928	577,052
1919	431,198	1929	597,677
1920	459,427	1930	607,119
1921	488,656		

참조 국제연맹지나조사 외무성준비위원회, 1932, 『일본과 만몽(日本ト滿蒙)』 재정가정판(再訂假定版), 150~152쪽.

1932년 만몽(滿蒙) 주재의 일본 영사관의 조사에 따르면, 1912년부터 1930년까지 재만조선인의 수는 〈표 3-2〉와 같다.

조사에 따르면 1930년경에 이르면 재만조선인의 수가 60만 명에 달했지만, 영사관의 조사가 불가능한 오지에도 조선인의 수가 적지 않아서, 당시 만몽 지방에 산포하는 조선인의 총수는 적어도 100만 명은 될 것으로 추측하였다.

한편 근래 사회학자의 연구에 따르면 1910~1919년 시기에 조선 내 인구수는 1654만 663명에서 1773만 1977명으로, 재만조선인의 수는

15만 6264명에서 41만 1870명으로 추산되고 있다.[11] 이에 따르면 1910년 조선인 총수의 0.9퍼센트가 만주로 이주한 데 비하여 1919년에는 조선인 총수의 2.3퍼센트가 만주로 이주한 셈이다. 이로 보아 1919년에 이르면 만주로 이주하는 조선인의 비율은 1910년에 비하여 두 배 이상 늘어났음을 알 수 있다.

2. 조선인 빈농의 만주 유랑

1910년 이후 조선인의 만주 이주는 '한일합병'이 가져온 정치·경제적인 이유가 주요 동인으로 작용하였다. 1910년경 간도의 이주자들은 "가까운 장래 일한 합방이 되므로 만일 합방이 실시된 때에는 다수의 일본인들이 들어와서 한인을 괴롭힐 것이기 때문에 그 난을 면하기 위해 이주한 자"들이었다.[12] 1912년 6월 압록강 이북 안동의 경무서장 보고서에도 "일한병합 이래 일본인은 조선인을 학대하기 때문에, 조선인은 그 재난을 피하기 위해 우리 지역으로 들어왔다"고 하였다.[13] 1914년 7월경에는 "간도는 일시 배일(排日) 조선인의 소굴과도 같은 모습을 보이"게 될

11 박경숙, 2009, 「식민지 시기(1910년-1945년) 조선의 인구 동태와 구조」, 《한국인구학》 32-2, 52쪽.

12 「淸機收發第48號ノ一, 韓人ノ間島移住二關すル報告」(1910년 4월 12일, 청진이사청 이사관대리 부이사관 楠野俊成이 통감 曾禰荒助에 보낸 보고서), 김정주 편, 1971, 『조선통치사료』 제9권, 한국사료연구소, 459~460쪽.

13 「鮮人移住二關スル件」(1912년 6월 26일, 民高警秘收 第3863號ノ1).

정도였고,[14] 이듬해 5월《매일신보》는 간도 등지에서 "국권회복이니 배일이니"하는 '배일 조선인'을 구축하자고 주장하기에 이르렀다.[15] 이처럼 '합병' 이후 다수의 조선인이 일제의 지배를 피해 조선을 떠나 간도를 위시하여 만주 각지로 이주하였던 것이다.

1923년 친일단체인 '만주조선인친애의회(滿洲朝鮮人親愛義會)'에서 발행한『만주와 조선인』에는 '합병' 이후 조선인의 만주 이주의 원인에 대해 다음과 같이 말하고 있다.

> 이들 만주 이주의 원인은 생활난의 자연적 도태 및 그 경제적 압박과 정치상 반감 등에 기인한 것으로써 빈곤한 다수의 동포는 주로 전자의 동요된 자가 많고, 비교적 지식계급에 속한 일부의 동포는 후자의 동기로 나온 자가 다수를 차지하고 그 대부분은 독립을 뜻하고 …… 그러나 이는 백 사람 중 둘 셋에 불과하고 대부분은 일가족이 서로 이끌고 전전표랑(輾轉漂浪)하여 처세(處世)에 가련한 농민임이 명백하다.[16]

이로 보아 1910년대 많은 조선인이 만주로 이주한 원인의 주된 이유는 '경제적 압박'과 '정치적 불만'이었음을 알 수 있다.[17] 특히 '경제적 압박'

---

14 《매일신보》, 1914년 7월 26일자 2면, 「간도선인의 근상」.

15 《매일신보》, 1915년 5월 18일자 1면, 「계고 해외배일선인」.

16 田原 茂, 1923,『만주와 조선인』, 만주조선인 친애의회(親愛義會)본부, 26쪽.

17 1910년 전후 조선인의 만주 이주의 증가에는 다음과 같은 원인도 있다고 지적되고 있다. 만주의 중국인 지주들이 수전 개발을 위해 조선인들의 이주를 환영하였고, 조선인도 역시 국내에 비해 만주가 땅값이 크게 저렴하고 소작료 등에 있어서도 유리한 조건을 확보할 수 있었으며, 1911년 이후 쌀값의 상승으로 만주의 수전 농사가 확대되고 있었다는 것이다. 또 일본과 청국 간에 체결된 '간

즉 경제 궁핍화 문제에 기인한 이주는 이처럼 1910년대부터 시작되었지만, 1920년대 이후에는 '토지조사사업'의 결과와 '산미증식계획' 등에 의해 조선 농민의 궁핍화는 더욱 심해져서, 경제적 원인으로 인해 만주로 이주하는 경우는 더욱더 큰 비중을 차지하게 되었다.[18]

위 인용문에서도 볼 수 있듯이 '합병' 이후 만주로 이주한 조선인은 대개 빈농 출신이었다. 1910년대 전반기 "조선 빈농은 조선의 보고(寶庫)되는 북간도 및 서간도로 이주하는 자가 많았다."[19] 예컨대 1911년 7월경 "함경남북도 관내의 빈민은 부락의 모든 가호가 간도로 이주하는 자가 날로 더욱 증가"하였고, "근래로 …… 인민은 생활이 곤란한 결과로 간도로 이주하는 자가 격증"하였다.[20] 간도로 이주한 조선인들은 대개 "빈한(貧寒)하여 본향에서도 그 생활이 곤란하던 자"였고,[21] "생활이 아주 곤란하기 때문에 부득이 그곳으로 가는 것"이었다.[22]

이러한 조선인 빈농의 이주 열기는 전국 각 지방으로 확산되었다. "서간도 이주의 바람이 각 지방에 전해져서, 살고 있는 가옥과 장토(庄土)를 팔아 부족한 노자 돈에 보충하며, 부로휴유(扶老携幼)하고, 기차 혹 보

도협약'이 조선인의 거주권과 토지 및 가옥의 소유권을 인정하였던 점도 조선인의 간도 이주에 큰 영향을 미쳤다고 본다. 황민호, 「1910년대 만주 지역 한인사회의 동향과 한인의 만주 이주」, 《숭실사학》 25, 숭실사학회, 2010, 116쪽, 119쪽.

18 김기훈, 1998, 「일제 시대 전기(1910-1930)의 조선인 만주 이주」, 《육사논문집》 54, 육군사관학교, 8~11쪽.

19 《매일신보》, 1915년 6월 17일자 1면, 사설 「만몽과 조선인」.

20 《매일신보》, 1911년 7월 12일자 2면, 「간도 이주자격증」.

21 《매일신보》, 1912년 4월 2일자 2면, 「서간도 이주에 대하야」.

22 《매일신보》, 1912년 4월 7일자 3면, 「간도선인의 곤란」.

행으로 남부여대(男負女戴)하고, 매일 몇십 명씩 출발"하였다.[23] 재산이 없고 빈궁한 생활을 견디지 못하여 "함경남도, 강원도, 경상북도, 황해도 각 지방으로부터 간도로 이사하는 자가 매우 많"았다.[24] 수년간 서북을 중심으로 이주자가 많았지만, 이제는 "삼남 동포까지 분등(奔騰)하여 가옥전토를 염가 방매하고, 휴유부로(携幼扶老)하여 만 리 사막을 멀지 않듯이" 이주하게 되었다.[25]

이동휘는 이렇게 국외로 이주자가 늘어나는 조선의 사태를 가리켜 '애통한 참상'이라고 하였다. 1913년 10월 12일 블라디보스토크 권업회관이 자신을 환영하는 자리에서 국내 소식을 소개하면서, "참상이 무엇이오. 저 원수가 척식이니 이민이니 하여 날마다 모여들어 금수강산에 왜 냄새가 충만하였소. 그리하여 늙은이를 붙들고 어린 아이를 끌고 사방에 유리하는 중이니, 이것이 우리 마음에 굽이굽이 애통한 것이 아닌가"라고 하였다.[26]

간도를 비롯해 만주 각지로 이주한 조선인 빈농은 대개 소작농이나 노동자로 살아갔다. 1911년 11월경 "간도로 이주한 조선인은 약 15만 명인데, 함경도인이 최다하고 일본인은 약 3백 명"이고, "조선인은 더덕[沙蔘] 채취 인부 및 농업자이오 일인은 태반 잡화상"이었다.[27] 농경지에 대해서는 "아직 소유권이 없고, 농업을 목적하는 이주 조선인은 청국인의

23 《매일신보》, 1912년 4월 2일자 2면, 「서간도 이주에 대하야」.

24 《매일신보》, 1912년 4월 27일자 3면, 「간도선인의 정보」.

25 《매일신보》, 1913년 3월 26일자 1면, 사설 「간도의 이주상황」.

26 《권업신문》, 1913년 10월 26일자, 「이성재 선생의 연설」.

27 《매일신보》, 1911년 11월 8일자 3면, 「간도의 근황」.

소작이 됨에 불과할 뿐 아니라 경작하는 자는 없기 때문에, 대개 새로 개간하는 자이고, 농작물의 종수는 고량·속·대두 등인데, 이주자가 증가하는 금일에 이러한 것들의 농작물로는 영구히 생활하기 불능"한 형편이었다.[28] '서간도' 지역으로는 경상남도 농민들의 이주가 많았는데, "전답 농사에 경력 있는 조선 인민들은 청국 사람과 계약을 정하여, 하루갈이의 토지를 십 년 동안으로 작정하고, 청국돈 백 원 내외에 수십 일경(日耕) 혹 수백 일경을 빌려 들이고" 농사를 지어, 지주와 소작인은 그 소출을 반분한다고 하였다.[29] 대개 간도로 이주한 "조선인이 농업에 종사하는 자는 다수는 소작이고, 지주는 극히 적으며 …… 조선인은 달구지 1량 외, 소 1마리로써 경운하는 외에, 다른 것은 돌아보지 않고 늘 지나인의 압박과 모욕하에 고두평신(叩頭平身)하여, 단지 평거안주에만 급급한" 상황이었다.[30]

이주민의 생활은 이주지에 도달하는 과정이 곤란했을 뿐 아니라 이주한 후에도 매우 빈궁하였다. 1911년 1월 간도헌병대의 보고에서 "이들은 목하 기후상 가옥의 신축 등은 절대 불가능하므로, 친척지기를 의뢰하여 일가에 세 부부 이상도 기식하고, 심지어 작은 구릉 일부를 파서 급조한 헛간에 있는 자들도 간간 보이는 바이다. 이들은 생활에 궁한 자뿐이어서 실로 불쌍한 형편에 있다"고 하였다.[31]

이주 조선인은 빚과 세금으로 빈궁한 생활을 벗어나지 못하였다. 이

---

28 《매일신보》, 1911년 4월 29일자 3면, 「간도의 근상 잡화」.

29 《매일신보》, 1912년 3월 31일자 3면, 「간도 이주선인」.

30 《매일신보》, 1913년 4월 24일자 1면, 「간도 이주의 선인」.

31 「간도 이주선인의 상황에 관한 건」(1911년 1월 31일 헌기 제253호).

주자는 대개 청국인의 토지를 얻어서 지냈는데, "청국인이 처음에는 소작인 매호에 대하여 자본금으로 10원을 주었다가, 점점 더하여, 추수할 때에 이르면 대략 50원의 빚을 지는 고로, 아무리 농사를 부지런히 할지라도 그 돈을 갚을 수가 없으며, 해마다 빚이 밀려가서 더욱 곤란함은 정한 이치라. 그러한 중 청국 관헌이 작년 12월부터 순경 수명을 파송하여, 이사 온 사람에게 1등에 1원 50전, 2등에 80전, 3등에 65전, 4등에 40전씩 세금을 받고, 기타 매호에는 4전 혹 10전을 받는 까닭에 원통한 마음을 이기지 못한다"는 형편이었다.[32] 자금을 지닌 이주자들은 독립적 생활을 유지하였지만 대개 몇 달이 안 되어 돈이 떨어졌다. 이주 조선인의 태반은 "지나인에게 고용되어 겨우 호구할 정도나, 매일 노동은 소나 말과 같이 하며, 또 음료수가 매우 나빠서 노인과 어린이는 종종 병에 걸리는 것을 면하기 어려우나, 의약이 갖추어지지 못해 치료하기가 어려우며, 기타 각종의 난감한 형태는 낱낱이 말할 수 없을" 정도였다.[33]

간도 이주민의 생활이 험난하다고 알려졌어도, 조선인 빈농은 간도에 대해 '영생처(永生處)' '요지정토(瑤池淨土)' '낙토 이상향' '자유 천지' 등으로 생각하며 계속 이주하였다. 《매일신보》는 근래 각 지방에서 간도로 이주하는 자가 증가한 것이 "간도 모처에는 백의인의 소재처라고 기록한 옛 비석이 있다고 하므로 우매한 사람들은 영원히 살아갈 땅으로 오인"한 데에서 연유했다고 보도하였다.[34] 간도를 조선인의 '영생처'로 생각하고 이주한 것이었다. 이주자가 낭패를 당하는 상황 속에서도 조선인

32 《매일신보》, 1912년 4월 7일자 3면, 「간도선인의 곤란」.

33 《매일신보》, 1913년 3월 19일자 1면, 「간도 이주에 대하야」.

34 《매일신보》, 1912년 5월 5일자 2면, 「간도 이주자후회」.

은 간도를 '요지정토'로 생각하고 계속해서 이주하였다. "가옥과 전토를 팔며 친척과 분묘를 버리고, 간도로 이주하여 수륙간관(水陸間關)의 수고를 피하지 않다가 …… 낭패에 스스로 빠지는 자가 무수하나, 연하나 남선(南鮮) 인민은 오히려 간도 산하를 요지정토로 미신(迷信)하고 건너가는 자가 끊이지 않고 계속"있었다.[35]

조선인 궁민에게 간도는 '낙토 이상향'이었다.《매일신보》는 간도의 "이주 조선인의 다수는 무론 궁민(窮民)에 속한 부류인데, 소 1마리, 달구지 1량, 개 1마리 외 약간 살림살이와 가구를 가졌을 뿐이다. 이주는 극히 간단하여 발 닿는 곳마다 토지를 개척하며, 낮고 조그만 집을 엉성하게 만들어 온돌을 놓아서 몇 년 부지런히 농사짓다가 뜻대로 안되면, 또 다른 곳으로 옮겨 살아서, 그 모양이 마치 유목민과 큰 차이가 없다. 조선인에게 대하여 간도는 대낙토의 이상향이라고 알고 있는 것은 이곳에 살고 있는 자 때문이다"라고 하였다.[36] 비록 간도에서 유목민과 같은 생활을 할지라도 조선인 궁민은 간도를 '대낙토 이상향'으로 보았던 것이다.

항일의식을 가진 조선인은 간도를 '조선인의 자유천지'라고 생각하였다. 연해주나 하얼빈 지역에서도 "간도는 토지가 풍옥하고 조선인의 자유천지라는 풍설이 높음을 영주(永住)의 근거"로 삼아 "여기에 자립하기를 희망하여 지금 간도에 이주하는 자가 많다"고 하였다.[37] 항일 운동가

35 《매일신보》, 1912년 12월 28일자 1면, 「간도의 불이익」.

36 《매일신보》, 1913년 4월 24일자 1면, 「간도 이주의 선인」. 기사 원문의 내용을 옮기면 다음과 같다. "彼等 移住 鮮人의 多數는 …… 其狀이 恰然히 遊牧의 民과 大差가 無하며 鮮人에게 對ᄒᆞ야는 間島는 大樂土의 理想鄕으로 知ᄒᆞ는 所以는 此處에 存ᄒᆞ는 者이라"

37 《매일신보》, 1914년 2월 19일자 2면, 「이주선인증가」.

들도 간도에 대해 "일종의 자유별천지를 발견한 것같이 사유하고", 간도 거주 "농민을 선동하여 단체를 조직하고, 각종의 유언부설(流言浮說)을 유포하여 일본 배척을 성대하게 시도하기에 이르러, 간도는 일시 배일 조선인의 소굴 같은 모습을 갖게" 될 정도였다.[38]

한편《매일신보》는 간도 이주 조선인을 '생존경쟁 패배자'로 간주하였다. "국자가에 거주하는 선민(鮮民)의 다수는 고국의 생존경쟁에서 패배한 무리로서 상당한 자산, 학식 등을 가진 자는 거의 없다"고 하면서, "그중에는 일한병합 이래 본방 치하에 있는 것을 불결히 여겨 이곳 지방에 유랑하고, 혹은 교묘히 청국 관리가 되어 배일적 사상을 고취하는 자가 없지 않다"고 하였다.[39]

또《매일신보》는 간도를 '사지(死地)' '생지옥(生地獄)' 등으로 표현하였다. 「간도는 사지」「간도는 지옥」「간도는 생지옥」 등 여러 기사에서, 간도에서 고생한 조선인들의 경험담을 소개하면서, 이주 조선인의 귀환을 종용하거나, 간도 이주를 적극 반대하였다.[40] 이에 반해서 조선에 대해서는 '승평(昇平) 시대'라고 선전하였다. "조선의 대안에 있는 중국 각지를 볼지라도, 도적이 출몰하고 병화가 종종하여, 무수한 양민은 산곡에 도피하여 그 도탄에 계속 빠지고, 조금 떨어져 있는 조선 지방은 밤에도 문을 닫지 않는 승평한 세월을 즐기고 있으니, 이는 당국에서 국경보호에 노력한 결과이라. 그러니 저 땅에 거주하던 자라도 조선에 이주하기를 원

---

38 《매일신보》, 1914년 7월 26일자 2면, 「간도선인의 근상」.

39 《매일신보》, 1912년 8월 7일자 1면, 「국자가 근황, 북천생」.

40 《매일신보》, 1913년 5월 9일자 1면, 「간도는 사지(死地), 함안군(경남)」; 1913년 5월 11일자 1면, 「간도는 지옥, 서간도」; 1913년 8월 14일자 3면, 「간도는 차(此) 생지옥(生地獄)」.

할 것인데도, 고유한 승평 시대를 떠나서 위험지로 나아가니, 저 중국인은 피난(避亂)에 분주하는데, 조선인은 취난(就亂)에 분주하다 할지로다"라며, "일반 조선인은 이주의 사상을 떨어 없애어 낭패를 초래하지 말지로다"라며,[41] 조선인의 간도 이주에 적극 반대하였다.

그러나 1914년 7월경부터《매일신보》는 조선인의 만주 이주에 대해 더 이상 반대하지 않았다. 그해 7월 18일《매일신보》는 조선인의 만주 이주를 '일본 대륙 경영의 밑바탕'로 간주하고, "만주 이주 조선인의 증가는 결코 우려할 현상이 아닌 줄 생각하노라"라며 논지를 바꾸었던 것이다.[42] 이로부터 열흘이 지난 1914년 7월 28일에는 제1차 세계대전이 발발하였다.

이상 살핀 것처럼 일제강점 직후 조선인의 만주 이주는 급속히 증가하였다. 농사철 위주의 계절적 이동에 불과했던 이주에서 농사와 관계없이 계속 전개되는 이주로 바뀌었으며, 이주 지역도 두만강 대안뿐만 아니라 압록강 너머와 시베리아까지 확대되었다. 이렇게 만주 각지로 이주한 조선인은 대개 빈농 출신이었고, 만주에서도 대개 소작농이나 노동자로 살아갔다. 이들은 특히 간도를 '영생처' '요지정토' '낙토 이상향' '자유천지' 등으로 생각하고 가족과 함께 이주하였다.

---

41 《매일신보》, 1913년 4월 29일자 1면, 사설「만주 이주인이여」.

42 《매일신보》, 1914년 7월 18일자 1면, 사설「만주 이주선인」.

3. 《매일신보》 등의 만주 이주 장려론

1914년 7월 제1차 세계대전이 발발한 이듬해 1915년 5월에 중·일 간에 '남만주 및 동부내몽고에 관한 조약'(이하 '남만동몽조약'으로 약칭)이 체결되었다. 세계대전이 일어나자 일본은 만주에서 이권 확대를 위하여 1914년 11월 11일 중국에게 '21개조 요구'를 하였고, 이로 인해 이듬해 5월 25일 남만주와 동몽고에서 일본의 광범한 권리와 이익을 중국이 인정한 '남만동몽조약'이 체결된 것이다.

'남만동몽조약'은 제2조의 토지상조권(商租權), 제3조의 만주 내지의 잡거권(雜居權), 제4조의 동부 내몽고에서의 농공업의 합병경영권(合併經營權) 등이 주요 내용이었다.[43] 특히 토지상조권의 규정은 일본인의 토지 획득을 법적으로 인정하는 것으로 일제의 만몽(滿蒙) 특수 권익의 근간을 이루며 토지 침략을 조약상 보장하려는 것이었다. 그러나 토지상조권에 대한 중국 관민의 저항으로 인해 만주에서 일본인이 토지를 소유하기란 사실상 불가능하였다. 이 때문에 일본은 토지를 매수하기 위해서 중국인과의 합자사업이라는 명목을 내세우거나 중국인의 명의를 차용 또는 도용하였으며, 또한 중국에 귀화한 조선인을 이용하기도 하였다.[44]

---

43 '남만동몽조약'의 주요 내용은 다음과 같다. 제1조 양 체약국은 여순·대련의 조차 기한과 남만주 철도 및 안봉(安奉)철도에 관한 기한을 모두 99개년으로 연장할 것을 약속함. 제2조 일본국 신민은 남만주에서 각종 상공업상 건물을 건설하거나 농업을 경영하기 위해 필요한 토지를 상조(商租)할 수 있음. 제3조 일본국 신민은 남만주에서 자유로이 거주왕래하고 각종 상공업 기타 업무에 종사할 수 있음. 제4조 일본국 신민이 동부내몽고에서 지나국(支那國) 국민과 합판(合辦)하여 농업 및 부수 공업의 경영을 할 때는 지나국 정부는 이를 승인해야 함 등이었다. 일본 외무성 편, 1965, 『일본외교연표병주요문서』 상, 원서방, 406~407쪽.

44 박영석, 1982, 「일제하 한국인 만주이민문제」, 『한민족독립운동사연구 -만주 지역을 중심으

이런 상황 속에서 《매일신보》 지면에서의 만주 표상은 '지옥'에서 '낙토'로 바뀌었다. 먼저 《매일신보》는 지금까지 조선인의 만주 이주를 만류하던 태도를 바꾸었다.

> 만주 이주 조선인의 경영은 대개 수전(水田)이므로 제국의 경제상에도 좋은 영향이 있으리라. 그 수전에서 수확하는 쌀은 현재에는 만주 내에서 소비될지나, 점차 수확이 증가하면 판로는 우리 제국 본토에서 구하지 않을 수 없을지라. 만약 만주에 조선인 수전경영자가 점차 증가하면, 조선산 쌀과 나란히 본토의 부족액을 모두 채워서, 외국쌀의 수입을 막을 수 있게 될 터인즉, 만주의 조선인 수전 경영은 결코 소홀히 여길 바가 아니라. 우리는 각 방면으로 보아 만주 이주 조선인의 증가는 결코 우려할 현상이 아닌 줄 생각하노라.[45]

조선인의 만주 이주는 일본 식량의 공급지인 만주의 수전 개척으로 이어지므로, 이를 장려하는 것이 일본에 유익하다고 주장한 것이다.

'남만동몽조약'이 체결되고 며칠 지나지 않아 경성의 유지들은 '남만척식단(南滿拓殖團)'을 조직하였다. 부호 정현철·정호면·오긍묵·홍필주·한석진·김해진·백형수·조인식 등 8명이 발기한 단체로, 주요 목적은 남만의 토지를 매수하여 농작권을 획득한 후 이곳으로 조선 농민을 이주시켜 척식에 종사케 하려는 것이었다.[46]

로』, 일조각, 74~75쪽.

45 《매일신보》, 1914년 7월 18일, 1면, 사설 「만주 이주선인」

46 《매일신보》, 1915년 6월 9일, 2면, 「남만척식단기, 선인명사부호발기」; 1915년 6월 11일, 1면,

이에 상응하여 《매일신보》는 만주에 대해 '조선인의 활동할 목적지' 라거나 '조선인의 발전할 지점'으로 강조하였다.

> 신조약의 일본국 신민 중에는 우리 조선인도 포함함이 아닌가. 이미 일본국 신민이 된 이상에는 능히 신조약의 조문을 활용하여 자유로 활동함을 득할지니, 우리 조선인의 활동할 목적지는 만몽(滿蒙)을 버리고 다른 데 구할 바가 없다. 역사상 지리상의 관계로 말할지라도 우리 조선인이 만몽에서 거주 왕래함은 즉 고토를 회복한 감이 있을지니, 일본인의 이에 대함과는 결코 동일하게 말할 수 없을 것이다. …… 일지(日支) 신조약은 만몽 이주 조선인에게 일대 복음을 가져왔으니, 이미 다수한 이주민이 있는 이상에 막대한 편의를 부여하는 신조약이 성립됨은 만몽에서 활동하는 조선인을 위하여 경축할 만한 일이라 할 것이다. 우리 조선인의 발전할 지점은 만몽 이외에 그 이상 더 없다고 하노라.[47]

만주는 조선인이 활동할 목적지이며, 조선인이 만주로 이주하는 것을 '고토 회복'에 비유하면서, '일중 신조약' 즉 '남만동몽조약'이 조선인의 만주로의 발전을 기약하는 복음이라고 한 것이다. 1917년 만주시찰단을 보낼 때에도 《매일신보》는

> 만주는 우리 조선민족의 발원지라 하여도 과언이 아니오. 만주는 우리

「남만척식단」.

47 《매일신보》, 1915년 6월 17일, 1면, 사설 「만몽과 조선인」.

> 조선인 장래의 발전을 기하는 책원지라 하여도 안 될 것이 없다. 만주는 우리 조선의 문전옥답 혹은 하늘이 준 보장(寶藏)이라고 하여도 무방하고[48]

라고 하였다. 만주는 '조선의 발원지'라거나 '조선의 발전지'라고 하는 말은 이 시기《매일신보》가 만주와 조선인에 관해 표현할 때 사용하는 정형화한 언사가 되었다.

일부 조선인도 만주의 수전과 광산 개발을 위해 조선인이 만주로 이주할 것을 권유하였다.

> 요컨대 제국의 만몽에 대한 경영상 우리 조선인은 만몽개척에 대한 원대한 미래와 노동계급에 대한 유리한 지위에 있지 아니한가. 대륙정책이라 만몽경영이라 내지 동양발전이라, 근래 식자 간에 의론이 분분하는 요점은 노동계급을 이주케 함으로써, 식민정책을 세우는 데 있을 것이다. 그러나 저렴한 임금과 우월한 노동력을 가진 인사가 모인 만몽 지방에서 과연 여하할까. 조선인은 노동력, 임금에 대하여 십이분의 대항력을 가진 자라. 내가 노동본위의 이민정책상 조선인의 장래 지위를 논함이 실로 이에서 나온 것이다. 우리 조선인이 유리한 지위에 있음은 전술함과 같거니와, 삼천만여 석을 수확할 수전 개간이 유망한 이백 오륙십만 정보의 미개간을 가지고 지하에 얼마쯤 무한한 광물을 숨겨두었으니, 이와 같은 부원(富源)을 어찌 방기할 수 있겠는가. 자각(自覺)하여

48 《매일신보》, 1917년 4월 15일, 1면, 사설「송 만주시찰단」.

자발(自發)할 것이니, 전도가 요원하도다.[49]

일본의 '만몽경영'을 위한 노동력 공급원으로서 조선인의 만주 이주를 권장하고 있는 것이다.

당시 일본인 다케우치(竹內錄之助)가 경영한 한글잡지《반도시론(半島時論)》에서도 조선인 농업 노동자의 만주 이주를 적극 권장하고 있었다. "우리 조선인은 조상 이래로 농사로 태어났고 농사로 성장하고 농사에 죽었나니, 실로 농사는 우리의 정업(正業)이라. 장구한 세월 간에 탁마(琢磨)한 경험이며 연구는 농본국 국민으로서는 부끄러워할 만한 점이 결코 없도다. …… 우리의 농사상 사실적 능력은 동양 아니라 세계를 통하여 그 이상 더는 없을 것이다. 우리는 조상 이래로 이와 같은 숙련이 있는 자이니 어찌 농사의 성공쯤이야 근심할 것이겠는가. 하되, 기자가 이주를 권할 것은 조선 내지에서 토지며 또한 생활상 곤란이 있는 자는 만주로 건너갈 것을 권하는 바일 뿐이다. 곧 능의(能衣)하고 능식(能食)하는 대농보다 조반석죽(朝飯夕粥)의 소농을 권하는 바이라. 아! 우리는 대륙의 대농이 될지어다."[50]

1917년 3월《매일신보》는 조선에 있는 일본인과 조선인 진신(縉紳) 약 100명으로 만주시찰단을 조직하였다. 시찰 장소는 대련과 하얼빈을 중심으로 여순·장춘·안동현·봉천·무순·개원·철령·요양 등 요지였다. 시찰의 목적은 장차 남북만주에서 활동하려는 자를 위해 식산 무역, 문

49 《매일신보》, 1916년 12월 3일, 2면, 「만주농업과 선인 (3)」(재 봉천 김상엽)

50 음월생(吟月生), 1917년 7월, 「농업상으로 만주를 논ᄒᆞ고 동시에 조선 농민의 이주를 권ᄒᆞᆷ」, 《반도시론》 1권 4호, 29쪽.

물제도, 풍속인정 등을 미리 연구하려는 것이었다.[51]

만주시찰단을 환송하며 《매일신보》는 만주와 조선이 불가분리의 관계에 있다고 하였다.

> 참으로 만주로써 우리와 우리 자손의 영구 안식처를 삼고저 할진대, 우리 제국의 노력범위에 있는 금일에 당하여 굳고 단단하게 안전한 기초를 설정할 수밖에 없을지니, 이는 대개 만주와 조선의 경계가 상접하여 합칠 수는 있을지언정 도저히 분리하지는 못할 관계가 있는 까닭이다. 장래 대일본제국의 일부 영토로 간주할 수밖에 없는 관계가 있는 까닭이다. 장래 내지나 조선의 증가하는 인구는 이곳에 수용할 수밖에 없는 관계가 있는 까닭이다. 장래 내지나 조선의 생산력이 극도에 달하여 더할 나위가 없을 때에는 인구의 증식에 따라 생산력을 이곳에서 구할 수밖에 없는 관계가 있는 까닭이다. 그러므로 말하기를, 조선과 만주는 하나이자 둘이고 둘이자 하나인 것으로 도저히 분리할 수 없는 관계가 있다고 하는 것이다.[52]

'남만동몽조약'으로 만주가 일본의 세력범위에 들어왔다고 하면서, 이에 더 나아가 장차 만주를 일본의 영토로 삼으려는 속내를 드러내 보인 것이다. 《매일신보》가 만주와 조선은 하나라고 말한 것은 만주를 일본 영토로 삼으려는 대륙침략의 견지에서 나온 것이다.

---

51 《매일신보》, 1917년 3월 9일, 1면, 사설 「만주시찰단의 주지」.

52 《매일신보》, 1917년 4월 15일, 1면, 사설 「송 만주시찰단」.

이제 다른 언론 지면에서도 만주에 대한 표상은 '조선인의 낙토'로 바뀌었다. "만주라 하면 아득히 멀어 끝이 보이지 않는 평원, 유목의 야만족이 거주하는 지역인 줄 연상할 것이지만, 만주의 막막(漠漠)한 옥토(沃土)는 조선인의 이주를 기다려 개척될 것인 조선인의 낙토라 할 것이라"하고, "이때는 만주의 광업, 만주의 목축업, 만주의 농업, 만주의 상공업이 조선인의 손아귀 안에 돌아가지 않은 것이 없게 되고 말 것이다. 그러므로 만주는 조선인을 기다려 개척될 지역, 조선인의 낙토라 함이니 만주는 장래 조선인의 제2의 고향이라 해도 무방하다"면서, 조선인 자본가에게 만주사업의 투자를 적극 권장하였다.[53] "조선인의 치부(致富)할 목표는 현금 만주에 있으니"라면서, "이들 이원(利源)을 탐탁지 않게 여겨 버려둘 뿐 아니라 만주에 있는 동포를 구제하는 방도를 알지 못하고 있"는 것은 "국내 재산가의 실책이자 과실이라"고 질타하고 "조속히 자금을 만주 지상에 펼치라"고 자본 투자를 촉구하였다.[54]

이렇듯 1910년대 초기 조선총독부 기관지 《매일신보》는 만주로 이주하는 조선인을 '생존경쟁 패배자'로 간주하였고, 간도에 대해서도 '생지옥'으로 표현하는 등 이주를 적극 반대하며 만주에 있는 조선인의 귀환을 종용하였다. 그렇지만 《매일신보》는 1914년 7월 제1차 세계대전의 발발에 즈음하여 조선인의 만주 이주를 '일본 대륙 경영의 밑바탕'로 간주하기 시작하였다. 특히 이듬해 5월 25일 중국과 일본이 '남만동몽조약'

53 북유생(北遊生), 1918년 11월, 「만주와 이주훈 조선인」, 《반도시론》 2권 11호, 53~54쪽.

54 일기자, 1919년 2월, 「만주에 출가(出嫁)ᄒᆞᆫ 조선인의 상태」, 《반도시론》 3권 2호, 59쪽.

을 체결한 후부터는 만주를 '낙토'라고 선전하였다. 이후《매일신보》는 조신인이 만주로 이주하는 것을 '고토 회복'에 비유하고, 만주가 '조선 민족의 발원지'이자 '조선인 장래의 발전을 기하는 책원지'라고 하면서, 조선인의 만주 이주를 장려하고 실업가에게는 자본 투자를 권유하기 시작하였다.

4. 장지연 등의 만주식민지론

1910년대 중반 이후 국내에서《매일신보》지면을 통해 조선인의 만주 이주를 권장한 조선인 지식인은 장지연이었다. 그는 1903년 만주 일대를 아래와 같이 '기자와 고구려의 옛 영토' 또는 '부여와 고구려의 옛 영토'로 표현하였다.

> 생각건대 서북 양계는 유연호갈(幽燕胡羯)과 연접한 대륙이어서 예로부터 득실이 일정하지 않으니 근본을 논구하자면 서쪽으로 요서의 영평(永平)[옛 우북평(右北平), 당서에 평주(平州)라고 함-원주], 광녕(廣寧)[옛 유주(幽州), 의무려산(醫無閭山)이 있음-원주]에서부터 요동(遼東)의 해성(海城), 개평(蓋平). 금주(金州)[지금 여순구-원주], 봉황(鳳凰) 등의 성(城)과 봉천(奉天)의 요양(遼陽), 개원(開原) 등의 현(縣)으로 지금 성경(盛京)과 흥경(興京)의 동남쪽의 지역과, 서북쪽으로 길림(吉林)에서부터 오라(烏喇)이남으로 동북쪽으로 해란(海蘭)과 훈춘(渾春) 지역과 선춘(先春)[경원에서 동북 700리 거리-원주]의 공험(公嶮)성이

모두 본래 기자와 고구려[箕高]의 옛 강토라 …… 지금 성경과 길림 두 성(省)의 지역은 본래 모두 부여와 고구려의 옛 강토이다.[55]

만주가 기자조선과 부여, 고구려의 강역이었다는 것이다. 여기에서 장지연은 만주를 단군강역으로 언급하지 않았다. 그러나 1916년에는 그도 만주를 단군강역으로 언급하였다.

실로 역사를 살펴보건대 우리 조선의 개국 원조인 단군이 처음 서북에서 일어나서 교화를 펼치시니 때는 당요(唐堯)가 처음 서고 중화문명이 열릴 적이다. 그 후 천여 년이 지나고 중국의 하상(夏商)이 번갈아 일어났으되 단군[檀氏]의 시대는 역사가 민몰(泯沒)하여 기송(杞宋)의 예처럼 고증할 길이 없다. …… 희주(姬周)에 이르러 은나라를 계승할 때에 기자(箕子)가 동래하여 8조의 가르침으로 문화를 널리 펴서 우리 동방 문명의 운명을 크게 열었으니 기자가 주나라 무왕에 대한 관계가 단군이 당요(唐堯)에 대한 관계와 같아 그 문화의 천명(闡明)이 실로 모든 세상에 들어맞는다. 동시에 단군의 뒤는 부여가 나라를 세워 대요(大遼)의 평원에 왕업을 이룩하니 지금의 만주 일대가 바로 그 봉역(封域)의 안이다.[56]

조선의 시조 단군이 요나라 초기와 같은 시기에 '서북'에서 일어나서 은

55 《황성신문》, 1903년 5월 6일·8일, 2면, 논설 「서아한강역고후설(敍我韓疆域攷後說) (속)」.

56 《매일신보》, 1916년 9월 9일, 1면, 「만록 - 지리 관계 (1)」(숭양산인).

나라 시대까지 이어졌고, 주나라 때에 기자가 동래하고 단군의 후손이 부여를 세워 만주를 강역으로 삼았다는 것이다.

또한 만주에 대해서도 '단군·기자의 옛 영토'라거나 '단군·기자·부여·발해의 소유'였다고 말하였다.

> 고구려가 처음 일어난 곳은 역시 만주 땅이다. 문계왕(文啓王) 3년에 부여 왕이 나라를 구려(句麗)에 항복하니 이로부터 부여의 땅이 구려에 들어가고 구려가 흥성하자 영토를 크게 확장하여 마침내 단군·기자의 옛 강토를 모두 회복하였다.[57]

고구려가 단군과 기자의 강역을 회복했다고 하면서 만주를 '단군·기자의 옛 강토'로 표현한 것이다. 이어서

> 만주의 강토는 실로 단군·기자·부여·발해의 소유이지 중국과는 관계가 없는 것이다. 예로부터 나라가 망할 때에 그 유족 중 영웅호걸은 반드시 서북쪽의 넓디넓은 벌판에 착수하여 독립하여 자주를 이루었으므로 단군의 말년에 부여가 일어나고 고구려가 망하자 발해가 일어나서 모두 3~4백 년을 거쳐 중국에 대항하니[58]

라고 하였다. 만주 일대는 단군·기자·부여·고구려·발해의 소유였으므

---

57 《매일신보》, 1916년 9월 13일, 1면, 「만록 - 지리 관계 (3)」(숭양산인).

58 《매일신보》, 1916년 9월 15일, 1면, 「만록 - 지리 관계 (4)」(숭양산인).

로 중국과 관계가 깊은 지역이 아니라는 것이다.

장지연도 금이나 후금, 청을 발해의 '유종(遺種)'으로 보았다. "요(遼)가 금(金)에게 망하고 금이 다시 몽고에게 망하고 몽고 이후에 또다시 후금(後金)이 일어났으니 후금이란 본래 발해의 유종이고 바로 청(淸)의 전조인 것이다"라고 한 것이다.[59] 그렇지만 장지연은 만주에 대해 동족 관념보다 영토 관념을 더 강하게 가졌다.

> 만주는 원래 조선의 강역이라. …… 고려 이후는 다시 다스리지 못하여 마침내 영토를 잃게 되었다. 민족에 있어서는 예로부터 조선, 숙신, 중국, 선비(지금 시베리아는 옛 선비족의 땅) 등 제족이 잡거하여 혼연 동화되어 조선민족이라고 치우쳐 칭할 수는 없으되 그 토지 구역은 원래 조선·고구려의 소속인 것이 확실하다. 그래서 소란을 당할 때에는 발해의 유민과 여진의 종족과 중국 연(燕)·제(齊)·한(韓) 등 여러 나라의 사람이 난을 피해 이주하는 자가 끊이지 않고 이어져서 역사에 다 기록할 수 없을 정도이다. 조선민족이 왕래하며 교통한 것이 이와 같은 것은 대개 지리 관계가 그렇게 시킨 것이다.[60]

숙신이나 선비 등 만주의 종족들을 조선민족이라고 칭하는 것은 편벽하여 불가하다고 본 반면에, 만주가 고조선과 고구려의 소속이었음은 확실하다고 말한 것이다. 신채호나 박은식의 만주 인식과 비교하면, 장지연은

59 위와 같음.

60 《매일신보》, 1918년 4월 2일, 1면, 「조선의 식민지(殖民地)」(숭양산인).

만주족에 대한 동족의식보다 만주에 대한 고토의식을 더 중시했다고 평가할 수 있다.

장지연의 만주 고토의식에서 만주는 조선인의 '이식(移植)'할 땅으로서 의미를 갖고 있었다. 우선 그는 만주 이주에 대해 조심스럽게 주의를 환기시켰다. 토지가 비옥하다는 소문을 듣고 수년 안에 큰 이익을 획득하기 위해 전 가족을 데리고 만주로 이주했지만, 십중팔구는 재산을 탕진하고 부녀자까지 빼앗겨 진퇴유곡의 곤궁한 지경에 빠졌다며, 만주 이주에 주의할 것을 당부한 것이다.[61] 그렇지만 이어서 만주가 고조선과 고구려의 '고지(故地)'이므로 '이식(移植)'으로 주의를 삼으면 장차 조선인의 이주는 해롭지 않을 것이라며, 토지가 비옥하고 농산이 풍부한 만주는 실로 '조선인의 목숨을 구해주는 기름진 땅[鮮人救活之息壤]'이고 '생활의 복지[生活之福地]'라고 하였다.[62]

더 나아가 그는 '합병' 이후의 만주를 '조선인의 식민지(殖民地)'로 보았다.

> 지금 금법(禁法)이 해제되고 교통이 편리하여 만주로 이주하는 조선인이 날이 가고 달이 갈수록 점점 불어나 자유롭게 생업을 꾀하고 있다.

---

61 《매일신보》, 1915년 1월 12일, 1면, 「고재만필」(숭양산인). "오호라 世之人이 聞浮浪者誑誘之說ᄒᆞ고 □家庄挈妻子ᄒᆞ고 遠赴滿洲西間嶋等地者ㅣ 往往蕩敗資金ᄒᆞ며 被奪婦女ᄒᆞ고 進退維谷으로 窮乞而瀕于溝壑者ㅣ 十之八九오 或如黃生之財產少婦而亡身도 亦許多云ᄒᆞ니 可不戒哉아 此ᄂᆞᆫ 爲外徙者ᄒᆞ야 作小心警戒觀也라 ᄒᆞ노라"

62 《매일신보》, 1915년 1월 13일, 1면, 「고재만필」(숭양산인). "盖滿洲ᄂᆞᆫ 古朝鮮高句麗之故地라 민족이 상동ᄒᆞ고 풍속이 亦 相似ᄒᆞ니 현시대 以移植으로 爲主義則吾鮮人之移住가 固無妨於將來어던 況滿洲ᄂᆞᆫ 其地味肥沃ᄒᆞ야 農產이 甚豊富과" "滿洲一區ᄂᆞᆫ 卽 鮮人救活之息壤也라 雖未可謂之樂土이나 亦足以□絲身穀腹之計矣오" "滿洲一局은 實爲 生活之福地也일가 ᄒᆞ노니"

> 일찍이 소문에 의하니 10년 전에 해삼위(海蔘威) 이북, 오소리강(烏蘇里江) 이동, 흑룡강(黑龍江) · 연해주(沿海州) 이북 각 지방으로 이주한 조선인이 80만을 헤아린다고 한다. 이는 노국(露國)인의 통계여서 자세한 것은 미심쩍지만, 대개 지금까지 전에 비하면 몇 배 더 불어난 것은 헤아릴 수 있다. 서간도와 북간도, 봉천과 길림 그리고 시베리아와 연해주, 러시아 평원 중앙에 이르는 지방까지 통산하면 수백만에 모자라지 않을 것이다. 그런즉 서북 만주와 시베리아 지역은 자연적으로 '조선인의 식민지(殖民地)'라고 해야 할 것이다.[63]

라고 하였다. 장지연의 만주 인식의 실천적 지향은 만주를 조선인의 식민지로 만드는 데 있었음을 알 수 있는 대목이다. 이는 만주를 단군의 고토로 보는 동시에 독립운동의 근거지로 삼으려는 신채호나 박은식 등의 인식과는 차이가 있는 것이다.

장지연이 '조선인의 식민지'로서 바라본 만주란 수전(水田) 개척지를 뜻하였다. 만주로 이주한 조선인 대부분 "요양(遼陽), 봉천(奉天)의 평원과 광야에서 개간과 경작에 노동하는 자는 수전(水田)의 이익 즉 논농사를 개척하여 엄연히 하나의 농업국을 이룩해 놓았다"고 하면서, "만주인 지주도 그 이로움을 깨닫고 조선인을 이용하여 자본을 투자하여 수전 개척에 종사하는 자가 파다한즉, 현금 일본과 조선의 자본가로 농업에 뜻을 가진 자는 이 기회를 잃지 말아야 한다"고 하였다. 조선 농민의 만주 이주를 격려하고 자본가들에게 만주 수전 개척에 투자할 것을 종용한 것이

63 《매일신보》, 1918년 4월 2일, 1면, 「조선의 식민지(殖民地)」(숭양산인).

다. 또한 이어서 현재의 "동삼성 4~5천 리 지역은 하루아침에 유럽과 아시아에 문호를 개방하여, 철도, 광산, 삼림, 바다와 육지, 전답 등 무궁한 천부(天富)를 착착 개발할 시기가 도래하였으니, 아! 조선인도 이로부터 백성을 위해 일전(一廛)을 받으려고 하는 데에 게을리 하지 말고 옛 시대에 번식했던 복을 잊지 말아야 한다"고 하였다.[64] '옛 시대에 번식했던 복'을 염두하며 만주 수전을 개발하는 데 참여할 것을 장려하고 있다. 이는 만주를 조선인의 식민지로 보는 장지연의 인식은 만주에 대한 조선인의 수전 개척을 지향하고 있음을 잘 보여준다.

1910년대 장지연은 기자동래설과 기자조선을 인정하였고, 기자조선의 강역을 만주 일대로 보았다. "주나라가 은나라를 이어 나갈 때 기자가 동래(東來)하여 8조(八條)의 가르침으로 문화를 널리 펴서 우리 동방 문명의 운수(運數)를 크게 여니"라고 하며,[65] "그러므로 요동의 전체와 요서 및 우북평(右北平)에 이르는 지역이 모두 옛 기자조선의 강토이다"라고 하였다.[66]

그는 기자조선의 강역이 단군 후손인 부여의 강역과 구분된다고 보았다. 기자에 관한 중국 사서들을 인용한 뒤에, "이로 생각하건대 기자의 봉토(封土)가 멀리 요서의 영평(永平)과 광녕(廣寧) 지역에 접하였음을 알 수 있다"고 하고, 박지원이 봉천과 요동을 평양으로 보았던 점을 소개하면서 "아마 지금 만주의 개원(開原)과 철령(鐵嶺)은 단군의 후손 부여가 도읍한 곳이고 봉천(奉天)에서부터 요양(遼陽) 이남은 본래 기자의 봉토

64 《매일신보》, 1918년 5월 12일, 1면, 「만주수전관 (속)」.

65 《매일신보》, 1916년 9월 9일, 1면, 「만록 - 지리 관계 (1)」(숭양산인).

66 《매일신보》, 1916년 9월 13일, 1면, 「만록 - 지리 관계 (3)」(숭양산인).

이다"라고 하였다.[67] 그는 요양이 평양이었고, 여기가 기자가 도읍한 곳이라고 하였다.

장지연이 만주를 기자조선의 고토로 보는 경우, 조선인은 만주의 '개척자'로 자리매김되었다. 그는 이렇게 말한다.

> 기자의 봉토는 바로 조선의 고지(故地)이고, 지금 만주 지연 안에 조선의 고적(古跡)이 많다. 또한 하물며 고구려가 처음 일어난 곳은 지금 압록강 서쪽의 성경(盛京) 동남이고 요하(遼河) 동쪽이 모두 그 군현(郡縣)에 속했다. 그런데 당(唐)에 이르러 당의 소유였다가 곧 다시 발해 대씨(大氏)의 강토가 되어 200여 년을 보냈다. 오계(五季)[68]의 무렵에는 요(遼)가 취하였고, 이후부터 금(金)·원(元)·명(明)·청(淸)에 이르기까지 드디어 중국의 강토가 되었다. 그러나 만주의 개척자는 부여씨(扶餘氏), 기씨(箕氏), 고씨(高氏), 대씨(大氏) 등 우리나라 4대(代)의 족(族)이 실로 주인인 것이다. 그러므로 중국 역사를 보건대 지지(地志)의 연혁에는 4대(代)의 발자취와 민족의 상혼(相混)이 많았음을 알 수 있다.[69]

---

67 《매일신보》, 1918년 6월 18일, 1면, 「기자봉강고 (상)」(숭양산인).

68 다섯 왕조가 자주 갈린 계세(季世)라는 뜻인데, 중국의 후오대(後五代)를 이르는 말이니, 곧 당말(唐末)의 후량(後梁)·후당(後唐)·후진(後晉)·후한(後漢)·후주(後周)의 문란한 시대를 이름. 전(轉)하여, 말세(末世)를 일컫는 말로도 사용됨.

69 《매일신보》, 1918년 6월 19일자 1면, 「기자봉강고 (하)」(숭양산인). "盖 箕子封疆이 卽朝鮮故地而今滿洲境內에 多朝鮮古跡하고, 又况高句麗之始起는 在今鴨江以西盛京東南而遼河以東이 悉屬其郡縣이러니, 至唐而爲唐所有다가 旋又爲渤海大氏之疆土하여 歷二百餘年이더니, 五季之際에 爲遼所取하고 自後는 曁金元明淸而遂爲支那之疆土나, 然而滿洲之開拓者ᄂᆞᆫ 扶餘氏, 箕氏, 高氏, 大氏ㅣ 吾東四代之族이 實爲之主人焉故로, 觀夫支那歷代之史컨대 地志沿革에 多四代之跡而民族之相混을 可知矣로다."

만주가 중국의 강토로 되기 이전에 만주를 개척한 자는 부여·기자·고구려·발해였다는 것이다. 조선이 만주의 개척자라는 관점에서 만주를 보고 있는 것이다.

한편 조선 농민의 만주 이주가 증가함에 따라서 만주를 조선인의 식민지로 보는 인식은 다른 언론 지면에서도 나타났다. 당시 일본인이 경영한 한글잡지 《반도시론》에서도 만주를 '조선인의 식민지'로 보았다. "근 백만 명이 되는 다수의 조선인이 각지에 산포하여 혹은 황지를 개간하며 혹은 수전을 잘 인도하면 내지에 고려촌이 있는 것과 같이 간도·봉천·남만 각지는 이미 우리 조선인의 식민지(殖民地) 되는 모양이 없지 않다"고 하였다.[70] 이뿐만 아니라 이 글의 필자는 만주 이주를 '북진'으로까지 표현하였다. 조선인의 만주 이주가 "10년 20년을 지나게 되면 동삼성 각지에는 조선인의 촌락이 곳곳에 개척되어, 거의 국가와 북진주의가 암합할 것 같으니, 나의 북진 주장이 어찌 헛됨에서 나왔겠는가"라고 하였다. 그에게 만주 이주는 만주를 조선인의 식민지로 만드는 북진이었던 것이다.

이상 살펴보았듯이 1915년 이후 《매일신보》의 장지연, 《반도시론》 등은 만주를 조선인의 이주식민지로 만들자는 '만주식민지'론을 펼쳤다. 이들은 만주에 대해 고토 관념을 강하게 표출하였다. 장지연은 만주가 고조선과 고구려, 발해의 '고지(故地)'이므로 조선인이 '이식(移植)'하는 것은 해롭지 않다고 하였다. 그는 '합병' 이후 만주가 자연스럽게 '조선

---

70 김형복(金亨復), 1917, 「나[余]의 북진론」, 《반도시론》 1권 5호, 49쪽.

인의 식민지'가 되었다고 하면서, 조선인으로 하여금 만주 수전 개척에 참여할 것을 장려하였다. 《반도시론》에서는 조선인의 만주 이주를 만주를 조선인 식민지로 만들기 위한 '북진'으로도 표현하였다. 이들의 견해는 만주를 민족의 고토로 보면서 독립운동 근거지로 삼으려 했던 독립운동가들의 인식과는 차이가 있었다. 이는 1915년 일본이 만몽 지역의 '특수 권익'을 획득하기 위해 중국과 체결한 '남만동몽조약'의 영향을 받아 펼쳐진 것으로서 조선인을 대륙 침략에 이용하려는 일본의 정책에 협력하는 것이었다.

제4장

1910~1920년대 '만주=단군강역' 담론

한말 이후 1910~1920년대를 거치면서 조선 지식인들은 만주를 단군의 발상지이자 단군조선의 도읍지와 강역으로 보는 동시에 만주족을 단군의 후예로 보는 견해를 적극적으로 표명하기 시작하였다. 마침내 1930~1940년대에 이르러서는 만주가 조선 역사의 발상지이고 요람이었다는 주장은 매우 당연한 사실로 받아들여지게 되었다. 조선 후기까지 단군의 발상지, 도읍지, 강역 등을 모두 한반도에 비정하는 것이 일반적이었던 점과 비교해 본다면 이는 매우 새로운 시대적 현상이라고 할 수 있다.

만주에 대한 이와 같은 담론을 선도한 사람은 신채호였다. '백두산=단군발상지'론은 일제강점기를 거치면서 조선민족의 역사와 문명의 기원을 입증하는 하나의 담론으로 확립되었다. '평양(단군 도읍지)=만주'론도 일간신문의 지면을 통해서 확산되었고, 1930년대 이후에는 통사적 저서들 속에서 일반적 사실로서 수용되기에 이르렀다. 단군의 도읍지로서 평양이 만주에 있었다는 인식은 한말 이후 일제강점기의 독특한 역사

인식이었다. '만주=단군강역'론은 조선 후기에 비해 한층 더 분명하고 구체적이며 확대된 지리적 경계를 갖고 전개되었다. 1920년대를 거치면서 만주에서의 단군강역의 범위는 동몽고, 북경 부근, 산서성에까지 확대되었다. 더욱이 '기자조선'설도 철저히 부정됨으로써 만주는 오로지 단군강역으로만 인정되었고, 한반도과 만주는 언어나 문화적으로 통일된 단군조선의 세계로 간주되었다.

1910~1920년대 일련의 '만주=단군강역' 담론은 단군의 실재를 의심하거나 부인하는 견해를 비판하면서 전개되었다. 여기서 만주는 조선의 역사와 문명의 발상지이자 조선민족의 영원한 생존과 독립을 약속해주는 공간으로 표상되었다. 강역의 크기는 만주를 향한 영토적 욕망을 나타낸 것이라기보다는 조선민족이 유사 이래로 독립적인 영토 국가를 영위하며 존재했다는 점을 증빙하는 객관성을 담보하기 위한 것이었다. 즉 만주에서의 단군강역은 조선의 독립과 자유의 역사를 입증하는 실체로 표상되었다. 조선 전역이 일제의 수중에 들어간 현실 속에서 조선 지식인들은 조선이 아닌 만주를 민족의 생존과 독립을 실증하는 역사적 공간으로 생각한 것이다. 이런 점에서 '만주=단군강역' 담론에는 조선 지식인들의 나라를 잃은 현실과 민족 독립을 향한 그들의 자의식이 그대로 반영되어 있었다. 이 장에서는 일련의 '만주=강역' 담론을 통해 이런 점들을 자세히 살펴 보고자 한다.

1. '백두산=단군발상지'론

신채호의 『독사신론』은 1908년《대한매일신보》에 발표되었던 것이지만, 1910년 이후에도 수차례 다른 매체의 지면에 전재되어 영향력을 행사하였다. 1910년 8월 최남선이 잡지《소년》에서 이를 『국사사론(國史私論)』이란 제목으로 첨삭한 후 전재하였고, 1910년 9월 6일부터 이듬해 1월 3일까지 『신한국보』도 『독사신론』으로 연재하였으며, 1911년 6월 하와이 재미한인소년서회에서도 순국문으로 『독사신론』을 간행하였다.

『독사신론』 이후 국내외에서 만주를 단군의 발상지와 강역 등으로 보는 일련의 인식들이 확산되기 시작하였다. 1909년 음력 정월 보름, 나철은 오기호 등과 함께 「단군교포명서」를 발표하면서 단군이 강림한 곳을 "백두산 단목(檀木) 영궁(靈宮)"이라고 하였다. 1911년경부터 대종교 신자가 된 박은식도 그 즈음 『대동고대사론』을 지었는데, 여기서 "단군은 백두산에서 내려와 동방민족의 시조가 되고, 황제는 곤륜산에서 내려와 중원민족의 시조가 되었다"고 하였다.[1] 이 글은 대종교 3세교주인 윤세복이 교열을 보았다.

1914년 대종교의 중심 간부로 활동하던 김교헌은 대종교들에게 경전처럼 읽혔던 『신단실기』를 저술하였는데, 여기에서도 단군의 탄강지가 백두산이라는 기록이 있는 옛 문헌들의 내용을 소개하였다. 「태백산변」에서는 『동사강목』을 인용하여 단군이 내려온 태백산은 백두산을 가리킨다고 하였고, 「백두산고」에서는 『와유록(臥遊錄)』을 인용하며 백두산

1 박은식, 1911, 「대동(만한능칭)고대사론[大東(滿韓能稱)古代史論]」, 백암박은식선생전집편찬위원회 편, 2002, 『백암박은식전집』 제4권, 동방미디어, 385쪽.

은 단군이 하강한 곳이라고 한 것이다. 『와유록』은 필자가 밝혀지지 않았으나 17세기 후반 이후에 간행된 것으로 알려져 있다.

국내에서 '백두산=단군발상지'론을 적극적으로 주장한 인물은 최남선이었다. 그는 1918년 「계고차존(稽古箚存)」에서 "단군이 처음 내려오신 태백산이 불함산 곧 지금의 백두산(또한 장백산)임은 자명한 이치라고 할 것이다"라고 하였다.[2] 또한 만주 일대의 고조선을 세계 5대 문명 발상지와 대등하게 평가하였다. 세계 5대 문명의 발상을 전후하여 "특별히 묘광(妙光)이 있어 백산(白山)과 흑수(黑水) 사이에서 발(發)하니, 이는 곧 대동(大東) 문명의 백화두(百花頭)를 작(作)한 송화강반(松花江畔)의 고조선인이러라"고[3] 하였다. 최남선은 단군의 발상지를 백두산의 송화강 상류로 보고 이를 '대동 문명'의 발상지라 명명하며 세계 5대 문명과 대등하다고 평가한 것이다. 그는 바로 이어서 "당시 조선인이 거주하던 경역은 자못 광대하니, 송화강을 중심으로 하여 북으로 흑룡강·흥안령을 지나고, 남으로 황하 근방, 반도 일국(一局)을 포함한 동서남북 수십만 리 땅에, 혹 장산(長山)을 의지하여 살고 혹 대수(大水)를 끼고 사는 집단부락[團部]이 무수하니, 고전(古傳)에는 삼천으로써 그 수의 많음을 형용함이라"라고 말하였다.[4] 이렇듯 '백두산=단군발상지'론에는 고대 조선의 문명의 유구함과 강역의 광대함이 함께 강조되었다.

한편 앞에서 살펴보았듯이 신채호는 『독사신론』에서 단군조선의

2 육당전집편찬위원회 편, 1973, 『육당최남선전집 2 - 한국사 Ⅱ - 단군·고조선 기타』, 현암사, 17쪽.

3 위의 책, 14쪽.

4 위와 같음.

발상지를 백두산 아래의 압록강 유역으로 보았다. 그런데 1915년의 「동방고대각인종」[5]에서는 부여족의 발상지를 북만주 쪽으로 옮겨서 흑룡강 북으로 비정하였다. 이 글의 말미에서 "우리 부여족은 흑룡강북에서 일어나서 각 족속의 요충지를 물리치고 달리듯이 빠르게 남하한 자니라"라고 하면서, "우리의 시조 단군이 분기하여, 여하히 정신을 쏟으며 여하히 피를 흘리며 우리 부여 일족을 지켜서 나라를 세운 것을 가히 서로 볼 수 있을진저"라고 하여,[6] 부여족이 흑룡강북에서 발상하여 만주 일대의 여러 다른 종족으로부터 고난과 위기를 물리쳐서 건국하였다고 강조하였다.

1920년대에 이르면 '백두산=단군발상지'론은 《동아일보》와 《조선일보》, 《매일신보》 등의 지면을 통해서 확산되었다. 1920년 5월 《조선일보》는 역사 기고란에서 단군이 백두산에서 태어나서 만주 성경성(盛京省)에 도읍하였다고 하였다.

> 동방에 처음에는 군장이 없더니 신인(神人)이 태백산(太白山) 단목(檀木) 아래에서 태어나거늘 국인(國人)이 군(君)으로 삼아 세우니 이가 바로 단군(檀君)이다. …… 요(堯)나라와 병립(并立)했다. …… 태백산(太白山) 아래에 도읍하였다. 내가 살펴본 산보(山譜)에서 말하기를, 태백산의 일명(一名)은 백두산(白頭山)이오 또는 말하기를 태백은 묘향산(妙香山)의 일명이라 하니, 세상이 옛 도읍에 대해 다 자세히 알지 못하나 단

5 이 글들은 '무애산고(無涯散稿)'라는 제하의 필사본에 수록되어 있는데, 표지에 '신채호 저'라고 표기한 다음에 '무애산고'라는 제목, 그리고 '단기 4,248년 을묘(1915년) 6월'이라는 연월을 밝히고 있어서, 신채호의 저술로 판정하고 있다. 김상웅, 2008, 「해제」, 『단재신채호전집 제6권 논설·사론』, 2쪽.

6 단재신채호전집편찬위원회, 2008, 『단재신채호전집』 제6권, 한국독립운동사연구소, 561쪽.

> 군강역지(檀君疆域志)에 의거하면 동쪽으로 바다에 달하고 북쪽의 한계는 흑룡강(黑龍江)과 흥안령(興安嶺)이고, 서쪽으로는 영평(永平)과 도당(陶唐)의 연주(兗州)와 청주(青州) 2주(州)에 이르고, 남쪽으로 한수(漢水)에 이른다고 한다. 이로써 생각하건대 태백산은 바로 관북(關北)의 백두산이고 단군의 옛 도읍이 백두의 □(白頭之□)에 있었음은 정녕 의심할 것이 없으니 지금의 성경성(盛京省)이 바로 이곳이다.[7](□는 판독 불능, 이하 동일 - 인용자)

단군의 강역이 동서남북으로 동해-영평부-한강-흑룡강을 경계로 하였다고 하고, 더욱이 이를 근거로 하여 단군이 태어났다는 태백산은 백두산이 분명하다고 말한 것이다. '백두산=단군발상지'론이 단군조선 강역의 광대함이라는 관념과 결부되어 있음을 잘 보여주는 대목이다. 위에서 '영평'은 중국 하북성의 난하(灤河) 하류에 위치했으며 『대명일통지』에는 "기자가 정착했다는 조선성이 있다"고 기록되어 있는 곳이다. 또 연주와 청주는 요나라 시대에 산동성에 있었던 행정구역을 일컫는다.

1920년 7월 25일자《동아일보》에서도 권덕규가「조선민족과 문화상으로 본 백구백인(百區百人)」이라는 글에서 "백두산은 옛날에는 불함산, 개마산, 태백산, 도태산, 혹은 백악이라 하였고, …… 두만, 압록, 송화의 3강의 근원이 이에서 발하며 조선의 개국시조시오, 수출성인(首出聖人)이신 단군께서 이에 강(降)하시다"라고 했고, 1921년 8월 6일자에서는 백두산 탐험대를 소개하는 기사「아민족의 발상지! 신화전설의 백두산에」

---

7 《조선일보》, 1920년 5월 12일, 1면,「동사평림(東史評林) - 단군조선」.

그림 4-1 1910~1920년대 '만주=단군강역'론에 나오는 지명 약도

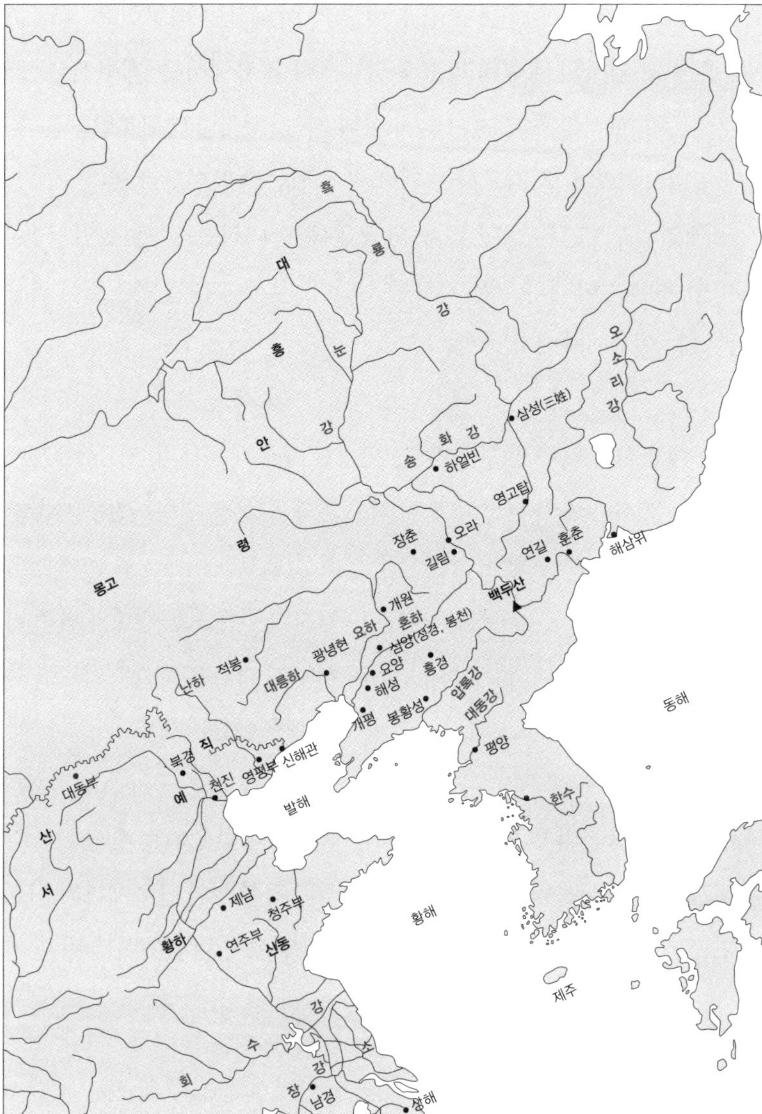

에서 "조선민족의 시조 단군이 탄강하고 조선 안에서는 제일 높은 산으로 산머리에는 사시(四時)를 두고 눈이 녹지 아니하는 백두산은 실로 조선민족의 옛 역사의 발원지"라고 하였다.[8] 이 기사에서는 '백두산=단군 발상지'론이 '사시를 두고 눈이 녹지 아니 하는' 것처럼 영원불멸하는 '조선민족 역사의 발원'을 강조하는 맥락 속에 있음을 보여주고 있다.

《매일신보》도 1920년 초에 단군론에 반대하는 글을 실었지만,[9] 1921년 1월에는 아래와 같은 기사를 실었다. 1920년 12월부터 조선 역사를 논하는 연재기사에서

> 우리 조선이 원주 민족시대에는 일정한 칭호가 없더니, 거금 4,370여 년 전에 신인(神人) 단군(檀君)이 백두산 단목하(檀木下)[?-원주][10]에 강(降)하사 도(都)를 평양[지금 만주 봉황성(鳳凰城) 부근-원주]에 정하시고 국호를 조선이라 칭하시며 …… 당시 조선은 요동 일대와 만주 이남을 품고 동은 대해(大海)에 미치며 서(西)는 난하(灤河)에 이르고 북은 지나 흑룡강성을 포함하니 그 폭원이 매우 넓은지라.[11]

라고 하였다. 단군의 발상지와 도읍지를 백두산과 만주의 봉황성으로 각각 비정하고, 단군강역은 만주에서부터 중국 하북성의 난하에까지 이르렀다고 본 것이다. 난하의 하류는 영평인데, 앞에서 말했듯이 영평은 기

8 박찬승, 2013, 「백두산의 '민족 영산'으로의 표상화」, 『동아시아문화연구』 55, 24쪽.

9 《매일신보》, 1920년 3월 7일, 10일, 1면, 「단군전설에 대ᄒᆞ야(다카하시 도루[高橋 亨])」1, 4.

10 물음표 '?'은 원문에 있는 그대로 옮긴 것이다.

11 《매일신보》, 1921년 1월 16일, 1면, 「근지(槿誌), 일명 조선지, 백면생(白錦生)」 23.

자가 정착했다는 조선성이 있는 곳이었다. 이 글에서도 역시 단군이 백두산에서 탄강했다고 주장하면서 이와 함께 조선 문명이 시작하고 강역이 광대했다는 점을 역설하고 있다.

《매일신보》는 조선총독부의 선전 기관임을 자임한 언론이다. 조선총독부의 기관지에서도 만주를 단군의 발상지, 도읍지, 강역으로 보는 기사를 실었다는 것은 단군강역으로서의 만주라는 관념이 당시 조선 지식인들 사이에는 부정할 수 없는 사실로 받아들여지고 있었다는 점을 보여주는 것이라고 생각된다.

1920년대 중후반부터 '백두산=단군발상지'론에서 백두산의 의미는 더욱더 커다란 비중을 차지하였다. 최남선은 1926년 9월 8일자《동아일보》「백두산 근참 34, 조선국의 태생지」라는 글에서 "오랜 전승을 거하건대 조선 인문의 창건자는 실로 이 백두산으로서, 그 최초의 무대를 삼아서 이른바 '홍익인간'의 연극[戲幕]을 개시하고, 그 극장을 이름하되 '신시(神市)'라 하였다 한다. 이것이 단군의 탄강지(誕降地)요, 조선국의 출발점이라 한다"라고 하였다.[12] 같은 기사에서 '신시'는 백두산 아래에 있는 '천평(天坪)'이라고 하였다. 백두산이 '단군의 탄강지'일 뿐 아니라 '조선 인문의 창건자'로 또 '조선국의 출발점'으로 강조한 것이다.

1930년 1~4월 안재홍은《조선일보》에「조선상고사 관견」이라는 글을 연재했는데, 여기서 백두산 '천평(天坪)'을 아사달이라고 주장하였다. 안재홍은『위서(魏書)』에서 단군왕검이 조선을 개국한 곳이라고 말한 아사달이란 "가장 근거지 중의 근거이고 원생지(原生地)에 대한 원생지로

12 박찬승, 앞의 논문, 27쪽.

백두산 아래의 천리천평(千里天坪)이란 곳"을 의미한다고 하면서, "'입도 아사달(立都阿斯達)'에서의 아사달은 당연 구월산의 아사달이 아니고 이제는 그 흔적조차 남기지 아니한 백두산 아래의 천평(天平)이 의역(意譯)된 또 전화(轉化)된 어의(語意)로 아사달"이라고 하였다.[13] 단군이 조선을 건국했다는 아사달이 백두산임을 언어학적으로 논증한 것이다.

최남선이나 안재홍은 백두산을 단군의 탄강지로서뿐만 아니라 단군의 첫 도읍지로도 보고 있는 것이다. 이는 지금까지 단군 탄강지와 단군 도읍지를 다른 곳으로 인식하던 패턴과는 다른 양상이다. 생각건대 '백두산=단군발상지'론이 크게 확산됨에 따라 이제까지 다른 곳으로 인식되었던 단군 탄강지와 단군 도읍지가 백두산으로 일원화됨으로써 나타난 현상으로 보인다. 이리하여 1930년대 말에 이르면, "단군조선의 건국신화가 이야기해주는 태백산이 부세(浮世)의 정신 빠진 학자가 일컫는 묘향이 아니요, 기실 장백산 동북록 송화강 상류라는 것도 오늘 와서는 누구나 부인치 못하는 사실이다"라고 말할 정도로 '백두산=단군발상지'론은 일반화되었다.[14]

이상 살펴본 것처럼 1908년 이후 신채호에 의해 다시 새롭게 제창된 '백두산=단군발상지'론은 1910~1920년대 일제강점기를 겪으면서 국내외 지식인과 언론 지면을 통하여 조선민족의 역사와 문명의 기원을 논증하는 역사담론으로 확립되었다.

---

13 《조선일보》, 1930년 2월 5일자, 「조선상고사관견(朝鮮上古史管見) (8), 사회진화의 제 단계」.

14 이선근, 1939, 「만주와 조선 - 역사적인식의 새로운 검토」, 《조광》 5권 7호, 59쪽.

2. '평양(단군 도읍지)=만주'론

『독사신론』에서 보았듯이 신채호는 평양이 단군의 원정지에 세운 성이라고 하면서, 단군이 정복한 지역은 '길림성 → 봉천성 → 조선' 순이라고 하였다. 박은식도 단군이 도읍한 평양은 만주에 있었다고 주장하였다. 그는 "단군은 백두산에서 내려와 동방민족의 시조가 되고, …… 서북으로 가서 평양에 나라를 세웠다"고 했는데,[15] 이 평양은 다음과 같이 요서의 광녕현(廣寧縣)이라고 주장하였다.

> 생각하건대 평양은 셋이 있으니, 하나는 지금 청나라 영토인 광녕현에 있고, 하나는 지금 평안남도 평양군에 있고, 하나는 지금 서울에 있으니 곧 고려의 이른바 남평양이다. 그러므로 중국사에 이르기를 '조선에 세 평양이 있다'라고 하였다. 단조(檀祖)가 도읍했다는 평양은 동사에는 대부분 평남의 평양으로 말하지만 지리로 유추해보면 마땅히 광녕현의 평양이 옳다.[16]

광녕현은 기자묘가 있다고 알려진 곳으로 요하(遼河) 서쪽과 대능하(大凌河) 동쪽 사이에 있으며, 바로 그 동쪽에는 의무려산(醫巫閭山)이 이웃하고 있다.

1914년 김교헌이 지은 『신단실기』의 「평양급패수변」에서는 박지원

15 「대동(만한능칭)고대사론」, 『백암박은식전집』 제4권, 385쪽.

16 박은식, 1911, 「단조사고」, 위의 책, 579쪽.

의 평양설이 그대로 차용되었다. 「도강록」의 6월 28일 일지 중 평양에 관한 내용을 거의 그대로 옮겨 실은 것이다.[17]

한말 이후 1910년대 민족주의자들은 단군의 도읍지 평양이 만주에 있었다고 주장하였다. 평양이 만주에 있었다고 주장한 점에서는 박지원과 같다고 할 수 있다. 그러나 신채호·박은식·김교헌이 주장하는 '평양'의 맥락은 박지원과는 다른 점이 있었다. 박지원은 평양을 단군의 도읍지로서 말하지 않고 기자와 위만, 고구려의 도읍지로서만 언급하였다.[18] 이에 비해 앞서 본 바와 같이 신채호나 박은식의 경우는 말할 것도 없고, 김규헌의 평양은 단군이 태백산으로부터 옮겨와 도읍하여 조선을 세운 곳이었다.[19] 박지원의 '평양'은 중화 이데올로그 기자의 도읍지였다고 한다면, 신채호·박은식·김교헌의 '평양'은 민족 이데올로그 단군의 도읍지였던 것이다.

단군의 도읍지가 만주에 있었다는 설은 1920년대 일간신문의 지면을 통해서 확산되었다. 앞에서 보았듯이 《조선일보》의 1920년 5월 12일자 「동사평림 — 단군조선」에서는 단군의 도읍지가 성경성(盛京省)이라고 단언하고 있다. 성경은 청조의 초기 수도로서 지금 요녕성의 수도인 심양을 가리킨다. 역시 앞에서 인용한 《매일신보》의 1921년 1월 16일자에서는 단군이 백두산에서 내려와 도읍한 곳인 평양이 '지금의 만주 봉황성'이라고 말하고 있다.

17 박지원의 평양설에 대해서는 이 책의 75~76쪽, 153~154쪽을 참고 바람.

18 "然則鳳城果爲平壤乎. 曰此亦或箕氏衛氏高氏所都. 則爲一平壤也." 『열하일기』, 앞의 책.

19 "一百四十七年庚寅에 自太白으로 移都平壤하사 改國號하여 朝鮮이라 하다." 김교헌 지음, 이민수 옮김, 1987, 「단군세기(檀君世紀)」, 『신단실기(神檀實記)』, 훈뿌리, 232쪽.

1920년대에 들어서면 신채호는 '평양=만주'론을 더욱 구체화하였다. 그는 1921년경에 완성된 것으로 알려진 『조선상고문화사』에서 단군조선의 삼경이 모두 만주에 위치했다고 말하였다. 아사달을 하얼빈 부근이라고 주장하였는데, 이곳을 부소량(扶蘇樑)이라고 하고, 백아강(百牙岡)은 봉천·흥경 지방으로, 오덕지(五德地)는 요양·해성 지역으로 비정하고, 이곳들이 각각 분립하여 마한·진한·변한이 되었다면서, '구삼한(舊三韓)'론을 주장하였다.[20] 그는 「이두문 명사해석」이라는 글에서도 아사달을 하얼빈으로 비정하였다.[21] 주지하듯이 아사달은 『삼국유사』에서 『위서』를 인용하며 말하기를, 단군 왕검이 도읍하고 조선이라는 나라를 열은 곳이었다. 신채호는 단군조선의 첫 도읍지를 하얼빈으로 비정하고 있는 것이다.

신채호는 1925년 1월 30일부터 《동아일보》에 「평양패수고」를 연재하였다. 여기에서 그는 지금의 평양을 옛날의 평양으로 알거나 지금의 대동강을 옛날의 패수로 알면 평양의 역사를 잘못 알 뿐만 아니라 조선의 역사도 잘못 아는 것이라며 "조선사를 말하려면 평양부터 알아야 한다"라고 말하였다.[22] 이어서 이제까지 선학들이 봉황성이나 평안도의 평양, 또는 한양을 평양이라고 한 것은 맹인이 활을 쏜 것처럼 과녁을 제대로 맞히지 못했다고 하면서, 『사기』의 「흉노전」과 『한서』의 「지리지」, 『위략』의 자료를 비교하며 분석한 것을 종합한 뒤, 중국의 연나라나 한나라와 고조선의 경계는 요동의 요양(遼陽) 부근이었고 '왕검성-평양'은 해성(海

20 한영우, 1994, 「1910년대 신채호의 민족주의 사학」, 『한국민족주의역사학』, 일조각, 170쪽.

21 《동아일보》, 1924년 10월 27일자, 「이두문 명사 해석」.

22 《동아일보》, 1925년 1월 30일자, 「조선사연구초(3): 평양패수고(상)」.

城)임이 명백하다고 주장하였다.[23] 해성은 지금 요녕성 안산에 있는 도시로서 요양의 남쪽에 위치한다.

단군조선의 수도에 대한 신채호의 견해는 『조선상고사』(일명 『조선사』)[24]에 집약되어 있다. 이것은 1931년 6월부터 《조선일보》에 연재되었지만, 집필된 시기는 1920년대 초 신채호가 북경에 체류하였던 때로 알려져 있다. 여기서 신채호는 단군조선의 최초 근거지는 '송화강반의 하얼빈'이었다고 주장하였다.

> 고기(古記) 고사기(古事記) 등을 참고하면 조선문화의 원시 '수두'의 발원이 거의 송화강(松花江) 가의 하얼빈[哈爾濱] 부근이며, 하얼빈은 그 옛 이름이 부여(夫餘)니, 그런즉 송화강은 조선족 최초의 근거한 '아리라'요 하얼빈은 조선족 최초 개척한 야지(野地) — '불'이오. 그 이외의 모든 부여(夫餘), 부리(夫里) 등은 연대를 따라 차제로 개척된 야지(野地) — 불이니라.[25]

송화강 유역의 하얼빈을 단군조선의 '최초 근거지'이자 '최초 개척지'로 보고 있는 것이다. 신채호는 '신[眞]조선' '불[番]조선' '말[莫]조선' 등 삼조선의 삼경에 대해서 이렇게 정리하였다.

---

23 《동아일보》, 1925년 2월 6일자, 「조선사연구초(4): 평양패수고(상)」.

24 이것은 홍명희의 주선으로 《조선일보》에서 1931년 6월 10일부터 10월 14일까지 '조선사'라는 제명으로 연재되었고, 1948년에는 『조선상고사』라는 단행본으로 묶여 간행되었다.

25 『단재신채호전집』 제1권, 633쪽.

대 단군의 삼경은 하나는 지금의 하얼빈[哈爾濱]이니, 고사에 부소갑(扶蘇岬) 혹은 비서갑(非西岬) 혹 아사달(阿斯達)로 기록한 것이며, 둘은 지금의 해성(海城)·개평(蓋平) 등지니, 고사에 오덕지(五德地) 혹 오비지(五備旨) 혹 안시홀(安市忽) 혹 안시성(安市城)으로 기록한 것이며, 셋은 지금의 평양(平壤)이니, 고사에 백아강(百牙岡) 혹 낙랑(樂浪) 혹 평원(平原) 혹 평양으로 기록한 것이니[26]

단군의 최초 도읍지가 송화강 유역이었다는 신채호의 견해는 국내 지식인들에게도 널리 공유되었다.

1926년 3~7월 최남선은 동아일보에 「단군론」을 연재하여 시라토리 구라키치 등 일본 학자들의 '단군 말살론'에 대항하여 '단군 실재론'을 주장하였다.[27] 최남선은 1926년 6~7월 《조선일보》에도 「고조선 그 문화」를 연재하였는데, 여기에서 단군 '조선국'의 '최초 국토'를 백두산 아래 송화강 유역이라고 하였다.

만왕(萬王)의 왕이신 "당굴-얼검"은 태백산(太白山)을 의지하여 신궁을 영조(營造)하고 …… 나라를 만들었다. 이 어른이 진역(震域)에서 비로소 "나라"의 체제를 세우시니 이때에 조선이란 이름이 비로소 생겼으며 …… 조선은 "처(음)샌" - 곧 최초의 문명처란 뜻이니 따로 "수신"[숙신(肅愼)]이라 일컬음도 동일한 의미이며, "당굴-얼검"은 후에 단군왕검

26 위의 책, 641쪽.

27 류시현, 2009, 『최남선 연구 - 제국의 '근대'와 식민지의 '문화'』, 역사비평사, 191~195쪽.

> (壇君王儉)이라고 쓰고 약하여 단군(壇君)[또 단군(檀君), 천군(天君), 등고(登高)]이라고 일컫게 된 것이니 역(譯)하면 천제(天帝)를 의미하는 고어이었다. "당굴-얼검"의 새나라는 곳 조선국(朝鮮國)과 조선인문(朝鮮人文)의 시초(始初)ㅣ니, 시방의 백두산하 송화강 곡지(谷地)는 그 최초의 국토로 전하는 곳이오. 그 정사(政事)는 천상의 뜻을 받아서 풍우를 고르게 하고 인사를 가지런하게 함이니, 이른바 인사란 것은 농업을 발달시킴이요, 의료를 시설함이요, 운명을 지도함이요, 선악을 심판하는 따위이었다.[28]

최남선은 '조선'이란 국호의 뜻을 '최초의 문명처'라고 해석했으며, '백두산 아래 송화강 곡지'를 '조선국과 조선인문의 시초'인 '최초의 국토'로 보았다.

단군의 첫 도읍지를 송화강 유역으로 보는 견해는 1930년대에도 계속 이어졌다. 그런데 이즈음부터 송화강 유역을 단군조선의 첫 도읍지 평양으로 간주하는 인식이 나타났다. 안재홍은《조선일보》의 지면을 통해서 '백악산'(백두산)과 '평양'이 같은 곳의 명칭이고, '단군'이 '「태백」 신인'이요 '평양왕'에 해당한다고 하였다.[29] 후에 그는 조선고대사를 종합한 『조선통사』(미완, 1941년)에서 '평양'은 그 옛 형태가 '백아강(百牙岡)'이고 '백악(白岳)'의 이체자(異體字)이며 위치는 '백두산 천평' 주변으로 옛 부여국 경내의 송화강 유역이라고 하였다.[30]

---

28 《조선일보》, 1926년 6월 14일, 1면, 「고조선 그 문화 - 6. 조선과 단군의 출현. 육당학인」.

29 《조선일보》, 1930년 7월 5일자, 「단군과 조선사」(사설).

30 안재홍선집간행위원회, 1992, 『민세안재홍선집』 4, 지식산업사, 22쪽.

정인보도 '평양'이 송화강 유역이라고 말하였다. 1935년 1월 1일부터《동아일보》에 역사 칼럼 「오천 년간 조선의 '얼'」을 연재했는데, 여기에서 '평양'이란 "송화(松花)의 강가에서 비롯된 이름"이라 하였다.[31] 더욱이 "요수(遼水)의 강가에 있는 평양도 단군의 첫 도읍지가 아니거든 하물며 평안도 평양을 가리켜 백두산과 흑룡강[白山黑水]의 원양(原壤)과 혼동할 것이랴?"라고 하여,[32] 단군의 첫 도읍지 평양이 송화강 유역이었음을 강조하였다.

이와 같이 신채호에 의해 주창되었던 '평양(단군 도읍지)=만주'설은 1910~20년대를 거쳐서 신문을 통해서 넓게 확산되었다. 나아가 1930년대 이후에는 통사적 저서들 속에서 일반적 사실로서 수용되기에 이르렀다. 조선 후기 안정복은 단군 탄강지는 백두산이고 단군 도읍지 평양은 한반도에 있었다고 보았고, 박지원은 평양이 만주에 있다고 보았지만 그 평양은 기자의 도읍지로서 의미를 가졌다. 따라서 단군 도읍지로서 평양이 만주에 있었다는 인식은 한말 이후 일제강점기의 독특한 역사지리 인식이라고 할 수 있다. 단군 도읍지 평양이 만주에 있다는 주장은 곧 단군조선 강역의 중심이 초기부터 만주였다고 주장하는 것과 같다.

---

31 《동아일보》, 1935년 1월 18일자, 「오천 년간 조선의 '얼': 시조 단군」(정인보).

32 《동아일보》, 1935년 1월 19일자, 「오천 년간 조선의 '얼': 시조 단군」(정인보). 이 연재 기사는 한데 묶여 1946년에 『조선사연구』로 간행되었다.

3. '만주=단군강역'론

1) 1910년대 '만주=단군강역'론

1911년 박은식도 『대동고대사론』에서 단군조선의 강역을 "…… 단군조선의 북쪽은 요심(遼瀋) 대륙까지이고 동쪽·서쪽·남쪽은 벽해(碧海)·황해(黃海)·현해(玄海) 연안까지인 것이니, 곧 고대의 전부가 조선"이라고 보았다."[33] 박은식은 단군조선의 강역이 만주 일대를 너머 중국 산해관 남쪽의 영평부(永平府)까지 이르렀음을 역설하였다. 그는 성호 이익이 단군과 기자 시대에는 중국의 유주(幽洲) 지방은 조선에 통일되었다고 말한 것을 해석하면서, "역사서에 이르기를 기자가 동쪽으로 조선에 나갔다고 했으니 조선의 이름은 단군부터 있었지 기자부터 있던 것이 아니다. 영평부 경내에 조선성(朝鮮城)이 있는데 곧 기자가 있었던 곳이니 기자에 앞서서 단군이 있었던 것이 명백하다"라고 하였다.[34]

박은식은 『대동고대사론』을 저술한 이유가 조선민족이 다른 민족에 동화되어 결국 민족 명칭마저 없어지게 될지도 모른다는 염려 때문이라고 밝혔다. 대개 민족 간 경쟁에는 부국강병과 같은 세력에 의해 승리를 도모하는 것과, 종교와 역사 등 정신에 의해 승리를 도모하는 것이 있는데, 세력만으로 얻은 승리는 오래가지 못하지만 세력이 약하여 굴욕을 당하더라도 정신이 공고하면 결국 다른 민족을 눌렀다는 사실을 강조하

---

33 『백암박은식전집』 제4권, 389쪽.

34 위의 책, 388~389쪽.

면서, 그럼에도 지금 조선민족은 세력으로 승리를 도모할 수 없는 데다 종교나 역사적 정신도 마음속에 침투되지 않았기 때문에 걱정이 크다고 하였다.[35] 지금 조선은 국력이 약하여 나라를 빼앗겼음에도 사람들의 안이한 정신으로 인해 머지않아 민족마저 사라질 것을 염려한 것이다. 이는 만주에다 단군의 기원과 강역을 밝히는 일이 무력에 의해 만주 고토를 회복하려는 의지에서 나온 것이 아니라는 점을 확인시켜 주고 있다.

1910년대 국내에서도 만주를 단군의 강역으로 보는 견해가 표명되었다. 1915년 최남선은 다음와 같이 만주 일대를 고조선의 강역으로 비정한 바 있다.

> 가까이 몇백 년에는 조선이라 하면 백두산 이남과 한라산 이북의 파리 머리처럼 작은 구역을 가리켜 말하는 것이 되었으나, 역사상에서 조선이란 명칭은 그 포괄하는 경역이 실로 광대하니, 그 계한이 북으로 흑수(黑水)와 남으로 망망한 바다를 멀리 지나가고 동으로 하이(蝦夷)[36]와 서로 돌궐(突厥)[37]에 인접하여, 태백의 산과 압록의 물이 국남(國南)의 큰 산과 물[岳瀆]이 되었으며, 또 건국 초기로 말하여도 장성(長成) 내외와 황하(黃河) 남북은 조선과 한(漢) 두 민족의 잡거지로 있었느니라.[38]

---

35 위의 책, 384~385쪽.

36 고대 일본의 동북 지방 및 홋카이도 지역에 살던 거주 집단을 말한다.

37 몽골 고원과 몽골과 중국 북쪽 국경을 가리킨다. 돌궐은 이 지역에서 활약한 투르크계 민족을 말하는데 돌궐족의 영역은 흑해에까지 미쳤었다.

38 최남선, 1915년 3월, 「고조선인의 지나연해 식민지」(《청춘》 제6호), 아세아문제연구소 육당전집 편찬위원회 편, 앞의 책, 375쪽.

고조선의 강역이 만주 일대였고, 조선 건국 초기부터 만리장성과 황하에서 중국 한족과 잡거하였다고 주장한 것이다. 이 글에서 최남선이 만주를 고조선 강역으로 보는 관점에는 만주 등이 "조선 종족이 거주하고 사업하는 모든 지방"으로서의 의미를 가졌다.[39] 최남선은 만주가 고조선 시대부터 조선인의 거주지였고, 중국 연안은 고조선인의 식민지였다고 주장하고 있는 것이다.

장지연도《매일신보》의 지면을 통해서 만주가 단군강역이라고 언급하였다. 앞 장에서(200~202쪽) 살펴보았듯이, 1903년경에는 만주 일대를 '기자·고구려의 옛 영토' 또는 '부여·고구려의 옛 영토'로 표현하였던 장지연도 1916년에 이르면 만주에 대해서 '단군·기자의 옛 영토'라거나 '단군·기자·부여·발해의 소유'였다고 말하였던 것이다.

이와 같이 1910년대에 이르면 국내외 지식인들은 '만주=단군강역'론을 공유하게 되었다. 이 시기 단군강역론은 조선 후기의 단군강역론에 비해 만주에다 한층 더 분명하고 구체적이며 확대된 지리적 경계를 갖추고 전개되었다. 이는 단군의 실재를 의심하거나 부정하는 견해를 비판하면서 단군조선의 실재를 증명하려는 노력의 표현이었다. 1910년대 '만주=단군강역'론 속에서 만주는 조선민족의 영원한 생명과 독립을 약속해 주는 역사적 공간으로 표상되었다.

39 위와 같음.

2) 1920년대 '만주=단군강역'론

1920년대에 들어서면 조선인 발행이 허용된 일간신문을 통해서 '만주=단군강역'론은 더욱 확산되었다. 앞에서 보았듯이 단군의 강역에 대해서《매일신보》는 "요동 일대와 만주 이남을 품고 동은 대해(大海)에 미치며 서(西)는 난하(灤河)에 이르고 북은 지나 흑룡강성을 포함하니"라고 하였다. 『대명일통지』「영평부」의 '고적(古蹟)'조에는 난하 하류에 영평부가 있고, 그곳에는 기자가 정착했다는 조선성이 있다고 기록하고 있다. 박은식도 단군강역의 서쪽 경계를 영평부로 보고 있듯이 '만주=단군강역'론에서는 서쪽의 경계는 대개 영평부였다.

이런 가운데 1920년대를 거치면서 '만주=단군강역'론에서 단군강역의 범위는 더욱 확대되어 나타났다. 먼저 신채호를 보면, 1921년경에 완성된 것으로 알려진 『조선상고문화사』에서 단군조선의 강역에 다음과 같이 말하였다.

> 그러나 단군조(檀君朝)의 정치통일 구역이 그와 같이 널리, 북으로 흑룡강을 지나며, 남으로 현해(玄海)를 건너며, 서쪽으로 중국의 연해안과 연(燕)과 동몽고(東蒙古)를 안으로 둘러싸며, 동으로 태평양을 접하여 조선의 문명을 건설하였나니[40]

『독사신론』에 비해 강역의 범위가 남쪽 경계는 '조령(鳥嶺)'에서 '현태(玄

40 『단재신채호전집』 제3권, 387~388쪽.

海)'로, 서쪽의 경계는 '요동'에서 '중국 연해와 동몽고'로까지 확장되었다. 또한 단군조선 시대에 "강회(江淮) 연안이며, 산동·산서·직예 등지가 다 조선의 식민지(殖民地)요"라고도 하였다.[41] 단군조선의 삼경을 모두 만주에 비정하고, 기존에 한반도에 위치한 것이 통설이었던 삼한도 모두 만주로 비정하였다. 이처럼 『조선상고문화사』에서 나타난 만주에 대한 단군 강역 의식은 이전에 비해 더욱 강화되었다.

1925년경 《동아일보》에 게재된 「전후삼한고」(1929년 6월 『조선사연구초』로 묶여 간행됨)에서는 단군 왕검이 진(眞)·번(番)·막(莫) 등 3조선을 창립했는데, 그 강역은 번(番)조선이 요하 이서와 개원 이북, 막(莫)조선은 대개 압록강 이동이었고, 왕검성(王儉城) 곧 해성현(海城縣)을 서울로 삼은 진(眞)조선은 요동반도와 길림 등이었을 것이라고 하였다.[42] 이어서 진·번·막 3조선이 한반도로 내려와 진(辰)·변(弁)·마(馬) 3한이 되었다고 주장하였다. 이는 한반도 삼한의 기원이 만주에 있다고 말한 것이다.

신채호는 계속해서 삼한 시대에는 조선 각 지방과 동삼성 각지의 언어가 동일하였다고 하면서 고대의 조선과 만주는 동일한 언어·풍속으로 통일되어 있었다고 주장하였다.[43] 이는 1911년 박은식이 『대동고대사론』에서 언급했던 '만한일국론(滿韓一國論)'이나 '만한동족론(滿韓同族論)'과 유사한 맥락이다. 만주에다 단군의 발상지와 강역을 규정하는 작업이 조

---

41 위의 책, 385쪽.

42 『단재신채호전집』 제2권, 376~379쪽. 여기서 '번(番)조선' 즉 변한(卞韓)의 강역은 '요서와 개원 이북'이라고 하였는데, 『조선상고문화사』에서는 변한의 서울은 '요양(遼陽)·해성(海城)'이라고 하여 서로 상충되는 견해를 보였다.

43 위의 책, 393~394쪽.

선의 근본을 밝히려는 데에서 나왔으며, 조선과 만주는 어느 한쪽이 다른 쪽을 속국으로 삼는 관계가 아니라 대등하게 통일된 관계임을 말하는 것이라고 생각된다.

신채호는 『조선상고사』에서도 '신[眞]조선' '불[番]조선' '말[莫]조선' 등 삼조선의 강역에 대해서 다음과 같이 말하였다.

> 이에 강역의 윤곽도 대개 그릴 수 있으니, 지금 봉천성의 서북·동북(개원 이북, 흥경 이동)을 지금 길림·흑룡의 양성과 지금 연해주의 남단은 신조선의 소유며, 요동반도(개원 이남, 흥경 이서)는 불조선의 소유며, 압록강 이남은 말조선의 소유이다. 그러나 전쟁의 시대에 고정된 강역은 없으니 시세를 따라 삼조선의 국토가 넘치거나 줄어드는 것이 많았을 것이다.[44]

이뿐 아니라 삼조선 후기에는 신조선이 불조선과 말조선을 연합하여 "동몽고 등지를 쳐 선비(鮮卑)를 정복하고 연(燕)을 쳐 우북평(右北平)[지금의 영평부(永平府)-원주]와 어양(漁陽)[지금의 북경 부근-원주]과 상곡(上谷)[지금의 산서(山西)와 대동부(大同府)-원주] 등지를 다 차지하여 불리지(弗離支)의 옛 땅을 회복"했다고 하였다.[45] 단군조선의 강역이 만주와 동몽고뿐만 아니라 북경 부근과 산서성까지 이르렀다고 주장한 것이다.

1926년 최남선의 경우에는 단군조선의 활동 무대가 송화강 유역을

---

44 『단재신채호전집』 제1권, 646쪽.

45 위의 책, 649쪽.

중심으로 동으로 연해주, 북으로 흑룡강, 서쪽으로 흥안령까지 이르렀다고 하였다.

> 진단인(震檀人)의 옛적 중심은 시방의 만주요 특히 그 송화강 유역이니 여기서 북은 흑룡강의 저편까지와 동은 연해주와 서는 흥안령까지의 사이에 무더기무더기 단부(團部)를 지었고, 남으로 나려간 이는 세 갈래에 나뉘어 반도로 들어간 중지파(中支派)는 시방 조선인의 직계 조상이 되고, 동남으로 바다를 건너 군도(群島)로 들어간 일파는 일본 근간(根榦) 민족의 조상이 되고, 서남으로 요야(遼野)를 건너고 음산(陰山)[46]을 지나서 황해 저편의 지나 대륙으로 들어간 일파는 지나인의 이른바 동이(東夷)란 것이 되였다. …… 지나 내지에 있는 고진인(古震人)의 한 가닥은 …… 퍽 오랜 옛적부터 황하를 중심으로 하여 옛 지나인으로 더불어 오래 각지에 혼거(混居)하였으나 …… 요하건대 조선인과 지나인이 발해지방을 중심으로 중원의 땅을 다투었다.[47]

송화강 중심의 만주 일대가 단군조선의 강역이었다고 말하고 있다. 이에 그치지 않고 이곳의 '진단인'이 조선족과 일본족과 중국 동이족의 조상이라고 보면서, 조선인이 중국인과 중원을 다투었다고 말한 것이다.

1920년대 말에는 '만주=단군강역'론이 일반 식자들에게도 일반화되었다. 1928년은 『동국통감』이나 『고려사』 「지리지」에서 단군이 평양에

---

46 인산[陰山]산맥을 말하는 것으로 내몽고자치구 황하 강의 북쪽에 있다.

47 《조선일보》, 1926년 6월 24일자, 「고조선 그 문화 - 16. 고조선인의 분포도. 육당학인」.

도읍했다고 말한 무진년(戊辰年)의 71번째 되는 해이다. 그해 1월 7일《조선일보》는 '남천산인(南川散人)'이라는 필명의 기고문「단군과 무진년의 회고」을 실었는데 다음과 같은 내용이 있다.

> 목하 조선은 두만 압록의 양강으로 천연의 경계선을 긋고 황해(黃海), 창해(滄海)의 사이에 돌출한 적은 반도에 지나지 못하나 조선의 강역이 옛날부터 이렇게 좁았던 것이 아니다. 단군이 건국하시던 첫 서울이 태백산 아래 들리셨나니, 그 태백산은 현금 함경북도와 길림성 사이에 우뚝 솟은 백두산으로, 그 서울의 옛터는 길림성 지역에 있으며 제2수도이던 평양은 현금 봉천성 요양(遼陽)의 남방으로 남만철도 연선에 있는 해성(海域)이라 하니 그 사이에 넓이가 벌써 작지 않았거늘, …… 그 당시 그 구역 내에 상곡(上谷)[지금 산서성 대동부(大同府)-원주], 어양(漁陽)[지금 북경 북쪽 60리-원주], 우북평(右北平)[지금 직예성 영평부(永平府)-원주], 요서(遼西)[지금 직예성 □□-원주], 요동(遼東)[지금 봉천성 요양-원주] 등 5군(郡)을 설치하였던 것을 생각하면, …… 그 4위(四圍)의 경계는 북으로 흑룡강을 한계로 하고 북동으로 휘둘러 오늘날의 노령 연해주를 휩싸며, 동으로 해안□을 끼고 해삼위를 거쳐 동조선 연해선으로 내려가고, 서는 대흥안령으로 담을 삼고 다시 오늘날의 내몽고지역을 밟고 고비사막 동단에 닿으며 다시 장성을 넘어 산서성의 반부(半部)를 안고 황하 북을 달려 발해 북안으로 휘돌며 요동 해각(海角)을 거처서 황해 연안으로 내려갔으며, 남은 반도의 최남단에 이르고 다시 □□에 뛰어 탐라고도(耽羅孤島)[지금 제주-원주]에 미쳤던 것이니, 그러한 면적을 통틀어 계산한다면 극동 대륙에 걸어 앉아 남북으로 종횡한 수만리 산하가 모두 우리의 강토라 할 것인데, …… 현금의 산동

> (山東), 강소(江蘇) 등 근해지방은 모두 조선민족의 천연적 식민지(殖民地)이던 것을 말할 수 있는 것이다.[48]

지금까지 단군조선의 경계로 자주 언급되었던 영평부를 훨씬 지나 북경과 산서성까지를 단군조선의 강역으로 말하면서, 산동성과 강소성 일대가 조선민족의 이주지였다고 주장하였다.

이와 같이 1920년대 '만주=단군강역' 담론의 확산을 통해서 1930년대 이르면 만주는 민족의 역사적 요람지이자 이주지로서 정립되었다. '만주사변' 직전 문일평은 다음과 같이 말하였다. "만주는 역사로 볼 때 조선인의 생장하던 요람이고 활약하던 무대이다. 멀리 단군의 조기(肇基)로부터 주몽의 패업에 이르기까지 고조선의 대중심이 여기 있었던 것이다"라고 하였다.[49]

이상 살펴보았듯이 1920년부터 '만주=단군강역'론은 '백두산=단군 발상지'론과 마찬가지로 《동아일보》나 《조선일보》의 학술 기사 등을 통해서 확산되었다. 이를 주도한 인물은 신채호와 최남선이었다. 1920년대 만주 인식은 지금까지 주로 만주 독립운동가들 사이에서 공유되던 '만주=단군강역'론 등이 국내 언론 지면을 통해서 일반인에게까지 확산되었다는 점에서 중요하다. 백두산이 단군 발상지라는 주장은 당연시되었

---

48 《조선일보》, 1928년 1월 7일자, 「단군(壇君)과 무진년(戊辰年)□ 회고, 외외(巍巍)한 대공덕(大功德) 황황(煌煌)한 대기록(大記錄). 남천산인(南川散人)」.

49 문일평, 1939, 「만주와 조선인 – 그동안[其間]의 역사적 관계」, 『호암전집』 제1권, 조선일보사 출판부, 366쪽. 『호암전집』은 2001년 민속원에서 『호암문일평전집』으로 영인 간행함.

고, 단군조선의 강역도 그 범위가 동몽고·북경 부근·산서성까지 확대되었으며 산동과 강소 등을 조선인의 이주지로 포함시켰다. 단군 시대에 이미 한반도과 만주는 언어적으로나 문화적으로 통일되어 있었다고 보았다. 1920년대 '만주=단군강역'론에서 한반도와 만주는 영토적으로나 문화적으로 '조선'으로 통일되어 있었다. 이는 만주에서 독립운동을 하던 조선 지식인들의 현실과 그들의 자의식이 투영된 것이었다.

4. '만주족=단군후예'론

1) 1910년대 '만주족=단군후예'론

1908년 이후 1910~1920년대 동안에 만주에 대해 단군강역론을 전개한 자들은 동시에 만주족에 대해서도 단군후예론을 주장하였다. 이 가운데 박은식(1859~1925)은 비교적 이른 1911년경부터 '만한일국(滿韓一國)'론과 '만한동족(滿韓同族)'론을 펼쳤다. 그는 1911년 『대동고대사론(大東古代史論)』에서 '대동' 민족 역사의 시초와 근본을 밝히고자 하였는데, 그 이유는 망국이라는 시대적 상황에서 '대동' 민족이 장차 "다른 민족에게 꼭 동화될 것이며 세계 역사에서 우리 민족의 명칭이 사라지고 말 것"으로 염려했기 때문이었다.[50] 그는 이 글에서 한국과 만주의 조상

---

50 「대동(만한능칭)고대사론[大東(滿韓能稱)古代史論]」, 『백암박은식전집』 제4권, 385쪽.

이 모두 단군이라고 하였다. 부여·고구려·발해·예맥·비류를 비롯하여 숙신·읍루·물길·말갈·여진·금 등 "이상의 여러 종족은 모두 단군에서 나왔다고 일컬으니, 만한(滿韓) 양족이 원래 같은 조상임이 명백한 것이 아닌가"라고 하였다.[51]

또한 『씨족원류도』를 전거로 다음과 같이 말하였다. 단군의 후예를 배달족(倍達族)이라 일컫는데, "다섯 파로 나뉘니 첫째 조선족, 둘째 북부여족, 셋째 예맥족, 넷째 옥저족, 다섯째 숙신족이라"고 한 뒤에, 북부여족의 한 지류로 고구려를 언급하면서

> 고구려족은 또한 둘로 나뉘어져 하나는 신라와 합하였고 하나는 발해족이 되었다. 발해는 여진족에 전해졌고 여진은 금(金)족에 전해졌고 금은 후금족에 전해졌으니 곧 지금의 만주족이다.[52]

라고 하였다. 숙신족에 대해서도 단군 후손의 다섯 계열 중의 하나로 분류한 후,

> 숙신은 읍루족에 전했고 읍루는 물길족에 전해졌고 물길은 말갈족에 전해졌고 말갈은 여진족에 편입되었다.[53]

---

51 위의 책, 368~369쪽, 386~387쪽. 인용문의 원문은 "以上諸族併稱出於檀君則滿韓兩族原係同祖豈不明乎"

52 「단조사고(檀祖事攷)」, 위의 책, 608~609쪽.

53 위와 같음.

라고 하였다. 이처럼 박은식은 만주족의 조상인 숙신족을 단군의 후손으로 보았으며 발해족이 만주족으로 이어졌다고 보았다.

그는 결론적으로 "무릇 단군조선과 기자조선의 역사로 증명하면, 만한(滿韓)은 본래 한 나라였고, 그 백성은 원래 동족이었다는 것을 정확하게 증거할 수 있다"라고 하였다.[54] '만한일국'론과 '만한동족'론을 주장한 것이다. 그가 "대개 고대사로 증명을 하면 만한은 원래 한 나라이고 그 백성은 동족인데 모두 신성한 단군의 후예라고 한다"고 말한 이유는 "오늘날은 민족주의 시대인데 우리 민족도 마땅히 만한이 동족이라는 정분을 명백히 하고 신성한 역사를 발휘하여 우리 민족이 천하에 자립할 수 있도록 해야 한다"는 목적 때문이었다.[55] '만한일국'과 '만한동족'을 제창한 목적이 '민족주의 시대'에 있어서 '민족 자립'을 이룩하기 위한 것임을 밝힌 것이다.

'만한동족'이라는 의식은 1920년대에도 계속 이어졌다. 박은식은 1920년 『한국독립운동지혈사』에서도 "우리 대한은 아시아 동부의 옛 나라이다. 옛날 신인(神人)이 태백산[백두산을 말함-인용자]에 내려와 나라를 세우고 땅을 연 때부터 드디어 대동(大東)을 소유하였다. 자손이 계통을 이으니 본손과 지손이 번영하여 조선이 되고 부여·숙신이 되고, 진국(辰國)이 되어서는 진한·마한·변한이 되었으며, 가락이 서고 고구려가 섰으며 백제·신라·고려가 되고, 발해·주리(珠里)·주신(珠申)의 제족이

---

54 「대동(만한능칭)고대사론[大東(滿韓能稱)古代史論]」, 위의 책, 393쪽. 원문은 "夫以檀君朝鮮箕子朝鮮之歷史證之 則滿韓原是一國 其民原是同族者 旣鑿鑿可據矣"

55 위의 책, 384쪽.

되었다"라고 하였다.[56] 조선과 부여와 숙신이 모두 단군의 자손이라고 한 것이다.

신채호나 박은식 이외에도 만주에서 활약하는 독립 운동가들은 만주족을 단군의 후예로 인식하였다. 대표적인 예로 경학사(耕學社)를 설립하고 신흥무관학교를 운영하였으며 상해 임시정부의 국무령을 지낸 석주 이상룡(1858~1932)을 들 수 있다. 1911년 1월 5일 그는 고향 안동을 출발하기에 앞서 만주에 대해 다음과 같이 말하였다.

> 만주는 우리 단군성조의 옛 터이며, 항도천은 고구려의 국내성에서 가까운 땅이었음에랴? 요동은 또한 기씨가 봉해진 땅으로서 한사군과 이부의 역사가 분명하다. 거기에 거주하는 백성이 비록 복제가 다르고 언어가 다르다고는 하나, 그 선조는 동일한 종족이었고, 같은 강의 남북에 서로 거주하면서 아무 장애 없이 지냈으니, 어찌 이역으로 여길 수 있겠는가?[57]

독립운동 근거지로 삼으려는 만주에 대해 조선 건국의 시조인 단군의 옛 강역이고, 고구려의 수도가 있던 땅이었다고 하고, 만주족도 단군의 후손이라고 생각한 것이다. 이처럼 1911년경에도 이미 지식인층에서 '만

---

56 박은식, 1920, 『한국독립운동지혈사』, 백암박은식선생전집편찬위원회 편, 2002, 『백암박은식전집』 제2권, 427쪽.

57 이상룡, 1911, 「서사록(西徙錄)」, 안동독립운동기념관 편, 2008, 『국역 석주유고』 하, 경인문화사, 15쪽. 원문은 "况滿洲 是我檀聖舊疆 而恒道川 爲高句麗國內城近地 遼東 又是箕氏所封 而四郡二府之歷史班班 居人 雖衣章不同 土音相殊 然其先 乃同一種族也 一江南北 互居無礙 豈可以異域視哉"(고려대학교 중앙도서관 편, 1973, 『석주유고(石洲遺稿)』, 고려대학교출판부, 269쪽)

주=단군강역' 의식은 물론이거니와 '만한동족'론은 일반화되었던 것으로 보인다.

2월 7일 항도천(恒道川)에 거처한 이후에는 역사지리서를 통해서 만주 일대가 부여·고구려·신라·발해의 강역이었다고 주목하는[58] 가운데 특히 고대의 만주가 조선의 시조 단군에게 '신하로 예속되었다'면서 이를 강조하였다.

> (2월) 22일 숙신사를 읽었다. 대개 만주의 여러 나라 중 숙신이 가장 오래 되었는데, 구이(九夷)의 하나이다. 그 경계는 남으로 장백산을 둘러싸고 북으로 흑룡강에 이르며 동으로 대해에 미치고 서로 관만국에 닿는다. …… 지지로써 고증하면, 길림성과 흑룡강성 지경이요, 발해의 상경이 바로 그 옛 성이니 곧 지금의 영고탑이다. 살펴보건대 단군은 구이의 우두머리이니, 숙신은 그 속국일 것이다. 또 한서와 진서에 모두 이르되 '숙신은 일명 읍루인데 부여에 신하로 예속되어 조세를 바쳤다'고 한다. 소위 부여는 고등왕이 도읍한 곳이니, 단씨의 신속이 된다는 것은 더욱 확실한 근거가 있다.[59]

---

58 위의 책, 32~37쪽. 당시 이상룡이 열독한 역사지리서로는 한서, 진서, 신구당서, 요사, 만주원류고, 만주지지 등으로 이를 통해 연구한 역사는 부여사, 삼한사, 고구려사, 발해사, 숙신사, 백제사, 신라사 등이었다(박영석, 1982, 「일제하 재만한인사회의 형성 –석주 이상룡의 활동을 중심으로-」, 앞의 책, 105쪽).

59 위의 책, 32쪽. 원문은 "二十二日 閱肅愼史 盖滿洲諸國中 肅愼最古 而爲九夷之一 其界 南包長白山 北抵黑龍江 東濱大海 西接冠漫國 一云冠汗 所謂冠漫 不知爲何部落 大海 似指日本海 廣袤數千里 以地誌考之 爲吉林黑龍兩省之境 渤海之上京 乃其故城 卽今之寧古塔 按檀君爲九夷之長 肅愼爲其統屬 又漢晋書 俱云肅愼 一名挹婁 臣屬於扶餘 納 其租稅 所謂扶餘 卽高登王之所都 則其爲檀氏之臣屬 尤有確據"(『석주유고(石洲遺稿)』, 앞의 책, 276쪽)

만주가 단군의 신하로 예속된 강역이었다고 강조한 것이다. 위의 글에서 일본도 만주와 마찬가지로 단군의 속국이었다고 주장하였다.

이어서 이상룡은 단군의 강역이자 단군 후예들의 거주지로 인식하던 만주를 조선의 "근본이요 핵심이 되는 곳"이라고 하였다.

> 조종 이래 피를 흘려 개척해 온 땅을 마치 다 쓰고 난 통발이나 올무처럼 여겨 잊어버리도록 버려두었으니, 어찌 천년 문화의 역사가 이토록 비열하기에 이르렀는가? 대개 만주 온 땅은 부여 이래 우리나라의 근본이요, 핵심이 되는 곳이다. 3천여 년 동안 그 유족의 혈기가 서로 왕래하여 깊이 잊을 수 없는 관계였음을 알 수 있다.[60]

만주가 '조선의 근본·핵심'이라고 주장하고 이를 잊지 말 것을 강조하고 있다. 이리하여 그는 '우리나라의 근본이요 핵심이 되는 곳'에서 본국에서는 단절되어버린 '나라의 명맥을 지켜내기 위한 근거지'를 건설하는 운동의 정당성을 논증한 것이다.[61]

신채호·박은식·이상룡 등처럼 만주에서 활약한 독립운동가의 대부분은 대종교의 조직에 참여하였다. 대종교는 1909년 서울에서 나철·오기호 등이 중심이 되어 처음부터 독립운동을 목표로 세워진 종교단체이다. 교리는 3신(환인·환웅·단군)의 가르침을 따르자는 것인데, 고기

60 위의 책, 36쪽. 원문은 "朝宗以來 血戰開拓之地 視若筌蹄 棄置忘域 豈謂千年文化之史 陋劣至此哉 盖滿洲一區 自扶餘以來 爲我國根本腹心之地 三千有餘年 其遺族之血氣 互相灌注 深有不可忘之關係 可知矣"(『석주유고(石洲遺稿)』, 앞의 책, 278쪽)

61 강재언(姜在彦), 1984, 「朝鮮獨立運動の根據地問題 - 1910年前後における二つの思想的對應」, 《朝鮮民族運動史研究》1, 朝鮮民族運動史研究會, 43쪽.

(古記)라는 이름으로 전승되어 온 3신에 관한 사화를 현대적으로 발전시킨 것이었다. 대종교의 경전은 1922~1923년에 출간되었지만, 그보다 앞서 김교헌(金敎憲)이 쓴 『신단실기(神檀實記)』(1914), 『신단민사(神檀民史)』(1914) 등은 독립운동가들에게 큰 영향을 주었다.[62]

이러한 대종교의 역사 서술은 다음의 특징을 갖고 있다. 첫째로 백두산 부근을 인류문화의 발상지로 설정하여 세계문화의 중심지로 보았고, 둘째로 부여족뿐만 아니라 여진·몽고·거란 등 소위 동이족 전체를 '배달족'으로 간주하여 같은 조상으로 생각했고, 셋째로 민족의 활동 무대는 만주와 한반도는 물론이요 중국 동북지방까지 포괄되며, 순임금이나 요·금·원·청의 북방족 왕조도 같은 민족의 역사로 간주되며, 넷째로 불교나 유교가 아닌 신교(神敎)를 민족문화의 고유한 핵심으로 보았다.[63]

이렇듯 대종교의 만주 인식은 '만주=단군강역'론과 '만주족=단군후예'론이 확대·발전한 것이었다. 신채호·박은식·이상룡·김교헌 등은 정도의 차이는 있지만 모두가 '만주=단군강역'론과 '만주족=단군후예'론에 입각하여 만주를 독립운동 근거지로 건설하고자 한 점은 공통적이었다. 이들이 만주에 대해 단군강역 의식과 함께 만주족에 대한 단군 후예 의식을 가졌던 것은 만주를 민족의 요람지라고 보고, 따라서 이곳이 독립운동 근거지를 건설하는 데 유리한 객관적인 지리적 조건과 주체적인 인적 기반을 갖춘 곳이라는 점을 입증하려는 노력의 결과였다.

62 한영우, 1994, 「1910년대 이상룡·김교헌의 민족주의 역사 서술」, 『한국민족주의역사학』, 일조각, 85쪽.

63 위의 책, 86쪽.

2) 1920년대 '만주족=단군후예'론

1920년대의 특징은 일련의 '만주=단군강역' 담론들이《동아일보》나《조선일보》등의 지면을 통해서 널리 확산되었다는 점이다. 1920년 5월《조선일보》는「동사평림(東史評林)」이라는 칼럼에서 '단군조선' 제목의 기사를 연재하였다. 여기에서 만주족은 단군의 후예로 간주되었다. 단군 후손의 다섯 파(조선족, 북부여족, 예맥족, 옥저족, 숙신족) 중 하나인 북부여족은 역시 다섯 갈래(동부여족, 고구려족, 백제족, 규봉(圭封)족, 선비족)로 나뉘는데, 그중 고구려족은 둘로 나뉘어 하나는 신라와 합하고 하나는 발해족으로 전하여 발해는 여진족에 전해졌고, 여진은 금족(金族)에 전해졌고, 금은 후금족에 전해졌으니 곧 지금의 만주족이라고 하였다.[64] 현재 만주족이 발해족으로부터 나왔다고 하여, 만주족이 단군의 후예임을 주장한 것이다. 이 내용은 1911년 박은식이 저술한『단조사고(檀祖事攷)』의 그것과 같다.

하지만「동사평림」에는『단조사고』와 다른 점이 있다.『단조사고』에서 숙신족에 대해서 "숙신은 읍루(挹婁)족에 전했고, 읍루는 물길(勿吉)족에 전해졌고, 물길은 말갈(靺鞨)족에 전해졌고, 말갈은 여진족에 편입되었다[靺鞨入于女眞族]"고 하였는데,[65]《조선일보》칼럼「동사평론」에서는 "숙신족은 읍루족에 전하고, 읍루는 물길족에 전하고, 물길은 말갈족에 전하고, 말갈은 발해족에 합쳐졌다"라고 하였다.『단조사고』에서 말갈

---

64 《조선일보》, 1920년 5월 20일, 1면,「동사평림(東史評林) - 단군조선(檀君朝鮮)」.

65 박은식, 1911,『단조사고』, 백암박은식선생전집편찬위원회, 2002,『백암박은식전집』제4권, 동방미디어, 609쪽.

은 여진족에 편입되었다고 했지만(말갈 → 여진), 「동사평림」에서는 말갈이 발해족과 합해졌다고(말갈 → 발해) 말한 것이다. 기존에는 『단조사고』처럼 '숙신 → 읍루 → 물길 → 말갈 → 여진'이라고 하여 일반적으로 여진족의 전신은 숙신으로 인정하고 있었다. 그런데 「동사평림」에서는 '숙신 → 읍루 → 물길 → 말갈 → 발해'라고 하였다. 여진족의 전신으로 인정되고 있는 숙신이 발해로 이어졌다고 분명하게 말하고 있는 것이다. 앞의 문단에서 본 것처럼 발해족은 여진족에 전해졌다고 하였으므로, 숙신이 발해로 이어졌고 발해는 여진족으로 이어져(숙신 → 발해 → 여진), 여진족이 발해의 후예라는 주장을 분명히 한 것이다. 이렇게 「동사평림」은 여진족의 전신으로 알려진 숙신이 발해로 이어졌다고 말함으로써, 만주족이 발해의 후예 즉 단군의 후예라는 주장을 더욱 분명히 펼치고자 한 것이다.

'말갈은 발해족과 합쳐졌다'는 구절은 1914년 김교헌이 저술한 『신단실기(神壇實記)』의 「족통원류(族統源流)」에 실린 내용이다. 『신단실기』의 영향으로 '말갈은 여진족에 편입되었다[靺鞨入于女眞族]'는 구절이 '말갈은 발해족에 합쳐졌다[靺鞨合于渤海族]'는 구절로 바뀌어서 보급된 것이었다.

1921년 2월 3일자 《매일신보》도 「근역지(槿域誌)」라는 연재 칼럼에서 『신단실기』에 의거한다고 밝히면서, 만주족을 단군의 후예로 파악하며, "말갈은 발해족에 합쳐졌다[合于渤海族]"라고 하였다. 이처럼 1920년대 초기부터 '만주족=단군후예'론은 이전보다 더욱 강고해진 논리적 틀을 갖고 언론 지면을 통해서 보급되었다.

그리고 위 《조선일보》의 칼럼은 '말갈은 발해족과 합해졌다'고 한데 이어서 다음 내용도 부가하였다.

> 숙신(肅愼)은 나라가 불함산(不咸山)[지금 백두산-원주]의 북쪽과 혼동강(混同江) 동쪽에 있으니[지금의 북간도-원주] 상고시대 동방의 강국이다. 발해는 나라가 요수(遼水)의 동쪽에 있으니 곧 백두산의 동(東)□이다. 태조 대조영(大祚榮)이 건국한 땅[수도는 백언소현(白彥昭縣)-원주]이니 5경(京) 15부(府) 62(州)하니 고구려의 뒤를 이어서 해동성국(海東盛國)이 되어 14세(世)를 전하고 228년을 지냈다. 중국과 우리나라의 고사[中東古史]를 살피건대 백두산[白山] 남북의 조선과 만주 민족이 단군의 혈통인 것은 분명하게 근거할 만한 것이 있다.[66]

라고 하였다. 백두산과 간도 일대가 숙신국의 강역이라는 해석을 달고 있으며, 백두산 남과 북으로 조선과 만주가 모두 '단군의 혈통'이라고 말한 것이다. 위의 내용도 『신단실기』에 의거한 것이지만, 숙신국의 강역에 백두산과 북간도라는 해석을 단 것은 이 칼럼에서만 보이는 내용이다. 앞서 칼럼이 '숙신 → 발해 → 여진'을 주장하고 있음을 살펴보았다. 이를 근거로 하면 숙신국의 강역이라고 해석한 백두산과 간도 일대는 발해국 강역으로 계승되는 것이다. 결국 백두산과 간도 일대가 여진족의 강역이기 이전에 발해족의 강역이었음을 주장한 것이다. 이것은 백두산과 간도와 만주에 대해 조선민족의 역사적 연고가 청조의 만주족보다 앞섰다고 주장하는 셈인 것이다.

신채호는 '만주족=단군후예'론을 더욱 진전시켜 아예 조선과 숙신은 같다고 하였다. 이미 1920년 전후에 완성된 것으로 알려진 『조선상고

66 《조선일보》, 1920년 5월 20일, 1면, 「동사평림 : 단군조선」.

문화사』[67]에서 만주족의 조상인 숙신은 곧 조선을 가리키는 말이었다고 주장하였다. 그는 "전사를 상고하건대, 조선과 숙신은 대개 하나의 나라이다"라면서 세 가지의 근거를 제시하였다. 첫 번째로 "조선은 주신(州愼)이라 하였은즉 주신의 동음이 되는 숙신(肅愼)도 조선이 되니, 이는 사실상 조선과 숙신이 일국이었음을 설명함"이라고 하였다. 두 번째로는 『좌전』『사기』『산해경』『흉노전』에서 중국 동북을 '조선'과 '숙신'이라고 일컬었는데, "당시에 동북에서 중국과 교통하는 대국이 조선 하나였나니, 어디에 따로 숙신이 있으리오. 이는 위치상 조선과 숙신이 일국이었음을 증명함"이라고 하였다. 또 세 번째로는 『만주원류고』를 원용하며,

> '만주원류'에 청조 초기에 그 관할 경내[管境]를 주신(珠申)이라 하였다 하고, 주신은 곧 숙신(肅愼)의 동음이라 하니, 대개 만주족은 고대 조선의 일부로 삼림 속에서 생활하여, 문화는 비록 본 조선에 못 미치나, 고어와 고전을 그대로 전한 것은 많아서 삼한의 비리(卑離)로 관명 패륵(貝勒)을 삼으며, 신라의 불구내(弗矩內)로 존칭 발극열(勃極烈)을 삼으며, 고구려의 주몽(朱蒙)으로 선사자(善射者)를 일컬으며, 백제에 찬수류(贊首流)로 산호(珊瑚)를 일컬으며, 수천 년 이전의 명칭을 많이 가져왔나니, 주신이 곧 숙신이요, 숙신이 곧 조선임은 의심할 바 아니니, 이는 역사책이 조선과 숙신이 일국이었음을 보증함이라.[68]

---

67 『조선상고문화사』는 1931년과 1932년에 《조선일보》에 연재된 것이지만, 1918년경부터 신채호가 북경도서관 등을 이용하며 집필하기 시작하여 1921년경에 완성된 것으로 알려졌다. 한영우, 1994, 「1910년대 신채호의 민족주의 사학」, 『한국민족주의역사학』, 일조각, 167쪽.

68 『단재신채호전집』 제3권, 364쪽. 『만주원류고』에서는 만주의 옛 명칭인 '주신(珠申)'이 숙신(肅愼)에서 비롯되었다고 하였다. 장진근 역주, 2008, 『만주원류고』, 파워북, 69쪽.

라고 하였다. 중국의 역사서들을 전거로 하여, 만주의 전신인 숙신이 곧 조선이었다고 주장한 것이다. 이로써 만주족의 조상이 조선족이라고 말하고 있는 것이다. 이처럼 『조선상고문화사』에서 나타난 만주 인식은 이전에 비해 더 강렬한 것이었다. 숙신이 바로 조선이라고 주장하여 만주족과 조선족을 전적으로 동일시하였다.

1929년에도 『조선사연구초』의 「전후삼한고」에서 '숙신'은 '조선'을 지칭한 것이며, 읍루와 말갈은 조선족을 가리키는 말이었다고 하였다. 그는 『관자』와 『사기』에서 '발조선(發朝鮮)' '발숙신(發肅愼)'의 용례를 들면서,

> '발숙신'이 곧 '발조선'인 동시에 조선과 숙신의 동일한 명사가 두 가지로 번역된 것이 명백한데, 건륭제의 『만주원류고』에 숙신의 본음을 '주신(珠申)'이라 하고 관경(管境)이라 하였으니, 그러면 조선의 음도 주신이요 관경(管境)의 뜻됨이 또한 명백하다.[69]

라고 하였고, 또

> '숙신(肅愼)' '직신(稷愼)' '주신(州愼)' 등은 모두 고대 중국인이 '조선'을 번역하여 전한 것이며, '읍루(挹婁)'는 조선의 가장 북쪽의 미개한 일부 조선족으로 『삼국사기』와 『당서』에는 읍루를 '말갈(靺鞨)'이라 하였으

69 『단재신채호전집』 제2권, 374쪽.

니, 말갈은 읍루의 별명인데 그 음의 뜻은 아직 고증치 못하였다.[70]

라고 하였다. 숙신과 읍루, 말갈이 모두 조선과 조선족을 지칭하는 말이었다는 것이다. 『조선사』에서도

> 지나 춘추시대의 문자에는 매양 조선을 주신(州愼)·숙신(肅愼)·직신(稷愼), 혹 식신(息愼)으로 번역하였는데, 주신(州愼)은 곧 조선을 가리킨 것[71]

이라고 하였다. 이처럼 신채호는 숙신을 단군의 후손으로 보는 견해보다 더 나아가서 숙신을 조선으로 동일시한 것이다.

그는 예맥족과 여진족은 같다고 하였고, 조선족의 한 분파가 여진족이 되었다고 하였다. 『조선사연구초』의 「삼국지동이열전교정」에서 '예맥=여진(야인)=읍루=물길(말갈)'이라고 하였다.

> 예맥(濊貊)은 곧 '려신'이니, '려신'을 혹 '려'의 한 글자로 역하여 '리지(離枝)' '령지(令支)' '예(濊)' '예(穢)' '예(薉)' 등이 되며, 혹 '려신' 두 자를 모두 역하여 여진(女眞), 야인(野人) 등이 되며, 혹 '려신'의 '아리'강(江)으로 그를 이름하여 '읍루(挹婁)' '압로(鴨盧)' 등이 되며, 혹 '려신'의 별부(別部) '물가'로 그 전체를 총칭하여 '물길(勿吉)' '말갈(靺鞨)' 등이 된

70 위의 책, 391쪽.

71 『단재신채호전집』 제1권, 637쪽.

것이다.[72]

「조선역사상일천년래제일대사건」에서도 "여진은 삼한 시대의 예맥이요 삼국시대의 말갈이니, 고구려가 망함에 발해에 속하고 발해가 망함에 고려에 속하였"다고 하였다.[73] 이상과 같이 신채호는 예맥과 읍루, 물길, 말갈, 여진족을 모두 동일시하였다. 『조선사』(『조선상고사』)에서 여진족은 조선족에서 분화한 것으로 보았다. "조선족이 분화하야 조선, 선비(鮮卑), 여진, 몽고, 퉁그쓰 등의 족이 되"었다고 한 것이다.[74]

이처럼 1920년대 '만주족=단군후예'론은 만주족의 조상으로 여겨졌던 숙신족이 발해족을 거쳐 여진족으로 이어졌다고 본 것이 특징이었다. 또한 조선과 숙신은 같은 나라이라거나 예맥은 여진과 같다고 주장함으로써, 조선족과 만주족의 동일성을 이전 어느 때보다도 더욱 강조하였다.

만주가 단군의 발상지이고 만주족이 단군 후예라는 의식은 만주 답사 기행문을 통해서도 보급되었다. 1925년 10월 15일부터 1926년 2월 18일까지 영고탑(寧古塔)[영안시(寧安市)], 해림시, 돈화시, 액목현 등 북만주 일대를 답사한 이함(李涵)과 정윤(鄭潤)의 기행문은 그 대표적인 예이다.[75] 이들은 "영고탑은 우리 역사의 반만년 고적지오, 현재 만주의 가장

72 『단재신채호전집』 제2권, 349쪽.

73 위의 책, 400쪽.

74 『단재신채호전집』 제1권, 632쪽.

75 기행문의 필자인 이함은 수년전에 간도부인애국회를 조직하고 독립운동을 하던 인물로 1922년경 정윤과 결혼한 상태였다(《독립신문》, 1922년 11월 30일, 2면, 「간도부인애국회」). 정윤(1889~1931)은 대종교 신도로서 서북간도와 연해주에서 민족 유적을 조사했고, 대종교 경전과 『신

중요한 도시이고, 장래 발전의 책원(策源) 지점"이라고 하고,[76] 오길밀(烏吉密)[현재 하얼빈시 관할 지역] 부근의 태평령(太平嶺) 위의 상공당(上公堂)[성황당과 같은 것]에 '호삼태야지위(胡三太爺之位)'라고 쓴 것을 보고 이것이 단군을 기념하는 신위라면서, "만인(滿人)들이 '한검'(桓儉, 檀君)께서 일신삼화(一身三化)와 삼신일체(三神一體)이신 그 은덕(恩德)을 부여, 숙신, 여진, 발해, 요, 금, 청까지 기념"하여서 모신 위패라고 하였다.[77] 만주인들이 단군을 금나라와 청나라까지 함께 기념하고 있다고 말한 것이다. 이들은 길림성 돈화현(敦化縣)이 발해국의 첫 서울이자 청시조의 발상지였다고 주장하였다. 돈화현성의 동쪽 2리쯤에 고성이 하나 있다고 하면서 "주위가 3리나 되며 그 안에 내성이 있으니 둘레가 1리나 된다. 그 성은 액다리(額多里)(어둬리)성이니 청시조가 있던 곳"이며 그 이전에는 발해국이 처음으로 서울을 두었던 곳이라고 하였다.[78] 돈화현이 청시조 포고리옹순이 있던 곳이며, 그 이전에는 발해국이 처음 서울을 정한 곳이라고 주장함으로써, 만주족이 발해국에 연원한다는 설에 증거를 세우고 있는 것이다.

단민사』의 출판, 『조강답사론(祖疆踏査論)』과 『사지통속고(史誌通俗攷)』와 『역대연혁도(歷代沿革圖)』를 저술하였으며, 1925년경에는 북만주 지역의 신민부 연락위원장으로 활동했다(《조선일보》, 1923년 10월 9일, 3면, 「정씨의 조강답사, 상해에 잇다가는 남북만주로」). 정윤의 본명은 정신(鄭信), 호는 일우(一雨), 함경남도 홍원 출신이다. 약력은 다음과 같다. 1918년 중광단(重光團) 입단. 무오독립선언 발표자 39인의 1인. 1919년 북로군정서 인사국장. 1923년 상해국민대표회 대표, 대한독립군 대표. 1925년 북만주 영안현(寧安縣)의 신민부(新民府) 연락부위원장. 1927년 국민의회 민사위원. 1930년 한국독립당 조직에 참여, 동 선전부장. 1931년 공산당원에게 피살. 1963년 건국훈장 독립장 추서. 『한국민족문화대백과사전』 참조.

76 《조선일보》, 1925년 12월 23일, 2면, 「만주답사 (1), 이함」.

77 《조선일보》, 1926년 1월 8일, 3면, 「만주답사 (9), 이함」.

78 《조선일보》, 1926년 2월 2일, 2면, 「만주답사 (29), 이함」.

이들은 만주 일대가 단군의 강역이었고, 송화강 이동지역이 고려에 이르기까지 '우리 땅'이었다고 말하였고, 조선족과 만주족은 '동족'이라고 말하였다. 이들은 현지 만주인과의 대화를 통해서

> 상고(上古)와 중고(中古)는 말할 것 없이 고려 때에도 송화강 안이 모두 우리 땅이란다! …… 우리 시조 한검[檀君] 때에 동삼성과 내외몽고와 시베리아까지 차지하여 그 후에 내내 국호가 '한나라'[檀國, 韓國-원주]라하고 조명(朝名)으로 부여(扶餘), 읍루(挹婁), 말갈(抹曷), 고구려(高句麗)가 되여도 내내 '한나라' 땅은 그대로 있었고, 백제도 처음에 봉천성 땅까지 차지하고, 신라도 조명(朝名)을 계림(鷄林)이라 하였을 때에 지금의 길림(吉林)[길(吉)과 계(鷄)가 음이 동일한 '지'이니 길림이 즉 계림-원주]까지 차지하였던 것이란다![79]

라고 하였다. 이어서 현지 만주인이 "우리도 『만주원류고』를 보면 모두 다 한국인과 동족이었더라"라고 하자, 이들은 "물론 동족이지. 너희들은 한족(漢族)에게 귀화되어서 본래의 말과 글을 다 던지고 그렇게 본을 잊은 것이란다!"라고 하였다.

지금까지 살펴보았듯이 1920년대 '백두산=단군발상지'론, '평양=만주'론, '만주=단군강역'론, '만주족=단군후예'론은 국내 신문의 학술 기사나 만주 기행문을 통해서 확산되었다. 이들 일련의 만주 담론은

---

79 《조선일보》, 1926년 2월 4일, 2면, 「만주답사 (31), 이함」.

1908년 이후 거의 동시에 출현하였으며, '만주=단군강역'론이 강화될수록 '만주족=단군후예'론도 뒤따라 강화되었고, 강화된 '만주족=단군후예'론은 또 다시 '만주=단군강역'론을 강화시키는 양상으로 전개되었다. 이런 경향은 일제의 조선 지배가 강화되면 될수록 이에 따라 더 강하게 나타났다. 이는 일제의 조선에 대한 지배가 강해지면 강해질수록 조선민족의 독립에 대한 열망이 '만주=단군강역'론과 '만주족=단군후예'론으로 더 강렬하게 표출된 것이라고 생각된다.

5. '만주=기자강역'설과 소중화사상의 부정

'만주=단군강역'론이 확산된 1920년대는 '기자조선'설이 부정된 시기이기도 하다. 신채호는 만주를 단군의 강역으로 보는 동시에 만주가 기자의 강역이었다는 설을 부정하였다. 그는 『독사신론』에서 기자를 부여 왕조사 속에 작은 비중으로 취급하였다. 기자는 결코 조선의 왕이 된 것이 아니라, 부여왕의 신하로서 평양 일대의 1백 리를 봉지로 받았을 뿐이라고 하였고, 단군이 기자를 피하여 부여로 천도하였다는 통설도 부인하였다.[80] 이후에도 『조선상고문화사』 『조선사연구초』 『조선상고사』 등에서 시종일관 '기자조선'설을 부정하였다.

신채호가 단군-부여-고구려-발해 중심의 역사체계를 세운 것은 기

80 한영우, 1994, 「한말 신채호의 민족주의사론」, 『한국민족주의역사학』, 일조각, 74쪽

존의 기자조선-삼한-통일신라 중심의 역사 인식을 근본적으로 부정한 것이다. 당시에 기존의 역사서는 조선 후기 이래 기자조선을 숭배하는 삼한정통론의 영향이 강하게 남아 있었는데, 삼한정통론은 '병자호란' 이후 반청(反淸) 의식에 기초하여 전개된 '조선=소중화'라는 사상에 바탕을 둔 것이었다.[81] 신채호는 이런 소중화사상이 한국인의 애국정신을 주리고 좀먹게 하였다고 비판하였다.[82] 그가 '기자조선'설의 부정하게 되었던 것은 소중화사상에 대한 비판이 강렬했기 때문이었다. 신채호는 당시 주류적 사상이었던 소중화주의에 기초하고 있는 '기자조선'설을 앞장서서 부정하였던 것이다.

『독사신론』에서 만주는 한민족이 소중화주의를 극복하고 제국주의에 대항할 수 있는 역사적 근거로서 제시되었다. 단군을 민족의 시조로서 확고히 하였고, 단군의 발상지는 물론이고 기자를 신하로 삼은 부여왕조의 강역도 만주 일대로 비정하였다. 또한 잃어버린 강역을 회복한 고구려와 발해는 단군의 자손이며 부여의 종족이었다. 이렇듯 『독사신론』에서 만주에 대해 단군-부여-고구려-발해국의 강역으로 보는 의식에는 중화주의를 극복하고 제국주의에 대항하려는 민족주의 사상이 깔려 있다. 이러한 점이 1910년대에도 『독사신론』이 계속 환영받을 수 있도록 만든 이유였다고 생각한다.

신채호는 『조선상고문화사』에서도 '기자조선'설을 부정하며, 기자가

---

81 정창렬, 1985, 「한말의 역사 인식」, 한국사연구회 편, 『한국사학사의 연구』, 을유문화사, 218~220쪽.

82 신채호, 1908년 6월, 「역사와 애국심의 관계」(『대한협회회보』 3), 단재신채호전집편찬위원회, 2008, 『단재신채호전집』 제6권, 한국독립운동사연구소, 32쪽.

조선에 온 것은 주나라를 피해 '신앙적 조국'으로 찾아온 것이며, 은나라의 구원을 청하기 위한 것이었다고 하였다. "전사에 기자가 예악과 복서(卜筮) 오천 인으로써 와서 설교하다 함은 곧 기자의 무리 오천 인의 귀화한 사실을 속여 한 말이오"라 하고,[83] "아사달에 서울 옮김에 대하여 혹은 이를 단군 자손이 기자를 피하여 감이라 하나, 기자가 병력으로 조선에 들어옴도 아니며, 또 조선에 와서 대제왕이 된 일도 없을뿐더러, 또 아사달에 옮김은 1048년이요 기자의 들어옴은 1212년이니, 그동안이 190여 년이나 되나니, 어찌 190여 년 전의 왕조가 190여 년 후의 기자를 위하여 피하였으리요"라고 하였다.[84] 이뿐만 아니라 신채호는 기자가 조선에 들어온 뜻은 주나라 무왕이 삼정(三正)·오행(五行)을 배척하므로 자기 신앙의 조국이 되는 조선으로 향한 것이자, 주에게 망한 은나라의 구원을 청하기 위해 조선에 온 것이었다며, 이에 조선이 기자에게 동정을 느껴서 평양의 제후로 삼았다고 주장하였다.[85]

이과 같이 신채호는 조선 소중화사상을 비판하고 '기자조선'설을 부정함으로써 만주가 기자의 강역이었다는 기존 학계의 주장을 부정하였다. '만주=기자강역'설이 부정됨으로써 만주는 단군의 발상지이자 강역으로서 더욱 강고하게 자리 잡았다.

박은식은 '기자조선'설의 부정을 명시적으로 언급하지는 않았지만, 소중화사상에 대한 비판은 적극적이었다. 1911년 그는 『몽배금태조』에서 소중화사상을 망국의 원인으로 크게 지탄하였다. 만주 대륙이 단

83 『단재신채호전집』 제3권, 369쪽.

84 위의 책, 388쪽.

85 위의 책, 393~394쪽.

군·부여·기자·고구려·발해의 강역이었음을 역설한 뒤에,

> 그런데 어찌하여 자손된 이들은 선조의 땀과 피를 이어 나가지 못하고, 천여 년 동안에 선조 대대로 이어오던 사업을 아무것도 없게 만들고 말았는가? 강의 왼쪽 한 모퉁이에 조그만 조정의 규모로 구차하게 편안함을 도모하며 오로지 고식만을 일삼아, 천여 년 동안 그러한 선조의 옛 강역을 조금이라도 되찾고자 한 이가 없으니, 이로써 볼 때 천년 이래 우리 민족은 모두 선조의 죄인이요, 우리의 역사는 타국의 노적(奴籍)이다. 이에 그 선조의 죄인된 것은 반성하지 않고 오히려 자칭하여 이르기를 '예의의 나라'라 하며, 타국의 노예가 된 것은 부끄러워하지 아니하고 스스로 이름하여 이르기를 '소중화'라 하니, 이른바 '예의의 나라'는 선조의 공덕을 기념하지 않는 자의 미명일 뿐이고, 이른바 '소중화'는 타인의 노예를 스스로 감수하는 자의 휘호인 것인가? 오로지 그 유래의 원인이 이러한 까닭에 필경 금일의 현상과 같은 결과가 있게 되었다.

라고 하였다.[86]

당시에는 여전히 명나라의 연호인 숭정(崇禎)을 사용하며 소중화사상의 정신으로 오랑캐[夷狄]을 물리쳐서 선왕제도를 회복할 날이 있을 줄로 생각하는 자가 많았다.[87] 이에 대하여 박은식은 "조선 사람들은 다만 이를 맹종할 뿐 자가의 특색을 발표한 가치도 없고, 한갓 화(華)를 숭

86 박은식, 1911, 『몽배금태조(夢拜金太祖)』, 백암박은식선생전집편찬위원회 편, 2002, 『백암박은식전집』 제4권, 동방미디어, 44~46쪽.

87 위의 책, 74쪽.

상하는 유습의 폐단으로 더욱 허위만을 키움으로써 국가와 인민으로 하여금 이와 같이 비참한 지경에 빠지게 하고, 아직도 그 잘못을 깨닫지 못한 채 오로지 중국인의 부문(浮文)을 숭배하고 고루한 유가의 그릇된 습속만을 고수하려고 하는가?"라고 하였다.[88] 소중화사상 때문에 망국이 초래되었다고 본 것이다.

그는 곧이어 "또 조선 유가가 주창하는 존화양이(尊華攘夷)는 무엇을 말함인가? 세계 만국의 보통의 인정이 모두 자국을 존중함으로써 의리를 삼는 까닭에 중국인은 존화양이를 주장하거니와, 오늘날 조선 인사는 타국을 존중함으로써 일대의리를 삼으니 이로 자국정신을 소멸케 하는 일대마력이 아닌가?"라면서, "과거 50년 전부터 일인이 조선을 도모했거늘 이를 살피지 않고 오로지 존화(尊華)를 옳다고 논했으니 그 어리석음이란 얼마나 심한 것이었나?"라고 하였다.[89] '존화양이'라는 허위의식으로 인해 일본에게 침략을 당했다고 본 것이다.

이처럼 소중화사상에 대한 비판은 동시에 일제의 침략에 대한 비판으로도 이어졌다. 앞 『몽배금태조』의 인용문을 통해서 알 수 있듯이, 박은식에게 소중화사상의 극복과 일본 제국주의 침략에 대한 저항은 만주를 무대로 삼아 이루어진 것이었다. 그에게 만주는 소중화사상을 극복하고 일본 제국주의의 침략에 저항하는 민족독립운동의 무대였다.

이상룡도 '기자조선'설을 부정하고 소중화사상을 강하게 비판하였다. 그가 만주를 독립운동의 근거지로 건설할 수 있었던 사상적 이

88 위의 책, 81~82쪽.

89 위와 같음.

유는 소중화 의식 탈피를 통한 위정척사사상 극복과 개화사상을 주축으로 한 근대 민족주의로의 전환이 있었기에 가능하였다.[90] 그는 허목(1595~1682)을 예로 들면서 기존의 역사가가 기자를 단군의 정통에 이어서 기술하는 것을 '노예근성'에서 나온 찬술이라고 비판하였다.

> 허(許) 미수(眉叟) 같은 분도 단군의 후손이 기자를 피하여 부여로 천도하였다고 하였다. 이러한 설이 우리나라 학자들의 뇌수에 깊이 각인된 것이 이미 천여 년이다. 그러나 안팎의 여러 역사서를 참고해 보아도 모두 확실한 근거가 없다. …… 대개 단군의 혈통은 북부여, 동부여, 졸본부여로부터 면면히 이어져 3천 년 동안 끊어지지 않았다. 한 침상 위에 다시 어디에 기(箕)씨가 코를 골며 잠잘 곳이 있었겠는가? 우리나라 사람들은 당초 사가의 견식이 없어 망령되이 노예의 근성으로 꾸며 찬술하는 솜씨를 남용하여, 국가의 체통을 손상될 것을 생각지 않고 오직 타인을 숭배하는 데만 힘썼다. 드디어 은나라 망명 신하로 하여금 우리 동방의 창업 시조가 되도록 꾸며, 사당을 세우고 분묘를 만들어 놓았다. …… 역사를 귀히 여기는 까닭은 국가의 체통을 높이고 국민의 정신을 배양하기 때문이다. 지금 노예사관으로 백성을 가르치고 있으니 어찌 노예근성을 길러 참담한 지경에 들어가지 않도록 할 수 있겠는가?[91]

---

90 강재언, 앞의 논문, 43~44쪽, 66~67쪽.

91 이상룡, 1911, 「서사록(西徙錄)」, 앞의 자료, 15쪽. 원문은 "如許眉叟亦謂檀君後孫 避箕子而遷于扶餘 此說印於東人腦髓者已千有餘年矣 然考諸內外諸史 俱無確據 …… 盖檀氏之血統 自北扶餘 東扶餘 卒本扶餘 綿亘三千年不絶則 一榻之上 復豈有箕氏鼾睡之地乎 我國之人 初無史家見識 而妄以奴隸之性 濫用粧撰之手 不念國體損汚 而惟務他人崇拜 遂使有殷家去國之臣 幻作大東方創

기자를 조선의 정통으로 삼고 숭상하는 일은 '국가의 체통을 손상'하는 '노예근성'이라는 것이다.

최남선도 1918년 「계고차존」에서 '기자조선'설을 인정하였지만, 1929년 12월 『괴기(怪奇)』 제2호에서 「조선의 기자(箕子)는 지나(支那)의 기자가 아니다」라는 글을 통해서 '기자조선'설을 부정하였다. 중국인이 '기자'라고 부르는 것은 단군의 후손인 '해씨(解氏)(ᄀᆡᄋᆞ지)'가 와전된 것으로, '기자조선'이라 하던 것은 'ᄀᆡᄋᆞ지조선'이나 '해씨(解氏)조선'이라 하거나, 해씨의 뒤를 기씨(奇氏)가 이었으므로 '기씨(奇氏)조선'이라고 하는 것이 옳다고 하였다. 그는 '기자동래'설도 증거가 부족하여 믿을 근거가 되지 못하고, 따라서 '기자 수봉(受封)'설도 말할 것이 못된다고 하였다. 그럼에도 "금일 조선인에게 향하여 진조(眞祖) 단군은 부인하여도 태연하게 있을 듯하되, 허위(虛僞) 기자의 변척(辨斥)에는 백의 하나도 믿음을 얻기 어려울 만큼, 유망(謬妄)의 훈습(薰習)이 깊이 베어서 빠지지 않기에 이르렀다"고 비판하였다.[92] 이제 기자동래설은 부정되고 '기자'는 단군의 후손으로 자리매김되었다.

안재홍도 역사학에서 '기자조선'설을 근본적으로 파기할 것을 주장하였다. 과학적 역사가로서 우리는 "수천 년래 더욱이 칠백 년래 조선 선민(先民)에게 중대한 누명(陋名)을 입히어 현대에까지도 직접 간접의 □□할 영향을 미치고 있는 기자조선설 — 은(殷)기자동래 조선교화설에

業之祖 以至立祠修墓 …… 所貴乎史者 以其能尊國家之體統 養國民之精神也 今以奴史敎人 安得不養其奴性而入於慘境乎"(『석주유고(石洲遺稿)』, 앞의 책, 277쪽)

92 최남선, 1929년 12월 「조선사의 기자는 지나의 기자가 아니다」(《괴기(怪奇)》 제2호), 아세아문제연구소 육당전집편찬위원회 편, 1973, 『육당최남선전집 2 - 한국사 Ⅱ - 단군·고조선 기타』, 현암사, 373쪽.

대하여 그 내재적 및 근본적인 깨부숨을 단행하지 아니하면 아니 되게 되었다"라고 말한 것이다.[93] 안재홍도 '해(解)'씨 왕권시대가 '기자(岐子)' — '기자(奇子)'조선으로 된 것이라고 고증하고, '기자동래'는 "전혀 근거 없이 악용된 학설"이라고 하였다.[94] 안재홍이 '기자동래 조선교화설'을 부정한 이유는 조선역사상에서 "한인(漢人)의 한 정족(正族)"인 기자가 조선에 들어와 "한족(漢族)의 문화를 조선에 펴, 크게 촌스럽고 어리석은 이속(夷俗)을 계도하고 마치 건국의 기초를 만들어준 것 같이 기록된 바 있어, 내외 인사가 모두 승인하고 통속화된 사실처럼 되었다"라고 보았던 점에 있었다.[95] 그는,

> 현재 조선 정치에 관여하는 어용학자들이 일부러 단군 말살의 정략적 혹은 편견적 견해를 내려, 그 사필(史筆)이 기자조선과 위만조선과 한사군의 연혁에서 시작하고, 힘써서 조선민족 생장과 사회발전의 진정한 역사를 부인하는 태도를 가지니, 이런 것은 의식적 행사이니만큼 또한 온힘을 다해 싸워야할 한 과목이 된다.[96]

라고 하였다. '기자조선'설의 부정이 일제 식민주의사학자들의 '단군 말

---

93 《조선일보》, 1930년 2월 15일자, 「조선상고사관견(17) 조선문화창성과정, 5. 기ᄋ리 시대의 출현(1)」.

94 《조선일보》, 1931년 1월 10일, 11일, 석간 1면, 사설 「은기자말살론, 조선사학상의 일잔재」; 안재홍선집간행위원회, 1992, 『민세안재홍선집』 4, 지식산업사, 91~95쪽.

95 위의 책, 91쪽.

96 《조선일보》, 1931년 11월 13일, 석간 1면, 사설 「단군사와 민족적 견지 – 개천절의 일감상」; 안재홍선집간행위원회, 1992, 『민세안재홍선집』 4, 지식산업사, 96~97쪽.

살'론에 대항하기 위한 것임을 밝힌 것이다.

앞서 보았듯이 신채호는 이미 『독사신론』에서부터 시작하여 1920년 전후의 『조선상고문화사』에서도 '기자조선'설을 부정하였다. 「전후삼한고」(1925)에서는 기자에 대해서는 다만 조선에 건너온 인물로만 아는 것이 가하다고 하고, 단군이 왕위를 기자에게 주었다는 설에 대해 여러 의혹들을 제시하였다.[97] 『조선사』(1931)에서는 안정복의 『동사강목』이 "공자의 『춘추』와 주자의 『강목』의 형식[科臼]에 빠져 「기자본기(箕子本紀)」 밑에 단군(壇君)과 부여(扶餘)를 부용(附庸)으로 하며, …… 너무 황실 중심의 주의를 고수하여 정작 민족 자체의 활동을 무시함이 많았다"라고 하였다.[98] 단군과 부여를 기자 밑으로 부용시킨 것은 민족을 무시한 찬술이라고 본 것이다. 그는 "기자가 조선으로 도망함은, 상(商)이 주(周)에게 망하는 동시에 상의 국교인 수두교(敎)가 압박을 받으므로, 고국을 버리고 수두교의 조국으로 돌아옴이니라"라고 하였고, 또 단군 자손이 기자를 피하여 북부여로 갔다는 설에 대해서도, 북부여의 고향 하얼빈은 아사달로서 이미 단군조선의 상경이었다고 하면서, 단군 자손의 북부여 피난은 '터무니없는 망설'이라며 채용할 수 없다고 하였다.[99] 이렇듯 단군의 발상지이자 강역으로 보는 만주 담론에서 이제 기자가 설 자리는 없게 되었다.

이상 살핀 것처럼 신채호, 박은식, 이상룡 등은 한결같이 '만주=기

97 『단재신채호전집』 제2권, 380쪽.

98 『단재신채호전집』 제1권, 610쪽.

99 위의 책, 638쪽, 643쪽.

자강역'설을 부정하거나 소중화사상을 비판하였다. '만주=기자강역'설과 소중화사상에 대한 부정은 '만주=단군강역'론이나 '만주족=단군후예'론에서 나타난 특징이었는데, 이것은 조선중화주의가 근대 민족주의로 전환하면서 나타난 현상이라고 할 수 있다. 조선 후기의 학인들이나 신채호 등 민족독립 운동가들은 만주를 조선의 고토로 보았다는 공통점이 있다. 그렇지만 민족독립 운동가들에게 만주는 중화주의 이데올로그로서의 기자의 강역이 아니라 민족주의 이데올로그로서의 단군의 강역이었다는 점에서 조선 후기의 학인들과 차이가 있었다. '기자조선'설을 부정함으로써 만주가 기자의 강역이었다는 기존 학설도 부정되었다. 이로써 만주는 단군의 발상지이자 강역으로서 더욱 강고하게 자리 잡았던 것이다. 단군의 발상지이자 강역으로 보는 만주 담론에서 이제 기자가 설 자리는 없게 되었다. 조선 후기 이래 단군강역인 동시에 기자강역으로 보았던 만주 고토는 이제 오로지 단군강역으로서만 전면화되었다.

제5장

1920년대 후반 재만조선인문제의 담론화

앞 장에서 보았듯이 1910년대는 만주의 독립운동가들을 중심으로 한 일련의 '만주=단군강역'론과 '만주족=단군후예'론이 대두하였던 시기였다. 1920년대에 이르면 이와 같은 '만주=단군강역'론 등은 국내 언론 지면의 학술 기사나 답사 기행문의 형태로 널리 보급되었다. 이와 동시에 만주를 기자강역으로 보는 기자조선설도 전적으로 부정되었다. 이로써 만주는 단군의 발상지이자 강역으로 우리 역사의 전면에 등장하게 되었다.

이에 비하여 1920년대 현실상의 만주는 조선인 무산자의 천하가 되었다. '토지조사사업'과 '산미증식계획'으로 토지를 상실한 조선 빈농의 만주 이주가 계속 이어졌기 때문이다. 동양척식회사는 만철 등과 합자하여 토지를 사들이고, 이곳에 이주 조선인을 고용하여 수전을 개발하였다. 그 결과 만주 일대의 수전 개척지는 급속히 확대되었다. 그런 가운데 일본이 만몽(滿蒙) 침탈 정책을 본격화하자, 1927년부터 중국 관헌은 만주에 거주하는 조선인(이하 재만조선인으로 약칭)에게 구축(驅逐)과 폭행,

살해 등의 박해를 가하기 시작하였다. 활로를 찾아 고국을 떠난 조선인은 이제 만주에서도 박해받으며 유리(遊離)하는 신세가 되었다. 이와 같이 1920년대 만주는 역사적으로는 단군 강역으로 인식되었지만, 현실에서는 박해받는 곳이었다. 이 때문에 국내 언론에서 재만조선인이 박해받는 사태의 원인과 대책에 대한 논의가 활발히 전개되었다.《매일신보》는 중국 측이 '남만동몽조약'에서 인정한 토지상조권을 시행하지 않기 때문에 재만조선인이 구축당한다고 보고, 토지상조권의 조속한 시행을 해결책으로 주장하였다. 그러나《조선일보》는 재만조선인이 박해받는 사태는 일본의 만몽 침탈 정책으로 인한 중국인 반일운동의 일환으로 발생한 것이라고 보았다. 따라서 문제해결을 위해서 재만조선인은 일본 국적을 버리고 중국에 귀화하여 중국인과 대등한 '민족 평등권[民族同權]'을 확보할 것을 주장하였다. 이 장에서는 이와 같은 재만조선인 박해의 실상, 그리고 그 원인과 대책에 관한 국내 언론들의 인식 등을 살펴봄으로써, 1920년대 만주 담론의 또 하나의 특징이었던 재만조선인문제에 관한 논의의 전개 양상을 검토하고자 한다.

1. 조선인 '무산자'의 만주 이주

1) 1920년대 만주 이주와 수전 개발

제1차 세계대전 이후 일본의 쌀값 폭등은 조선인의 만주 이주를 증가시키는 요인이었다. 일본의 쌀 부족을 보충하기 위해 일제는 1920년 이후 조선에 '산미증식계획'을 시행하였다. 이로 인해 자작농 및 자소작농민이 줄어들고 소작농이 늘어났는데, 주로 논농사를 짓고 있는 남부(경기도와 충청도, 경상도, 전라도)가 밭농사 위주의 북부(함경도, 평안도, 황해도, 강원도) 지역보다 더 급속히 진행되었다. '산미증식계획'으로 빈궁해진 농민 가운데 많은 수가 만주로 이주하였다. 종래에는 남선 지방민들은 일본으로, 북선 지방민들은 만주·시베리아로 이주하였지만, 1920년대 특히 후반부터는 조선 남부에서 만주(특히 서간도, 중·북만주 지방)로의 이주가 증가하는 경향을 보였다.[1] 1910년부터 1932년까지 만주로 이주한 조선인을 출신도별로 보면 〈표 5-1〉과 같다.

그리고 쌀값이 등귀함에 따라 만주에서는 중국인 지주들이 황지를 개간하거나 한전을 논으로 만들고 수전을 경영하기 위해서 조선 농민을 모집하고 있었다. 일본도 본국의 식량 부족을 조선 쌀이나 만주 쌀로 미봉하려고 1918년부터 1922년에 '동양척식회사' 지점과 '동아권업회사'를 설립하고 조선 농민을 고용하거나 소작을 주어 수전을 개척하게 하였고, 조선의 부호나 자본가들도 이에 동참하였다.[2]

1920년 만주권업회사가 이러한 예에 속하였다. 1920년 2월 10일 경성에서는 만주권업주식회사 설립을 위해 발기인 한상룡과 구기모토(釘本藤次郎) 씨가 가토(加藤) 매일신보 사장, 조진태 등과 간담회를 가졌다. 여기서 한상룡은 만주권업회사의 취지를 다음과 같이 설명하였다.

---

1 松村高夫, 1970, 「日本帝國主義下における'滿洲'への朝鮮人移動について」, 『三田學會雜誌』 63권 6호, 64~67쪽.

2 박창욱, 1991, 「조선족의 중국이주사 연구」, 《역사비평》 17호, 역사문제연구소, 188~190쪽.

표 5-1 1910~1932년 만주·시베리아로 이주한 조선인의 출신도

	1910.9 ~1914	1915~ 1919	1920~ 1924	1925~ 1929	1930~ 1932	합계	북간도	서간도	기타
경기	473	965	2,685	6,851	1,258	12,412	8,546	765	3,101
충북	369	557	842	1,520	342	3,600	2,136	716	748
충남	29	86	310	706	969	2,101	760	352	989
전북	1	78	150	508	83	816	161	62	593
전남	9	329	494	1,951	148	3,301	1,886	126	1,019
경북	8,797	16,800	3,759	10,848	3,112	42,316	5,716	34,164	2,436
경남	4,636	6,404	2,294	3,348	1,213	17,997	1,217	4,179	2,601
황해	510	3,086	4,063	7,424	849	15,971	10,120	2,416	3,435
평남	947	8,189	6,520	5,536	2,173	23,305	9,405	7,573	6,387
평북	7,112	34,654	9,189	7,704	2,879	62,038	4,087	41,944	16,007
강원	2,716	4,723	6,320	12,243	546	25,549	18,566	5,848	2,135
함남	6,066	8,374	6,309	10,551	2,377	33,681	14,578	5,124	13,979
함북	47,405	42,419	19,196	25,248	11,454	146,434	100,966	17,776	27,692
합계	79,000	126,664	62,831	93,929	27,507	390,311	178,144	131,045	81,122

참조 松村高夫, 1970, 「日本帝國主義下における'滿洲'への朝鮮人移動について」, 『三田學會雜誌』 63권 6호, 67쪽.

> 요사이 식량문제에 관해서는 세계적 공통의 대문제가 될 뿐 아니라, 더욱이 중국·조선·일본의 근린 간에서도 자못 고심하는 바이라. 그래서 이 보충책(補充策)을 강구코자 할진대 먼저 산미(産米)의 증가를 도모함이 근본적 해결책이 될 것이고, 차를 실행코자 할진대 마땅히 미개지를 개간하며 수리와 관개의 시설을 완비치 아니치 못할지라. 현재 만주 지방으로 말하면 근래 조선인이 다수 건너가서 각 방면에 걸쳐 수전(水田) 경영에 착수 중이나 그 기초가 박약하여 소위 지조(地租) 즉 상조권(商租權)이라 하는 것이 있으나, 그 제도의 불완전함은 형언키 어려운 바이라. 그뿐 아니라 수삼 년 만에 겨우 수전을 형성하면 무모한 중국 지주에게 이를 탈취당하고, 그 수확도 고리대금의 각종 명목하에 거의 전부를 희생에 바치는 참상에 있는데, 이들 조선인은 혹은 백 만이라 하며 혹은 사십만이라 하나 아마 수십만이라는 수는 확실한 모양이외다. 이들 조선인을 구제하여 생활에 안정을 주는 것도 실로 국가의 대사업이오, 또한 이에 의하여 내버려두고 돌보지 않는 만주 지방의 천연을 개척함도 오인의 사명이 될지며, 또한 이로 인하여 산미의 증가를 도모함은 현재 과잉의 인구를 포옹하고 고뇌하는 식량문제의 해결의 일방책이 될 것이다.[3]

요즘의 식량문제를 해결하기 위해 만주권업회사를 만들고, 만주에 조선인을 이주시켜 수전을 개척하겠다는 것이다. 한상룡은 이 회사가 조선총독부와 관동청의 협력을 받으면서 일본과 조선의 유력자를 망라하고 중

3 《매일신보》, 1920년 2월 13일, 2면, 「만주권업취의」.

그림 5-1 1921년도 재만조선인 분포도(조선총독부 경무국)

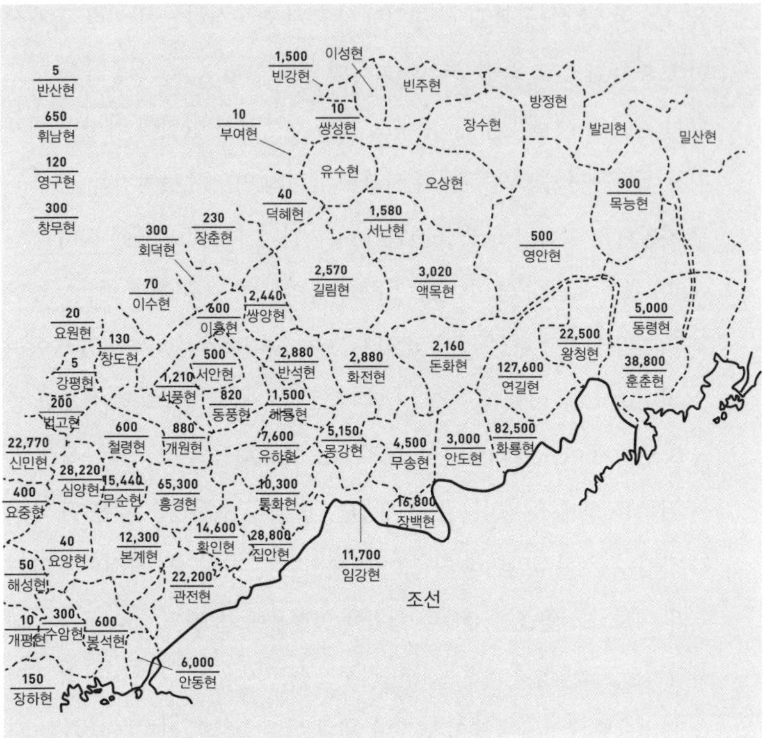

국인의 주주도 참여시킬 계획이라고 밝혔다. 이어서 가토 매일신보 사장도 연설하기를, "어찌하든지 만주에 무한한 부원은 우리의 기술과 자금력과 노력에 의하여 비로소 완전 유리하게 개척이 될 것이고, 만주의 토지는 비옥하여 개관과 배수의 시설을 완비하면 다대한 수확을 얻을 것이므로 농업 자금의 유일되는 금비(金肥)의 사용도 그 필요가 없을 것이다. 어찌하든지 본회사의 사업은 실로 국가적 대사업이오, 전도 다망한 대계획이라 하니라"라고 하였다.

《매일신보》는 사설에서 만주권업회사에 대해 이렇게 말하였다. "중국 측에서는 그 광대 비옥한 지면을 제공하고 일본 측의 자본 기술과 조선인 노력을 합한즉 삼자일치의 대회사가 눈앞에 실현코자 하니, 우리가 어찌 그 기뻐서 즐겁고 유쾌한 감을 그치고자 한들 그칠 수 있겠는가. 겨우 몇 마디 말로써 만주권업주식회사의 신속한 성립과 건전한 발달을 기원하노라."[4] 만주권업회사는 중국인의 토지에서 일본인이 자본을 투자하면 조선인의 노동력을 이용하여 발전을 도모하자는 것이다.

이후 1921년 12월에도 동양척식회사는 만몽권업회사를 설립하여 다수의 조선인을 모집하고 6년간 12만 정보의 수전을 개척하기 위해 장작림 측과 협상 중이었다.[5] 1922년 1월에는 남만주철도회사, 동양척식회사, 오쿠라구미(大倉組)가 공동 출자하여 만주 토지를 취득하는 전문기구로 동아권업회사를 설립하였다.

이런 과정 속에서 만주의 수전은 급속히 확장되었다. 예컨대 1914년 길림, 장춘 지구를 포함한 남만 지구의 수전 면적은 5306.62정보, 벼 생산량은 13만 1764톤이었는데, 1921년 전체 만주의 수전 면적은 3만 323정보, 벼 생산량은 93만 9920톤으로 증가되었으며, 1930년에는 수전 경작 면적이 9만 8140정보, 벼 생산량은 15만 4350톤으로 증가되었다.[6]

동아권업회사가 토지를 취득한 상황을 보면, 1930년에 이미 만주에서 약 12만 4672정보를 수매하였다. 그 가운데 수전 1297정보, 한지(旱地) 6440정보였고, 1932년 3월에 13만 7065정보에 달하여 수전 2089정

4 《매일신보》, 1920년 2월 14일, 1면, 사설 「만주권업회사」.

5 《매일신보》, 1921년 12월 10일, 1면, 사설 「만몽권업회사의 설립」.

6 박창욱, 앞의 논문, 190쪽.

보, 한지 5843정보였다. 이 과정에서 동아권업회사는 조선인을 이용하여 토지를 매수하거나 상조(商租)하는 경우가 많았다. 그 방법은 먼지 귀화 조선인들을 명의인으로 하여 토지를 소유하게 하고, 이것을 다시 회사와 상조계약을 체결하여 영사관을 승인을 받도록 하는 것이다. 간도에서는 동양척식회사가 귀화 조선인을 이용해 토지를 구입하는 데 투자한 자금은 1931년 동척 전체 대부금의 83퍼센트를 차지하였다. 1927년 7월 연길·화룡·왕청·훈춘 4개현의 양전(良田) 주인은 거의 동척으로 바뀐 것과 다름이 없었다. 이렇게 매수하거나 구입한 토지 중 그 용도가 농지일 경우 조선인에게 소작을 주어 수전을 개발하는 사례가 많았다. 이는 결국 조선인과 중국인이 갈등하는 빌미를 제공하였다.[7]

일제의 '토지조사사업'과 '산미증식계획'으로 인한 조선 농민의 토지 상실과 궁핍화 과정은 다수의 만주 이주민을 만들어냈다. 만주로 이주한 조선 빈농의 시련은 여기에 그치지 않고 1920년대 후반에 이르러 중국 관헌의 압박이라는 또 다른 고난을 맞이하게 되었다.

2) 조선인 무산자 천하의 만주

만주가 단군 고토라는 역사적인 자긍심을 가지고 답사한 실지에서 관찰된 조선인의 생활은 그리 자긍심을 가질 만한 상황이 아니었다. 1920년대 중반부터 국내 언론에서 만주에 대해 가장 많은 관심을 보인

7 손춘일, 1999, 『"만주국"의 재만한인에 대한 토지정책 연구』, 백산자료원, 83~86쪽.

쟁점은 재만조선인문제였다. 문제의 실상을 파악하기 위해《조선일보》는 수차례 만주로의 현장 답사를 추진하였다. 재만조선인문제에 대한 답사 기행에는 만주와 조선인에 관한 각종 문제의식이 종합되어 있다. 1924년 11월 30일부터《조선일보》는 재만조선인문제를 본격적으로 다룬「만주관견」을 연재하기 시작하였다.「만주관견」은 재만조선인의 사정에 대해서 이주 호구, 이주의 동기, 생활과 직업, 대한통의부, 일본 관헌 및 주구, 교육 상태, 금융 상태, 중국인과의 관계와 귀화 문제, 상조(商租)문제, 농업문제 등 10개의 항목으로 소개하였다.

먼저 조선인이 만주에 대해 가지는 관계와 의미에 대해서 다음과 같이 규정하였다.

> '만주와 조선인'이란 문제는 우리가 해결코자 하는 아니 해결하지 않으면 안 될 중대 문제의 하나이다. 만주에 거주하는 동포의 수는 벌써 백만을 헤아리며, 동포의 손으로써 개척된 논은 이미 5만여 정보여서, 이의 연산액이 적어도 평년 130만 석(正租)보단 적지 않을 것이라는데, 이는 전혀 무수한 동포의 고혈(膏血)을 말린 결정(結晶)이다. 이것만으로도 문제가 중대하거든, 하물며 우리 중에는 현실적 문제로 가렴주구에 감내치 못하여 다른 데 '몸'담을 곳을 구하려 하면 반드시 만주를 찾으며, 또는 고원한 이상을 품어 그 무엇을 구하려 하여도 활동의 근거를 만주에 두는 것이 가장 첩경인 현상인 것이다. 살려고 가는 사람, 쫓겨나가 가는 사람, 일하려고 가는 사람, 형형색색으로써 조선인과 만주는 영원불멸의 깊고 절실한 연고가 있다고 말하지 않을 수 없다. 그뿐만 아니다. 우리는 특별히 기억하여 두지 않으면 안 될 조건이 또 있으니, 이는 즉 소위 조선총독부의 대방침이 '조선의 옥토는 우리의 물건이니 너

희는 만주로 가서 조를 생산하는 일에 스스로 달게 여기라' 함에 있는 것은 너무나 명명백백하여 부인키 어려운 일이다. 어떠한 의미로던지 우리에게는 만주를 연구할 이유가 확실히 있으며, 기회가 있는 대로 만주사정을 내지 동포에게 소개하는 것이 또한 급무의 하나인가 한다.[8]

조선인의 만주 이주는 조선의 현실적 산물이고, 조선인과 만주는 '영원불멸'의 필연적 관계를 가진다고 본 것이다. 특히 정치·경제적인 이유로 만주로의 이주가 증대하는 현 시기에 만주 사정에 대한 올바른 인식은 매우 필요한 급선무라는 것이었다.

해당 기자는 조선인이 만주로 이주하는 동기를 6가지로 분류하였다.

1. 일한병합의 전후를 불문하고 가렴주구에 감내치 못한 것
2. 생활의 근거를 실하고 구축을 당한 것
3. 정치상 불평으로 인한 것
4. 협잡배의 일확천금을 몽상한 것
5. 범죄자의 도주로 인한 것
6. 기타[9]

이주자 대부분은 1항에서 3항까지에 속한다고 하였다. 덧붙여 말하기를

8 《조선일보》, 1924년 11월 30일, 1면, 「만주관견(滿洲管見) (1), 일기자」.

9 《조선일보》, 1924년 12월 1일, 1면, 「만주관견 (2), 일기자」.

"금일까지 고국 친지를 떠나 삭풍 황야로 향하는 이주자가 수미상접한 상태인 것은 조선 내의 조선인 생활이 얼마나 비참한 것을 증명하는 사실이다"라고 하였다. 재만조선인을 조선의 정치·경제적인 피억압자로서 인식하고 있었고, 지금도 조선에서 정치·경제적 억압이 자행되고 있음을 말한 것이다.

재만조선인의 직업에 대해서는 대개 농업으로 거의 전부가 소작농에 불과하고, 관공리나 회사상점 혹은 우편집배인 같은 봉급생활자도 약간 있으나 극히 미미한 부분으로 족히 거론할 가치도 없다고 하였다. 성공한 농가라고 해서 가 보면 소작인이고, 방 1칸 주방 1칸에 4~5 식구가 거주하고 있고, 농작은 1천지(天地, 약 1800평 내외) 규모로 지질은 중답 이하로 풍년에도 소출이 1천지에 13석에 불과하고, 경비를 제외한 수입은 9석인데 부채를 갚고 나면 식구의 생활을 유지하기가 어렵다고 하였다. 봉천시가에는 조선인 요리점이 20여 호가 있는데, 1호의 월수입은 천 원 이상이며 그중에는 10여만 원의 치부자도 있다고 하였다. 하지만 만주와 조선인이라 하면 반드시 농업을 연상하는데, 농업으로 성공가가 있다 함은 불행히도 한 사람도 있다는 말을 듣지 못했다고 한탄하였다.[10] 만주의 조선인이라고 하면 대다수의 직업은 소작농이라고 본 것이다.

만주에서 독립운동 근거지가 정착함과 아울러 일제 및 그 주구들이 암약하고 있음도 강조하였다. 먼저 '서간도' 일대를 근거로 독립운동을 하는 대한통의부에 대해서도 중앙, 지방, 의회, 의용군사령부 등에 대해서 소개하였다. 과금(課金)으로 1호당 연평균 약 7~8원 가량, 빈농인 경

10 위와 같음.

우 최소액을 1원 내로 하여 민폐가 없도록 유념하고 있어, 주민의 친화가 자못 볼 만하다고 하였다.[11] 서간도 일대가 독립운동의 근거지로서 이미 건설되고 있음을 국내 독자에게 알려주고 있는 것이다.

동시에 삼일운동 이후 조선총독부도 만주 지역의 조선인에 대한 단속 기구를 강화하고 있음을 강조하였다. 각 영사관마다 통역관과 사무관을 파견하였고, 안동과 봉천 영사관에는 조선인 부영사를 배치하였다는 것이다.[12] 총독부가 파견한 통역관은 "독립단 탐정 전문"이고 "통역관이라는 본직은 언제 어느 곳에 소용되는지 알 수 없다"고 하였다.[13] 이 외에도 수비대나 헌병대도 있는데, "이상의 모든 기관이 재류조선인을 보호코자 함이라는 것보다 철저한 취체를 가하고자 함이 그 설치의 본지요, 보호는 표면상 간판에 불과하다 함을 용이히 알 수 있다"라고 하였다. 조선인에 대한 감시는 "관동청경무서, 영사관경찰서, 헌병대는 물론이고 심지어 중국 관헌 또는 총독부 파견원까지 사방팔면으로 시선이 번쩍거"리고 있다고 하였다.[14]

이뿐만 아니라 밀정이 거미줄처럼 산포되어 있고, 보민회의 잔당도 남아 있어 조선인을 학대하고 있다고 하였다. 이들에 대해서 "동족의 '피'를 팔아먹는 것이 유일의 직업이다"라며, "명분을 독립단 취체에 핑계를 댄 후 무고한 양민을 토벌하여 살상할 뿐으로 그들에게 '개죽엄'을 당한 동포가 부지기수라 한다. 그 밖에 부녀 강간, 재산 약탈은 이루 거론할 수

11 《조선일보》, 1924년 12월 2일, 1면, 「만주관견 (3), 일기자」.

12 《조선일보》, 1924년 12월 3일, 1면, 「만주관견 (4), 일기자」.

13 《조선일보》, 1924년 12월 4일, 1면, 「만주관견 (5), 일기자」.

14 《조선일보》, 1924년 12월 3일, 1면, 「만주관견 (4), 일기자」.

도 없거니와, 왕년의 비참한 광경을 회상하면 지금까지도 모골이 오싹거린다"며, 포학한 활동을 소개하였다. 결국 1924년 봄에 대한통의부는 봉천시에 있는 보민회 본부를 습격하여, 회장 최정규(崔晶圭)[15]의 장모는 살해되고, 최정규는 행방불명이 되고 회는 자연 해산되었다고 하였다. "그러나 아직도 봉천 부근에는 비록 그 규모와 수단은 상이하더라도 조선인의 '피'를 팔아먹는 조선인 또는 일본인의 소위 '무슨 회(會)' '무슨 사(社)' 등이 있을뿐더러, 전술한 보민회의 잔당이 남아 있어서 각 방면으로 수단과 방법을 고쳐가면서 종종의 음모를 계획"하고 있다고 하였다.[16]

이러한 이유로 기자는 다음과 같이 '만주는 탐정천하다'라고 말하였다. "이와 같이 만주는 조선인을 팔아먹고 생명을 유지하는 무뢰배가 많으며, 일본 관헌 측에서는 각인각양으로 저 무뢰배를 이용하여, 조선인 행동을 정찰하는 일에 여력이 없고 편안하게 지낼 날이 없다. 그러므로 나는 봉천 어떤 일본인 고등관으로부터 여행 감상을 묻기에 만주는 탐정천하(探偵天下)라 함이 나의 소감이라고 답하였었다."[17]

「만주관견」에서는 '만주에 있는 중국인'에 관해서도 언급하였다. 예컨대 "재만 동포와 그곳 중국인과의 관계는 …… 총괄적 대체에 있어서는 현하의 사실이 원만하다고 할런지 또는 사이가 좋지 못하다고 할런

---

15 1881~1940년. 만주 보민회 회장, 대동일진회 기획위원. 이명은 최창규(崔昌圭)이다. 1920년 2월 만주에서 제우교(濟愚敎)를 설립하고 이를 중심으로 보민회를 설립해 본부 회장을 맡으면서 독립운동단체의 동향을 파악하는 한편 독립군을 탄압하는 데 앞장섰다. 1938년 11월 대동일진회가 조직되면서 기회위원에 선출되었다. 친일인명사전편찬위원회, 『친일인명사전』 3, 민족문제연구소, 772쪽.

16 《조선일보》, 1924년 12월 3일, 1면, 「만주관견 (4), 일기자」.

17 《조선일보》, 1924년 12월 4일, 1면, 「만주관견 (5), 일기자」.

지, 이 양자의 분계점을 명확하게 포착하기 극히 어렵다"라고 말하였다. '만주에 있는 중국인'에 대한 인식을 조선인과의 상호 '관계' 속에서 파악하고 있다. 그 결과는 '원만' 또는 '좋지 못함'의 구분이 불분명한 실정이라는 것이다. 그 이유에 대해 바로 이어서 다음과 같이 설명하였다.

> 그런데 나는 이와 같이 생각한다. 만약 조선과 중국의 양 민족 특히 재만조선인과 중국인의 관계가 다만 중국 대 조선, 조선 대 중국의 문제에 그쳐서 양 민족의 자유의사로써 모든 문제를 해결한다면, '친(親)'이나 '적(敵)' 양자 중 하나로써 결정하였을 것이고, 또는 적보다 친의 가능성이 풍부하였으리라 한다. 그러나 금일의 현상은 불행히 중국인이 재만 동포를 대함에 순결한 조선으로써 하지 않고 '너희들 배후에는 일본이 있다'고 하는 개념을 가지고 있다 하며, 또는 중국인 자신 특히 관헌 측에서도 조선인에 관한 문제가 발생되면, 항상 일본인의 콧김을 엿보는 것은 동삼성 및 일본의 두 위정자 간의 관계에 의하여 넉넉히 판단할 수 있다. 다시 말하면 일본인은 조선인을 비료로 삼아 동삼성의 이권을 도모하려 하고, 중국인(특히 동삼성 위정자)은 일본의 호의를 사기 위하야 조선인을 압박하지 않을 수 없다 하니, 이것이 그네의 본래의 뜻이고 아닌 것은 감히 분명히 말하기가 어렵다.[18]

이제 만주에서 조선인과 중국인의 관계는 일본에 의해서 악화되었다는 것이다. 조선인과 중국인의 관계 양상을 민간과 관헌의 두 방면으

18 《조선일보》, 1924년 12월 8일, 1면, 「만주관견 (8), 일기자」.

로 고찰하였다. 민간에서는 아직도 서로 경애하는 상태를 유지하지만, 조선의 이주자가 증가되는 부락에는 반드시 일본 경찰이 파견되므로 조선인의 다수 이주를 환영하지 않는 실정이라고 하였다. 중국인 측에서 조선인의 약함을 이용하여, 부당이득을 도모하면서 폭행과 천대를 가하는 등의 고리대금업자와 같은 악덕한 자가 있는 동시에, 조선인 측에도 왕왕 중국 농민을 속이며 일본 관헌의 위세를 빌려서 부정을 행하는 악분자가 없지 않고, 중국인을 가리켜 통칭 '되놈'(胡奴)이라고 말하는 것처럼 무단히 중국인을 멸시하는 경향이 있다고 하였다. 해당 기자는 이런 것이 비록 사소한 일이라 하더라도 결코 용인하지 못할 과실이라며, 이러한 방면에 서로 경계할 필요가 있다고 하였다. 중국 관헌 측에서는 일본의 견제를 받아 왕왕 조선인에 대해 압박과 취체가 많다고 하였다. 이렇듯 봉천 일대에서 일본인 세력이 커질수록 조선인문제는 불리하게 전환될 것은 자명한 일이지만, 장작림 부자는 조선인의 수전 개척의 공로를 인정한다거나 사상 방면으로도 조선인에게 공명하는 바가 있다고도 하였다.[19]

「만주관견」에서는 만주에서 중국인에 대한 인식이 조선인과 중국인의 상호관계 속에서 이해되고 있다. 조선인과 중국인의 관계가 일본과 그 주구 세력에 의해 억압적이고 왜곡된 내용을 갖게 되었음을 밝히고, 조선인과 중국인의 관계가 '적'이 아니라 '친'한 관계를 유지하기 위해서는 각자의 과실을 서로 경계할 것을 요구한 것이다.

따라서 재만조선인의 중국 귀화를 절대로 불허하는 총독부 방침이

19 위와 같음.

재만조선인의 생활을 고통스럽게 만든다며 이를 반대하였다.[20] 또 '상조(商租)문제'의 해결에 대해서도 일본의 정책에 따르는 것에 반대하였다. 현재 중국인의 조선인을 대하는 태도는 조선인 배후에 일본이 있다고 생각한 데서 비롯되었는데, 조선인이 상조문제에 대해 일본인과 동일한 입장을 취한다면, 그야말로 조선인의 생활은 더욱 곤란해 질 것은 명약관화하기 때문이었다. 기자는 "조선인으로서 만주에 있는 토지의 모든 권리를 획득하려 하면 어떠한 방법이 있느냐" "지난날 조선인에게 대하여는 모든 것이 관대하던 중국인의 태도가 최근 10년 이래 정반대 방면으로 향하게 된 것이 누구의 죄이냐"라고 하면서, 재만조선인으로 하여금 일본의 정책에 반대하여 중국에 귀화할 것을 넌지시 말하고 있다.[21]

기자는 현재 만주와 조선인의 문제를 종합적으로 말하여서, "모든 것이 비참하고 억울할 뿐이다. …… 목석이 아닌 우리로서 한번 만주황야를 밟는 때에 약소민족의 비애를 느끼지 않는 자가 그 누가 있으랴?"라고 하였다. 재만조선인은 '개죽엄'을 당한 경우도 많고, 탐정에 걸리어 골육상쟁하는 참극도 일어나서, 더욱이 참담한 생활이 계속되지만 도움은 받지 못하고, 오히려 "일본 관헌의 취체와 무지하고 포악한 중국 관헌의 중간에 끼여서 진퇴유곡의 곤경에 빠져 있을 뿐이다"라고 하였다.[22]

만주의 조선인 사정이 이렇다 하더라도 만주는 불가피하게 '조선인 무산자(無産者)의 천하'가 될 것이라고 예상하였다.

---

20 《조선일보》, 1924년 12월 9일, 1면, 「만주관견 (9), 일기자」.

21 《조선일보》, 1924년 12월 11일, 1면, 「만주관견 (10), 일기자」.

22 《조선일보》, 1924년 12월 15일, 1면, 「만주관견 (14), 일기자」.

> 하물며 남북만주에는 무한한 옥야가 아직 개간도 안한 채로 주인을 기다리고 있으니, 가위 천혜의 보고라 칭할 수 있으며, 더구나 근년 조선의 계속하는 가뭄과 수해는 일층 농민의 불안을 느끼게 함으로, 목석에도 의지할 데 없는 조선인의 만주 이주는 날마다 증가할 것이 당연하며 머지않은 장래에 만주는 조선인 무산자의 천하가 되리라 함은 오히려 과언이 아닐까 한다.[23]

조선인이 국내에서 자신을 용납할 만한 촌토만 있다면 결코 고향과 친지를 떠날 리가 만무하지만, 조선의 사정은 그렇지 않기 때문에 조선의 무산자의 만주 이주는 끊임없이 증가할 것이라고 본 것이다.

《조선일보》는 사설을 통해서도 국내와 만주 조선인의 무산자화를 현안으로 논급하였다.

> 조선인의 청년들은 무산자의 단결을 부르짖고 현 사회제도를 운위하는데, 조선의 통치자들은 적화의 방지를 획책하고 「치안의 유지」를 위한다. 국내 2천만의 조선인이 날로 단지 무산자로 될 뿐만 아니라, 일본에 있는 수십만의 조선인도 이미 더할 나위 없이 빈궁한 무산 군중을 지은 자들이다. 그리고 만주와 시베리아에 분포된 3백만의 조선인도 또한 모두 무산자요, 무산자로 화하고 또는 무산자 조국의 일부의 시민을 짓고 있다. 이런 사정은 이 조선인의 장래를 논하는 자라면 누구나 다시 보지 않을 수 없고 또 여러 번 한탄하지 않을 수 없을 현대가 맡겨준 일대

23 위와 같음.

현안이다.[24]

이처럼《조선일보》는 만주를 '조선인 무산자의 천하'로 인식하였던 것이다. 지금까지 단군이나 고주몽, 대조영의 고토로 보던 만주는 이제 '무산자'라는 일반 조선인 빈농의 이주지로서 의미를 갖고 보기 시작한 것이다.

그러면 국내의 지식인들은 만주로 이주한 조선인 무산자에 대해서 어떻게 생각했을까? 이에 관해 1927년 10월《조선일보》주필이었던 안재홍은 이렇게 말하였다.

> 변동된 정국, 백출하는 곤액에 부대끼어 드디어 표랑의 길에 오른 저들 수백만을 헤아리는 무산자(無産者) 화(化)하는 피압박 인민의 장래는 조선 내지 2천만의 대중과 함께 잠시도 분리하여 생각할 수 없는 문제의 파지자(把持者)이다.[25]

"억압·착취·곤고(困苦)·이산(離散)"에 처하여 무산자로 화하는 재만조선인의 장래가 조선 2천만 대중의 운명을 꽉 움켜쥐고 있다고 보고 있는 것이다.

또한 1926년 간도에서 기자로 활동했고 1927년 10월에《조선일보》만주답사 취재를 맡은 이종정은 조선의 운명에 대해 재만조선인이 가지

---

24 《조선일보》, 1925년 11월 25일, 1면, 사설「재만조선인문제 - 교거증서(僑居證書)와 상조문제(商租問題)」.

25 《조선일보》, 1927년 10월 11일, 1면,「만몽답사를 송(送)함(하), 안재홍」.

는 의미에 대해서 이렇게 말하였다.[26]

> 손문 혁명 이래로 군벌의 횡포와 골육상쟁에는 비록 여일이 없다 할지라도, 열국에게 이리저리 상실하였던 모든 이권을 회수하고 그들의 침략주의에 어디까지 반항하는 정신만은 남북이 일반이다. 그러므로 남방에 있어서는 배영(排英) 배일(排日) 운동이 자못 격렬한 바 있고, 북방에 있어서는 배일 운동이 만주 전역에 걸쳐서 봉화를 들기 시작하였다. 이와 같이 하여 중국의 암담한 풍운은 언제나 하늘과 해를 보게 될는지 전도를 예측키 어렵거니와 이 땅에 우거(寓居)하고 있는 수백만 동포의 안부는 알지 못할 것이다. 과연 어떠하다고 할까. 원래 만몽이라고 하면 역사적으로 보든지 또는 지리적으로 보든지 우리 반도와 특수한 관계가 있는 것이다. 이 땅이 한 옛날 우리 조상의 안주지(安住地)였던 것은 회고함이 도리어 무익하다 할지라도, 목하 수백만 백의 대중이 주거하는 지대임에 있어 또는 우리의 만대 자손이 이 땅에서 나서 이 땅에서 번영할 억만년 미래를 생각할 것 같으면, 우리는 도저히 이 땅의 사정을 등한시 할 수는 없을 것이다. 그뿐만 아니라 고국에 있어서 나날이 생활의 파멸을 당하고 쫓겨나는 무산대중의 살 길을 찾는 곳도 만주 벌판이라 할 것이며, 남다른 의지와 포부로 고국을 떠나는 지사가 찾

---

26 기자 이종정은 1926년 4월경 간도 용정촌에서 동만청년총연맹 회장 이인구(李麟求, 시대일보 지국장)가 단장으로 있는 '기자단'에서 사정현(史廷鉉), 이교범(李敎範) 등과 간부로 활동했다(「간도 및 혼춘지방 조선인의 결사 단체 조사 보고에 관한 건」, 『불령단관계잡건 - 조선인의 부-재만주의 부 (43)』, 국사편찬위원회). 그해 6월 초에는 북간도의 역사, 지리, 행정, 산업, 교육, 고적 등을 소개한 책 『간도사정』을 펴내기도 하였다(《동아일보》, 1926년 6월 8일, 3면, 「신간소개」). 간도일보 창간 시에 참여했지만 오래지 않아 그만두고, 조선일보 간도특파원으로 활동했으며, 그러던 중 1926년 겨울 경성으로 들어와 조선일보에서 근무하기 시작했다(《조선일보》, 1927년 10월 9일, 1면, 「만몽답사를 송함(상), 안재홍」).

는 활무대(活舞臺)도 이 만주 황야라고 하지 않을 수 없는 것이다. 그렇다면 우리는 먼저 어느 민족보다도 이 만주와 몽고 연해주 일대에 대한 사정을 잘 연구하여야 할 것이며, 모든 생존권도 확립케 하도록 노력하여야 할 것이다. 이것은 결코 야심에서 나온 것도 아니요, 만주는 우리 반도의 연장지역이요, 이 땅에 주거하는 동포의 생명이 또한 내지 동포의 생명 연장이니까, 우리는 우리의 생명을 더욱 연장시키기 위하여 이 땅의 개발에 최선의 노력을 다할 것이며, 합리한 수단과 방법으로서 국제적 지위에 처하여 모든 권리를 수호 신장하기에 전심하여야 할 것이다.[27]

수많은 동포가 살고 있는 만주 전역에서 중국인의 '배일운동'이 거세지고 있음을 중시하고 있다. 그러면서 이런 만주에서 활로를 찾을 수밖에 없게 된 조선인 '무산대중'의 생존권은 조선과 본국 조선인의 생명과도 같다고 보았다. 이제 배일운동이 본격화한 만주 땅에서 조선인 '무산대중의 살 길'을 확립하는 것은 조선과 조선인의 생명을 연장하는 길이라고 보고 있는 것이다.

27 《조선일보》, 1927년 10월 15일, 4면, 「만몽답사여행기 (1), 이종정」.

2. 재만조선인문제의 발생

1) 1927년 중국의 재만조선인 압박정책

만주에 거주하는 조선인이 중국 관헌으로부터 구축당하는 일은 1920년대 초반부터 시작되었다. 이것은 1920년 10월 30일 일본 정부가 조선독립운동을 탄압하기 위해 중국 측과 협정을 체결한다는 방침을 결정한 데서부터 조성되었다. 이때부터 조선총독부는 계속해서 중국 당국과 접촉하며 만주의 조선인 독립운동자들을 탄압하기 위한 협정을 획책하였다.[28] 결국 1925년 6월 11일 총독부 경무국장 미쓰야(三矢宮松)와 봉천성 경무처장 우진(于珍) 사이에 '불령선인의 취체에 관한 조선총독부 봉천 간의 협정', 소위 '미쓰야(三矢)협정'이 체결되었다. 이 협정 이후 중국 관헌은 재만조선인의 이주를 '제한'하는 정책을 실행하였다.[29] 그렇지만 아직 재만조선인을 배척하는 상황으로 이어진 단계는 아니었다.

재만조선인에 대한 본격적인 "압박"은 1927년 봄부터 시작되었다.[30] 1927년부터 중국의 재만조선인에 대한 박해가 심화된 데에는 일본의 만

---

28 황민호, 1995, 「1920년 후반 재만한인에 대한 중국 당국의 정책과 한인사회의 대응」, 『한국사연구』 90, 한국사연구회, 228~229쪽; 신규섭, 2004, 「1920년대 후반 일제의 재만조선인 정책 -'선만일체화'의 좌절과 삼시(三矢)협정-」, 『한국근현대사연구』 29, 한국근현대사연구회, 185~191쪽.

29 이훈구, 1932, 『만주와 조선인』, 평양숭실전문학교경제학연구실, 240쪽. 미쓰야협정의 중요한 사항은 ① 조선인의 호구를 엄격히 조사하고 패(牌)를 편성하여 상호감시하게 한다. ② 조선인 소유의 무기를 몰수하고, '불령선인 단체'를 해산하여 조선에의 침입을 엄금한다. ③ 일본 관헌이 지명한 '불령조선인'을 중국 관헌이 체포하여 일본 관헌에게 인계한다. ④ 중·일 양 경찰은 월경을 금지한다는 것이었다. 신규섭, 앞의 논문, 192쪽.

30 이훈구, 위의 책, 241쪽.

주 침략 정책이 중요한 원인으로 작용하였다. 일본 정부는 1927년에 들어서 4월에 산동출병을 단행하였고, 6월에는 이른바 동방회의를 개최하고 8개항의 중국 정책 강령을 발표하여 만주에 대한 적극정책을 공식화하였다. 10월에는 장작림으로부터 돈화, 장춘, 길림, 해림 등의 철도부설권도 획득하여 북만으로 진출할 수 있는 길을 확보하였다.[31] 이와 더불어 일본이 만주 중국인의 민족 감정을 크게 자극한 것은 동변도(東邊道) 임강현(臨江縣) 모아산(帽兒山)에 영사관을 설치하려는 사건이었다. 1927년 3월 일본이 동변도 임강에서 조선인을 보호한다는 명분 아래 영사관을 설립하려고 하자, 중국 관민이 이에 반대하는 운동을 일으켰다. 이후 중국인의 반일운동은 만주 전역으로 전파되었고, 재만조선인에 대한 박해와 추방으로 이어졌다.[32]

1927년 이후 중국의 재만조선인 박해는 일반 조선인을 대상으로 한 정책적 박해였다. 1920년대 초반의 구축 명령은 일차적으로 조선인 '마적(馬賊)'이나 '불량배(不良輩)' 등을 근절하기 위한 것이었다.[33] 1925년 6월 '미쓰야협정'도 명목상으로는 이른바 '불령선인(不逞鮮人)'을 대상으로 한 것이었다. 이러던 것이 1927년 초부터는 각종 법령을 통해서 평범한 재만조선인도 구축하기에 이르렀던 것이다.

중국 관헌의 재만조선인에 대한 압박은 크게 세 단계를 거치면서 진행하였다. 첫째로 1925년 이래 "각지의 중국 군경이 미쓰야협정을 이

---

31 황민호, 앞의 논문, 229쪽.

32 손춘일, 2001, 「만주사변 전후 재만조선인 문제와 그들의 곤경」, 『정신문화연구』 83, 한국학중앙연구원, 153~154쪽.

33 조선총독부경무국, 1930, 『在滿鮮人ト支那官憲, 附 滿洲ニ於ケル排日運動』, 293쪽, 311쪽.

유로, 조선인 독립단 취체라는 구실하에, 농가에 가서 검속하며 금품을 강요하고 개인의 이익을 채우는 일이 발호한 것"이고, 둘째로는 "1927년 9월부터 이듬해 1월까지 만주 전역의 대대적 압박사건"이 발생하였으며, 셋째로 1930년 이래 "흥경(興京)·유하(柳河)·청원(淸源)·철령(鐵嶺)·돈화(敦化)·봉황성(鳳凰城) 등 배일사상이 강한 현지사(縣知事)가 관하의 조선 농민을 구축하기 위해, 군경·지주 등으로 하여금 무조건 조선 농민을 압박하고, 토지 가옥의 대차를 방해한 것" 등이었다.[34] 이렇듯 재만조선인의 피압박 상황은 1925년·1927년·1930년 등 세 차례의 계기를 거치면서 확대되고 심화되었다.

재만조선인에 대한 압박 방법은 "처음에 가혹한 세금의 강탈, 학교의 간섭에서 시작하여 끝내는 토지·건물의 강탈과 축출을 정부의 고압적 명령으로 자행하여 왔다."[35] 구체적으로 열거하면 토지·가옥의 대차 거절, 소작료와 집세의 부당 인상, 학교의 해산 또는 폐쇄, 퇴거 명령, 소작료와 집세의 수령 거절, 귀화 강요 혹은 교거증명서(僑居證明書) 휴대 강요, 부당과세 또는 무리한 벌금처분, 군경의 개인적 금품 탈취, 구타 혹은 폭행, 모욕, 가택 또는 신체 수색 등이 있었다.[36]

1927년 중국 당국의 재만조선인에 대한 구축 정책의 구체적인 진행 상황을 보면 다음과 같았다. 2월 27일 봉천성장은 각 현에 명령하기를, 종래 중국에는 조선 이주자가 많아 중·일 간 국교문제가 자주 생길 뿐

34 김삼민(金三民), 1931, 『在滿朝鮮人の窮狀と其の解決策』, 新大陸社, 65~66쪽; 김효성(金曉星), 1934, 『更生途上に在る滿蒙の朝鮮人』, 滿洲新民團, 2쪽.

35 《조선일보》, 1927년 12월 4일, 1면, 사설 「재만 동포구축에 대한 항의」.

36 김삼민, 앞의 책, 68쪽.

아니라 국권을 침해하는 일도 심하므로, 중국 지역에 이주하고 있는 조선인을 전부 국외로 방축하도록 하였다. 중국에 입적하지 않은 자는 중국인 지주가 같은 해 10월 1일로 임차 농경지 전부를 몰수하여 다른 곳으로 추방한다는 서약서를 징수하고, 기일 내에 실행시키지 않고 위반하여 조선인에게 농작시키는 자는 엄벌에 처한다고 하였다.[37] 봉천성장의 명령은 곧 각 현에 영향을 미쳤다. 곧 바로 관전현(寬甸縣) 서구(西溝)의 조선인에게 본년도 수확 이후 토지의 임차는 물론이고 소작 계약도 불가능하게 만들어, 추방 문제가 같은 현 각지에서 대두하였다.[38] 또 3월 7일 봉천성장은 공태보자(公太堡子) 경찰소에 「조선 농민 구축에 관한 훈령」을 내려, 각 촌의 거류 조선인을 불일내(不日內)로 구축하고, 이를 수행하지 못한 택지(宅地) 소유주는 즉각 연행하여 임차 상황을 심문하도록 하였다.[39]

특히 임강현 모아산 일본 영사관 설치 반대운동은 6월 7일 임강현 팔도구(八道溝)의 조선인 120호에 대한 퇴거명령으로 이어졌다. 명령에 응하지 않으면 경찰서로 인치하여 엄벌에 처하고, 조선인 집의 문에 못질을 하거나 취사도구를 빼앗고, 심지어 구타와 폭행을 가하기도 하였다. 이 때문에 각지의 오지로 이전한 조선인이 100여 호, 500~600명에 달하였다. 임강현 모아산 영사관 설치 사건 이후, 재만조선인에 대한 압박은 다른 지방으로 확대되어 봉천성에서는 '전성적(全省的)'인 것이 되었다.[40]

---

37 조선총독부경무국, 1930, 앞의 책, 293~294쪽.

38 위의 책, 272쪽.

39 二村光三, 1928, 『在滿鮮人壓迫事情』, 남만주철도주식회사, 147쪽.

40 조선총독부경무국, 앞의 책, 7~10쪽.

봉천성에서만 가해지던 압박이 1927년 9월경부터는 길림성에까지 미쳤고, 조선인 압박에 관한 중요한 명령 또한 1927년 9월 이후부터는 길림성에서도 제정되었다.[41] 앞에서 1927년 9월 이후부터를 '만주 적역의 대대적 압박사건'의 시기라고 한 것은 조선인에 대한 압박이 이때부터 만주 전역으로 확대되었기 때문이다.

1927년 말에는 길림성의 각 현에서 다방면의 여러 가지 '취체법'을 만들어 재만조선인을 압박하였다. 예컨대 길림성장은 11월 19일에 이르러서는 중국에 입적하지 않은 조선인은 단 한 사람도 남김없이 15일 이내에 구축하라는 엄명을 관내 경찰관에게 하달하였다. 그리하여 지방경찰관의 아래에 있는 천가장(千家長), 백가장(百家長)이 조선인 구축을 철저히 한다는 서약을 하였고, 길림성 쌍양현(雙陽縣) 부근에서는 중국 지주가 경찰의 강압적 명령에 못 이겨 조선 농민 9호, 40여 명을 마차에 묶어서 장춘 시가지로 실어 나른 후 길거리에 부리어 놓는 사건까지 발생하였다.[42]

1928년부터 1931년까지 재만조선인 압박을 위해 중국 측에서 발표한 훈령의 종류를 관청별로 정리하면 〈표 5-2〉와 같다.

---

41 二村光三, 앞의 책, 1쪽, 9~10쪽.

42 《조선일보》, 1927년 12월 4일, 1면, 사설 「재만 동포구축에 대한 항의」.

표 5-2 1928~1931년 재만조선인 압박을 위한 중국 훈령의 유형

	국민정부	요녕성	길림성	흑룡강성	기타	계
일반훈령	2	4	19	-	4	29
토지훈령	4	26	38	-	2	70
토지·가옥관계	2	2	1	-	-	5
가옥관계	1	4	1	-	-	6
거주관계	1	20	13	2	-	36
거주·왕래관계	1	-	3	-	-	4
교육관계	6	8	12	-	1	27
종교관계	-	1	-	-	1	2
귀화관계	5	6	17	1	-	29
민회관계	1	-	2	-	-	3
농업관계	-	11	9	-	-	20
상업관계	1	2	-	-	-	3
보통 취체(取締)	2	8	21	-	-	31
'공비(共匪)' 취체	-	8	16	-	3	27
'선비(鮮匪)' 취체	-	3	9	-	2	14
보호 및 회유	1	6	7	-	2	16
합계	27	109	168	3	15	322

참조 국제연맹 지나(支那)조사 외무성준비위원회, 1932.04, 『日本ト滿蒙』(再訂假定版), 173~174쪽. '기타' 란에는 군부, 동북성정부, 동북정무위원회 등이 포함됨.

2) 재만조선인의 피구축(被驅逐)과 피학살(被虐殺) 상황

구축당하는 재만조선인 상황

1927년 10월 재만조선인 배척사건의 진상 규명을 위해 만주 현지를 취재한 조선일보 기자 이종정은 재만조선인이 중국 관헌에게 압박받는 현실을 이렇게 비판하였다.

> 이와 같이 비옥한 평야의 개척자도 우리 백의 형제언마는 이 철도 연선에서는 별로 형제의 면목을 볼 수 없으니, 그것은 다름이 아니라 이곳은 북간도와도 달라서 우리 동포에게는 토지 소유 획득권이 없으므로 중국인의 황무지를 개간하여 주거나 그들의 토지를 소작하여 주다가, 최근 2~3년 이래로는 조선총독부 전 미쓰야(三矢) 연락국장과 장작림 사이에 소위 만주조선인 취체에 대한 비밀조약이 체결된 이후로, 중국 관민의 압박은 날로 심하게 되어, 피땀으로 개간한 이 토지도 그저 중국인에게 물려주고 북으로 북으로 자꾸 들어가게 되었다고 한다. 그리하여 지금 얼마 남아 있는 동포들도 불과 수년 이래로는 모조리 이 터전을 떠나지 아니치 못할 처지에 있다고 한다.[43]

조선인이 자신의 피땀으로 개척한 만주 땅에 정착하지 못하고, 오지로 떠나야 하는 처지를 한탄하였다. 활로를 찾아 고국을 떠나 만주로 이주한 재만조선인은 여기에서도 보호받지 못하고 또 다시 유리(遊離)하는 신

43 《조선일보》, 1927년 10월 16일, 4면, 「만몽답시여행기 (2), 이종정」.

세가 되었다.

> 이와 같이 수많은 형제의 만주 이주로 말하면, 말할 것도 없이 고국에서 모든 생활 방도를 잃고 견디다 견디다 못하여, 앉아서 죽음을 기다리는 것보다는 차라리 나아가서 살 길을 찾아보겠다는 인간 최후의 욕망으로, 남부여대(男負女戴)하여 북으로 북으로 쫓기어 나온 무산형제들임을 인제 새삼스럽게 논할 필요조차 업거니와, 이곳에 와선들 무슨 도리가 나서지 못할 것은 너무나 명백한 사실이라고 하겠다. …… 우리 만주 이주 형제들로 말하면 이와 같은 보호는커녕 도리어 날이 가면 날이 갈수록 해가 가면 해가 갈수록 간 곳마다 얻는 것은 고생뿐이요 박해뿐이다. 어찌 그뿐이겠느냐? 어떠한 때에는 수십 수백의 동포가 한꺼번에 몹시 참혹한 일을 당할지라도 아무 호소조차 할 길 없는 약하고 설움 많은 민족들이 아니냐? 이와 같은 사정은 먼 예는 들지 않더라도 최근 수년 동안에만 발생된 집안현 사건이라거나 홍경현, 유하현 등지에서 일어난 사건만으로도 넉넉히 이를 증명할 수가 있는 것이다.[44]

조선의 무산대중이 활로를 찾기 위해 이주한 만주에서조차 보호받기는 커녕 날이 갈수록 더해지는 것은 고통과 박해라는 것이다.

1927년도 재만조선인의 피압박이 얼마나 극심했는지는 통계로 확인할 수 있다. 1925년도 재만조선인의 피압박 건수는 30건이었지만,[45]

---

44 《조선일보》, 1927년 11월 23일, 4면, 「만몽답사여행기 (15), 이종정」.

45 二村光三, 앞의 책, 213쪽.

표 5-3 1927.1~1928.2 재만조선인의 피압박 월별 건수

연도	1927												1928		계
월	1	2	3	4	5	6	7	8	9	10	11	12	1	2	
봉천성	4	2	4	8	2	3	1	0	3	9	43	22	1	3	107
길림성	0	0	0	0	0	0	0	0	2	1	25	35	0	0	63
계	4	2	4	8	2	3	1	0	5	10	68	57	1	3	170

참조 니무라(二村光三), 1928, 『在滿鮮人壓迫事情』, 남만주철도주식회사, 2쪽. 봉천성의 월별 건수의 합계는 107건으로 되어 있는데, 실제 합계를 해보면 105건이지만, 원 자료의 어디가 잘못인지 판단할 근거가 없어 그대로 옮겼음.

1927년 1월부터 1928년 2월까지 피압박의 전체 건수는 약 170건이나 되었다. 1927년의 피압박 건수는 1925년에 비해 5배가 훨씬 넘었다. 이를 봉천성과 길림성의 월별 건수 표로 작성하면 〈표 5-3〉과 같다.

전체 피압박 건수 170건 가운데 관헌이 직접 압박한 것은 150건이고, 지주가 압박한 것은 20건이었다. 지주의 압박도 대개 관헌의 강제적 명령에 따른 것이었다. 압박 건수 중 '퇴거명령'이 71건으로 가장 많았고, 귀화하지 않거나 '불령(不逞)'하다는 연유로 퇴거명령을 낸 것도 있지만, '무조건퇴거명령'을 발한 예도 자못 많았다. 다음으로 많은 것이 '귀화명령' 32건으로 길림성에서만 27건이나 다수 집중되었다.[46] 압박의 방법별로 봉천성과 길림성에서 벌어진 압박 건수를 작성하면 〈표 5-4〉와 같다.

또한 1929년 10월 남만철도회사 조사국이 발표한 자료에 따르면,

---

46 위의 책, 3~5쪽.

표 5-4 1927.1~1928.2 재만조선인 피압박 종류별 건수

	관헌의 직접 압박	지주·가주의 압박	퇴거 명령	귀화 명령	소작 관련	풍속 계역	금전 관련	폭행	학교 폐쇄	합계
봉천성	89	18	41	5	18	6	26	11	0	107
길림성	61	2	30	27	0	0	0	5	1	63
계	150	20	71	32	18	6	26	16	1	170

참조 니무라(二村光三), 앞의 책, 5~7쪽. 소작관련 항목에 포함된 방법에는 명년도 소작료 불수령, 계약의 파기 및 금지, 토지임대 기간의 제한 등이었고, 금전 관련 항목에 속한 것으로는 교거(僑居) 증명, 집조(執照), 벌금, 과세 등이었다.

1927년에 재만조선인이 축출당한 회수는 총 181건이었다. 구체적으로 거주권 박탈 94건, 소작권 박탈 17건, 불법 징세 12건, 이주허가증 박탈 7건, 강제입적 및 풍속변경 42건, 아동교육의 방해 6건, 불법체포 및 불법과료 3건 등이었다.[47] 이 자료에서도 앞선 자료에서처럼 퇴거, 귀화, 소작 등의 문제가 순서대로 대다수를 차지하였다.

1929년간에서도 수삼 연래 지속하는 재만조선인의 "피압박의 사실은 가속적으로 또 혹심하게 만주의 각 지방에 확대되고" 있었다.[48] 1929년 3월《조선일보》의 보도 사례에서는,

최근에 보도된 일건의 사실을 볼진대, 무순(撫順)의 오지인 흥경·통

47 이훈구, 1932, 『만주와 조선인』, 평양숭실전문학교경제학연구실, 243~244쪽.

48 《조선일보》, 1929년 6월 6일, 1면, 「시평 - 동포 압박 혹심」.

화·유하·해룡 방면으로부터 꽤 많은 세월에 자기 손으로 개간한 경지를 빼앗기고 무순을 통과하여 북만으로 유전하여간 무리가 최근 1개월간에 820호, 5150인의 다수에 달하였다 하니, 이는 실로 놀라운 일이 아니라 할 수 없다. …… 중국인 지주와 동포농민들 사이에 체결된 소작계약이 처음에 소작 6분, 지주 4분이었음에 불구하고, 올해에는 소작 3분, 지주 7분의 소작조건으로 다시 바뀌었다 하니, 이것만 보더라도 동포들의 지위가 얼마나 얼마나 불리한 것을 알겠거든, 하물며 일용품 비료대 등을 지주 혹은 지주관계의 점포로부터 고가로 빚을 당겨쓰고 수확기에 빚을 갚음에 있어서야, 일 년 간의 노작도 수포에 돌아가고 말 것이 아닌가! 청명(淸明)절을 앞에 두고 토지계약을 다시 고칠 시기에 당하여 지주의 압박으로 쫓겨나가는 동포들의 참상이야말로 말로 다 할 수 없다.[49]

라고 하였다. 6월에도 다음의 사례를 소개하였다.

작금의 소식으로만 보더라도 관전(寬甸)현을 중심으로 한 소작반환 강요, 부채의 독촉, 종자의 차압, 그로 인한 부녀의 모욕, 이주자의 거주제한, 3~4배에 달하는 과세의 증가책이 그 실례이고, 유하(柳河)현 같은 데에서는 조선인 방축하자는 현민 대회의 결의, 통화(通化)현을 필두로 하여 훈춘(琿春), 북간도(北間島) 일대까지에는 조선인학교의 폐쇄 및 폐쇄 명령이 있어서, 국자가(局子街) 관내 사립 길성(吉成)학교에 대하여

49 《조선일보》, 1929년 3월 11일, 1면, 사설 「다시 재만 동포문제에 대하야」.

는 교장 이하 선생과 학생 20여 인의 불법 감금 등이 있었고, 가장 심한 일례로는 동중선(東中線) 녕안현(寧安縣) 목단강(牧丹江) 역 □산둔(□山屯)에서 5월 29일 밤 중국걸인 등의 방화에 인한 조선인촌락 20여 호의 전소, 10여 인의 사상자가 생겼다는 소식까지 있다.[50]

9월 요녕성 개원(開原)에서는 그해 여름 수재를 당한 조선 농민이 모두 파산하게 된 것을 기회로 삼아 토지대여금지령을 실시하고 52호의 조선인 농가를 구축하였다. 길림성 농안현에서도 이와 유사한 사건이 있었다.[51]

재만조선인의 피구축 상황은 1931년에 이르러서도 그치지 않았다. 1931년 한 해에 불법체포 및 과료를 당한 조선인의 수는 2000명에 달하였다.[52] 3월 중국 정부에서는 재만조선인 압박에 관한 밀령을 요녕성에 이어 각 성의 현(縣)정부에 지령하여 적극적으로 압박할 계획을 세우고 있었다. 그 지령의 내용은 종래의 것과 달라서, 이미 거주한 자에 대하여서는 여러 가지 구실을 가지고 적극적으로 퇴거를 명하고, 새로 이주하는 자에게도 역시 불량하다는 구실로 이주를 시키지 않을 방침이라는 것이었다.[53]

이처럼 재만조선인의 피압박 건수는 1927년 말을 고비로 수그러들었더라도, 1928년 이후에도 재만조선인 피해 상황은 계속되었다. 1928년

50 《조선일보》, 1929년 6월 6일, 1면, 「시평 – 동포 압박 혹심」.

51 《조선일보》, 1929년 9월 10일, 1면, 사설 「재외조선인과 국제적지위」.

52 이훈구, 앞의 책, 250쪽.

53 《조선일보》, 1931년 3월 17일, 7면, 「요녕성정부의 동포구축령」.

부터 1930년까지 3년간 중국 관헌의 조선인압박 중 중요한 것으로 퇴거강요가 50건, 부당 과세가 약 10건, 조선인학교 폐쇄 등 60건, 소작금지 15건 등이었고, 기타 열거할 수 없이 작은 사례도 많았다. 동시에 조선인이 중국 군인 또는 경찰관의 불법 부당한 행위로 입은 신체상·재산상 손해도 매우 많았다. 예컨대 1931년 간도 지방에서 '공산당 사건' 이래 무고한 조선인으로 살해당한 자가 16명, 상해 입은 자가 약 10명, 재물을 강탈당한 것이 약 380건에 달하였다. 1931년 초부터 9월 말까지 퇴거강요가 57건, 불법체포 6건, 영업과 경작 방해 4건, 조선인 학교 압박 7건에 달하였다.[54]

학살당하는 재만조선인

만주에서 조선인의 피압박 상황은 이주지에서 구축되는 것에서 그치지 않고 학살까지 당하기에 이르렀다. 1927년 5월 14일자《조선일보》는 "한국○○당이 이곳에 근거를 두고" 있는 봉천성 집안현에서, "중국 관리와 군인들은 암암리에 세상에 알지 않도록 무고한 조선 청년을 많이 살해하여 작년부터 지금까지 중국 관헌에게 살해를 당한 수효가 벌써 이백여 명에 달한다"는 기사를 보도하였다. 더욱이 중국 관병은

> 조선 청년을 죽인 후에, 그 죽은 시체의 해골을 깨트리고 배를 가르며 불알을 뽑아내어 노변에 내버려두는 등 차마 사람으로서 감히 하지 못

54 국제연맹지나조사 외무성준비위원회, 앞의 자료, 171~172쪽.

> 할, 세계에 드문 참혹한 행동을 한다.[55]

라고 하였다. 이어서 '한국○○당'의 성토문을 빌려서 보도하기를, 집안현의 중국 관리와 군병이 일본 영사관과 내통하여,

> 조선 사람을 죽이고 그 목을 중국 관청에 갖다 주면, 이에 대하여 여름에 신는 신 두 켤레의 상금을 받으며, 더욱 이곳의 산골짜기에 거주하는 조선 농민은 머리를 깎은 사람이 없는데, 중국 군병은 이 같은 산골짜기에까지 찾아 들어와서 무고한 농민을 잡아다가 죽인 후, 머리를 깎이고 목을 베어 관청으로 갖고 가면 사십 원의 상여금을 받고, 만일 죽이지 않고 그대로 갖고 가면 이십 원의 상금을 받는다.

라고 하면서, 희생자들의 이름을 보도하였다. 또한 사건 당시에 집안현 "일본 영사관의 밀정으로서 중국 군병과 같이 결탁하여 조선 사람을 죽인 조선 밀정은 수십여 명이나 된다"라고 하였다.[56]

또한 재만조선인에 대한 학살은 공산주의자라는 구실을 가지고도 자행되었다. 1929년 3월부터 중동철도 관리권을 놓고 분쟁을 거듭하던 중국과 소련 양국은 결국 8월 말부터 교전을 시작하였다. 교전은 흑룡강 동부의 밀산(密山) 지구와 서부의 만주리(滿洲里)·하이라얼[海拉爾] 지

55 《조선일보》, 1927년 5월 14일, 2면, 「중국집안현 하에 흐른 이백여 백의족의 벽혈(碧血)」.

56 당지 조선인 밀정으로는 "김해운(金海雲), 염천구(廉天九), 송익순(宋益淳), 최룡호(崔龍浩), 박춘근(朴春根), 윤창룡(尹昌龍), 주득승(朱得勝), 이영세(李永世), 김병길(金丙吉), 김(金)○○, 오덕성(吳德成), 김장성(金長成), 조해룡(趙海龍), 황(黃)○○ 외 수십인"이 있다고 보도하였다.

구를 중심으로 전개되고, 11월 중에 우세한 소련 측이 연달아 점령하였다.[57] 이때에 중국 군인에 의한 조선인 학살이 이루어졌다. 조선인이 소련 측에 가담하였다는 것과 소련군의 정탐자로 활동했다는 구실로, 중국 순찰·장교 등이 무시로 조선인에 대하여 가옥을 침입, 신체를 수사, 약탈·침해하였고, 만주리 일대에서 패퇴한 중국 병사는 위와 같은 구실로 2백여 인의 조선인을 체포하여 그중 1백여 인을 살해하였다.[58]

이처럼 "조선민족주의자를 제재(制裁)한다는 구실과 조선공산당원을 체포한다는 구실하에" 중국 "지방의 소관리들은 조선인에게 강탈할 수 있는 것은 무엇이든지 강탈을" 하였고, "중국 관헌은 구축의 수단으로 공산당의 혐의, 미쓰야(三矢)협정을 배경으로 한 민족주의단체와 단원의 혐의로, 조선이주민 구축의 구실과 핑계를 대어 철두철미한 압박을 가하여 왔다."[59]

특히 1930년 이후 재만조선인에 대한 약탈, 폭행, 살해 사건은 자주 일어났다. 1930년 5월의 간도공산당 사건과 8월의 길돈선(吉敦線) 철로 파괴사건의 여파였다. "1930년 봄에는 공산주의 선전이 조선인 사이에 성행하였고, 초가을에는 조선 공산주의자가 중국공산당과 합류하여 길돈(吉敦)철로의 철교를 파괴하였다. 이 사건이 중국 관헌으로 하여금 재만조선인 전체에게 매우 엄하고 매서운 처분을 하게 한 구실을 만들었다. 조선이민자에 대한 추방, 살해, 강탈 등 수많은 사건이 가을철과 겨울

---

57 鈴木隆史, 1992, 『日本帝國主義と滿州 1900~1945』 下, 塙書房, 27~28쪽.

58 《조선일보》, 1929년 9월 10일, 1면, 사설 「재외조선인과 국제적지위」.

59 이훈구, 앞의 책, 249쪽, 256쪽.

철에 걸쳐서 계속적으로 신문지상에 보도되었다."[60] 예컨대 9월《동아일보》는 보도하기를 "멀리 단편적으로 전해오는 소식임에 그 진상을 아직 포착하기 어렵거니와, 혹은 지난 '메이데이'의 북간도의 습격사건 및 그 후의 길돈선 철로파괴사건이 중국인 및 조선인의 공산파의 합작운동이라는 혐의로서 공산당 검거를, 조선인 부락을 수색하여 많은 농민청년을 체포했다하며, 혹은 그 검거 수색의 기간에 약탈 폭행의 사실이 있다하며, 혹은 피검한 청년들을 다수 총살했다고도 하며, 혹은 이 기회에 조선인의 행동을 일층 엄중 감시하며 조금이라도 혐의가 있을 때는 그 자리에서 쫓아내기로 밀령을 발했다고도 하는 것이 최근의 단편적 소식들이다"라고 하였다.[61]

중국인 병사들은 공산주의자라는 명목하에 조선인을 야만적·비인간적으로 살해한 경우가 많았다. 1930년 9월 5일 길림성 돈화현성 서문밖 사형장에서 조선인 15명을 공산당원이라는 구실하에 전부 총살하고, 해당 지방의 조선 농민 전부를 구축하였다. 조선인에게 잔인한 행동을 가한 자로는 중국인 병정 이외에도 '자경단(自警團)'도 있었다. 1930년 중국 관헌에게 입은 간도조선인의 피해 상황을 보면 〈표 5-5〉와 같다.

1930년 이후 '만주사변' 이전까지 중국 관헌이 조선인을 민족주의자 또는 공산주의자라는 핑계로 구축·약탈·폭행·살해한 사건은 다음과 같은 사례들이 더 있었다. 1930년 1월 8일 해성현(海城縣) 공안국장은 관내 조선인 이민자 전부가 공산당 당원인 혐의가 있다고 하며 즉각 퇴거

60 위의 책, 249쪽.

61 《동아일보》, 1930년 9월 13일, 1면, 「재연(再燃)되는 재만 동포문제 진상 구명(究明)과 대책수립의 필요」.

표 5-5 1930년 중국 지방관헌에 의한 간도조선인 피해 상황

	폭행사건 회수	강탈 금액(원)	상해 인원	살해 인원	납치 불법체포
중국 군대	30	1,651	9	76	2,000
지방 관헌	35	-	-	-	2,000
보위단	5	263	-	7	130
합계	70	1,915	9	83	4,130

참조 이훈구, 1932, 『만주와 조선인』, 평양숭실전문학교 경제학연구실, 150~151쪽.

를 엄명하였고, 3월 상순 임강현(臨江縣) 팔도구 거주 30여 호는 민족주의자 단체와 연락한다는 혐의로 무력에 의해 추방되었으며, 8월 20일 길림 돈화현 관헌은 3000명 조선 농민에 대하여 공산혐의로 폭압을 가하여 1000여 명은 타지방으로 피난하였으나, 피난을 가지 못한 노인·어린이·부녀자는 폭행·능욕·강간 등을 당하였다. 같은 날 길림 이통현(伊通縣) 연화가(蓮花街) 공안국은 '공비취체(共匪取締)'를 핑계대고 조선 농민의 가택을 수색한 동시에, 조금이라도 자산이 있는 자를 발견하면 용의자라고 포박하고 재산을 몰수하였다. 9월에는 의란(依蘭) 지방 공안국은 여자공산당원 잠입의 혐의가 있다며 조선인 부녀를 인치하여 신체검사 등 가진 능욕을 행하였고, 그중에는 15~16세 소녀도 있었다. 10월에는 흑룡강성 신빈현(新賓縣) 거주 조선인에 대하여 '공산당의 근원은 너희들이다'라며, 11월 20일을 기하여 일제히 퇴거를 명령하였다. 1931년 1월 12일 흑룡강 동녕현(東寧縣) 삼도구 부근에서는 무고한 조선 농민을 공

산당원이라며 검거 후 총살하였다. 이는 일부 사례에 불과하였다.[62]

1931년 길림 감옥에 공산당원이라는 명목하에 투옥된 조선인은 500명을 초과하였다. 일본인의 목격에 따르면, 1931년 "7월 18일 공산당원이라고 길림에 압송된 자 47명에는 영아를 업는 여자, 70살에 가까운 노인, 14~15세의 소년도 포함되었다. 이 죄인들은 결박한 채로 호송병이 총개머리로 찌르면서 짐차에서 짐짝을 내리는 것처럼 끌어 내리였다. 함부로덤부로 몰아가지고 제3의 감옥으로 압송되는데, 음식도 별반 주지 않고, 고문하고 학대한 흔적은 역연하였다. 안색은 검푸르게 변하였고 부기를 띠었으며, 또 개중에는 피를 흘린 표시가 있었다. 쩔룩거리며 끌려가는 광경은 보는 자로 하여금 찡그리게 하는 완연한 지옥의 한 폭 그림이었다. 길림에서는 거의 매일 이와 같이 압송되는 조선인을 볼 수 있었다. 그들은 한번 투옥되면 무리한 법정의 판결을 받고 처형되어 나갔다."[63]

이상 살펴본 것처럼 1920년대에는 '토지조사사업'과 '산미증식계획'으로 토지를 상실한 자소작의 조선인 농민의 만주 이주가 늘어났다. 조선인 빈농의 만주 이주는 계속 이어져서 만주는 조선인 무산자의 천하가 될 것이라고 말할 지경이 되었다. 만주로 이주한 조선 빈농들은 동양척식회사 등이 수매한 농지에서 소작농으로 일하였고, 그 결과 만주의 수전 개척지는 급속히 확대되었다. 또한 1927년부터 일본 정부는 만주에 대한 적극정책을 공식화하였다. 특히 조선인을 보호한다는 명분으로 임강현 모아산에 영사관을 설치하려는 기도는 만주에서 중국인의 반일운동

62 이훈구, 앞의 책, 256쪽.

63 위의 책, 257쪽.

을 크게 촉발시켰다. 이 사건을 계기로 중국 관헌은 재만조선인에게 구축과 박해를 본격적으로 가하였다. 박해의 방법은 소작료 인상, 퇴거 명령에서 시작하여 구타·폭행 심지어 살해하기까지 이르렀다. 이제 조선인 빈농은 활로를 찾아 이주한 만주에서도 박해받으며 유리(遊離)하는 신세가 된 것이다. 1930년 간도공산당 사건 이후 중국 관헌의 재만조선인에 대한 폭행과 살해 사건은 더욱 늘어났다.

3. 재만조선인문제의 원인론

1) 《매일신보》에서의 원인론

《매일신보》는 일본의 만주 '진출'을 '정당한 권리'로서 당연시하였다.

> 만주는 일본이 대륙발전상에 무엇보다 필요한 지방이다. …… 만일 일본으로서 해외의 발전을 기도해야 할 형편이라고 하면, 남으로 태평양 군도 북으로 만몽(滿蒙) 대륙에 진출하여야 할 것은 자연의 귀결이라 칭할 것이다. …… 일본으로서 남태평양으로 발전하며 만몽으로 북진함은 인류생존을 기도하기 위하여 당연한 경로이요 정당한 권리이다. 누가 이를 군국주의라 칭하며 침략주의라고 폄하하나.[64]

---

64 《매일신보》, 1928년 3월 20일, 1면, 논설 「재만 동포의 구제문제 (1)」.

일본이 대륙으로 발전하기 위해서 만몽 일대로 진출하는 것은 '당연한 경로이며 정당한 권리'라는 것이다.

예전부터 《매일신보》는 일본의 대륙으로의 '발전'은 재만조선인의 활동에 기초한다고 보았다.

> 그리고 아국의 대륙에서의 발전은 그 기초와 근거를 조선에 두지 아니하면 불가하며 특히 만몽에 이주한 다수의 조선인을 활동하게 하는데 있는 것도 또한 식자의 일치된 의견이라.[65]

라고 하였다. 만몽에 이주한 조선인을 일본의 만주 진출에 이용해야 한다는 것이다.

따라서 만주에서 일본의 장래는 재만조선인을 '만몽 개척의 선구자'로서 효과적으로 이용하는 데 달렸다고 보았다.

> 여러 해 전부터 정부는 재만선인문제에 대하여 혹은 구제보호와 혹은 취체진압에 상당히 노력을 쏟아서 볼만한 결과도 없지 않다. 그런데 이는 그 근본 문제되는 경제적 향상으로써 생활의 안정을 확보하게 되며, 이어서 교육을 베풀어 그 문화와 지혜와 식견의 수준을 향상케 함이 아니면 도저히 완전한 효과를 이루지 못할 것이오. …… 조선과 만주의 경제적 연락 내지는 통일을 이룩하여, 일치한 행동과 보조로 재만 선인을 이용하고 활용하며, 그 경제적 원조를 아끼지 않아서, 그들을 염치없

65 《매일신보》, 1923년 10월 21일, 1면, (사설) 「재만조선인 문제에 대하여」.

이 탐학하여 비길 데 없이 욕심이 센 중국인의 고리대 업자와 지주 등의 압박으로부터 구원하여서, 만몽 개척의 선구자로 삼게 할 것은 단지 목하의 사정상 필요할 뿐 아니라 국가장래의 만년대계를 위하여도 수긍해야 할 것이 아닌가.[66]

라고 하였다.

나아가 재만조선인을 '만몽 개척의 선구자'로 만들기 위해서는 1915년 '남만동몽조약'에 의해 만주의 토지상조권 문제를 해결하고, 동시에 재만조선인에 대해 경제적으로 원조할 것을 주문하였다.

> 경제적 세력을 대륙에 부식함에는 무엇보다도 그 토지에 대한 권리를 확보할 것을 해결해야 한다. 즉 대정 4년의 일지(日支)협약에 의하여 만주에서의 상조권을 해결할 일도 극히 필요하다. 그렇지만 당분간은 각종의 사정으로 그 현안의 해결이 극히 곤란하게 된 금일에, 우선 다년간 그 땅에 이주하여 개척에 종사한 조선인을 원조하여 그 차지(借地)의 편의가 있는 점을 잘 이용하여 마치 상조권해결과 같은 효과가 있는 이익이 있기를 기약해야 할 것이다.[67]

라고 하였다.

《매일신보》는 재만조선인의 구축 문제가 '남만동몽조약' 제2조의

66 위와 같음.

67 위와 같음.

'토지상조권'이 해결되지 않았기 때문에 일어난다고 보았다.[68]

> 만주에 있는 백만의 동포가 중국 측의 압박에 고뇌하며 부지런히 수전을 경영하고 경지를 개척하여 1년 내지 2년간에 숙전(熟田)을 만든다. 그러나 토지소유권의 확정이 없는 까닭에 토지의 반환을 독촉하므로, 모처럼 고심하여 만든 것도 수포에 돌아가 재산을 잃고 전전유리(轉轉流離)하는 현상에 있음은 모두 토지소유권 즉 대정 4년 5월 북경에서 체결된 일중(日中)신조약 제2조 상조권에 관한 문제의 미해결로 인한 것이다. 그러므로 이 점은 기어이 중국 측과 교섭하여 하루라도 속히 해결하여 괴로운 처지에 있는 재만조선인을 구제할 필요가 있다.[69]

'남만동몽조약'에 의해 보장된 '토지상조권'만 실행한다면, 재만조선인의 구축 문제는 해결된다는 것이다.

《매일신보》뿐만 아니라 일제에 협력적인 자들도 재만조선인문제의 원인이 '남만동몽조약'의 토지상조권을 시행하지 않는 데 있다고 보았다. 예컨대 1927년 8월 만주 철령에서 만철 소속의 육영학교 교장으로 활동하던 장우근은 다음과 같이 말하였다.[70]

---

68 '남만주 및 동부내몽고에 관한 조약'은 1915년 5월 25일 일·중이 체결하고 6월 4일 공포한 것으로 제2조에 "일본 신민은 남만주에서 각종 상공업상의 건물을 건설하며, 또는 농업을 경영하기 위하여 필요한 토지를 상조(商租)함을 득함"이라고 규정하였다. 또 동 조약의 부속 교환공문에서 "상조의 문자에는 30개년까지의 장기한으로, 또 무조건으로 갱신함을 득할 조차(租借)를 포함함"이라는 뜻을 규정하였다. 『조선휘보』, 1915년 7월 1일, 164쪽, 170쪽.

69 《매일신보》, 1928년 1월 27일, 1면, 「재만 동포구제근본책, 상조권해결이 선무, 2중국적 문제는 현상대로 정부도 심심고려」.

70 장우근의 약력은 다음과 같다. 1873년 서울 출신. 1907년 종이품 경무청경무관. 1917년부터

> 간도 지방에서는 소위 간도조약에 의하여 종래의 한국인은 토지소유권이 인허된 후로 거주·경작 기타가 조선 안이나 다름이 업지만은, 그 외의 만주에서는 조선인은 토지를 소유할 수가 없다. 비록 매매를 할지라도 법률상으로는 차지(借地)의 형식을 취할 수밖에 없고, 이 차지권도 법률상으로는 인허치 않는다. 차지권 공인문제가 소위 상조권 문제이니 조약상으로는 인정하게 되었으나, 중국 관헌은 사실적으로 그 시행 수속의 미정을 구실로 이를 실행치 않을 뿐 아니라, 외국인에게 토지를 대부한 지주를 압박하여 이를 탈환케 하므로, 다소 재력이 있는 자는 도저히 장구지계(長久之計)로써 경영할 수가 없다. 그럼으로 결국 빈약한 노동자가 저 중국인 지주의 소작인이 되어, 단기로 그 경작에 종사할 뿐이요, 수확의 대부분은 중국인에게 착취되고 만다. 지주와 소작의 분배율이 지금 남만에서는 형식은 절반이지만 실제로는 지주 6할, 소작인 4할이 보통이다. 또 아직 개척이 안 된 북만주에서는 지주 2~3할 소작 7~8할의 현상이므로, 백의농민은 일껏 독한 고생 끝에 개척한 토지를 버리고, 북으로 북으로 들어가면서 중국인 지주를 위하여 토지를 개척하여주는 소나 말과 다름이 없게 되었다.[71]

간도에서는 간도조약의 시행에 의해 조선인의 토지소유권이 성립되었지

만주 철령에 거주. 그해 만철창고를 빌려 육영학교 창립하고 교장에 취임. 1917~1924년 외무성촉탁. 1920년 봉천보통학교, 1922년 개원보통학교, 1923년 신경보통학교, 1926년 영구보통학교 등을 창설 또는 건축 원조. 1928년 철령 육영학교 교장 퇴임, 고문 취임. 1931년 만주사변 발발 직후 '피난민 지도위원회' 조직. 1935년 철령 조선인민회장(국사편찬위원회 「한국근현대인물자료」 참조).

71 장우근, 1927년 8월, 「동방회의와 재만 동포의 운명」, 『신민』 28호, 18쪽.

만,[72] 그 외의 만주에서는 '남만동몽조약'이 시행되지 않아, 토지의 소유권은 말할 것도 없고 차지권도 실질적으로 불가능하므로, 재만조선인은 개척지에서 쫓겨나서 유리하는 생활을 거듭할 뿐이라는 것이다. '남만동몽조약'이 '간도조약'의 경우처럼 시행되기를 희망한 것이다.

중·일 양국은 '남만동몽조약'상의 토지상조권에 대한 상이한 해석으로 첨예하게 대립하였다. 양국의 토지상조권분쟁은 토지상조권의 성격, 적용범위와 적용대상 등 세 측면에서 이루어졌다. 일본은 토지상조권을 바로 토지소유권이라고 주장한 반면에, 중국의 주장은 임대차권설(賃貸借權說)로 일관하였다. 토지상조권의 적용범위에 대해서도 일본은 남만주와 내몽고라고 주장하였지만, 중국은 봉천성의 일부분이라고 주장하였다. '남만동몽조약'이 체결되자 곧이어 중국 측은 '징판국적조례(懲辦國賊條例)'를 제정하여 일본과 상조계약을 한 자를 매국죄로 사형에 처하거나, '상조지무수지(商租地畝須知)'를 통하여 상조권의 내용을 최소화하였다. 또 하나의 분쟁은 일본이 재만조선인의 토지상조권을 주장하였지만, 중국은 재만조선인에게 토지상조권을 적용하는 것을 극력 반대한 점이었다. 일본이 재만조선인을 이용하여 만주의 토지를 침탈하려는 위험이 다분히 있었기 때문이었다. 일본이 재만조선인의 토지상조권을 주장하는 궁극적 목적은 재만조선인을 이용하여 상조권이라는 미명하에

---

72 1909년 9월 4일 간도협약 제5조에는 "도문강북(圖們江北) 잡거지 구역 내에서 한민(韓民) 소유의 토지 가옥에 대해서 청국 정부는 청국 인민의 재산과 똑같이 완전하게 보호해야 한다"고 규정하여, 간도 조선인의 토지소유권을 승인하였다. 그러나 실제로 간도 조선인의 토지소유권 인정 여부는 각 현마다 사정이 달랐다. 귀화한 경우나 주인 없는 토지를 개간한 경우에는 토지소유권이 인정되었지만, 대개는 5~10년이나 2~3년의 소작관계를 유지하였다. 그런 가운데서도 화룡현이나 연길현의 경우는 귀화여부를 막론하고 조선인에게 토지소유권을 부여하였다. 손춘일, 1999, 『"만주국"의 재만한인에 대한 토지정책 연구』, 백산자료원, 48~49쪽.

만주 침략정책을 강행하는 것이었다. 1927년 이후 중국 관헌의 재만조선인에 대한 박해는 이러한 토지상조문제가 주된 원인으로 작용하였다.[73]

'남만동몽조약'이 체결된 지 십수 년이 지나도록 토지상조권은 중국 당국의 반대 정책으로 시행되지 못하였다. 그럼에도 일본의 정부나 육군, 조선총독부 등은 재만조선인의 압박과 구축 문제의 '근본적 해결'은 '토지상조권의 확립'에 있다는 방침을 고수하였다.[74] 이러한 일본 측의 방침은 결국 적극적인 만몽 침탈 정책으로 이어졌다.

이에 상응하여 재만조선인의 중요성도 이전보다 더 강조하였다.《매일신보》는 재만조선인을 이용하여 길림 일대의 오지를 개발할 것을 제의하였다.

> 만주에 세력을 부식함에 처하여 그 오지(奧地)를 등한시하고, 다만 대련 방면과 만철 연변의 시설에만 전력을 쏟는다면, 그것은 모래 위의 누각을 짓는 쌓는 어리석은 사람의 행동이라고 하지 않을 수 없을 것이다. …… 또 그 세력 부식의 방침은 모름지기 오지 일대의 개발에 노력하여 확고부동한 뿌리를 내리도록 하여야 할 것이다. …… 따라서 만주에서의 일본 세력의 중심은 남만철도나 관동청 지방을 떠나서 서·북간도를 중심으로 길림 일대에 두도록 하여야 할 것이다. 그리하여 오지 일대에 확고한 지반을 개척함에는, 그 재래의 습성과 생활양식이 비교적 이 지방의 풍토에 적응하며 이 지방 토착인과 공통하는 점이 많은 조선인의

73 손춘일, 위의 책, 55~60쪽.

74 《매일신보》, 1928년 3월 20일, 1면, 논설 「재만 동포의 구제문제 (1)」.

손에 의함이 가장 현명하며 가장 적절한 방법이라고 할 것이다.[75]

남만주철도를 중심으로 추진한 만주정책이 재만조선인문제에 봉착하여 진전할 수 없게 되자, 길림 등지의 오지 개발의 필요성을 제기하며, 북만주에서의 조선인의 역할의 중요성을 강조한 것이다.

더욱이 이 주장을 뒷받침하기 위해 길림 일대가 조선민족의 '요람지'였음을 강조하였다.

> 길림 일대는 본래 조선민족의 요람지(搖籃地)라고 할 만한 토지이다. 중고(中古) 이래로 수많은 변천을 거쳐서 장백 이남으로 집중하게 된 결과, 조상의 고지(故地)를 오랑캐 말[胡馬]의 유린에 맡기어 온갖 나무가 시가 번성하도록 내버려두게 된 것이다. 도처에 남아 있는 옛터가 우리들 조상이 옛날에 취하도록 술 마시고 배불리 음식을 먹으며 서성거리던 정자와 누각이고, 현재의 문물이 우리들 조상이 옛적에 부지런히 온 힘을 기울여 만든 결정(結晶)의 흔적이다. 오늘 우리들이 이 땅에 임함에는 고향에 귀환한 마음속 깊은 그리움의 정이 용출하며, 조상의 유업을 회복하려는 용감한 기운이 넘치게 된다. 우리들 조선인이 만주 진출을 시작한 지 불과 20년 만에 백만의 수를 돌파하게 된 것은, 그동안 다른 사정이 있던 것도 적지 않지만 상기한 여러 사정으로 인하여 그 토지가 우리들 조선인의 활동에 적합하며, 그 산천이 우리들 조선인의 심정에 화합함으로써 마치 다년 타향에 기거하던 자가 최종의 성공 또는

75 《매일신보》, 1928년 3월 21일, 1면, 논설「재만 동포의 구제문제 (2)」.

실패를 본 후에는 반드시 고향으로 귀환하는 것과 같이, 현재 타국의 산하임에 불구하고 이곳을 유일하게 일생을 마칠 땅과 같이 사모하여 남부여대(男負女戴)로 속속 옮겨간 것에 의한 것이다.[76]

또한 요동 일대가 고구려의 영토였으므로 재만조선인의 토지상조는 당연한 권리라는 주장도 하였다.

그뿐만 아니라 요동이동은 본시 우리 조선민족이 점유하며 개발한 토지이다. 중고 이래로 한족(漢族)의 압박을 받아 장백산 남쪽으로 내려왔다고 할지라도 우리들 조상의 발자취는 오늘도 아직 그 땅에 역력히 잔존하였으며, 우리들 조선의 유허도 여전히 그 땅의 도처에서 발견되는 중이다. 지금 중화민국이 애신각라(愛新覺羅)[77]의 옛 영토를 기초로 국권을 회복하려 함과 우리들 조선민족이 고구려의 옛 영지를 기초로 조상 분묘의 땅을 회수하려 함에 무슨 차이가 있으며 특별하다고 하나냐. 하물며 우리들은 이를 회수하려는 것이 아니고, 다만 인류생존의 주의에 기초하여 조선 문묘의 땅에 생계를 기도하려 함에 불과하다. 그런데도 이를 거절하며 이를 압박함에 이르러서이랴. 매우 극한 횡포(横暴)이고 심한 패역(悖逆)이라고 하지 않을 수 없을 것이다. 우리들이 만주 일대에 거주함에는 이와 같이 당연한 권리가 있으며 명백한 이유가 있다.[78]

---

76 《매일신보》, 1928년 3월 22일, 1면, 논설 「재만 동포의 구제문제 (3)」.

77 청조(淸朝)의 성(姓)이다.

78 《매일신보》, 1928년 3월 27일, 1면, 논설 「재만 동포의 구제문제 (7)」.

만주가 청조의 영토여서 중화민국이 영토권을 행사하듯이, 만주는 고구려의 영토이기도 했으므로, 조선인도 상조권의 유무를 막론하고 만주에 거주할 당연한 권리와 이유가 있다고 주장한 것이다.《매일신보》에서는 만주에 대한 고토의식이 '토지상조권'에 대한 주장으로 전이되었다.

《매일신보》는 아래와 같이 북만주 오지에까지 조선인 이주를 촉구하였다.

> 정부 당국자와 만주경영에 당면한 자는 재래 대련 지방과 만철연선중심주의를 변경하여 국경중심주의로 대륙발전을 기도하여야 할 것이다. …… 국경 방면에 만주경영의 중심을 두고, 땅이 넓고 사람이 드문 길림·흑룡의 오지에 확고부동한 경제적 기초를 부식하여 대륙진출의 만전을 기하며, 국민발전의 근거를 만드는 것이 그 얼마나 유리하며 현명한 방법이라 하겠느냐.[79]

이와 같이 국경지역을 중심으로 북만주의 오지로 진출하면 "재만 동포 백만의 구제가 완전히 도달되며 대륙발전의 기초가 틀림없이 정립될 것이다"라고 주장하였다.

이와 같이《매일신보》는 일본 정부나 조선총독부의 입장을 대변하면서, 재만조선인문제의 원인이 '토지상조권 미확립'에 있다며 계속해서 주장하였다. 더욱이 재만조선인문제가 고조되자, 1928년 3월 재만조선인에 대한 정책의 중심을 남만주에서 길림 일대 등 북만주의 오지로 이

79 위와 같음.

동시킬 것을 주장하였다. 1927년 11월은 재만조선인에 대한 피압박이 한창 고조되었던 때이다.《매일신보》의 이러한 주장은 재만조선인문제를 남만주에서 북만주로 더욱 확대시킴으로써, 재만조선인문제를 둘러싼 모순을 더욱더 악화시키는 것이었다.

이 외에도《매일신보》는 재만조선인문제의 원인으로 다음과 같은 주장도 하였다. 재만조선인이 구축된 이유를 '조선인 비적(匪賊)'의 활동 때문이라고 보았다. "요즘 남만주 방면으로부터 전하는 정보에 따르면, 최근 남만주에 재한 중국인 지주는 갑자기 조선인과의 경작 계약을 임의로 해제하고 경작권을 강제로 철회하여, 수년간 고역스러운 피땀의 결정으로 비로소 얻은 미전옥답을 졸지에 빼앗기고 사경에 빠진 이주동포가 봉천성 동변도에만 30만 이상에 달한다고 한다. 그 경작권 졸지 철회의 이유를 들으면, 요즘 조선인 비적이 남만주에 근거하여 국제상 불미한 문제를 야기할 우려가 있으므로 그들을 북만주로 쫓아내고자 하는 중국 관헌의 계략에서 나온 것이라고 한다"라고 하였다.[80]

중국 관민에게 만연하였던 '배일사상'이 재만조선인 구축사건으로 이어졌다고 파악하였다. "(1927년 9월) 21일발 봉천통신에 거한즉 9월 4일에 발발한 시위폭행에 의하여, 그 치열한 정도가 더해진 배일(排日)사상은 급속도로 벽촌 타지에까지 널리 가득하여, 그곳으로 이주하는 조선농민은 중국 관헌의 극단적 압박을 받아서, 그 상태가 매우 비참할 뿐 아니라, 임강현(臨江縣) 압록강 연안 일대의 이주동포는 날로 심해 가는 중국 관헌의 횡포에 쫓겨 이산(離散)하는 자가 속출하여 도처의 조선인 부

80 《매일신보》, 1927년 8월 10일, 1면, 논설「남만이주동포의 참상」.

락은 거의 전부가 황폐의 비운에 빠졌다"라고 하였다.[81] 중국인의 항일운동이 재만조선인을 구축하는 원인이라고 선전함으로써 재만조선인과 중국 항일운동세력 간의 유대를 차단하려던 속셈으로 여겨진다.

또한 재만조선인이 중국인에 비하여 경제적으로 열등한 점이 압박당하는 이유라고 하였다. "금일 만주에 있는 백만 조선인으로 그 경제적 실력이 저들 토착인을 능가한다면, 결코 금일과 같은 무리한 압박과 혹독한 모욕을 받지 않을 것으로 우리는 확신하는 이유가 있다. …… 백만 조선인으로서 배후에 당당한 국가의 원호가 있으며 눈앞에 확고부동한 사회적 우위를 점한 이상에는 결코 그들은 오늘과 같이 그릇된 태도를 드러낼 리가 만무할 것이다."[82] 재만조선인은 경제적으로 열등해서 압박을 당하므로 이를 벗어나려면 일본 정부의 보호를 받으라는 것이다.

2) 《조선일보》에서의 원인론

《조선일보》는 재만조선인이 중국 관헌으로부터 당하고 있는 박해는 중국의 반일운동에서 연유한 것이라고 보았다.

> 만주의 토지 상조금지 문제는 근년 동양정국의 하나의 중요한 숙제이다. 세인이 항상 유의하여 오는 바거니와 이로 인하여 재만주 2백여만

81 《매일신보》, 1927년 9월 23일, 1면, 논설 「진퇴유곡의 재만 동포」.

82 《매일신보》, 1928년 3월 23일, 1면, 논설 「재만 동포의 구제문제 (4)」.

> 의 조선 동포가 모두 방축(放逐)과 이산(離散)의 비운을 당하게 되니, 이는 일반의 식자가 더욱 우려함을 마지않은 바이다. 토지상조 반대의 문제가 그 원인은 일본 세력을 구축하기 위한 것이었다. 그러나 그 참혹한 손해는 도리어 다수의 무고한 조선인 동포에 미치니, 조선인 된 자의 앞뒤로 받는 바의 억압과 구축은 매우 무리함과 포학함을 깨달을 뿐이다. 모든 조선 분묘의 토지를 등지고 연속하여 만주의 광야에 이주하게 됨이 대부분이 거의 다 일본의 세력으로 인한 바이다. 그런데도 이제 또 만주에 있어서는 일본인 배척의 여파를 받아 문득 크고 작은 억압과 배척을 당하게 되니, 이는 조선에 있어서는 일본인이 아닌 고로의 이산을 당함이오, 만주에 있어서는 일본인과 동일하게 인정됨으로의 구축을 당하게 됨이다.[83]

조선인은 일본 세력에 의해서 조선에서 만주로 쫓겨나고, 만주에서도 일본 세력 때문에 중국인에게 쫓겨 다니고 있다는 것이다.

《조선일보》는 중국 관헌의 배일 분위기가 재만조선인의 배척으로 나타난 이유에 대해서도 두 가지 사항을 들고 있다.

> 그 하나는 조선인의 현재 국제 관계상 일본의 국적에 속한 인민인 까닭이다. 그 둘은, 일본인이 조선에 대한 식민(殖民) 정책상 또는 만주에 대한 진취(進取) 정책상 조선인의 만주 이주를 조장·장려하고 또는 그를

---

83 《조선일보》, 1925년 5월 23일, 1면, 사설 「만주의 조선인 배척 문제 - 배일문제의 여파! 그의 대책이 여하?」.

이용하고자 하는 정책을 취한 이유이다.[84]

조선인이 일본의 국적을 가지고, 일본의 정책에 따라서 만주로 진출하고 있기 때문에, 재만조선인이 배척당하고 있다고 본 것이다.

《동아일보》와《조선일보》는 1925년 6월 '미쓰야협정'으로 인해 재만조선인이 압박당하는 상황이 더욱 악화되었다고 보았다.《동아일보》는 1925년 11월 15일자 기사에서 '미쓰야협정' 이후 재만조선인이 무리한 '퇴거명령'과 '소작금지'를 당하고 있다고 보도하였다.

> 지난번에 미쓰야[三矢] 경무국장과 봉천 관헌 상에 협정이 체결된 뒤로는 더욱 재만 동포들이 설움을 당한다는 소식을 들어오는 중, 최근 모처로부터 전하는 소식을 듣건대, 탐재와 욕심이 비길 데 없다고 할 만한 동삼성 관헌들이 이른바 협정조약의 무장단 취체라 빙자하고 횡포하기가 짝이 없어, 산지에서 아무 죄 없이 농사만 짓고 있는 조선 동포에게 무리한 귀화를 강제로 요구하여, 소위 그 수수료로 한 사람 앞에 오원 내지 삼십 원까지 내라 하여, 만일 그들의 말을 아니 듣는 때에는 사정없이 퇴거명령을 한다고 하고, 문패와 출장여비로 한집에 일원까지 강제로 받아간다고 하며, 또 한편으로는 봉천 공서(公署)의 명령이라 칭하고 소작료를 턱없이 올리며, 이유 없이 토지대차 계약을 파기하며, 또는 토지경작을 함부로 엄금한다는 말이 있는데, 사실여부는 알 수 없으나 그들의 폭행에 못 견디어 또 다시 살던 곳을 벗어나 정처 없

84 위와 같음.

이 유리하는 동포가 날로 늘어간다더라.[85]

라고 하였다.

《조선일보》는 1925년 11월 25일자 사설에서 '미쓰야협정'으로 인해 재만조선인이 인신적 구속·억압과 함께 '상조금지'라는 경제적 압박을 받고 있다며 비판하였다.

> 일본인은 조선에 있는 조선인에 대하여 가능한 최대한도의 구속 억압을 일삼을 뿐 아니라, 일본에 있는 조선인으로부터 만주에 있는 조선인에까지 오직 미치지 못할 것을 저어하면서 그 구속과 억압을 획책하여 거의 남아 있는 것이 없고자 하는 바 있다. …… 지난번 일본과 중국의 양 관계 중요한 지위의 인물에 의하여 작성된 만주조선인 취체를 위한 일중협정변법(日中協定辨法) 같은 것은 그의 대표적인 일례이다. …… 이리하여 재만 백여만의 조선인이 그의 상조금지에 인한 경제적 압박과 함께 바야흐로 이중의 대 고통을 받게 되는 것이니, 이는 세간의 정천입지(頂天立地)한 조선인이 골고루 사유하여 마지않은 문제이다.[86]

일본의 조선인 지배를 위한 획책이 만주에까지 미쳐서 중국 당국과 합작하여 '일중협정변법' 즉 '미쓰야협정'이란 취체법을 만들어 만주조선인에 대해 억압과 고통을 주고 있다는 것이다.

---

85 《동아일보》, 1925년 11월 15일, 2면, 「過般 日中協約以後 더욱 困難밧는 在滿同胞, 무리한 호구조사와 소작료인상」.

86 《조선일보》, 1925년 11월 25일, 1면, 「재만조선인문제 - 僑居證書과 商租問題」.

이처럼 《동아일보》와 《조선일보》는 재만조선인의 곤궁한 형편이 '미쓰야협정' 이후 일층 격심하게 되었다고 보았다. 재만조선인문제가 '미쓰야협정'을 계기로 중국 군벌과 일본 제국주의의 합작에 의해 확대되는 구조로 바뀌었다고 인식한 것이다.

재만조선인은 심화된 재만조선인문제로 인해 '표랑하고 또 표랑하는' 신세가 되었다.

> 화룡현의 중국 관헌들은 토지 이동 수속을 무기로 삼아 조선인의 귀화를 강제하고, 그를 또 기회로 삼아 모든 수속비로 수만 원의 거금을 착취함을 알렸다. 철도 현하(縣下)에 있는 수백호의 동포는 올봄 이래의 한재로 인하여 경작은 절망이 되고 생계가 이미 궁함으로, 고향에 돌아오고자 하되 여비가 없고, 일본의 영사관에 진정하나 아무 양책이 없으며, 중국인의 지주에게는 밀려오는 부채도 청산할 길 없는 사정인즉 다시 융통을 의뢰할 수도 없어, 오직 모두 사방으로 이산하는 형편이라 한다. 전기한 각종의 고난은 만주에 있는 조선인으로 다시 이전하여 시베리아로 향하는 자 3천 인에 달하게 되는 현상이라 한다. 표랑하고 또 표랑하여 안주할 곳을 얻지 못하는 정황이 눈에 보이는 듯하다.[87]

재만조선인의 처지가 중국 관헌이나 일본 정부로부터 어떠한 도움도 받지 못하고 이곳저곳으로 표랑하고 또 표랑하는 신세가 되었던 것이다.

《조선일보》는 이러한 재만조선인문제가 장차 중국과 일본의 제국주

87 《조선일보》, 1926년 7월 24일, 1면, 논설 「참을 수 없는 만주조선인문제 - 일중협력의 조선인 압박」.

의 통치 세력의 '재앙의 원인[禍因]'이 될 것이라고 내다보았다.

> 이는 결코 평이하게 간과할 수 없는 역사적 화인(禍因)의 하나다. 망국의 유민(遺民)으로 사방의 표랑하는 자가 저들 군국적(軍國的) 제국주의 국가의 지배무리들의 눈에는 아무 고려함을 요치 않은 침해와 능욕의 대상이 될는지도 모른다. 그러나 2천만의 인민으로 하여금 그 내국에서 곤고(困苦)함이 있고, 수백만의 이주한 인민으로 하여금 다시 표랑하여 안주함을 얻지 못하고, 한갓 원통한 탄식과 분노의 정을 돋아서 이로 말미암아 절망의 상태에 빠지게 하는 것은 또한 그들의 하나의 화인(禍因)이 아닐 수 없다. 그리고 조선인이 이에 대한 진격한 대책의 강구 및 단행의 용기를 요함은 물론이다.[88]

이른바 '미쓰야협정'으로 중국 관헌과 일본 통치자가 협력하여 포학을 가하는 데 대하여 재만조선인은 단지 원망과 분노만을 거듭할 뿐이었지만, 재만조선인의 억압과 곤궁 문제는 오히려 중국 군벌과 일본 제국주의에 하나의 중대한 재앙이 될 것이라고 경고하였다. 그러면서 이에 대한 조선인의 결단적 대응도 요구하였다. 만주의 조선인이 중국 군벌과 일본 제국주의를 파멸시키는 요인이 될 수 있음을 말한 것이다.

《조선일보》는 재만조선인문제가 일본 권력을 믿고 세도를 부리는 조선인 자체에도 원인이 있음을 지적하고, 반성을 촉구하였다.

---

88 위와 같음.

조선인이 만주에서 받는 핍박에는 여러 가지 원인이 있다. 첫째는 자금의 빈궁으로 그들로부터 경제적으로 착취와 주구(誅求)를 면하지 못하는 것이다. 그러나 이는 문제가 다르므로 여기서 다 말하지 않는다. 둘째로는 조선인이 일본국민의 이름으로 핍박을 받는다. 일본의 대륙정책의 앞잡이로서 시기와 배척을 받는 것이다. 하물며 조선인이 일본의 국가적 권력을 자세(藉勢)하고 경박하게 교만하고 건방지거나 함부로 날뛰는 자조차 있으므로, 그들의 반동적인 모멸과 배척을 당하는 것이다. 이는 만철 부근지로부터 주로 일본의 권력이 직접 미치는 구역에서 일이다. 셋째는 조선인의 서투른 정략적 책동에 의하여 의외의 압박을 초래하는 일이 있다. 예컨대 어떠한 정적과 악수하여 장작림을 넘어뜨리는 음모가 발로된 때에 재앙과 곤란을 당하는 일이다. 이러한 모든 일은 대부분이 조선인의 조직적인 행동여하로 모면할 수 있는 일이다. 조선인은 각각 그의 당면한바 처지와 시세의 돌아가는 바를 이해하여, 천박한 행동으로써 혹은 너무 정열에 끌림으로써 뜻밖의 곤란을 당하는 것을 피하도록 할 것이다.[89]

재만조선인이 일본의 권력을 믿고 중국인에게 경박하면서도 건방지고 거만하게 행동하거나, 중국에 반대하는 음모에 가담하는 등의 서투른 정략적 책동 때문에 중국 관헌으로부터 모멸과 배척을 받는다는 것이다.

일부 조선인의 친일 행각이 중국인의 박해를 불러왔다는 사실은 재만조선인 사이에서도 주지하는 바였다. "간혹 우리 동포 중에는 일본인

89 《조선일보》, 1927년 5월 31일, 1면, 논설 「만주조선인핍박문제」.

의 세력을 배경으로 하여 당시 그들을 압박하거나, 그렇지 않으면 일본의 주구배자류(走狗輩者流)가 각지로 횡행하면서 공연히 그들의 악감을 사게 된 것이 가장 큰 원인이라 한다. 이것은 조선 의복을 입은 동포라거나 부녀자에게 대하여는 아무러한 박해도 없고, 다만 평시부터 친일자로 주목되던 자이나 양복 입고 일본인 행세하는 가장(假裝) 일인(日人)에 대하여 더욱 심하였음을 보아도 그동안의 사정을 십분 엿보아 알 수 있는 것이다."[90]

1927년 말 재만조선인에 대한 압박이 격심해지자, 《조선일보》는 그 이유에 대하여 다음과 같이 요약하였다.

> 중국의 국민운동이 불길같이 성하게 일어남에 따라 불안한 지위에 떨어져 가는 옛 군벌은 국민운동에 대한 극단의 반동적 공포정치를 행하게 되었다. 더욱이 '대요(大遼) 황제'설까지 전하던 만주의 노회(老獪)한 장작림은 남방 국민군에 대한 방어에 부심할 뿐 아니라, 실로 자기 관내에서 일어나는 국민운동을 극도로 강압하기에 더욱 겨를이 없다. 여기에 한옆으로 만몽에 절대의 이해관계를 가진 일본의 세력과 결탁하여서 현상을 유지하고자 함은 실로 순치(脣齒)의 관계에서 나온 것이다. 중국의 국민운동이 진전됨에 따라 일본의 중국에 대한 적극정책, 만몽정책이 급속히 진척되어 가며, 일본의 중국에 대한 진출이 급함에 따라 만주 관헌의 민중에 대한 압박, 더욱이 조선인에 대한 비인도적 유린이 심하여 감은 저간의 소식이 명료하게 가르쳐준다. 더욱이 조선인에게는

90 《조선일보》, 1927년 10월 19일, 4면, 「만몽답사여행기 (4), 이종정」.

> 이중의 압박이 겹쳐 있다. 하나는 중국 관헌이 보아, 조선인에 대한 의구(疑懼)며, 또 하나는 종래에 경험한 바와 같이 일본 관헌이 보아, 재만조선인에 대한 편견이 곧 그것이다. 그럼으로 우리는 요사이 재중 조선인에 관한 모종의 관계조약까지 체결되었다는 바를 듣게까지 된 것이다.[91]

재만조선인에 대한 압박이 격심해진 이유로는 중국인의 국민운동과 중국 군벌의 탄압정치, 일제의 만몽 침탈이 동시에 벌어졌기 때문이라고 본 것이다. 중국인의 국민운동 때문에 지위가 불안해진 중국 군벌은 권력을 유지하기 위해 이를 탄압하면서 일본 세력과 결탁하고, 중국 군벌과 합작한 일본이 만몽 침탈을 급속하게 전개할수록 중국 관헌의 재만조선인에 대한 압박은 더욱더 격심해진다고 본 것이다. 재만조선인은 중국의 국민운동, 중국 군벌의 탄압정책, 일본의 만몽 침탈 등이 동시에 발생함으로 인해 중국 관헌과 일본 관헌 양쪽으로부터 이중의 압박을 당하는 전례 없는 극심한 어려움에 처하게 된 것이다.

《조선일보》는 재만조선인문제에 대한 결정적인 대책을 수립하기에 앞서 다시 중국 관헌이 조선인을 구축하는 '원인과 이유'를 다음과 같이 언급하였다.[92]

> 1. 조선인 집단이주에 대한 민족적 싫증[厭症]

---

91 《조선일보》, 1927년 12월 4일, 1면, 사설 「재만 동포구축에 대한 항의」.

92 《조선일보》, 1928년 1월 10일, 1면, 사설 「재만 동포와 제대책 (1) - 입적 문제를 중심으로」.

2. 산동·직예의 이민과 조선인 이민의 경쟁
3. 조선인의 발전은 즉 일본대륙정책의 전위로 보는 것
4. 조선인 무장단의 활동에 인한 일본과의 국제문제의 분규
5. 조선인으로 '적화화'의 선봉이 되는 분자가 있다는 것
6. 이로써 일중(日中) 교섭에 이용코자 하는 것
7. 조선인을 입적하게 하거나 혹은 기타의 방법으로 재정의 군졸을 보충하려는 것

또 이와 같은 이유로 발생한 조선인 배척 문제는 국가적 견지에서 벌이진 것임을 강조하였다. "요컨대 이민족인 더구나 제국주의국가인 일본의 인민으로서의 조선인으로서 그의 국가적 견지에 의하여 배척 및 구축되는 것이다"라고 하였다.[93]

당시 재만조선인문제의 원인으로 흔히 지적된 것은 3번과 5번이었다. 중국 관헌은 재만조선인을 '일본 제국주의의 앞잡이', 재만조선인 이주지를 '일본 북진세력의 전초' '일본의 특수임무를 집행하는 책원지'로 보았다. 또 '적화의 선봉자'로도 보았으며, "빈곤과 표랑의 생활을 하는 일부의 조선인이 소위 '적화'의 책동을 한다는 것"이 "그들의 증오 배척 및 구축의 원인"이 되었다.[94] 이렇듯 재만조선인은 "어떠한 때에는 자본주의 세력의 향도(嚮導)로써 또 어떠한 때에는 적화운동의 선봉으로써 시기

93 위와 같음.

94 《조선일보》, 1927년 12월 11일, 1면, 사설 「재만 동포옹호동맹 - 각파협력이 긴요, 보복수단은 조계(早計)」.

와 의심과 압박이 심하여 생활의 안정을 얻지 못하는 형편"이었다.[95]

그러나《조선일보》는 재만조선인이 박해받는 원인을 재만조선인이 '일제의 앞잡이'라거나 또는 '적화의 선봉자'라고 보는 것에 반대하였다. "만몽에 나아간 조선인이 어떠한 정치적 불평을 품은 바 있는 것은 사실"이지만, "그러나 그는 극히 소수의 일이오, 대다수는 오직 경제적으로 생활의 안정을 구함일 뿐이"기 때문이었다.[96]

《조선일보》는 재만조선인의 대다수는 빈농으로서 '시민적 안전 생활'을 찾으려 할 뿐이라고 하였다.

> 이제까지 조선인이 만주에서 들볶이고 또 추방되는 일대 원인은, 조선인이 현실에서 어떠한 강대한 국가적 세력의 연장 또는 그 전위로서 간주되어서, 그것이 출발로서 일정한 수난의 이유가 되었던 것이다. 그런데 공산당원의 행동으로 인하여 한결 더 증오와 시기와 의심 및 그 억압과 추방의 이유 또는 구실로 된 것이다. 그러니 전 만주 백여만을 헤아리는 조선인의 운명이 참으로 나무에도 돌에도 닿지 못할 험한 산굽이 골목에 다닥뜨린 것이 명백하다. 조선인으로서 어떠한 국가의 연장 혹은 전위로서 보이는 것이 전혀 무리한 것은 아니다. 그러나 조선인 대부분의 의사는 오직 산업적 활로를 찾아서 인접한 토지에 벌이하러 나갔다는 외에 별 의사가 없는 것이다. 또는 그들의 자못 저급이요, 또 단순한 빈농으로서의 생활의식은 오직 시민적 안전을 자작(自作)의 생활에

---

95 《조선일보》, 1929년 3월 11일, 1면, 사설「다시 재만 동포문제에 대하야」.

96 《조선일보》, 1928년 1월 10일, 1면, 사설「재만 동포와 제대책 (1) - 입적 문제를 중심으로」.

> 서 찾으려는 외에 별다른 야망이란 것도 없는 것이다. 그러니 배후의 어떠한 세력이 단연코 그들을 보호하고 부양하는 길을 열어주는 것도 없는 터에, 그들은 남의 나라에 우거(寓居)한 자로서 일정한 자치호조(自治互助)의 생활을 할 수 있으면 족할 것이요, 그 이상의 무엇을 기대할 수도 없는 터이다. 그러나 조선인은 빈곤과 그로부터 들어오는 주구(誅求)의 시달림과 또는 각종의 돌발적인 변사(變事)가 그들로부터 추방 또는 억압의 목표되고 마는 것이다.[97]

재만조선인이 일본 세력이나 공산 세력의 전위로 간주되어 억압과 추방의 수난을 겪고 있지만, 대다수의 재만조선인에게는 오직 토지를 찾아 '시민적 안전 생활'과 '일정한 자치호조의 생활'을 유지하는 것이 기본적 과제라고 보았다. 《조선일보》는 재만조선인을 '일제의 전위' 또는 '적화의 선봉'으로 보지 않고, '시민'이라는 관점에서 바라보았다. 결국 《조선일보》는 재만조선인문제의 본령이 생로를 찾아 만주로 이주한 일반 조선인 빈농의 '시민적 생활권'이 박탈당하는 상황에 있다고 본 것이다.

이상 살펴본 것처럼 재만조선인문제의 원인에 대해 《매일신보》와 《조선일보》는 다음과 같이 인식하였다. 《매일신보》는 일본 정부나 일본 육군, 조선총독부와 동일한 관점으로 재만조선인문제가 '남만동몽조약' 제2조의 '토지상조권'이 해결되지 않았기 때문에 일어났다고 보았다. 재만조선인의 중국 귀화를 허용하지 않고, 토지상조권 시행을 계속 주장하

97 《조선일보》, 1931년 3월 11일, 1면, 사설 「재만조선인문제 - 진(眞) 연구의 필요」.

였다. 재만조선인에 대한 박해가 심해지자, 더욱이 조선인의 이주를 길림 등 북만주 지역으로 확대할 것을 주장하였다. 이것은 재만조선인문제의 모순을 더욱더 악화시키는 것이었다.《조선일보》는 재만조선인문제 사태는 중국인의 반일운동, 중국 군벌의 탄압정치, 일제의 만몽 침략 등이 동시에 빚어낸 결과로 보았다. 일제가 만몽을 침탈하는 가운데 조선인이 일본의 국적을 가지고 만주로 이주하고 있기 때문에, 중국 관민으로부터 박해를 받는다고 말하였다.《조선일보》는 재만조선인이 '일제의 앞잡이' 라거나 또는 '적화의 선봉자'였기 때문에 재만조선인문제가 발생했다고 보는 것에 반대하였다. 재만조선인의 대다수는 다만 빈농으로 '시민적 안전 생활'을 찾으려고 할 뿐이라고 하였다.

4. 재만조선인문제의 해결 방안론

1)《매일신보》의 토지상조권 시행론

《매일신보》는 재만조선인문제의 해결이 토지상조권의 조속한 실시에 있다고 주장하였다.

> 내지의 인구문제 및 식량문제의 근본해결은 만주의 토지상조권과 필연적 관계가 있을 뿐 아니라, 그것은 조선 문제에도 중대한 의의를 가진 것이다. 즉 재만의 조선인으로 생업에 안정함을 얻도록 하는 것은 조선 통치상 무엇보다도 급무라고 하지 않을 수 없겠다. …… 우리나라가 요사

이 외인의 토지소유를 승인하는 이상, 중국 관헌에게도 토지상조권을 승인하라는 이유도 자못 공명정대하다고 인정할 수 있는 것이다. 우리들은 당국이 속히 이 문제의 해결에 노력하기를 요청하여 마지않는다.[98]

1915년 '남만동몽조약'에서 협정한 토지상조권을 보장받는 것이 재만조선인의 생활 안정을 얻는 길이라고 한 것이다.

그러나 당시 일본의 만주정책으로는 재만조선인문제를 해결할 수 없다는 점은 주지의 사실이었다. 1927년경 철령에서 만철 소속의 육영학교 교장으로 활동하던 장우근은 일본 다나카[田中] 수상의 '동방정책'으로 "재만조선인의 운명이야말로 참 수수께끼 같은 말로를 밟고 있는 것"이라고 하였다.[99] 일본 정부의 동방정책하에서는 재만조선인의 운명은 수수께끼와 같이 알 수 없다는 것이다. 이 같은 상황은 만주의 일본인도 인정하고 있었다. 1928년 1월 10일 봉천의 일본 거류민 회장이자 만철의 촉탁인 모리타[守田] 씨의 말에 따르면, 요사이 봉천에는 각지 조선인 대표자가 3백 명이나 모여서 모종의 결의를 하는데, 그들은 일본 관헌의 보호 아래에서 안주지를 발견할 수 없음을 깨닫고 여러모로 획책 중이라고 하였다. 일본 관헌의 힘으로도 중국 관헌의 재만조선인 구축을 제어할 수 없는 상황이었음을 보여주는 대목이다. 한편 모리타 씨는 조선인 압박의 화근은 '미쓰야협정'이라며 이의 철폐를 요망하였다. "본 문제와 같은 결과를 초래한 근본 원인은 지난해 조선총독부의 미쓰야[三矢] 경무

---

98 《매일신보》, 1925년 3월 25일, 3면, 「만주토지상조문제」.

99 장우근, 1927년 8월, 「동방회의와 재만 동포의 운명」, 『신민』 28호, 18쪽.

국장과 우진(于珍)과의 사이에 체결된 조약 즉 압록강 대안 지방에서의 조선인 취체에 관한 협약이 화근이 되어, 점차 길림·봉천의 각 성에서 일반 선량한 이주 조선인에게까지 이것을 적용하게 된 것이요, 그 외에 다시 큰 원인은 현 정부의 소위 만몽 적극 정책이 중국 측의 감정을 해한 것이다"라며, "따라서 우리들 의견으로서는 일본 정부의 본 문제에 대하여 적극적 대책을 요망하는 동시에 미쓰야[三矢]협약이라는 것의 철폐를 요망한다"라고 하였다.[100] 오히려 일본 정부의 '적극'적인 만몽 정책이 재만 조선인문제를 만들어냈다면서, 이에 대한 대책을 요구한 것이다.

《매일신보》의 논설에서도 '남만동몽조약'의 시행이 불가능하다는 현실을 인지하고 있었다.

> 조약의 조문 및 부속 공문서에 따르면 상조권은 방인(邦人)에게 부여할 조약상의 당연한 권리이나, 당시 여론의 격발(激發)에 낭패한 중국 관헌은 동년 '징계국적조령(懲戒國賊條令)'을 발포하고, 외인에게 토지를 전매(轉賣)함을 국토남매(國土濫賣)의 명목으로 엄형에 처한다고 하였고, 또 '상조지무수지(商租地畝須知)'를 발표하여 상조 수속을 다시 곤란하게 하여 그 실시를 불가능하게 할 술책을 강(講)하여, 대정 4년 이래 세월이 지나 오늘에 이르렀으나, 아직 세목(細目)의 협정을 보지 못하여 방인이 다년간 □망(望)하는 상조권 문제도 책상 위의 공문(空文)이 되어 있는 현상이더라.[101]

100 《조선일보》, 1928년 1월 12일, 1면, 「조선인압박의 화근은 『삼시협약(三矢協約)』 그의 철폐를 요망한다고, 봉천 일(日)거류민회장 수전(守田)씨 담」.

101 《매일신보》, 1928년 1월 27일, 1면, 「재만 동포구제근본책, 상조권해결이 선무, 2중국적 문제는

이처럼《매일신보》는 재만조선인문제를 이른바 '토지상조권'의 확립으로 해결하려는 방안이 비현실적이라는 점을 알고 있었다.

그럼에도《매일신보》는 여전히 '토지상조권'의 실행을 통해 재만조선인문제를 해결할 것을 계속 주장하였다. 일본 정부가 육군과 조선총독부와 합의하여 재만조선인의 피압박 문제에 대해서, "지난해 조약상으로 성립된 상조권의 확립을 기도하여 근본적 해결을 기할 방침이라 한다"면서, 다음과 같이 환영하였다.

> 상조권 확립은 물론 재만 동포의 안정을 기도하며 대륙발전의 기본을 만드는 데 필수불가결할 긴요 조건이다. 이제 위정 당국자가 이점에 착안하여 예의 열심히 이것의 해결에 매진하려 함은 현재 도탄의 괴로움에 깊이 신음하는 백만 재만 동포를 위하여 축복할 일인 동시에 국가의 백년대계를 위하여 기뻐하고 축하할 일이라고 하지 않을 수 없을 것이다.[102]

일본 정부와 조선총독부가 재만조선인 압박 문제의 해결책을 기존 조약상의 '토지상조권'의 관철에서 구한다고 결정한 방침을《매일신보》가 크게 환영한다고 보도한 것이다. 또 이어서 말하기를,

> 재만 동포의 구제책은 다만 상조권 확립과 만주경영책의 근본개혁에 의하여 해결함을 득할 것이다. 상조권은 이미 조약상으로 명백히 확실

현상대로 정부도 심심고려」.

102 《매일신보》, 1928년 3월 20일, 1면, 논설「재만 동포의 구제문제 (1)」.

하게 얻은 기득권이다. 그 시행세칙의 협정을 금일까지 지연한 것은 확실히 역대 내각의 실책이다. …… 만주에 대한 상조권은 기득 권리로 우리들 인류의 생존과 국가의 생명을 위하여 당연히 주장할 명백히 정당한 권리이다. 하등의 주저를 요한다 하는가.[103]

라고 하였다.

이처럼 일본의 다나카 정부와 조선총독부를 비롯하여 이를 추종하는《매일신보》등은 재만조선인 피압박 문제의 해결책으로 1915년 조약상의 토지상조권의 시행을 고집하였다. 하지만 이런 정책은 중국 정부의 반대로 실현 가능성이 없었으며, 일본 정부 등도 이런 상황을 인지하고 있었다. 결국 일본 정부와 조선총독부가 재만조선인문제를 해결하기 위해 토지상조권 시행을 계속 주장한 것은 재만조선인이 압박받는 현 상태를 유지하는 정책을 고집한 셈인 것이다.

그리고 일본 정부의 조선에서의 국적법 미시행으로 인해, 일본인에게 허용되던 국적이탈이 조선인에게는 적용되지 않았다. 이에 조선인은 중국에 귀화하더라도 일본 국적을 함께 보유한 이중국적자가 되었다.

1920년대 들어서자 조선인 국적 문제에 대한 일본 당국의 견해는 기관에 따라 약간의 차이가 나타났다. 특히 1921년 5월 외무성 소속의 봉천총영사관에서는 조선인의 중국 귀화를 묵인하여 이들이 토지소유권을 획득하는 것이 일본의 세력 확장에 있어서 상책이라고 여겼다. 이런 견해는 일본 정부와 조선총독부 내에서도 상당히 존재했던 것으로 보인

---

103 《매일신보》, 1928년 3월 25일, 1면, 논설「재만 동포의 구제문제 (6)」.

다. 1923년 11월 경성에서 '재만주 조선관계 영사관 타합회의(在滿洲朝鮮關係領事官打合會議)'가 열렸는데, 제1 의제가 '조선인 귀화에 의해 국적상실을 인정할 것인가의 가부'였다. 회의 내용은 위와 같은 귀화용인설과 조선인 취체를 이유로 귀화에 반대하는 현상 유지설로 나뉘었지만, 대세는 국적 문제는 애매한 상태로 유지하면서 조선인 '보호' 정책을 강화해야 한다는 방향으로 나아갔다. 그만큼 재만 영사관에서나 총독부 내에서 조선에서의 국적법 시행에 반대하는 소리가 높았던 것이다.

1925년 11월 총독관방 외사과의 문서에는 국적법 미실시의 이유를 다음 4가지로 들었다. ① '재만 불령선인(不逞鮮人)' 취체를 위해서 중국 국적 취득을 인정해서는 안 될 것. ② 토지상조권 문제에서 성과가 있다면 귀화 문제는 급히 해결되지 않아도 좋을 것. ③ 다수의 조선인이 일본 국적을 이탈하게 되면, 이는 일본의 대륙발전상 악영향을 미치게 될 것. ④ 중국의 차별정책 때문에 조선인이 귀화하더라도 상황은 호전되지 않을 것. 이 문서에서 국적법 시행의 의도는 전혀 읽혀지지 않는다. 조선인 취체나 일본의 '대륙발전'을 위해 현상을 유지하는 것이 좋다는 것이 총독부의 입장임을 표명한 것이다.[104]

이렇듯 일본 측의 일부에서는 조선에도 국적법을 시행하자는 견해가 있었으나, 조선총독부와 일본 정부는 이에 반대하였다. "총독부가 국적법의 조선 내 시행을 미루어 이중 적자를 존치한 이유는 보안 행정상의 견지에 기인한 것"이었다. 일본 정부의 입장도 총독부의 정책에 비판이 없지 않지만, "하여간 현재 재만조선인에게는 국적법을 시행하지 아니

104 水野直樹, 2001,「國籍をめぐる東アジア關係 - 植民地期朝鮮人國籍問題の位相」,『近代日本における東アジア問題』, 吉川弘文館, 221~224쪽.

하여 이중국적을 취득하고 있으므로, 실제 문제로는 사소한 불편이 없이, 오히려 국적을 이중으로 가지고 있는 까닭에 각종 편리를 향수하고 있는 실정인 고로, 현상 유지가 불가할 것은 없다고 하여 현상 유지의 방침으로 나간다"는 것이었다.[105] 이중국적을 이용하여 재만조선인을 일본 정부의 통제 안에 두려고 한 것이다.

이렇듯 이후에도 일본 정부나 조선총독부는 재만조선인문제의 해결책으로 재만조선인의 중국 귀화를 허용하자는 의견에 반대하고, 일본 국적 유지라는 방침을 고수하였다.

> 재만조선인압박문제의 대책으로서 지난번 조선인의 중국 귀화 용인 운운의 설이 세상에 유포되었는데, 위 문제는 조선 통치상 여러 가지로 미묘한 관계가 있고, 영향되는 바가 중대한 까닭에 중앙정부 및 총독부에서도 본 문제에는 일절 손을 대지 않고, 중국에 귀화하더라도 일본의 국적을 소유한 소위 이중국적이라는 현상을 유지하도록 방침을 결정한 바[106]

였다.

《매일신보》에서도 재만조선인의 중국 입적을 반대하는 주장을 펼쳤다. 재만조선인의 중국으로의 귀화를 승인하면, "결국 재만 동포를 그곳 관헌의 주구의 대상과 전진(戰陣)의 방패(防牌)로 바치라고 하는 바이다"라고 하면서, 재만조선인의 중국 입적을 승인하자는 논의에 대해서,

---

105 《매일신보》, 1927년 9월 29일, 1면, 「만주재류조선인의 국적2중의 문제」.

106 《매일신보》, 1928년 1월 27일, 1면, 「재만 동포구제 근본책, 상조권해결이 선무, 2중국적 문제는 현상대로, 정부도 심심(深甚) 고려」.

> 어찌 천견(淺見)이 심한 자가 아니며, 불친(不親)이 극한 자가 아니라 칭하겠느냐. 오늘 재만 백만 동포는 차라리 조선의 유랑민이 될지언정 오랑캐 땅[胡地]의 공민(公民)됨을 원치 아니하며, 차라리 동해를 밟을지언정 그들의 희생되기를 원치 아니한다. 이를 몰아내서 저들의 독수(毒手)에 맡기려는 자 어떤 흉물이며 어떤 괴물이냐.

라며 극렬하게 반대하였다.[107]

당시 일본 정부는 재만조선인이 일본 국적인 것을 빌미로 독립운동을 탄압하였다. 1927년 9월 중국 정부는 「동삼성에서 불령선인의 취체법 제정」이라는 일본의 희망을 받아들여,

1. 중국에 재주하는 조선인에 대해서는 중국 정부의 청향장정(清鄉章程)에 의거해 엄중하게 호구를 조사하여 재주자 명부를 작성할 것.
2. 중국 관헌은 중국 재주 조선인이 무기를 소지하고 조선에 침입하는 것을 엄금하고, 이를 위반한 자는 체포한 뒤 조선 관헌에게 인도할 것.
3. 중국 관헌은 바로 조선인의 결당(結黨)을 해산시키고 무기를 해제하여 이를 몰수할 것.
4. 조선인으로서 총기를 소유한 자는 엄중 조사한 뒤 몰수할 것. 단 농부가 방조(防鳥)를 위한 소총은 제외함.
5. 중국 관헌은 조선 관헌으로부터 지명한 당수(黨首)를 속히 체포하

107 《매일신보》, 1928년 3월 25일, 1면, 논설 「재만 동포의 구제문제 (6)」.

고 이를 조선관헌에게 인도할 것.

6. 일·중 양국의 경찰은 멋대로 국경을 넘을 수 있도록 할 것.[108]

이라는 6개조에 걸친 취체 조건을 제정하고 동삼성 당국을 비롯해 일본 관계 관청에도 이첩하였다.

《매일신보》에서는 재만조선인의 구축 문제가 조선 내의 민족운동으로 확산되는 것을 경계하였다. 국내에서 재만조선인에 대한 옹호의 소리가 커지자, "그러나 재만 동포 박해 문제와 같은 것은 문제가 국제 관계를 가진 것이다. 민족 대 민족 간에 서로 흘겨보며 분쟁을 거듭한다 할지라도 결국은 당국 대 당국 간에 교섭이 원활치 못하면 하등의 효과를 이루지 못할 것은 명백한 사실"이라며, "민중은 마땅히 동족애의 입장으로 당국에 향하여 정의(正義)로 그 문제해결을 요구하여야 할 것이거늘, 간혹 민족적 운동을 구실삼아서 자기의 명예와 이익을 넓히고자 재만 동포 문제에 대하여 허구의 유언비어를 날조하야 뭇사람의 마음을 선동하는 도당이 왕왕히 출몰하여, 위로 위정자의 방침을 그릇치고 아래로 민심을 미혹케 하니 이 실로 가탄할 바"라고 하였다.[109] 조선인의 민족운동을 우려하며 재만조선인문제를 일본 정부의 방침에 따라 해결할 것을 종용한 것이다. 《매일신보》의 논지는 일본 정부와 조선총독부의 입장을 대변할 뿐이었고, 재만조선인문제의 해결에 대해 조선인의 참여를 원천적으로

108 조선총독부경무국도서과, 1927년 9월 25일, 「1927년 9월 25일 발매반포금지 병 차압처분한 9월 23일부 『만주일일신문』(대련 발행, 제6956호)의 기사」, 『1927년 7~12월 피처분국문신문지기사요항(彼處分國文新聞紙記事要項)』.

109 《매일신보》, 1927년 12월 23일, 1면, 「재만 동포박해문제완화」.

차단하려는 것이었다.

1928년 4월 일본 외무성과 내각 척식국(拓殖局), 총독부 관계기관 등에 의해 '재만조선인문제조사위원회'가 설치되었다. 1927~1928년 재만조선인 '압박' 사태에 대하여 국적법 시행을 포함한 대책을 검토하기 위한 것이었다. 여기에서도 국적법이 시행되어도 재만조선인의 생활 안정문제는 해결되지 않는다는 이유로 국적 문제는 종래의 방침을 유지한다는 결론을 내렸다.[110] 1929년 2월 중국 정부는 본래의 국적을 상실하지 않아도 귀화를 인정하도록 국적법을 개정하고, 조선인의 귀화를 권유하는 정책을 취하면서 일본 측에게도 조선인 중국 귀화를 인정하라고 촉구하였다. 1930년 5월 25일 도쿄아사히신문[東京朝日新聞]은 척무성과 조선총독부가 조선인 국적이탈을 인정하는 방침을 협의했다고 보도하였지만, 일본 정부에서는 이를 부인하였다. 1931년 4월 일본 외무성에서 제6회 협의회에서도 조선인의 국적이탈을 제한적으로 인정할 것을 검토하였지만, 결국 치안유지·취체를 이유로 한 총독부경무국의 반대로 귀화 허용을 유보하였다.[111] '만주국' 시기에서도 일본 정부는 조선인에게 일본 국적 이탈을 허용하지 않았다.

---

110 水野直樹, 앞의 논문, 226쪽.

111 위의 논문, 227~228쪽.

2) 《조선일보》의 중국 귀화 입적론

《조선일보》는 재만조선인이 배척당하는 원인은 일본 국적을 가졌기 때문이라고 보았다.

> 조선인의 대(對) 만주 문제는 인종의 차이보다도 도리어 그 국적 문제에 있는 것이요, 더구나 일본의 국적에 있는 것이니, 이는 재만 수백만의 동포의 충실한 지도자들이 특히 유의할 점이다.

라고 하였다. 따라서 재만조선인이 일본의 국적을 갖고 곤액을 당하기보다는

> 차라리 모두 이 국적의 이탈을 꾀하고, 겸하여 그 경제적 안정책을 강구하며 서서히 상호 통일을 실현하여서 국면 개척을 기대할 것이다.[112]

라고 하였다. 재만조선인들이 일본의 국적을 이탈하여 배일로 인해 당하는 곤액을 벗어나서, 서로 통일적으로 새로운 국면을 개척하길 주문하고 있는 것이다.

《조선일보》는 재만조선인이 중국 입적에 의해서 토지문제를 해결할 것을 주장하였다.

---

112 《조선일보》, 1925년 5월 23일, 1면, 사설 「만주의 조선인 배척 문제 - 배일문제의 여파! 그의 대책이 여하?」.

상조금지에 인하여 조선인의 받는바 고통은 이제 거듭 말하고자 아니한다. 이에 관하여 우리는 일찍 조선인의 일본 탈적(脫籍) 및 중국에 개적(改籍)할 필요를 말하였었다. 세간의 독자 중에는 자못 그 견해를 달리하는 바 있거니와, 상조금지 및 교거증서의 문제는 곧 재만 백여만의 조선인으로 오직 일본의 국적에 속함으로 인해 양극의 해악만 편벽되이 받는 가장 노골적인 현상이다. 오인은 만주 백여만의 조선인의 생활 안정의 장래를 위해서는 단연히 일본에 탈적과 중국에 개적으로서 이 양극의 해악을 이탈하기를 제언하는 바이다.[113]

라고 하면서, "개적한 조선인의 자치 및 공권(公權) 분여(分與)의 실현"이 "재만조선인문제 해결의 일 방안인 것을 확신한다"라고 하였다. 재만조선인이 중국에 귀화하여 토지소유권과 자치권을 확보하는 길이 재만조선인문제를 해결하는 방안이라고 인식한 것이다.

1927년에 들어서 만주에서 배일운동이 고조되는 가운데 재만조선인의 생로를 확보하는 길은 중국인과의 화친에 있음을 강조하였다.

이곳(장춘) 중국 관헌들도 차츰차츰 정신을 차리게 되어, 작년까지만 하여도 일본 사람이라고만 하면 치를 벌벌 떨던 것이 남방에서 배일운동이 일어나고 이어서 봉천에서 배일운동이 일어난 뒤로부터는, 비록 봉천과 같이 직접 행동은 없다 할지라도 가지가지의 형식과 방법으로써 일본 물화를 배척하고 일본인을 압박하고 있는데, 그 반면에 있어 우

113 《조선일보》, 1925년 11월 25일, 1면, 사설 「재만조선인문제 - 교거증서(僑居證書)과 상조문제(商租問題)」.

리 동포에 대한 감정은 도리어 양순하게 되어 우리 동포들과 어디까지든지 접근하려는 것은 무엇보다도 반가운 일이라고 한다. 그렇다 우리는 어디까지든지 중국 사람들과 접근하여야 된다. 그리하여 그들과 악수하고 그들과 친하여야 한다. 우리의 한줄기 나머지 생명이라도 부지할 곳이 중국 영토[中領]라고 하면, 그리고 우리의 활동할 무대가 만주 벌판이라고 하면, 우리는 결코 그들의 감정을 상하거나 그들과 반목하여서는 안 될 것이다. 이러한 점은 적어도 직접 당면해 있는 만주 동포들이 특별히 유의할 바라고 생각하는 바이다.[114]

중국인과 조선인이 서로 화친하는 것만이 만주에 있는 조선인의 생존권을 확보할 수 있는 길이라는 것이다. 만주를 중국인과 조선인의 대등한 공생공존의 무대로 보고 있다.

《조선일보》는 조선인 중국 귀화에 반대하는 것은 '배타적인 민족 감정'이라고 평하였다.

오인은 만몽 동포의 안정문제에 관하여 우선 중국 입적의 필요를 생각한다. 이 문제에 관하여는 내외인사의 사이에 주장이 자못 구구하니 이제 한참 비평과 주석을 필요로 한다. 입적은 즉 소위 귀화를 의미한 것이다. 귀화 문제에 관하여는 관념상으로 기분상으로 반대하는 자가 있다. 계림의 개가 될지언정 네 나라의 신민이 될 수 없다는 유(類)의 쇄국적, 배타적 민족 감정에 끌리는 것은 매우 불가한 일이다. 오늘날에 있

114 《조선일보》, 1927년 10월 29일, 4면, 「만몽답사여행기 (8), 이종정」.

> 어서 그러한 자 없으려니와 만일 이러한 경향이 있다면, 그는 먼저 타파할 봉건적인 사상이다. 조선인이 인간으로서 해외에 안주 및 발전할 땅을 찾으려면 이러한 고정한 관념을 지양하는 것이 퍽 필요하다.[115]

귀화에 반대하는 관념은 쇄국적·배타적 민족 감정으로서 봉건적 사상으로 간주하고, 이어서 입적 반대론자의 의견을 이렇게 소개하였다.

> 중국 더욱이 동삼성의 행정 사법은 자못 불완전한 것이고, 관권의 횡포란 참고 따르기에 넘는 일이다. 하물며 조선인으로서 그에 입적할진대 새로운 귀화자라는 모멸적 견해의 아래서 겹겹의 억압과 주구를 당하게 되어서 그의 생명 재산을 보장할 수 없을 것이다. 하루아침에 갑자기 일이 생길 때에도 제일착으로 곤액을 당할 것이며, 이뿐만 아니라 오지에 있는 조선인이 대거 입적하게 되고 만철 연선 및 기타 상부(商埠) 지방에 있는 조선인은 입적치 않게 되는 것이 필연한 사세이라 할진대, 전자는 배일 조선인 후자는 친일 조선인으로서 재단하듯이 양분되는 낙인을 찍히게 되어서, 오지에 있는 자 상부지(商埠地)에 간여하기 논란하고, 상부지에 있는 자 오지에 간여하기 곤란하여서, 전 조선인으로서의 생활 및 생존에 막대한 손실이 된다 한다. 여기에는 상응한 진리가 있는 것을 승인하지마는 그러나 이로써 만몽 조선인의 안정문제를 해결할 수는 없다.[116]

---

115 《조선일보》, 1928년 1월 11일, 1면, 사설 「재만 동포와 제대책 (2) - 입적 문제를 중심으로」.

116 위와 같음.

라는 것이었다. 이러한 입적 반대론에 대하여《조선일보》는 "입적한 이후에 생명 재산의 보장 문제는 물론 우려되는 바이지만 이에 관하여는 따로 그 대책을 수립할 바이요 이제 입적부터를 거절할 바 아니다. 오지의 입적 조선인과 상부지의 비입적 조선인의 생존상의 대립[扞格]되는 사정도 양자 간의 노력 여하에 의하여서는 결코 해결되지 못할 바 아니다"라고 하였다.[117]

《조선일보》는 결론하여 영원한 생존발전을 위해 재만조선인이 대거 중국에 입적할 것을 주장하였다.

> 오인은 만주에서 영구한 생존발전의 길을 열기 위하여 이주한 동포가 대거 입적할 필요를 주장한다. 그러나 입적이 문제의 전체를 해결함은 아니요, 입적한 이후 자금상으로 기술상으로 그리고 노력 및 정의(情意)상으로 구체적인 상호부조의 유기적 결속을 기약함이 무엇보다도 필요할 것이다. 그리고 입적함으로써 중국의 법령 밑에서 안정을 구하게 되는 이상, '민족 평등권[民族同權]'의 원칙에 의하여 하나의 시민(市民)으로서의 정치적 경제적 및 기타 일반의 법익을 확보하기를 기하도록 노력하여야 할 것이다. 동성(東省)의 관헌일지라도 이에 관하여는 별로 영구히 적(敵)□할 의사 및 이유가 없을 줄 믿는다. 만몽회장(滿蒙回藏)과□ 아울러 소위 5족공화(五族共和)를 주장하는 중국의 인사들로서는 여기에 반대할 아무 이유가 없을 것이다.[118]

---

117 위와 같음.

118 《조선일보》, 1928년 1월 12일, 1면, 사설 「재만 동포와 제대책 (3) – 입적 문제를 중심으로」.

재만조선인으로 하여금 오지나 상부지 모든 지역에서 집단적으로 중국에 입적을 단행하여, 중국 법령하에 동등한 시민으로서의 정치적·경제적 및 기타 일반의 법적 권리를 확보하도록 촉구한 것이다. 쇄국적인 배타적 민족의식을 비판하고 '민족 평등권의 원칙'에 의거하는 시민으로서 권리의식을 제창한 것이다. 재만조선인으로 하여금 자신을 침략적인 일본 황국신민으로 왜곡시키는 고리를 끊어내게 하고, 새롭게 다른 민족과 평등하게 공동으로 생활하는 세계의 시민으로 나아가도록 주문한 것이다.

그리고 이중국적 문제에 대해서도 일본 정부가 조선인에게도 일본 국적법을 시행하여 해결할 것을 주장하였다.

> 입적 문제에 관련하여 가장 문제되는 것은 이중국적이다. 중국의 관민이 신경을 기울이려 하는 것도 이 문제이요, 조선인문제가 쉽게 안정되지 못하는 원인도 이에 말미암음이다. 그러고 입적을 결정하는 이상, 이중국적의 해제를 하는 것은 당연한 일이다. 일찍이 미국 캘리포니아 주에서 배일이 극렬함에 임하여 일본의 위정자는 일본인의 귀화권 획득을 위하여 국적법을 개정한 바 있었으니, 재만조선인의 생활 안정을 위해서도 당연히 이와 같은 처치가 있어야 할 것이다. 뿐만 아니라 미쓰야 협약이란 것이 있어 처음에는 동변(東邊) 8현(縣)에만 적용키로 되었던 것이 요즘에는 전 만주에 적용하게 된다고 하여서, 일본 측에서도 그 철폐를 주장함을 보게 되었거니와 이 협약의 철폐는 당연 이상의 당연이다. 뿐만 아니라 일본의 통치자들이 조선인으로 만몽에 이주시키고 일본인으로 조선에 부식시키려는 대륙정책이라는 무리한 방침을 타파하고, 조선인에 관하여는 반드시 조선인 본위의 정책을 수립함으로써, 그

들의 소위 백년대책(百年大策)이란 것이 그 급속한 파경을 면하게 될 것이다.[119]

일본 국적법을 조선인에게 적용하여 중국에 귀화한 재만조선인의 이중국적을 해소하고, '미쓰야협정'을 철폐하여, 조선인 정책을 무리한 대륙정책의 일환이 아니라 조선인 본위를 목표로 수립하는 것이 일본의 파경을 면하는 길이라고 경고한 것이다.

《조선일보》는 일본 정부 등이 소위 상조권 획득을 재만조선인문제의 해결책으로 삼으려는 것에 반대하였다. 1928년 3월 일본에서 '만몽적극 정책의 본존(本尊)'인 외상 겸 수상인 다나카[田中]를 회장으로 하고, 외무 육군의 각 차관 이하 관계 요직인과 내각 척식국장, 조선총독부의 내무·경무 국장 및 기타 관계 제 과장을 합하여 '재만조선인문제조사회'가 조직되었다. 이들이 재만조선인문제의 해결책으로 '상조권 획득'과 '귀화의 방지'를 주장하는 것에 대해서,《조선일보》는 "그들의 강대한 제국적 정책의 발동으로서는 그 성공의 확보를 기하기 어려울 뿐 아니라, 도리어 저들 중국 관민의 반발심을 몹시 세차게 일어나게 할 기우조차 있는 것이다"라고 하여,[120] 조사회의 방책이 오히려 재만조선인문제의 해결을 더욱 어렵게 만들 것이라고 우려하였다.

여기에서도《조선일보》는 재만조선인문제를 해결하는 길은 재만조선인이 중국에 귀화하는 방법밖에 없다고 하였다. "상조권 획득과 및 그

---

119 위와 같음.

120 《조선일보》, 1928년 3월 24일, 1면, 사설 「재만조선인문제조사회 - 그의 구체안 및 성적여하」.

로 인한 조선인의 평화적 발전이 장차 불가능하게 된다면, 그는 결국 대거 입적하여 중국의 법령하에서의 최선의 발전을 꾀할 수밖에 없는 일이다"라고 하였다. 이어서 길림성 내에서 전개된 입적운동을 소개하며, 재만조선인에게 대거 입적을 주문하였다. "최근 길림성 내 조선인은 대거 입적키로 결정되어, 동성한교대책강구회(東省韓僑對策講究會)를 중심으로 대소 11개 각 단체가 합치하여, 만철 연선의 민회계의 주장에 반대하고 각각 그 소신을 실행키로 하여, 이미 1만 인의 가족 동반한 입적 결행이 있고 금후에도 속속 결행할 기세이니, 재만 수백만의 동포는 대체로 대거 입적을 하게 될 것이요, 입적 문제와 입적 이후의 각종의 민족문제는 오히려 단순치 아니할 것이다. 우리는 내외의 형세에 비추어 차라리 재만 동포의 대거 입적을 지지하였고, 또 지지하고자 하는 자이다. 그리고 그에 부수하여서 이중국적의 해제를 주장하였고, 더욱이 우리의 민간적 운동이 절실한 수확이 있을 것을 믿는 것이다."[121] 길림성의 '동성한교대책강구회'가 일제에 협력적인 조선인 민회 계열의 주장에 반대하여 재만조선인의 중국 입적 운동을 대대적으로 전개했다는 점을 강조하고, 이를 지지하면서 '이중국적의 해제'를 주장하고 있다.

또한《동아일보》에서도 일본 정부가 재만조선인의 중국 귀화를 인정하지 않고, 재만조선인문제를 상조권 확보를 통해 해결하려는 데에 반대하였다. "우리가 이미 누차 언급한 바 있음과 같이, 일본의 국적법 제20조 즉 '자기의 지망에 의하여 외국의 국적을 취득한 자는 일본의 국적을 상실함'이라는 것이 만주에 있는 조선 사람들에게 적용되기를 바라

121 위와 같음.

는 바이었다. 그러하였는데, 최근의 동경전에 따르면 다나카 내각에서는 이 귀화 문제를 의연히 옛날의 상태에 두고 중국에 귀화한 조선 사람으로 하여금 이중국적을 유지하게 하고, 또 한편으로 전하는 바에 따르면 조선 사람을 보호한다는 의미에서 군사적 대책을 고려하고 있다고 한다. 그리고 또 조선인문제의 해결은 상조권의 해결에 기대지 아니하면 아니 되겠다는 것을 말하고 있는 것 같다. 우리는 다나카 내각의 이와 같은 재만조선인 대책에 대하여는 부당하다는 것을 명백히 표명하여 두는 바이다. 상조권과 같은 문제는 일본이 여러 해 전부터 주장하여 오는 바이니, 그 처지로서는 그것을 주장한다 하더라도, 그에다가 조선인문제를 관련시키는 것은 명백히 조선인문제의 해결을 더욱 곤란하게 만드는 것이라고 보지 아니할 수 없다. 조선 사람 문제의 해결은 어디까지든지 강자의 입장을 떠나서 우의적(友誼的)으로 해결하여야 될 것인데, 그에다가 상조권 문제를 관련시키며 또 조선 사람의 귀화를 곤란하게 만드는 것은 우리가 이해할 수 없는 바이라 한다"라고 하였다.[122] 재만조선인의 상조권 문제는 재만조선인의 중국 귀화를 인정한다면 해결될 것이지만, 재만조선인의 중국 귀화를 인정하지 않고 상조권 문제를 해결하려면, 문제의 해결을 더욱 곤란하게 만든다고 보았다.

앞에서 말한 '동성한교대책강구회'란 1927년 11월 28일 길림에서 정의부가 조직한 '한교구축문제대책강구회(韓僑驅逐問題對策講究會)'를 지칭한 것이다. 이 단체는 중국 당국의 조선인에 대한 박해와 탄압을 규탄하면서 귀화 조선인에게 역복(易服)을 강제하지 않고, 정치적 자유를

---

122 《동아일보》, 1928년 1월 28일, 1면, 「전중내각(田中內閣)의 재만조선인 대책」.

보장하며, 납세 차별이 없을 것을 요구하였다. 이어서 1928년 4월에 각지의 자치단체 대표를 소집하여 '동성한족문제연합강구회(東省韓族問題聯合講究會)'를 개최하고 새로이 한족동향회를 조직하여 조직적인 귀화·입적 운동을 결의하였다. 9월에는 원만한 귀화·입적과 합법적인 자치권을 획득하기 위해 '동성귀화한족동향회(東省歸化韓族同鄕會)'를 결성하여 동만 지방 중 47개 현에 거주하는 조선인을 망라하는 조직으로 편성되었다. 조선인들의 합법적인 귀화 입적과 이를 통한 제 권리를 획득하고자 한 것이다. 그러나 1929년 말에 이르면 '동성귀화한족동향회'의 합법적 자치권 획득운동은 친일단체가 악용하는 폐단 등의 한계로 인해 국민부에 의해 배격당하여 폐기되었다. 1930년 4월 8일 '동성귀화한족동향회'는 간사회의 이름으로 해체를 선언하였다.[123]

한편 중국의 국민당 정부는 재만조선인을 이용한 일본의 만주 침략을 근본적으로 해결하기 위하여 재만조선인의 귀화정책을 추진하였다. 귀화를 통해서 재만조선인을 일본의 법역(法域)에서 분리시켜 일본의 침략 구실을 해소하려 한 것이다. 하지만 귀화 조선인 중에서조차 일본에 협력하는 자가 적지 않았다. 이 때문에 "삼민주의에 반대하는 자, 친일 행동을 하는 자, 공산 사상을 품고 있는 자, 직접·간접으로 일본의 침략정책에 편의를 제공하는 자, 국토를 도매(盜賣)한다든지 도매하려는 자"에 대해서 귀화를 취소하는 동시에 귀화를 제한하는 조치를 취하였다.[124]

---

123 황민호, 1995, 앞의 논문, 239~244쪽; 신주백, 1999, 『만주 지역 한인의 민족운동사(1920~45) -민족주의운동 및 사회주의운동 계열의 대립과 연대를 중심으로』, 아세아문화사, 181~185쪽, 217쪽.

124 신규섭, 2004, 「1920년대 후반 일제의 재만조선인 정책 - '선만일체화'의 좌절과 '삼시(三矢)협정'」, 《한국근현대사연구》29, 196~197쪽.

1929년 2월 5일에는 일본과의 분쟁을 차단하기 위해 아예 중국 국적법을 개정하여 외국인이 중국 국적에 가입하려면 본국의 국적을 상실해야 한다는 조항을 삭제하였다.[125] 1930년 9월에 이르러서는 귀화를 장려하는 정책도 펼쳤다. 길림성 정부 주석인 장작상(張作相)은 훈령을 내려 "본성정부는 중앙정부의 지령에 따라 원래 귀화를 제한하던 규정을 개정하여 적극적으로 한인(韓人)들이 입적할 것을 장려하고 공민권을 준다"라고 하였다.[126] 1929년 당시에 재만조선인의 수가 약 130만 명에 달했는데, 그 가운데 중국에 귀화한 자는 12만 명 정도가 되었다.[127]

이상 살펴본 것처럼 《매일신보》는 재만조선인문제의 해결이 토지상조권의 조속한 실시에 있다고 주장하였다. 토지상조권의 시행이 불가능하다는 현실을 알면서도 시종일관 이런 주장을 고집하였다. 조선인의 중국 귀화에도 극력 반대하였다. 《매일신보》의 주장은 일본의 이익을 위해서 재만조선인의 처지를 더욱 악화시키는 방식이었다. 그러나 《조선일보》는 재만조선인이 중국 국적을 취득하여 '조선인의 자치와 공권'을 획득하는 것이 재만조선인문제를 해결하는 방안이라고 주장하였다. 만주에서 배일운동이 고조되고, 중국인의 조선인 박해가 심해지는 상황 속에서, 재만조선인이 생로를 확보하는 길은 중국인과의 화친에 있다는 점을 강조하였다. 중국 귀화에 반대하는 것은 쇄국적이고 배타적인 민족 감정으로서 타파해야 할 봉건적인 사상이라고 하였다. 재만조선인으로 하

---

125 손춘일, 2001, 앞의 논문, 145쪽.

126 손춘일, 1999, 앞의 책, 64쪽.

127 손춘일, 2001, 앞의 논문, 145~146쪽.

여금 집단적으로 중국 입적을 단행하여, 중국 법령하에 '민족 평등 권리의 원칙'을 가지고 시민으로서의 정치적·경제적 및 일반적 법익을 확보할 것을 주문하였다. 이는 재만조선인으로 하여금 침략주의 일본의 황국신민으로 왜곡당하는 사슬을 끊어버리고 다른 민족과 평등하게 공생하는 세계의 새로운 시민으로 거듭나도록 촉구한 것에 다름이 아니었다.

제6장

'만주사변' 이후 재만조선인문제 인식의 분화

앞 장에서 살펴보았듯이 1927년 중국 관헌의 재만조선인 박해사건 이후 국내 언론에서는 재만조선인이 중국에 입적하여 중국인과 평등한 민족으로서 안정적 생활을 영위할 것을 촉구하였다. 1931년 '만주사변' 전후 재만조선인에 대한 약탈·폭행·학살 사태가 더욱 심해지자, 국내 언론은 재만조선인의 생활 안정과 자치구 설립을 문제의 해결 방안으로 제시하였다. 자치구 설립에 대하여 민족주의 계열과 사회주의 계열은 각각 다른 방안을 내었다. 이와 관련하여 민족주의 계열 잡지 《동광》과 사회주의 계열의 잡지 《비판》에서 나타난 인식을 비교하며 검토하였다. 1932년 '만주국' 성립 이후에도 국내 언론은 여전히 재만조선인의 안전한 생활과 인권 보장 그리고 자치부락의 건설을 우선 과제로 인식하였다. 《동아일보》와 《조선일보》는 기회마다 '만주국'의 이민정책, 교육정책, 민족정책 등이 재만조선인의 생활 안정과 정치·문화적 자치를 보장하지 못한다고 비판하였다. 하지만 1937년 중일전쟁 이후에는 '만주국' 정책에 협력하는 자들의 글이 다수 발표되었다. 이들은 대개 '만주국'에서 조선인의 생활은 발전할 것이라며 만주 이민을 적극 장려하였고, 조선인에게 '만주국'에 충성할 것을 요구하였다. '만주국' 정책을 비판하는 자들이 조선인의 생활 안정과 자치를 제일의 과제로 삼았던 것에 비교하면 극명하게 대조되는 주장이었다. 이처럼 '만주사변' 이후 국내에서는 재만조선인문제의 해결을 위해 민족주의와 사회주의가 각각 다르게 대응하였고, '만주국'의 정책에 대해서도 비판하는 쪽과 협력하는 쪽으로 각각 나뉘었다. 나뉘게 된 핵심 요인으로는 재만조선인의 생활 안정과 민족평등에 입각한 자치구 설립이라는 문제가 자리 잡고 있었다. 이 장에서는 '만주사변'과 '만주국' 시기 국내에서 재만조선인문제에 대한 담론이 재만조선인의 생활 안정과 자치구 설립 문제를 중심으로 분화하는 양상을 검토하고자 한다.

1. '만주사변' 전후 재만조선인문제

1) '만주사변' 시기 재만조선인 피해 상황

'만주사변' 발발로 재만조선인의 생활은 더욱 극심한 불안에 빠지게 되었다. 사건 이후 만주 전역에서 재만조선인이 중국 패잔병에게 약탈, 방화, 폭행, 살해당한다는 조난(遭難) 소식이 잇달았다. 일본 조선군 사령부 측의 자료에 따르면, 1931년 10월 말까지 조선인 피해 장소와 시간이 밝혀진 사건으로 학살 323건, 능욕 50건, 소실가옥 300건, 약탈호수 약 2000건에 달하였으며, 확실하지만 장소를 조사 중인 사건이 학살

표 6-1 '만주사변' 직후 재만조선인 피해 상황(1931.09.19~1932.04.20, 봉천 일본 총영사관 조사자료)

	살해	납치	약탈	가옥소실	중상	강간	행방불명	계
조선인	193	11	1,983	95	140	28	57	2,507
일본인	49	12	43	-	-	-	-	104
계	242	23	2,026	95	140	28	57	2,611

참조 조선총독부, 1932, 「滿州事變後に於ける被害狀況」, 『國聯支那調査委員 關係書類 九』.

180건, 능욕 100건, 소실가옥 500건, 약탈호수 1000건을 헤아렸고, 이외에 조사가 불가능한 오지 방면의 피해 수는 이보다 배에 달할 것이라고 하였다.[1] 1932년 6월 7일 봉천의 일본 총영사관에서 '만주사변'에 대한 국제연맹조사를 위해 조선총독부 관방외사과로 보낸 조사 자료에는 피해 규모가 위의 조선군사령부 측의 자료보다는 훨씬 적었다. 그래도 사건 이후부터 7개월 동안 재만조선인이 입은 살상, 약탈 등은 2500여 건에 달하였고, 학살당한 사건만 193건이나 되었다. 1931년 9월 19일부터 1932년 4월 20일까지 만주에서 '마적 및 중국 패잔병'에게 입은 조선인 피해 상황은 〈표 6-1〉과 같다.

하지만 당시 언론에 보도된 피해 상황을 종합해 보면 이보다 더 심하였다. 최근 연구에 따르면, 1931년 9월 20일부터 1932년 1월 9일까지 재만조선인의 피해 상황은 사망 843명, 행방불명 807명, 부상 362명, 납치 110명, 금품강탈 36건, 구타 13명, 강간 6명 등이었다. 주로 봉천(奉

1 中山 蕃(조선군사령부 참모), 1932년 1월, 「滿洲事變の眞相」, 『朝鮮』 1932년 1월호, 156쪽.

天)·철령(鐵嶺)·청원(淸原)·개원(開原)·길림(吉林)·화전(樺甸)·통화(通化)·무순(撫順) 등지에서 피해가 컸는데, 사망자 피해는 철령이 366명으로 가장 많았고, 청원 131명, 개원 87명, 화전 86명, 길림 62명 등이었다.[2]

'만주사변' 당시 조선인에 대한 참혹한 학살이 자행된 지역은 대표적으로 개원과 철령의 동쪽 지역을 들 수 있다. 조선인 약 400여 명이 거주하던 이 일대에, 1931년 9월 29일부터 봉천 왕이철(王以哲)의 부하 3000~4000명의 패잔병이 내습하여 험악한 형세를 지어내어, 중국 공안국이나 일본 경관대로서도 어찌할 수 없는 형편이어서, 결국 봉천의 일본 기노쇼[木庄] 사령관이 출병하기에 이르렀다.[3] 작전이 끝난 후 일본군 측에서는 실지 답사를 하고, 이때 중국 패잔병에 의해서 대전자(大甸子), 이도림자(二道林子), 고가자(孤家子) 등 여러 곳에서 60명 내지 100여 명의 조선인 학살이 자행되었다고 보고하였다.[4]

'만주사변' 당시 재만조선인에게 가해진 학살 사건을 취재한《조선일보》의 보도 내용은 다음과 같았다. 1931년 9월 19일에는 봉천의 사조선통료권업공사(四洮線通遼勸業公司) 농장에 중국 패잔병 300여 명이 습

---

2 최병도, 2006,「만주동포문제협의회의 결성 및 해체에 관한 연구 - 1930년대 초 국내 민족진영의 동향과 관련하여」,《한국근현대사연구》39, 한국근현대사학회, 207~208쪽.

3 《조선일보》, 1931년 10월 2일, 2면,「수천 중국 殘兵이 동포 촌락을 來襲」.

4 『支那側ノ暴虐行爲』(출판사항 불명, 일본국회도서관 소장), 5~11쪽. 이 자료에서는 목격담이라면서 전하기를, 중국인 지주가 조선인 남자의 부재를 틈타 노약자와 부녀자를 보호한다는 핑계로 한 곳에 모아놓고, 몰래 관헌과 패잔병을 불러들여 남자를 살육하고 여자를 윤간하는 만행을 저질렀다고 하였다. 심지어 강간하기 전에, 우는 어린 아이는 먼저 총살시켰다고 한다. 학살당한 시체들은 대개 곡식절단기로 머리, 발 등을 산채로 절단하고, 머리, 창자, 다리를 따로 흩어뜨려서 피해자를 식별하지 못하게 만들었다. 그중에는 머리의 반이 상실된 것, 뇌장(腦漿)이 모두 노출한 것도 있는 등 참상은 바로 볼 수 없을 지경이었다고 하였다.

그림 6-1 1931년경의 '만주' 약도

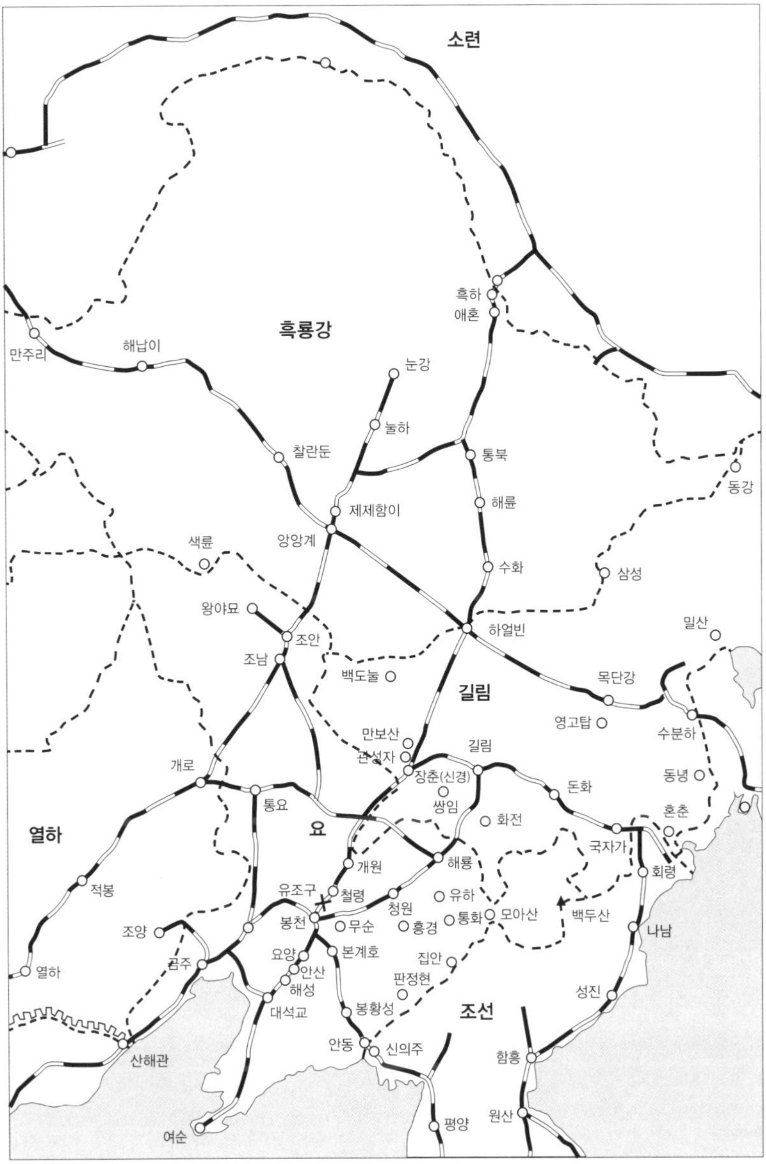

래하여 "형언할 수 없는 포학을 다하고, 약탈, 방화, 부녀자 심지어 어린 아이에게까지 폭행한 사건"이 있었다. 9월 21일 무순(撫順) 지방에 사는 노인과 가족이 피난을 가지 않아 집에서 총살당하였다. 9월 23일에는 사평가(四平街) 동남방의 상이태(上二台) 조선인 부락은 약 150명 일단의 토비 패잔병에게 습격당하여 조선인 다수가 학살되었다. 청원현(淸源縣) 지방에서는 사변을 계기로 토호, 패잔병, 관헌, 토착민 등이 합세하여 조선인을 학살하였다. 대고가자(大孤家子)에서 25명이 총살되었는바 그중에는 모씨가 53세에 처음 얻은 아들이 그 어머니 등에서 총살되었다. 상가대(商家臺)에서도 5명이 총살되고 행방불명이 9명, 그리고 북대구에서 1명이 총살되었다. 개원현(開源縣) 지방 토비지(土肥地)에서 7명이 학살되었는데, 패잔병들은 점심을 요구하고 이를 먹은 뒤에도 또 총살을 하였다. 대황구(大荒溝)에서는 패잔병이 통행하는 도중에서 추수하고 있다가 총살된 사람이 많다. 길림 관내에서 학살된 것은 판명된 것이 11명이고 또 다시 40명이 총살되었다. 철령(鐵嶺) 지방은 대전자(大甸子)에서 가옥 방화, 관계산(冠鷄山)과 북하구(北河溝) 등에서 피살된 자가 40여 명이 되었다. 통화현(通貨縣) 사도강(四道江) 부근에서도 약 40여 명이 피살되었고, 길해선(吉海線)[5] 방면에서는 횡도하자(橫道河子) 지방의 약 70명이 전멸되었고, 빈해현(濱海縣) 방면에서는 패잔병이 도주하다가 기차 차장에서, 농장에서 일하고 있는 자를 보이는 대로 모조리 총을 쏴서 죽였다고 한다.[6] 이 '언어도단(言語道斷), 불가형언(不可形言)의 참상'의 학살 사건들

5 길림(吉林)과 해룡(海龍)을 잇는 철도

6 《조선일보》, 1931년 10월 26일, 2면, 「패잔병 박해는 혹심, 백만재만 동포의 수난상」.

은 모두 '사변' 직후 10일 만에 벌어진 것이었다.

《동아일보》에서도 11월 5일자 기사에서 '사변' 이래 이제까지 만철 연선의 각지로 피난 나온 조선인이 2949명이고, 학살을 당한 조선인은 확인된 것만 309명에 달하였다고 보도하였다.[7] 이 기사에서는 판명된 피해자의 씨명을 철령현(鐵嶺縣)·청원현(淸原縣)·화전현(樺甸縣) 등 지역별로 밝혀 놓음으로써 희생자에게 애도를 표하고자 하였다.

당시 재만조선인에게 피난이란 그 자체가 생존을 위한 사투였다. '사변' 직후 남만주 피난민들은 처음에 도보로 무순·철령 지역으로 피신했다가 11월 초순부터 봉천으로 몰려들었다. 처음에는 37호, 185명이었던 피난민이 곧 490호, 2212명으로 불어났다.[8] '만주사변' 발발 이듬해에도, 중국 패잔병의 발호를 피해 철로연선 도시로 피난한 조선인의 수는 급격히 증가하였다. 1932년 1월 7일에는 1만 536명, 동년 3월 초에는 1만 5705명으로 늘어났다.[9]

또한 조선으로 귀환하는 자도 이전에 비해 더욱 증가하여, 1932년 5월 30일까지 1만 2628명에 달하였다. 이를 지역별로 보면 〈표 6-2〉와 같다. 귀환 조선인은 각종 사안을 야기하며 조선 내의 치안에 영향을 미쳤기 때문에 조선총독부에서도 주시하였다.

이렇듯 조선인 피난민이 격증하고, 귀환자가 상당수에 달하였다는 점은 만주 각지에서 조선인이 당한 피해 상황이 얼마나 혹심하였는지를

---

7 《동아일보》, 1931년 11월 5일, 2면, 「피난 동포 2천9백, 희생자 3백9명」.

8 손춘일, 2001, 「만주사변 전후 재만조선인 문제와 그들의 곤경」, 《정신문화연구》 83, 한국학중앙연구원, 156쪽.

9 최병도, 앞의 논문, 208쪽.

표 6-2 '만주사변' 이후 조선인의 귀환 상황(1931.09.20~1932.05.31)

	경기도 (인천항)	평안남도 (진남포항)	평안북도	함경남도	함경북도	계
남	282	129	6,042	16	1,474	7,943
여	100	68	3,341	9	1,167	4,685
계	382	197	9,383	25	2,641	12,628

참조 조선총독부, 1932, 「時局ニ伴フ朝鮮人ノ避難歸還狀況」, 『國聯支那調査委員 關係書類 九』.

가늠하게 해준다.

2) '시민적 생활의 안전 보장' 요구

1931년 7월 2일 발생한 만보산사건은 재만조선인문제와 관련하여 두 가지 점에서 큰 관심을 끌었다. 하나는 재만조선인문제가 중국 군경과 일본 경관의 무력 충돌로 이어졌다는 점이고, 다른 하나는 만주에서 조선인 배척 사건이 조선에서 배화(排華)사건으로 이어졌다는 점이다. 전자는 재만조선인문제의 성격이 조·중(朝·中) 간의 문제에서 중·일(中·日) 간의 문제로 바뀌게 되었다는 점에서, 후자는 조선에서 배화사건이 다시 재만조선인문제를 악화시킬 우려가 있다는 점에서 중요했기 때문이다.

전자의 경우부터 살펴보면, 먼저 《동아일보》는 만보산사건으로 재만조선인문제의 성격이 조선 농민 대 중국 관헌의 문제에서 중국과 일본 양국의 무력 충돌 문제로 바뀌었다고 보았다.

> 만주조선인의 문제는 오지와 만철연선과를 구분하여 두 가지로 볼 필요가 있는 것은 우리가 여러 번 말하였다. 다시 말하면 오지의 농민문제는 단순히 조선 농민 대 중국 관민의 문제인 것과 반대로 철도연선의 문제는 여기다가 일본 경찰력까지 더하여 합친 삼각문제가 되는 것이다. 이번 만보산 문제로 말하면 바로 이 둘째의 경우가 분명하다. 이미 일·중 양 경관대의 충돌이 있은 것을 보아 의심 없는 일이요, 따라서 오늘에 와서는 문제의 중심이 중국인의 조선 농민 압박에 있다는 것보다도 일·중 경관의 출동이라는 사실로 이전되었다 함이 사실일 것이다.[10]

만보산사건 이후 재만조선인문제의 중심이 조·중 간의 갈등에서 중·일 간의 충돌로 전이했다는 것이다. 이 점은 바로 일본의 만몽 침탈이 재만조선인문제의 근본적인 원인이었음을 증명해주는 것이다.

만보산사건으로 만주에서 중·일 양국의 대립이 더욱 첨예화되자, 잡지《비판》에서는 중국의 국권회수운동이 결국 만주에서 일본 등 제국주의 세력을 몰아낼 것이라고 예견하였다. 지금 중국은 "역사적으로 어떠한 진보적인 희망 있는 과정을 걷고 있는 터"라며, 만주의 장래를 다음과 같이 진단하였다.

> 중국에 대하여 열국이 한때 공상하던 공동 관리나 분할은 도저히 불가능할 것이요, 결국은 비록 중국이 금일의 현상대로 일종의 자본주의 국가로 발전하거나, 또는 소비에트의 세력이 확대되어 공산군이 종국

10 《동아일보》, 1931년 7월 5일, 1면, 「냉정한 태도를 취하라, 만보산사건에 대하야」.

적 목적을 달성하든지, 어떻든 열강의 중국에 있는 세력은 수축이 될망정 신장은 절대 불가능한 것이 역사적으로 필연한 사실이다. 오직 이러한 역사적 대세에 역행하려는 자 있다면, 그는 도리어 그 몰락을 더 급속히 재촉할 뿐이니, 현재의 중국의 국권회수운동이란 비록 시기의 느림과 빠름은 있을지라도 종말은 그 □극적(極的) 지점에 도달할 것이다. 그러나 이것은 대국적(大局的)으로 평범하게 본 것이니, 이 중국의 목적이 완성되는 과정에서는 반드시 천만의 곡절이 없지 못할 것이요, 만일 잘못하면 전 세계를 경(驚)□시킬 큰 전쟁이 발발할 만한 위험도 없지 않은 것이다. 중국에서 열강의 제국주의적 제 특권이 중국의 손에 탈환됨은 동시에 열강의 세력균형상 분란일 뿐 아니라, 일보를 나아가면 극동에서 제국주의의 몰락을 의미하는 것이요, 이것을 도화선으로 모든 세계에 파급할 위험성도 있는 것이다.[11] (□는 판독 불능 글자, 이하 동일 - 인용자)

만주에서 중국의 국권회복운동은 점점 더 크게 성장할 것이고, 아울러 일본 등 제국주의 세력은 몰락할 것이라고 예견한 것이다.

만보산사건으로 인한 중·일의 무력 충돌은 지금까지 만주에서 생로를 구해 오던 조선인의 앞길에도 큰 난관이 되었다.

그러면 나날이 몰락의 거리로 떨어져가는 조선 화전민은 어느 곳에서 활로를 구할 것이며, 편벽(遍辟)된 경제정책하에서 외래 세력의 공세에

11 유기두, 1931년 9월, 「극동의 현상과 조선의 장래 -재만조선인문제의 국제적고찰-」, 《비판》제5호, 비판사, 8쪽.

못 이겨 퇴진을 펴고 있는 조선 토착 뿌르조아지-와, 이로 말미암아 비길 데 없이 독특하게 급하게 이루어지는 계급분화이며, 특히 모든 민족적 경제가 파산에 임박하여 보호받는 이주민이 끊임없이 조선을 내방하고, 조선 무산대중에게 이에 대한 도태 작용으로 필연적 외지 이주가 간접적으로 요구되는 이때, 낙오된 조선 토착민은 어디로 갈 것인가? 일본의 노동시장은 벌써 조선노동자를 수요할 만한 여유를 가지지 못한지 오래였나니, 현재 그 적(籍)을 일본 노동시장에 둔 조선 노동자에게도 생활할 만한 보수를 주지 못한다. 만주가 아니요 일본이 아니라면 인위적으로 도태되어 이주되는 조선인은 어디로 갈 것인가? 이것은 동시에 조선은 어디로 갈 것인가의 문제이니, 조선의 장래를 전망할 때에 앞에 꽉 막힌 중차대한 문제이다.[12]

이제 조선인의 활로는 일본도 아니요 만주도 아닌 게 되었다. 이제 재만조선인문제는 조·중의 문제, 일·중의 문제뿐만 아니라, '세계적 대문제'가 되었다.

이렇게 고찰하여 볼 때, 우리는 이 문제가 장래 극동 정국에 커다란 암초로 되어 있고, 동양평화에 장애되는 세계적 대문제라는 결론을 얻게 된다. 일본이 모(某) 정책을 방기할 것 같지 않고, 중국이 국권회수를 단념할 리 만무하다. 중국이 조선인을 제3국제의 전위로 본다고 조선의 계급운동이 좌절될 바 없을지니, 이렇게 사방을 둘러싼 불리한 환경 속

12 위의 논문, 9쪽.

에서 움직이는 조선은 어디로 가려는가? 일본의 시데하라[幣原][13] 외교가 중국에 대한 정책에 있어 연약하다고 바야흐로 반동세력들을 중심으로 규탄의 봉화가 높이 오르고, 조선에서 일어난 배화(排華) 폭동을 기회로 대안의 중국에는 배일의 함성이 요란스럽게 된다. 극동 분규의 도화선적 역할을 충분히 행할 수 있는 재만선인문제는 조선의 장래 여하를 좌우할 수 있는 문제이요, 세계정세와 동양평화에 관련성 있는 대문제이니, 일·미, 일·중, 일·로, 중·로 관계가 복잡한 1931년에 이 문제가 어떻게 결말이 날 것이며, 지금까지 한 번도 있어 본 적이 없었던 '조선인과 중국인의 대충돌'의 큰 시련을 겪은 조선은 장차 어디로 가게 될 것인가?[14]

재만조선인문제는 '극동분규의 도화선'이 되었고, 조선의 장래를 결정하는 문제이자 세계 평화와도 관련된 문제라는 것이다. 즉 조선의 운명은 세계 평화와 더욱더 밀접한 관계를 맺게 되었다고 보았다.

한편 만보산사건은 조선에서 배화(排華)사건으로 이어졌다. 만보산사건이 중·일 간에 무력 충돌은 있었으나 인명 손상은 없었던 반면에, 조선의 배화사건은 매우 큰 인명 피해를 가져왔다. 조선에서 화교습격사건은 1931년 7월 2일 인천에서 시작하여 전국적으로 확대되었고, 7월 5일부터 시작된 평양 사건에서 피해가 가장 심하였다. 국제연맹의 리튼

13 시데하라 기주로[幣原喜重郎](1872~1951). 1924년과 1929년 일본 외무대신을 지냈고, 1945년 10월~1946년 5월 제44대 일본 내각 총리대신을 지냈다. 외무대신 시절, 일본 군부에 저항해 미국과 영국에 대한 협조, 중국에 대한 내정 불간섭 등의 외교 방침을 지향하였다.

14 유기두, 1931년 9월, 앞의 논문, 9쪽.

보고서에 따르면 조선의 배화사건으로 사망자 127명, 부상자 393명, 재산피해액 250만 원이었다. 중국 정부의 추계로는 사망자 142명, 부상자 546명, 실종자 91명, 재산손실 416만 3102원, 각 영사관에 수용되었던 피난 중국인 수는 1만 6800명에 달하였다. 일본의 공식 발표에는 사망자 91명, 중상자 102명에 조선인 사망자도 다수라고 되어 있다. 7월 13일까지 조선 전역에서 폭동 혐의로 조선인 1840여 명이 검거되었고, 국내에 최초로 오보를 전했던 조선일보 장춘지국장 김이삼(金利三)은 독립운동 진영으로부터 밀정 혐의를 받아 7월 15일 길림에서 피살되었다.[15]

배화사건이 일어나자 조선의 국내 언론 및 각계 사회단체는 일제히 우려의 목소리를 내었다. 이번 사건은 "결코 조선민족의 진정한 의사를 대표한 것이 아니"고, "장래에 있어 양 민족은 일층 친밀의 도를 가하여 재만조선인의 곤경을 해결하는 데 있어서 상호협력하기를 바라"기 때문이었다.[16] 조선에서 배화사건을 계기로 중국인에 대한 배타적 태도에 대한 반성이 일어난 것이다.

재만조선인문제를 해결하기 위해서는 조·중 양 민족이 서로 안전한 '시민적 생활'을 보장해야 한다고 역설하였다.

> 오늘날 광천화일(光天化日)의 밑에 우리의 조선인도 만주의 땅에 가서 그 법령의 밑에 근로역작의 생활을 누려야 할 것이오, 중국인도 또한 조

15 박영석, 1978, 『만보산사건연구 - 일제 대륙침략정책의 일환으로서의』, 아세아문화사, 100~101쪽; 강진아, 2013, 「조선총독부의 화교 노동자 입국 관리와 중국 언론」, 《중국근현대사연구》 제59집, 한국중국근현대사학회, 114쪽.

16 박영석, 위의 책, 106쪽.

선의 땅에서 상·공·농 각계의 시민적 생활을 평안하게 누려야 할 것이니, 이점에 있어 또 천하정당(天下正當)한 대도(大道)에 의하여 양 민족간의 화평하고 친목한 생활이 있기를 □□하여야 할 것이다. …… 조선인으로서 중국의 법령의 밑에 시민적 생활의 안전을 보장할 합리적 해결을 꾀한다면 이는 비로소 마음에 사무칠 불상사를 영구히 근절하는 가장 좋은 수단이 될 것이다.[17]

라고 하고, 이를 위해서,

만주조선인의 시민적 안주의 선결요건에 관하여는 결연히 정책의 결정, 그것의 여론화와 관철의 운동이 있어야 할 것이다. 또 중국인의 조선인 배척이 그 근저에서는 자국의 국권옹호라는 국민적 열망에서 우러나오는 것임을 잘 이해하여야 할 것이며, 오직 중국과 만몽 특수 권익을 가지고 있는 일본과의 파란 많은 국교의 사이에 조선인이 힘들고 어려운 일이 많은 처지에 빠진다는 것을 인식해야 할 것이다.[18]

라고 하였다. 조·중 양 민족의 '시민적 생활'의 보장이 재만조선인문제나 조선의 배화사건과 같은 불상사에 대한 근본적 해결책이라는 것이며, 이를 위해 정책 결정과 여론 운동을 전개할 것을 제의하고, 특히 재만조선인의 곤경이 중·일 양국의 마찰에서서 비롯된 것임을 강조하였다.

---

17 《조선일보》, 1931년 7월 10일, 1면, 사설 「심심한 유감을 표함 - 중국민에 대한 불상사」.

18 《조선일보》, 1931년 7월 12일, 1면, 사설 「피에 저진 심각한 이해(理解)에! - 조중인(朝中人)은 쏙가티 반성하라」.

재만조선인이 안전한 '시민적 생활'을 영위하는 길은 바로 중국 입적이었다.

> 조선인은 귀화권을 얻음으로써 중국 관헌의 압박과 구축이 크게 완화될 것은 물론이요, 더 나아가 중국인과 똑같은 시민권을 얻어 경제적·정치적 자위 수단을 얻게 되어 생활의 자유와 안도를 얻을 수 있는 터이니, 그것을 획득하고자 하는 것이 재만조선인 대부분에게 남아 있는 한 가지 계책으로 갈망하는 바일 것은 더 말할 필요가 없다.[19]

《조선일보》는 조선인의 귀화 인정을 시기상조라며 반대하는 일본 정부에 대한 비판도 그치지 않았다. "재만조선인의 피압박, 피구축의 원인 중 가장 중대한 것은 조선인의 정치적 배경이 일본에 있다는 것, 다시 말하면 조선인이 일본의 대륙정책에 선봉이 된다는 점에 있는 것만큼, 이에 대하여 위정자는 최대한 책임감을 가지지 않으면 안 될 처지에 있는데도 불구하고, 이에 잘 조치할 어떠한 방안도 가지지 않는 것은 무슨 이유일지 실로 우리는 그 진의를 판단하기 어렵다"라고 하고, 중국 귀화 입적이 시기상조라는 일본 측의 입장을 비판하면서, "장(張)과 하야시[林] 양씨 간의 교섭 중인 만보산사건 같은 것은 가장 지엽적인 문제이며, 귀화권 문제는 그 근본적 문제이다. 만일 지엽문제의 해결에만 몰두하고 그 근본적인 문제를 시기상조라 하여 말하지 않은 채 둔다면 이는 중대한

19 《조선일보》, 1931년 6월 6일, 1면, 사설 「또다시[又復] 강제구축 - 국적법을 속히 개정하라」.

모순일까 한다"라고 하였다.[20] 만보산사건과 같은 재만조선인문제를 해결하기 위해서는 조선인의 국적 문제라는 사건의 근본 원인에 대한 논의가 먼저 이루어져야 한다며, 사건에 따른 피해 보상만을 협상하고 있는 일본 축의 태도를 비판한 것이다.

만보산사건을 계기로 재만조선인 단체나 상해 임시정부의 지도자들도 중국이나 중국인과의 친선을 통해서 재만조선인문제를 해결해 나갈 것을 강조하였다. '한족동맹회(韓族同盟會)'라는 단체는 7월 10일 성명서를 통해서, 조선의 배화사건의 흉도(凶徒)들은 일본 제국주의의 주구(走狗) 무리들이며, 한(韓)·중(中) 양 민족은 더욱 협력하여 일본 제국주의를 타도하고 피압박 민족을 해방하자고 호소하였다.[21]

조소앙은 "적(赤)이나 백(白)이나 중국인이 질시하는 부당한 배경에서 벗어나"도록 할 것, "이백만 한교(韓僑)의 정당한 배경이 될지라도 중국인이 원수로 여기는 세력과 합류되지 말게 할 것", "국내 십만 화교의 생명 재산을 보호하며 우의를 가지"도록 할 것 등 방안을 제시하였고, 조직적 방법으로 만주에서는 "동성(東省) 한교(韓僑)의 자치단체를 시급히 조직하여 내부를 정리하고 옥석구분(玉石俱焚)의 폐단을 방지할 것", 조선에서는 "민족 자체의 최대임무를 □임(任)할 만한 총조직을 긴급히 착수하여 민족운동의 헤게모니를 잡고, 동성(東省) 한교(韓僑)의 □속(續)□주(主)되는 모든 재난에 대하여 유일한 배경이 되게 할 것" 등을 주장하였다.[22] 안창호는 재만조선인이 구축되는 문제는 앞으로도 계속될 것이

20 《조선일보》, 1931년 8월 5일, 1면, 사설 「귀화 문제의 재연 - 재만 동포문제의 요체」.

21 강진아, 2013, 앞의 논문, 122쪽.

22 《조선일보》, 1931년 8월 8일, 1면, 「만보산과 재만 동포문제 - 총조직의 급무, 상해 조소앙」.

라며, "만주에 있는 우리 지도자들이 분쟁을 정지하고 총집중하기를 바랍니다. …… 근본적 구제 판법(辦法)은 우리 자체 내부의 충실 여부에 있음을 깊이 믿는"다고 하였다.[23] 만보산사건을 계기로 상해의 민족지도자들은 중국인에 대한 재만조선인의 배타적 행동에 따른 반성과 민족운동을 위한 조선 내외에서의 통일된 조직의 필요성을 강조하였다.

하지만 '만주사변' 이후 조선에서는 또다시 대규모 배화(排華) 폭동이 일어날지도 모른다는 분위기가 만연하였다. 특히 패잔병들의 재만조선인 박해에 대한 보도가 조선의 민심을 자극하였다. 12월까지 평남 진남포, 경북 영천, 전북 군산, 함북 명천 등지에서 중국인에 대한 재물 훼손과 폭행 사건이 발생하였다.[24]

3) 재만조선인 자치구 설립의 주장

1927년 말경부터 전개된 재만조선인의 합법적 자치운동은 1929년 말에 이르면 국민부로부터 비판을 당하였다. 1929년 4월 조직된 국민부는 중국인과 공동으로 일제를 만·몽에서 몰아내는 것이 자치의 첫째 의의라고 언급하였다. 둘째는 조선인의 정치·경제·문화를 향상시키기 위해 중국의 법률에 따라 합법적인 수단에 입각하여 봉건 세력과 하급관

---

23 《조선일보》, 1931년 8월 9일, 1면, 「만보산과 재만 동포문제 - 내쟁하지 말고 총역량을 집붕하자, 상해 안창호」.

24 강진아, 2012, 「만주사변 전후 재한화교 문제의 양상 - 조선총독부 외사과와 재한중국영사관 간 왕복문서를 중심으로」, 《동양사학연구》 제12집, 동양사학회, 290~299쪽.

료의 무리한 박해에 대항하는 것이며, 셋째로는 혁명운동의 커다란 원동력을 양성하고 비축하는 것이라고 하였다.[25] 국민부는 9월경에 '동성귀화한족동향회'의 자치운동이 "주구배 반동분자의 은신처, 보호색" 역할을 하게 되면서 민족운동을 파괴하는 무기로 이용된 경우도 있었다고 비판하고, 독자적인 자치기관의 조직을 도모하였다.[26]

그러나 국민부의 독자적인 자치운동은 중국 국공합작의 분열과 1929년 7월 '중동철로사건(中東鐵路事件)'을 둘러싼 중·소 관계의 악화로 인해 위기 국면을 맞이하게 되었다. 이런 상황 속에서 중국 국민당에 의거하여 반제·반소·반공 노선을 선택한 국민부는 재만조선인의 적극적인 지지를 얻지 못하여서 결국 기반이 점점 축소되어 갔다.[27]

공산주의운동 진영에서도 '중동철로사건'을 계기로 그동안 인정해 왔던 '동성귀화한족동향회' 등의 합법적 자치운동에 대해서 비판하기 시작하였다.[28] 1930년 4월 1일 발행된 서울-상해파의 기관지《노력자신문》 2호에 게재된「만주한인자치문제 어떻게 할까」라는 사설에서는 동성한족동향회·반석(盤石)동향회·국민부 등의 자치운동기관에 대해 이중적 통치기관을 타도하고 민족자결권 획득을 목표로 투쟁단체를 조직하라고 주문하여, 민족주의운동 진영의 자치운동에 반대하는 견해를 강력하

25 신주백, 1999,『만주 지역 한인의 민족운동사(1920~45) -민족주의운동 및 사회주의운동 계열의 대립과 연대를 중심으로』, 아세아문화사, 216쪽.

26 위의 책, 217쪽.

27 조춘호, 2010,「'9·18'사변 후, 중국 동북지역 한인자치운동과 중국 공산당 대응」,《한국학논총》33집, 국민대학교 한국학연구소, 411쪽.

28 황민호, 2006,「재만 한인의 합법적 자치운동의 전개와 '자치'에 대한 국내 언론의 인식」,《한국민족운동사연구》47, 한국민족운동사학회, 163쪽.

게 표출하였다.[29]

또한 1930년 6월 공산주의운동 진영의 잡지《태평양노동자》는 재만 조선인 자치운동의 방향과 목표에 대해 다음과 같은 논설을 실었다.

> 만주조선인의 자치권 획득은 다만 제국주의와 결탁한 반혁명적인 국민당의 통치를 타도할 뿐만 아니라 특히 일본 제국주의의 구축을 철저히 행함에 의해서만 가능한 것이다. 따라서 그들의 혁명 진영은 한편으로 중국 다른 한편으로 조선 혁명운동의 구성요소의 하나인 동시에, 그 투쟁은 양국 혁명을 유기적으로 연결시킬 매개적 역할을 짊어지게 된다. 그들의 혁명투쟁의 중심 슬로건은 국민당정부 및 장학량 타도, 일본 제국주의 타도, 대지주의 토지몰수-농민에게 분배, 중국과 조선의 노동자·농민의 정부수립(노동 민주주의의 독재를 토대로 한 소비에트 형태) 등등이다. 특히 만주의 전체 혁명군중에게는 소비에트연방 옹호투쟁에 있어서 특히 중대한 임무가 부여되었으며, 동시에 조선인에 대한 민족적 차별의 철폐(물론 제한된 의미에 있어서), 자주교육권의 획득 및 제2 구축령의 철폐와 같은 위험의 방어 등의 투쟁도 오직 중국 노력대중의 적극적 응원하에서 공동투쟁을 발전함에 의해서만 가능할 것이다.[30]

재만조선인의 자치권 획득은 '반국민당' 운동뿐만 아니라 일본 제국주의를 완전히 몰아내는 것을 통해서 가능하다고 본 것이다. 따라서

---

29 위의 논문, 164쪽.

30 정재수, 1930년 6월, 「만주한인자치문제에 대한 비판」, 《태평양노동자》. 황민호, 위의 논문, 163~164쪽.

재만조선인에 대한 민족차별 철폐나 자주교육권 획득은 중국 군벌 당국의 협조에 의해서가 아니라 '반일' '반국민당'을 목표로 하는 중국 노동대중과의 공동투쟁에 의해서 가능하다고 주장하는 것이다.

1931년 이후 재만조선인이 수난의 한복판에 처하게 되자, 국내 각 언론에서는 재만조선인의 자치문제를 다시 집중 조명하면서 자치구 설립을 문제해결의 쟁점으로 제기하였다. 중국과 일본, 소련의 삼각 대립 속에서 재만조선인의 생활이 불안해지자, 이전부터 재만조선인의 입적과 자치를 적극적으로 주장한《조선일보》는 재만조선인의 '집중, 통일, 자치'를 해결 대책으로 제시하였다.

> 재만조선인을 재만조선인으로서 그 생활 개척 또는 생활 안정의 방법을 연구·실시하는 것이 최대로 중요한 임무이다. 여기에 있어 우리는 재만조선인의 일정한 지역에의 집중과 가능한 최대한의 통일된 조직, 그를 토대로 하여 일정한 동향적(同鄕的) 또 이주민단적(移住民團的) 자치를 향유할 것을 주장한다.[31]

국내외 지도적 인사들도 재만조선인에게 필요한 것은 집단적 단결이라며, 이에 대해 역설하였다. 상해 조소앙은 "만몽문제와 한교(韓僑)문제는 일종의 국제문제로 전 세계가 주목하는 바이며, 더욱 우리 민족의 전도에 지대한 영향을 주는 것이 사실입니다. 남만선(南滿線)과 중동선(中東線)의 외래적 세력권이 중국 영지에 뿌리를 내린 이상 필연한 정세

31 《조선일보》, 1931년 9월 4일, 1면, 사설「재만 동포문제 사의(私議) - 집중, 통일, 자치」.

로 9·18의 □극적(劇的) 일종 사화(史禍)가 연출된 것입니다"라고 말하면서, 향후 만주에서 중·일 양국의 틈에서 조선인의 집단 역량은 이전보다 더 진전될 것이라고 확신하였다.[32] 국내의 변호사 이인도 "재만 동포의 전도를 논함에는 그 경제적 발전 여하가 긴급한 조건이고, 따라서 여러 해 전부터 부르짖는 토지소유의 인정이 아니면 귀화 허가의 홍(鴻)□과 이번 사변으로 더욱 통감된 집단적 거주와 단결적 생활이 무엇보다도 필요한 것이며, 종래의 자기들 사이에 서로 짓밟는 파쟁의 청산이 긴급할 것이며, 만몽의 삼각 세력에 불편부당하고 엄연히 중립하여 자중한 태도를 취함이 가장 현명한 계획일 것이다"라고 하였다.[33]

1931년 9월호 잡지《동광》에서도「재만 동포문제특집」란을 실으면서 재만조선인이 개인적·집단적으로 자치구를 설립할 것을 주문하였다.

> 치외법권이 철폐가 되더라도, 그리고 조선 사람이 완전한 중국 시민권을 얻더라도, 그리고 중국이 완전한 법치국이 되더라도 민족적 갈등은 경제적 갈등을 중심으로 끊임없이 있을 수가 있다. 그러므로 만주를 동양의 발칸이나, 동양의 중앙 유럽으로 만들지 않으려면 양 민족의 원대한 계획이 있어야 한다.
>
> 만주에 있는 조선인의 백년대계는 무엇인가. …… 최후의 해결책으로는 개인적으로 정치상, 경제상 평등의 시민권을 가지고 중국인과 잡거

32 《조선일보》, 1932년 1월 1일, 3면,「재만 동포장래관, 백만동포의 전도여하 - 만몽문제와 한교의 장래, 상해 조소앙」.

33 《조선일보》, 1932년 1월 1일, 3면,「재만 동포장래관, 백만동포의 전도여하 - 여하한 세력에도 추수함은 불가, 경제적으로 근공역작(勤工力作)함이 득책, 변호사 이인(李仁) 씨 담(談)」.

> 하거나 그렇지 아니하면 특히 구역을 정하여 조선인의 자치 부락이 생길 것이다.
> 모든 현실적 당면 문제는 이 최후의 목표를 향해 가는 과정이다. 만주에 있는 조선 사람은 모든 국제적 소용돌이 속에서 스스로 자기를 굳세게 하여 능히 자기의 길을 개척해 나갈 힘을 길러야 할 것이다. 내부의 공고한 조직이 필요하고 또 경제적 이민으로서 「성공」을 이룰만한 성심의 노력과 집단적 계획, 지도가 있어야 할 것이다. 모든 다른 사람의 힘을 입어 해결하려는 책동은 결국 무익으로 돌아갈 것이다.[34]

위 인용문에서 '모든 다른 사람의 힘을 입어 해결하려는 책동은 결국 무익으로 돌아갈 것이다'라고 부언함으로써 자치구 설립이 마치 배타적 운동인 것처럼 잘못 해석될 여지는 있지만, 어쨌든 재만조선인문제를 해결하기 위한 방책 중 하나로 재만조선인의 자치구 확립을 주장하고 있다.

사회주의 계열의 잡지 《비판》에서도 재만조선인의 자치구 설립 문제에 대해 높은 관심을 보였다. 적극적인 의견을 개진한 인물은 박일형이었다. 그는 먼저 재만조선인문제를 다음의 두 가지로 분류하였다.

> 1. 노동자로서 자본가에게, 농민으로서 지주에게 착취당하는 것과 이것에서 생겨나는 여러 사실

34 주요한, 1931년 10월, 「만주동포문제종횡관」, 《동광》 제25호(1931년 9월호), 4~5쪽.

2. 단순히 조선 사람인 까닭에 받는 박해와 참화[35]

그리고 "「조선 사람은 어떻게 해야 만주에서 조선 사람인 까닭에 받는 박해와 참화를 제거할까?」 이것이 소위 재만조선인문제의 요점인 것이다"라고 말하였다.[36] 제2항의 원인은 중·일 양국의 알력 때문이므로 이 문제는 결국 중·일 "양국의 대립 관계가 근저로부터 절멸되는 때라야 비로소 해결될 것"이라고 보았으며, "양국의 대립 관계의 절멸은 자본주의적 여러 모순의 지양이 없이는 불가능한 것이니, 이리하여 외견상 특수문제인 듯이 보이는 이 문제도 원칙상 제1의 문제와 합류(合流)되는 것이다"라면서, "재만조선인문제의 해결은 반×××의[반제국주의-인용자] 일점(一點)에 귀착되는 것이다"라고 하였다.[37] 결국 재만조선인문제의 제1항과 제2항은 모두 자본주의 모순의 극복을 통해서만 해결할 수 있다는 것이다. 그 해결 방법은 바로 반일본제국주의 투쟁에 있다고 본 것이다.

박일형은 각계에서 내놓은 재만조선인문제 해결책을 '1. 대동단결론, 2. 귀화권획득 절대필요론, 3. 자치령 결성론, 4. 영세중립국 건립론' 등으로 구분하고, 이러한 대안들은 반제국주의 투쟁을 떠나서는 실효를 거두지 못한다고 비판하였다. 특히 장개석 정부하에서는 자치구 설립운동이 불가능하다면서, 다음과 같이 말하였다.

---

35 박일형(朴日馨), 1931년 11월, 「만주 문제를 여시아관(如是我觀) - 특히 재만조선인문제의 해결책에 대하야」, 《비판》 제7호, 38쪽.

36 위와 같음.

37 위의 논문, 39쪽.

> 내가 보는 이 문제의 실현의 가능성은 조선 사람(특히 만주 있는)이 ×국[중국-인용자]의 프롤레타리아트와 긴밀히 결합하여 계급적 입장에서 중국의 모든 운동에 적극적으로 가담하며, 그리함으로써 중국의 ×× 운동을 푸로레타리아××[혁명-인용자]에까지 ×화(化) 성취시킨 때에만 비로소 있을 것이다.[38]

재만조선인이 중국 프롤레타리아트와 협력하여 노동자 농민의 계급적 입장에서 중국의 국권회수운동에 가담하고, 이를 프롤레타리아트 혁명으로 전화시킬 경우에만 자치구 설립이 가능하다는 것이다. 다시 강조하여 말하기를,

> 요컨대 문제는 부분적으로 해결될 수 있는 것이 아니다. 조선의 프롤레타리아는 (××[중국-인용자]의 프롤레타리아와의 합작에 의한) ×××국주의[일본 제국주의-인용자]의 ××[타도-인용자]라는 전체 문제에 원칙을 세우고, 이 원칙과 함께, 당면한 객관적 정세가 규정하는 전략전술에 기준하여 구체적 ×쟁[투쟁-인용자]을 전개할 것이니, 이리함으로써만 만주 문제는 비로소 해결될 것이다.[39]

라고 하였다. 조선의 프롤레타리아트가 중국 프롤레타리아트와 연합하여 '일본 제국주의의 타도'라는 원칙하에 구체적 투쟁을 전개해야만 재

---

38 위의 논문, 40쪽.

39 위의 논문, 41쪽.

만조선인문제가 해결될 것이라고 주장한 것이다.

또한 박일형은 재만조선인이 "자유로운 민족발전과 민족평등의 원칙이 실현될 조건을 수립하기 위하여 싸워야 할 것이고, 이 투쟁은 원칙상 중국 프롤레타리아트의 지도하에서 수행되어야 할 것이다"라고 하였다.[40] 중국 프롤레타이아트와 연합하는 재만조선인의 당면 목적은 '민족발전과 민족평등'에 있다고 말한 것이다.

박일형은 덧붙여 말하기를 민족적 편견과 분쟁, 적의 등은 쉽게 사멸되는 것이 아니므로 깊은 주의와 관심이 필요하다고 하였다.

> 민족 대 민족, 인종 대 인종 간의 이러한 동물적 불신과 증오의 잔재는 현재 자본주의 여러 나라 사이의 노동자·농민 간에는 물론, 동일한 연방에 조직된 소비에트 동맹의 노동자·농민 간에까지 완전히 소멸되지 못하였다. 그리고 이러한 까닭으로서만 민족적 편견의 극복은 더욱 □□□을 가지게 되는 것이니, …… 그렇다! 민족과 민족 간의 편견과 감정은 그 근원이 오래이니만큼 경제적 대립 조건의 소실이란 간단한 원인하에 기계적으로 사멸되는 것이 아니다. 거기에는 매우 깊고 간절한 주의와 노력이 필요한 것이다.[41]

이처럼 '만주사변' 이후 좌우의 정치 세력들은 각자의 입장에 따른 방식으로 재만조선인의 집단적 단결의 필요성을 강조하였다. 정치적 입

---

40 박일형, 1932년 3월, 「민족자치구의 제문제 - 다시 김명식씨의 소론에 대하야」, 《비판》 제11호, 비판사, 36쪽.

41 위의 논문, 37쪽.

장에 따라 재만조선인을 조직하는 방식은 달랐지만, 재만조선인의 민족으로서의 평등권과 시민으로서의 생존권의 확립을 요구했다는 점에서 공통적이었다. 이것은 일본 제국주의의 모순 해결 및 민족평등의 신세계 수립을 위해 만주의 조선인 노동자와 농민이 그러한 주체로서 성장하고 있다는 사실을 보여준 것이라고 생각된다.

이와 같은 움직임이 있는 와중에도 재만조선인의 정치적·집단적 운동을 반대한 자가 있었다. 그 대표적인 인물로는 이광수를 들 수 있다. 그는

> 재만 동포는 결코 어느 정치적 세력에 기울어져 있어서는 안 됩니다. 만주의 정치적 세력이란 안정성이 없어 매양 변하는 것이기 때문에, 갑(甲) 정권에 기울어져 일신의 편의를 얻었다고 하더라도 을(乙) 정권이 대체하여 섰을 때에는 갑 정권의 연루자로 다 제거되고, 압박을 당하지 아니하면 아니 됩니다.[42]

라고 하였다. 이어서 '우리 재만 동포는 모든 정권에 초월함'이 마땅하다면서, "남의 나라 땅에 가서 우거(寓居)하여 있으니 그 나라의 내정 분쟁의 와중에 뛰어 들어가는 것은 백해(百害)가 있고 일리(一利)도 없"다고 하였다. 계속해서

> 이번에도 일본 출병의 결과로 동북 정권에 무슨 변동이 올는지도 알 수

---

42 이광수, 1931년 11월, 「재만 동포에게 급고(急告)」, 《동광》 제27호, 53쪽.

없거니와 우리 재만 동포는 굳게 입을 다물어 엄숙하고 지혜로운 침묵을 지켜서 저 나라 관민에게 시기와 의심의 구실을 주지 않도록 세심한 주의를 하심이 긴요합니다. …… 이번 기회에 …… 첫째로 기득한 권익을 옹호하고 둘째로 동포의 언동을 단속하고 셋째로 적극적으로 정권에서 초월한 경제와 문화의 부식, 향상을 꾀할 것입니다.[43]

라고 주문하였다. 어떠한 정치적 운동단체에 가담하지 말 것을 종용한 것이다. 시민권이나 민족평등권 확립, 자치구 설립 등 어떠한 운동도 언급하지 않고 '기득권 옹호'와 '경제·문화의 향상'만을 주장하고 있을 뿐이었다.

한편 '만주국' 성립 후에는 이제까지 준자치정부로서 다양한 활동을 해온 국민부의 세력은 크게 위축되었다. 결국 국민부는 1934년 11월 11일에 군사조직인 '조선혁명군정부'에 통합되었다.

또한 간도에서는 민생단과 민회 등의 친일단체에서 간도를 길림성으로부터 독립시켜 특별자치구역으로 만들어 달라는 운동이 일어났다.[44] 간도를 두고 조선총독부와 일본 외무성은 이견이 있었다. 간도는 조선의 연장 지역이므로 특별자치구역 형태의 행정조직에 넣길 희망하였던 조선총독부와는 달리, 일본 외무성은 현상 유지를 바란 것이다.[45] 이 문제는 1934년 10월에 간도 지역이 길림성에서 간도성으로 분리되는 것으로 일단락되었다.

---

43 위와 같음.

44 조춘호, 앞의 논문, 406쪽.

45 《동아일보》, 1932년 5월 13일, 2면, 「간도독립문제 재연(再燃)」, 「자치구문제와 매수설 대두」.

그리고 중국공산당 측에서도 재만조선인 자치 문제에 대해 정강을 발표하였다. 1928년 중국공산당 만주성위는 「만주의 조선 농민문제」라는 문건에서 "무릇 조선 농민은 만주에서 중국 농민과 같이 일률적으로 토지소유권과 거주권을 가지며 혁명정권을 가질 수 있다. …… 이래야만 만주의 조선 농민문제는 진정으로 해결할 수 있다"라고 하였다. 1930년 4월에는 「재만조선노동군중운동결의초안」을 발표하여, 조선인이 다수를 점하고 있는 동만주와 유하 지구에 노농소비에트정권을 건립하여야 한다고 지적하였다.[46] 1931년 5월 26일에는 '만주조선민족문제결의안'을 통과시키고, "완전한 민족자결(원칙) 제출과 조선인의 분리 독립국가 건립 권리 승인을 주요한 중심 구호로 삼아야 한다. 이렇게 우리들(공산당)의 계급정책을 집행하고 일제와 중국의 호신(豪紳), 지주자본가 계급의 통치에 대한 조선 노동자·농민 및 중국 노동자·농민의 일치된 반대(투쟁)을 영도하며 중농과 빈농의 토지혁명을 실행하면서 부농 자본가 계급과 전대인(轉貸人)은 반대한다"라고 하였다.[47] 결의안의 기본 노선은 조선과 중국 양국의 노동자·농민의 연대를 통해서 일제와 중국 지배층에 대한 투쟁과 토지혁명을 실행한다는 것이다. 이어서 같은 해 11월 제1차 중국공산당 전국대표대회에서 채택된 「중화소비에트공화국헌법대강」에서도 중국 경내의 소수민족의 민족자결권을 승인하면서 각 약소민족은 독립적인 국가를 만들 권리와 자기의 자치구역을 건립하여 중국소비에트연방에 가입하거나 탈퇴할 권리가 있다고 명시하였다.[48] 소수민족에 대한 민

46 조춘호, 앞의 논문, 414~415쪽.

47 손승희, 2003, 「만보산사건과 중국공산당」, 《동양사학연구》83집, 동양사학회, 123~124쪽.

48 한홍구, 2001, 「만주의 한국민족해방운동과 중국공산당 - 민생단사건을 중심으로」, 《한국민

족평등과 민족자결 정책을 천명하면서, 조선족은 몽고족·회족·장족·묘족 등 소수민족과 똑같이 중화소비에트연맹에 가입 혹은 이탈할 수 있으며, 혹은 자기의 자치구역을 건립할 자결권이 있다고 한 것이다.[49] 1936년 3월 중국공산당 대표단은 조·중 민족이 연합하여 공동으로 항일하고, 조·중 민족이 일제로부터 독립을 획득한 이후에 동만주 지방에 조선인 자치구를 건립할 것을 제기하였다.[50]

이상 살펴보았듯이 만보산사건과 조선의 배화사건 이후 국내 언론은 만주에서 조선인과 중국인 사이에 친선의 중요성을 크게 강조하였다. 또한 '만주사변' 직후 재만조선인에 대한 약탈·폭행·학살 사태가 이전보다 더 심하게 벌어지자, 재만조선인의 자치구 설립을 해결 방안으로 크게 주목하였다. 민족주의 계열에서는 재만조선인이 중국인과 평등한 권리를 가지거나 자치부락을 만드는 것이 당면 과제라고 하였다. 사회주의 계열에서는 민족발전과 평등을 수립하기 위한 재만조선인 자치구 설립은 중국 노농계급과의 연합에 의한 반일본제국주의 투쟁을 통해서 가능하다고 주장하였다. 이렇듯 국내 운동 진영에서는 재만조선인 자치권 획득의 방안을 두고 각각 다르게 분기하고 있었다. 그렇지만 재만조선인의 민족평등권을 확립하기 위해 자치구를 설립해야 한다는 점에서는 공통적이었다. 재만조선인이 중국인과 평등한 민족으로서 시민적 권리를 확립

족운동사연구 27 - 한국민족운동사 연구의 역사적 과제》, 한국민족운동사학회, 249쪽.

49 김철성, 1997, 「중화인민공화국 수립전 중국 조선족의 민족자치 운동」, 《지역과 역사》제4호, 부경역사연구소, 272쪽.

50 신주백, 앞의 책, 433쪽.

하고 자치구를 설립하는 일은 재만조선인문제 해결을 위한 기본 과제로 인식된 것이다.

2. '만주국' 성립과 재만조선인문제

1) '만주국' 성립에 대한 국내 인식

1932년 3월 1일 일본 관동군은 폐위된 청조의 황제 푸이[溥儀]를 집정(執政)에 앉히고, 신경(新京)(지금의 장춘)을 수도로 삼은 '만주국'의 성립을 선언하였다. 그 이전에 이미 《매일신보》는 '만주국'의 성립을 만주가 '만주인의 만주'로 귀결한 당연한 결과라고 보았다.

> 신년벽두에는 봉천, 길림, 흑룡강 3성을 연결한 만주 자유국의 성립을 보게 될 모양이라 한다. 본래 만주는 만주인의 만주이어서 만주가 한족(漢族) 해방을 기치로 흥기한 혁명정부 아래에 서게 된 것이 이미 이치의 타당함을 잃은 것이다. …… 만주는 만주인의 만주이다. 감히 한족의 용훼(容喙)를 허락하지 않으며 더구나 한족의 망자존대적(妄自尊大的) 교만심을 만족시키기 위하여 희생을 부담할 아무런 이유를 발견하지 못하게 되는 바이다. …… 만주 독자(獨自)로서의 국가 형성이 필요하게 된다 함은 또 피치 못할 필연의 귀결이라 할 것이 아닐까. 본래 영토권은 하늘이 그 주민의 생활을 위하여 부여한 토지권 그것일 것이다. …… 만주는 실로 하늘이 만주 주민을 위하여 부여한 토지이다. 그 영

토권을 주장한 자는 다만 만주 주민 그들일 뿐일 것이며, 따라서 만주 자유국은 만주 영토권의 보존을 기약하는 의미에 있어서도 극히 필요하다 할 바일 것이다.[51]

만주인의 땅인 만주에 만주인이 '만주국'을 세우는 것은 당연한 일이라고 말하고 있다. '만주국'은 한족으로부터 만주 영토권을 보존하기 위한 만주인의 '자유국'이라고 본 것이다.

1932년 3월 12일 '만주국' 정부의 외교부장 사개석(謝介石)은 일·영·미·불 등 17개국 정부에 대하여 다음의 외교 원칙을 발표하였다. "신국가는 (1) 신정부는 국무수행에 당하여 성의와 신의의 근본 원칙을 준수하고 화충(和衷)과 우호의 정신을 견지하며 공약을 중히 하여, 국제 평화의 증진을 기약함. (2) 국제법 및 국제 관계에 즉하여 국제 정의를 존중함. (3) 외국과의 조약에 기초한 중화 공화국의 의무에 대하여는 국제법 및 국제 관계에 비추어 신국가가 이를 계승하여 충실히 그 의무를 이행함. (4) 신국가는 만주국 영내에 있는 외국인의 기득권을 침해함이 없게 하고 그 생명과 재산에 대하여 충분한 보호를 베풂. (5) 신국가는 외국인민의 입국 및 거주를 환영하며 여러 민족에 대하여 평등하고 공평한 대우를 베풂. (6) 외국과의 통상무역을 진행하여 세계경제의 발전을 기약함. (7) 외국인의 만주에서의 경제활동에 대하여는 문호 개방의 원칙을 굳게 지킴 등의 여러 원칙에 기초하여 정식 외교를 개시하려 한다는 취

51 《매일신보》, 1931년 12월 8일, 1면, 「만주 자유국 계획의 진보(進捗)」.

지를 자세히 진술하였"던 것이다.[52]

그러나 국내의 비판적 언론들은 '만주국'을 독립국가로 인정하지 않았다.

> 극동에는 예상 안하였던 신독립국가? 만주국이 출현하였다. 이 만주국이 과연 일개의 독립국가로서의 형태를 가지고 있는지 없는지 우리로서 논평할 만한 자유가 없으므로 생략하거니와, 어떻든 이 신국가가 국제적 승인을 얻기는 아마 가까운 장래라고는 단언키 어려울 것이다.[53]

'신독립국가'라는 단어 뒤에다가 물음표를 붙임으로써 '만주국'을 독립국가로 보는 데에 의문을 표시하였다.

또한 1932년 10월 2일에 발표된 리튼 보고서를 소개하며, 이 보고서에서는 '만주국'을 독립국으로 인정하지 않고 있다고 주저 없이 밝히고 있다. 잡지《비판》은 리튼 보고서가 '만주국'에 대해서

> 신국가의 건설 과정에 있어서나 만주국 정부조직에 있어서나 또는 만주국 주민의 의향으로 보거나, 소위 자치지도부의 조직과 활동이 어떤 형태를 취함을 물론하고, 기실「민의와 교섭이 없이 일본 참모본부가 독립운동을 지도 원조한 것」으로 현 정권은 결코「통일하고 자발적인 독립운동의 결과라고 보지 못할 것」이라고 말하였다.[54]

---

52 《매일신보》, 1932년 3월 16일, 1면, 사설「당당한 만주국의 국시」.

53 유기두, 1932년 7월,「극동정세대관 - 특히 미소 제휴설에 대하여」,《비판》제15호, 비판사, 1쪽.

54 윤상렬, 1932년 11월,「국제연맹조사단은 무엇을 보고하였는가?」,《비판》제18호, 비판사,

라고 소개하였다. 잡지《제일선》에서도

> 요컨대 본 위원회가 각 방면으로부터 입수한 증거에 비추어, 만주국 설립에 드러난 종종의 요인 중 가장 유효해서 이것이 없이는 신국가는 불가능하다고 단정할 것은 일본군의 존재이고, 다른 요인은 일본 문무관헌의 활동이다. 그렇기 때문에 만주에 있는 현 정권을 통일하여 자발적인 독립운동의 결과라고 볼 수 없다.[55]

라고 말한 리튼 보고서 내용을 소개하였다.

잡지《삼천리》에서는 리튼 보고서의 내용 중 조선인문제에 대해서 "과거에 조선 농부는 폭행 및 착취에 의하여 괴로워한 일은 의심할 것이 없다. 본 위원회에 진정(陳情)한 조선 대표는 일반으로 신제도를 환영한다. 그렇지만 우리는 어떤 범위까지 그들이 그 단체의 대표였느냐는 것을 확실히 하지 못하였다"라는 내용이 있다고 소개하였다.[56] 리튼 보고서는 신제도 즉 '만주국'을 환영한다는 조선인 대표의 진정으로 인해 그의 대표성이 의심된다는 것이다. 이로 보건대 '만주국'의 출현을 환영하였다는 진정은 그 진실성이 거의 없는 것이었다고 판단된다.

41~42쪽.

55 편집부, 1932년 11월,「전 세계 이목을 용동(聳動)하든 연맹조사단보고서」,《제일선》제2권 제10호, 52쪽.

56 편집부, 1932년 11월,「국제연맹에 제출된 리튼 보고서 중 조선인문제」,《삼천리》1932년 12월호, 19쪽. 잡지《삼천리》는 당시 검열로 인하여 11월호를 제때에 발행하지 못하였다. 늦게나마 검열을 통과한 내용을 담고서 12월호를 발행하였으며, 12월호의 출판 발행일은 1932년 11월 1일로 되어 있다.

잡지 《동광》에서도 '만주국' 성립에 대한 리튼 보고서의 내용을 다음과 같이 소개하였다.

> 만주국의 독립은 일본 군대의 존재에 의해서만 가능한 것이요, 그 배면(背面)에는 참모본부의 활동이 있다. 만주국 정부는 일본인 관리가 중요한 것을 점했고, 만주 주민은 이 독립국에 반대한다고 진술하였다(일본의 독립국 승인과 절대 서로 용납하지 않았으며, 만주 「독립」에 관한 일본 측의 주장을 정면으로 반대하였다).[57]

리튼의 보고서가 '만주국'의 독립성을 전혀 인정하지 않고 일본 정부와 정반대되는 평가를 내렸다고 소개한 것이다.

'만주국' 성립에 대해 가장 간명하게 평가한 것은 다음일 것이다.

> 만주는 일본의 생명선이라고 했다. 그 생명선인 만주를 확고히 하기 위하여, 만주사변이 났고, 만주국이 출현했다. 일본은 그를 위해서는 어떠한 것이라도 두려워하지 않고 그야말로 정말 생명을 내기하고 들러붙던 바이니, 국제연맹에서 그의 정당성을 용인시키려다가 국제연맹이 듣지 않으니 그만 탈퇴해 버렸다.[58]

아마도 이것이 '만주국'의 출현을 바라보는 지식인의 일반적인 시선이었

---

57 주요한, 1933년 1월, 「연맹조사단 보고내용검토」, 《동광》 1932년 11월·12월 합호, 414쪽(영인본).

58 김경재, 1934년 5월, 「대아세아주의 비판」, 《삼천리》1934년 5월호, 28쪽.

을 것이라고 생각된다.

국내 언론은 '만주국'의 장래를 어둡게 전망하였다.

> 그런데 우리가 만주 신국에 대한 일·중 사이의 현재의 태도와 그 전도에 대하여 주시할 점이 하나 있으니, 그것은 외교적 절충보다도 무력상의 재충돌이다. 현재의 사태로는 일·중 사이에 어느 나라이든지 한 나라가 희생적 양보를 받아들이지 않으면 외교적 해결은 절망이고, 무력에 다시 호소하는 길만이 하나 있을 뿐인가 한다. 그런 종류의 무력적 충돌이 생긴다면 거기에서 신국가의 운명이 결정될 것이다. 따라서 충돌의 결과로 그러한 중대변화가 동아 천지에서 생길는지 자못 관심되고 우리의 주의를 끄는 점이라 하겠다.[59]

"국제평화의 증진"이라는 '만주국'의 국시가 과연 지켜질 수 있을지 의문을 나타낸 것이다. 이렇듯 '만주국'은 출발부터 자신의 국시와 상반되는 운명을 노정하고 있었고, 국내 언론은 이를 놓치지 않고 비판하였다. 이로 생각해 보면 '만주국'의 출발은 이미 파멸이 예정된 길로 들어선 것이었다고 말할 수 있다.

---

59 원세훈, 1932년 4월, 「만주문제종횡관」, 《삼천리》 1932년 4월호, 9쪽.

2) 재만조선인 '생존과 인권의 보장'

'만주사변'을 목도했던 국내 언론은 '만주국' 건설을 예의 주시하며, 재만조선인의 안전을 염려하였다. 또한 '만주국' 건설이 진행되는 중에도 박해받는 조선인의 수가 적지 않은 것 등을 다음과 같이 비판하였다.

> 만몽에는 신국가 건설이 준비되고 있다. 이것은 사실이다. 만몽 3천만 인의 평온한 생활지를 만드는 것이 그 진행하는 계획으로 소개되는 터라 만인이 함께 아는 바이다. 만몽 널따란 땅에 백만 조선인도 각각 그 집중과 통제된 생활로써 산업적 생장(生長)을 얻을 수 있고, 또 자연의 성향에 맛깔스러운 문화적 향상을 꾀할 수 있다면, 마땅히 그 현실에 즉해서 최선의 노력으로 그 항구적 생존의 근거를 잡을 것이다. 만주의 조선인은 스스로 그 정치적 정세를 변개(變改)할 소임을 태워 준 것이 아니고, 지금 오직 정치적 정세에 선처(善處)하면서 그 시민적 안전한 생활에 균등히 되어야 할 처지에 놓여 있다. 그런데 이 만몽 신국가 건설의 준비가 놀라게 또 뜻밖에 진행되는 가운데 조선인이 검거되는 자가 적지 않다. 그 현행 법률과 사회질서에 배치되는 행동에서 검거되는 것은 동서고금 워낙 그러한 일이라 새로이 놀랍다 할 바 아니지만, 만일 예로부터 내려온 관계가 오히려 그 깊은 이유가 된다면 널따란 만몽이 도리어 퍽이나 좁은 것을 느끼게 한다. 모처럼 널따란 만주로도 답답하도록 좁게 느끼게 하는 것은 그렇게 반갑지 않은 일일 것이다.[60]

60 《조선일보》, 1932년 2월 14일, 1면, 사설「만주와 검거 – 넓고도 좁은 만주」.

이 기사는 '만주국'이 생기기 전에 보도된 것인데, 기사에서 '정치적 정세의 변개'나 '정치적 정세에의 선처'가 구체적으로 무엇을 의미하는지는 분명하지 않다. 그렇지만 재만조선인의 '시민적 안전한 생활'이 보장받지 못하면, 만몽에 세워질 널따란 신국가도 조선인에게는 좁을 수밖에 없다는 점을 강조하고 있다. 장차 세워질 '만주국'에서도 재만조선인의 '시민적 안전 생활'이 무엇보다 가장 시급한 과제라고 보았던 것이다.

재만조선인의 '안전한 시민적 권익'은 정권이나 정체의 변동에 관계없이 근본적으로 요구되는 기본권이었다.

> 조선인은 만몽에 이주하여 중화민국의 정령의 밑에서도 수많은 고락(苦樂)과 휴척(休戚)을 겪어 왔었다. 금후의 신정권이나 신정체에 관하여서도 그럴 것은 필연이다. …… 신국가 건설의 공작에는 전술한 중국인 요인으로써 대표되어 있다. 조선인은 여기에 간여한 자가 없는 것이 표명되었다. 조선인은 이주한 교민이라 그 수가 백만을 헤아리지만, 스스로 정권을 변동할 책임을 가지지 않았고, …… 결국 조선인은 스스로 정체정권(政體政權)의 변동에 능동적 책임을 질 바 아니요, 오직 변동하는 시국에 선처하여야 할 필요를 가지고 있다. 백만의 조선인이 그 영토 그 정권에서 균등 안전한 시민적 권익을 누리고, 그 문화적 향상과 산업적 번영을 얻어야 할 것은, 중화민국의 정령하에서나 더욱이 변동되는 정권하에서나 변함없는 요구가 되는 것이다.[61]

61 《조선일보》, 1932년 2월 28일, 1면, 시평 「만주국과 조선인」.

재만조선인에게 가장 필요한 것은 '만주국'에서의 정권 참여보다는 '안전한 시민적 권익'의 확립이라고 본 것이다. 이를 결코 훼손되어서는 안 되는 재만조선인의 기본권으로 인식한 것이다.

재만조선인의 기본적 생활권 확립이 최대의 과제였다는 인식은 국내 지식인 사이에 두루 공유되었다. '만주국' 성립 후에는 관동청 당국이 조선총독부에 '만연한 도만(渡滿)을 저지하여 주기를 바란다'고 할 정도로, 일부 조선인은 "만주 신국에 대하여 속단과 과분의 희망을 가진 것"도 사실이었다. 그렇지만 아직 수만의 피난 동포가 갈 곳을 얻지 못하고 방황하는 상황에서, "아직 맹목적으로 도만(渡滿) 할 시간이 아니니다"라고 경계하면서 재만조선인의 '당면 문제'에 대해 다음과 같이 논급하였다.

> 일중(日中)사변이 나기 전부터 일중사변이 발생한 이후, 또는 만주국의 성립 전후에서 재만 동포의 문제가 더욱 당면 문제로 되었다. 따라서 군론(群論)이 생겼다. 그러나 이글에서 그 군론을 거론하려고 생각하지 아니하고, 오직 내가 생각하는 바에 의하여 재만 동포가 급히 먼저 또 기본적으로 취할 바의 대책을 말하려고 한다. 첫째로 재만 동포는 급히 먼저 만주정책에 대하여 시민권(귀화권)을 취득하여 영구한 토착적 생활의 기초를 확립할 것, 둘째로 이주민은 그 거주 지대를 택하여 집단적으로 부락의 생활방법을 꾀할 것, 셋째로 이주민의 생존과 인권의 보장을 유일의 본의로 하고, 각종의 정변과 정권이 발생하더라도 그것을 시간문제로 취급하면서 수응(酬應)할 것 등이다.[62]

62 원세훈, 앞의 글, 10쪽.

재만조선인이 당면한 급선무로 '시민권(귀화권) 획득' '집단 부락의 건설' '생존과 인권의 보장'을 제시한 것이다.

이상 살펴본 것처럼 국내 언론은 '만주국'을 독립국으로 인정하지 않았고, 또한 '만주국'으로 인한 중·일 간의 무력 충돌을 예상하였다. 그리고 재만조선인의 당면 과제는 '만주국' 성립에 따른 정권 참여가 아닌 재만조선인의 인권 보장 및 자치부락 건설이라고 인식하였다.

3. '만주국' 재만조선인 정책에 대한 비판

1) '자작농 창정' 정책 비판

'만주국' 성립 後 조선일보의 안재홍은 재만조선인문제에 대해 다음과 같은 비판적 관심을 가질 것을 지식인들에게 권고하였다. 먼저 지금 재만조선인문제에 대함에 있어, 일본과 중국 "양 세력의 틈에 개재한 조선인으로서는 이에 관하여 자유롭게 비판하기가 거북하고, 침묵을 지키는 것이 현명한 것같이 인식하는 편도 없지 않다"고 하며, 그러나 "민족에 향하여 책임감을 가지는 각자의 식자들이 단연 침묵하고 회피하는 것을 허치 않는다"라고 하였다.[63]

---

63 《조선일보》, 1932년 4월 10일, 「만주 조선인 문제의 음미」. 안재홍선집간행위원회 편, 1981, 『민세안재홍선집 1』, 지식산업사, 466쪽.

이어서 '만주국' 내에 "조선인에게도 집단적 자작농의 기본으로 교육·의료·금융 등 여러 시설을 하고, 만주국에 향한 공민권(公民權)의 시행을 확보하기로 한다"는 계획에 대해서도 말하기를,

> 여기에서, 만주국의 국정은 그 성립이 일천한 관계로 그 정령이 철도연선에서 조금 먼 지역까진 미치지 못하고, 오지에는 아직도 소위 치안의 유지를 확보하지 못하는 점으로, 피난민의 원지(原地) 귀환조차 때로 의구(疑懼)하는 편이 없지 아니한바, 신규 이민의 계획은 전연 제이의적(第二義的)이어서, '우선 재만 동포의 안정' 급무라는 일 표어를 가질 필요를 깨닫는 것이다.

라고 평하였다.[64] 피난 중인 재만조선인이 본래의 지역으로 귀환조차 할 수 없는 상황에서 만주국으로의 조선인 신규 이민계획은 재만조선인의 안정적 생활을 확보하기 위한 근본적인 정책이 될 수 없다는 것이다.

당시 '만주국'과 조선총독부는 1932년부터 집단부락에 거주하는 조선인을 상대로 농무계(農務契)를 조직하는 등 '자작농 창정'을 계획하였다. 조선총독부는 10만 원, 동양척식주식회사는 30만 원씩을 매년 5년간 출자하여, 조선인이 토지를 구입하고 주택을 건축하는 데 필요한 자금을 빌려준다는 계획을 세웠다. 그런데 잡단부락 정책은 자작농 창정을 계획한다고 했지만, 정작 농민의 사회경제적인 이해는 고려하지 않고 군사토벌의 관점에서 추진되었다. 곧 안전지대와 위험지대의 경계에 집단

64 위와 같음.

부락을 건설하여 군사토벌의 거점이나 전방초소의 역할을 할 수 있는지의 여부가 1차적인 판단의 기준이었다.[65]

안재홍은 이러한 '자작농 창정'과 같이 새로운 이민 계획보다는 기존 재만조선인의 생활 안정 정책이 급선무라고 한 것이다. 그는 대다수 조선인 이주 농민들의 생활 상태에 대해 이렇게 진단하였다.

> 일정한 정주낙생(定住樂生)의 계획을 세울 수 없이 표랑 또 표랑하여 집시화의 도정에 든 것, 이것은 저절로 그 경제적·사회적 여러 조건에 뻗치어 향상은커녕 도리어 저하·퇴보의 현상을 나타낸 것, 더욱이 여러 해 전부터 중국 관민이 그의 교육권 회수의 구호 아래 조선인의 학교를 대체로 폐쇄한 결과 일반 무산(無産)한 조선인은 더욱 심한 문화 보이콧에 빠진 것, …… 그리고 평시와 비상시를 아울러 그 생명과 재산의 위협 및 침해를 당하고 있는 것이다. 이 모든 조건이 우선 그들의 문제를 연구하고 해답할 기본 요소가 되는 것이다.[66]

재만조선인의 생활이 경제적·사회적·문화적으로 퇴보하고 있고, 이런 현실에서 '집단적 자작농 창정'을 위한 새로운 이민정책은 무의미하다고 본 것이다.

---

65 1936년 8월까지 창정된 자작농 호수는 2830호이고, 대부금은 147만 4153.07원이었고, 1936년 6월까지 만주 전역에서 728개의 농무계에 1만 6850명이 가입하였다. 또한 조선총독부는 1933년부터 3년 동안 간도 지방에 28개의 집단부락을 건설하여 2766호를 수용하였다. 1939년에 이르면, 만주 전역에서 1만 3451개의 집단부락이 생겼다. 신주백, 1999, 앞의 책, 302~307쪽.

66 《조선일보》, 1932년 4월 10일, 「만주 조선인 문제의 음미」. 안재홍선집간행위원회 편, 앞의 책, 467쪽.

사실상 자작농 창정 계획은 집단부락에서 별다른 성적을 거두지 못하였다. 1935년 6월 말까지 간도와 훈춘 지역의 자작농 창정 사업은 전체호수의 33퍼센트, 토지면적의 21퍼센트, 투자금의 6퍼센트에 지나지 않았고, 1936년 8월에도 사업 규모는 토지면적의 19.6퍼센트, 투자금의 17.5퍼센트에 지나지 않았다. 자작농 창정이 조선인들에게 현실적이지 못했던 이유는 집단부락에 입촌한 대다수가 절대적인 빈농들이기 때문이었다. 집단부락에서 조선인들이 자작농 창정을 위해 대부한 자금은 원리금을 합쳐 연부(年賦) 상환하는 기간은 10년 내지 15년인데, 조선 소작인은 처음부터 한 푼도 없는 상황에서 시작하므로 다음해 수확기까지 생활비마저 지주에게 빌려야 하는 처지여서 상환금을 마련하기가 매우 어려웠다. 수확을 했다고 해도 소작료와 생활비의 전차금(前借金)을 돌려주고 나면 계속 적자 상태를 벗어날 수 없었다.[67]

마치 이런 상황을 알고 있다는 듯이, 《조선일보》는 '만주국'에서도 재만조선인의 생존과 생활의 안정이 근본적 과제라고 인식하였다. "금일 아직 만주의 질서가 바로서지 못하고 여기저기서 마적과 병비(兵匪)가 발호하는 판국에, 까닥하면 생명을 잃을 우려가 있으므로" 재만조선인의 안위를 중대 문제로 여긴 것이다.[68] 이 때문에 《조선일보》는 만철 총재 하야시 히로타로[林博太郎]가 "재만조선인의 문제는 지금 가장 중요한 안건의 하나로 급속히 해결을 기다리는 바"라고 하면서, "조선인은 수전 개척의 지도자가 되라"거나, "조선인은 만주에서 토지를 속히 붙잡으

67 손춘일, 앞의 책, 203~206쪽.

68 《조선일보》, 1933년 8월 7일, 1면, 사설 「만주와 조선인 어쩌면 조흘가」.

라. 조금만 지나면 기회를 놓친다"라고 한 말에 대해서 반대하였다. 그 이유는 조선인이 개척한 수전은 곧 중국인 지주에게 빼앗기고, 만주로 이주한 조선인은 대개 궁민인데 토지 매수를 요구하는 것은 무리한 주문이기 때문이라고 하였다.

> 요컨대 오늘날 조선인이 만주에서 수전 개척과 토지 매수보다도 한층 더 절실히 느끼는 바는 생활 안정의 기초가 될 여러 사건의 합리적 해결이다. 이 근본적 문제가 해결을 짓지 못하면 모든 것이 빈말일 뿐이다.[69]

'만주국'하에서도 재만조선인의 근본적 문제는 토지 매수나 수전 개척이 아니라, 생활 안정을 위한 기본권을 확보하는 데 있었다고 보았다.

《조선일보》는 '만주국'의 토지상조권 정책에 대해서도 비판적이었다. '만주국' 정부가 재만조선인으로서 호적을 갖지 않은 자에게 토지상조권을 인허하지 않는다고 하자, "다년 해당 지역에 이주해 가서 농업 및 상공업을 경영하되 당시의 여러 가지 사정으로 완전한 호적을 가진 이가 전체 재만조선인 중 불과 반수에 달하는 현재 정세에 있어서 이러한 고시를 내리는 것은 실로 청천벽력이라 하지 않을 수 없다"라고 하였다. "이들 이주민이 수십 년을 두고 피땀으로써 축적한 토지 상조(商租)를 호적이 없다는 이유로 하루아침에 그 권리를 무시하는 것은 너무나 공정에서 벗어난 일이 아닐까"라며, "우선 당면한 상조자(商租者)로서 호적 못 가진

69 위와 같음.

조선인을 위해서는 특별한 기득권 보호방침이 있어야 할 것이다"라고 하였다.[70]

또한 조선일보 기자 홍양명은 조선인 만주 이주의 역사와 의미를 다음과 같이 총괄하여 평가하기도 하였다. 먼저 재만조선인에 대해서 말하기를,

> 물론 정치적 이유에서 이곳에 이주하게 된 부분도 있지마는, 총체적으로는 만주의 조선인은 만주가 중국의 통치하에 있을 때에나 만주국이 생겨난 후에나 의연히 생존경쟁이 낮은 방향을 취하여 흘러온 가련한 농민이 이주민의 중심이다.[71]

라고 하였다. 이어서 지금까지 재만조선인은 불안정한 토지 사용과 정치적 차별 대우를 받으며 불안한 하루살이를 하였고, 만주사변 후에는 학살·폭행·약탈의 대상이 되는 등 대부분은 해와 달이 빛이 없을 정도로 참담한 생활을 하여 왔다고 하였다.

또한 '만주국'이 재만조선인에게 토지소유권을 주어도 오지에 거주하는 대다수의 조선인에게는 별로 효용이 없다고 보았다.

> 만주국이 창성된 이후에 조선 농민의 생활기초는 법률적으로는 비교적 안정된 지위로 향상되고 있는 것은 재래의 상조권에서 나아가 금년

---

70 《조선일보》, 1934년 5월 5일, 조간 1면, 사설「재만 동포와 토지상조권 문제 - 사실상 기득권을 승인하라」.

71 《조선일보》, 1936년 4월 8일, 조간 1면,「만주기행 7, 재만 동포에 대한 약간의 단상, 홍양명」.

> 7월부터 치외법권이 철폐된 대가로 조선인도 만주국인으로서의 거주권이 부여되어 토지소유권 기타 공민권 등을 향유할 수 있게 된 것 등으로 예증할 수는 있다. 그 수가 만주국인에 비해서 절대 소수이기 때문에, 그 밀집 부락은 별문제로 할지라도 도시에서 원격한 지방에 산재하고 있는 농민에게는 의연히 문화적·민족적 고립에 의하여 대다수의 만주국인의 중압하에 있게 될 것은 면하지 못할 것이다. 또한 아무리 토지소유권이 향수되더라도 이를 행사할 실력이 없는 사람에게는 전과 다를 것이 없는 것이 아니랴?[72]

이렇듯 홍양명은 '만주국'에서도 재만조선인의 생존을 가장 중요한 과제로 보았다. '만주국'이 토지소유권을 인정했더라도 토지를 소유할 능력이 없는 재만조선인의 곤궁한 형편은 이전과 다를 것이 없다는 것이었다.

2) '민족협화(協和)'와 '조선인 만주화(滿洲化)'의 비판

'만주국'은 "외국인민의 입국 및 거주를 환영하며 여러 민족에 대하여 평등하고 공평한 대우를 베푼다"라고 하며 '민족협화'를 국시로 삼았다.[73] 1932년 7월 25일 '만주국'은 '협화회'를 발족시켰는데, 협화회는 "왕

---

72 위와 같음.

73 《매일신보》, 1932년 3월 16일, 1면 「당당한 만주국의 국시」.

도(王道)를 주의로 삼고 민족의 협화(協和)를 이념으로 삼았다."[74] '만주국' 내의 5개 민족 즉 한족·만주족·몽고족·조선족·일본족의 화합을 통하여 '왕도 정치'를 펴겠다는 것이다. 하지만 여기에는 다른 민족을 이용하여 다수 민족인 한족(漢族)을 견제함과 동시에 '만주국'의 지배를 강화하고자 하는 일제의 민족분할 통치의 의도가 깔려 있었다. 일본인과 관동군이 관료와 군대, 대기업, 철도·도로·항만 등을 장악하고, '민족협화'도 일본인이 이끌어 나감으로써, 한족을 견제하며 '만주국'의 지배를 유지한 것이다.[75] '만주국' 협화회 조직 내부에서도 민족 간의 대립은 계속되었고, 분회 운동에서 소수민족은 도외시되거나 소극적 내지 부수적인 것으로 취급받는 입장이었다. 중국인과 조선인 사이에는 계급적 이익을 동반한 민족적 이해관계에 의해 민족 간의 갈등을 격화시키는 결과도 낳았다. 그 결과 협화회를 통한 민족의 자발적인 동원은 어려운 실정이었다.[76] 재만조선인을 '만주국 국민'으로 육성하려 했던 '만주국' 측과 '일본제국 신민'으로서 육성하려고 했던 조선총독부의 대립에서도 결국 조선총독부의 방침이 관철되면서, 협화회는 재만조선인 정책을 분명하게 제시하지 못하였다.[77] 이렇듯 '만주국'의 '민족협화' 정책은 여러 민족의 평등을 모토로 내세웠지만 실제에 있어서는 민족 간의 갈등을 해소하지 못하였다.

---

74 鈴木隆史, 앞의 책, 97~98쪽.

75 김태국, 2005, 「'만주국'에서 일제의 식민지배 논리」, 『한국근현대사연구』 35, 한국근현대사학회, 140쪽.

76 신규섭, 2004, 「'만주국'의 협화회와 재만조선인」, 『만주연구』 1, 만주학회, 119쪽, 125쪽.

77 다나카 류이치[田中隆一] 2004, 「일제의 '만주국 통치'와 '재만한인'문제 ; '오족협화'와 '내선일체'의 상극」, 『만주연구』 1, 만주학회, 108쪽.

'만주국'의 '민족협화' 정책의 이러한 모순은 국내 언론에서도 일찌감치 감지되었다. '만주국'이 된 이후 만주인에게 중국인이 멸시당하는 것 등을 보고, "민족협화란 어려운 물건인 모양이외다"라고 평가한 것이다. "××이나 ××의 소부르주아지 실업자 등은 만주가 구세주인 줄 아는 모양"이고, "조선 여관도 만원으로 손님의 반분은 취직이나 일확천금을 꿈꾸고 온 '개척자'들"이지만, "이러한 그들의 열광에도 불구하고, 싸늘한 만주의 경제적 사실은 엄연히 그들 열광의 냉정화(冷靜化)를 요구하고 있"다고 하였다. "만주도 세계공황 또는 자국 농업의 모순, 농민의 극빈화 유민화(流民化), 마적으로의 변화, 사변에 의한 생산 기구의 파괴 등으로 구매력이 격감하였다"고 보았다.[78] '만주국'의 '민족협화' 정책이나 경제정책의 실현을 부정적으로 보고 있는 것이다.

1935년경에도 안재홍은 재만조선인문제의 중요성을 계속 강조하였다. "만주국에 재주하는 백만 조선인 문제는 우리 관심의 대문제이다. 뿐만 아니라 조선의 위정 당국자와 만주국의 위정자, 지도자, 기타 일반 식자들도 한가지로 심심한 주의가 필요한 문제다"라며, "그 문제(재만조선인 문제-인용자)는 본질적으로 커서 때를 따라 다를 바가 아니다. 우리는 일찍 동삼성으로서 중국 영토의 일부일 때부터 이 점에서 거대한 관심을 가졌던 바이요, 만주국이 건설된 이래 수삼 년에 조금도 그 관심을 달리할 이유를 발견할 수 없다"라고 하였다.[79]

여기에서 안재홍은 당면한 재만조선인문제가 '치외법권 철폐안'과

---

78 김병길, 1932년 11월, 「만주에 와서, 만주의 환멸」, 『제일선』 제2권 제10호, 66~67쪽.

79 《조선일보》, 1935년 9월 25일, 「교육 만주화 문제 - 조선인 문화 존중론」. 고려대학교박물관 편, 2005, 『민세안재홍선집 6』, 지식산업사, 207~209쪽.

'재만조선인 교육의 만주화(滿洲化) 문제'라고 하였다. 1935년 '만주국치외법권 철폐현지위원회'는 일본인 교육에 관한 「교육행정 처리요강」과는 별도로 「재만조선인 교육행정 처리요강」을 결정하여, 재만조선인 자제에 대한 교육은 치외법권 철폐, 만철 부속지 행정권 이양과 함께 별기한 교육 요령에 근거하여 '만주국' 측에 이관한다고 규정한 바 있었다.[80]

안재홍은 치외법권 철폐 문제에 대해서 말하기를, "우리는 이제 특수한 권익 때문에 치외법권의 유지를 주장하는 그러한 이기적 자기중심주의[主我觀]을 고집할 의사는 없다. 왜? 그것은 만주국에 대한 다수의 이주 동포를 보내는 우리 조선인으로서는 협동호조(協同互助)의 대도(大道)를 잘 지켜야 할 것을 잘 아는 까닭이다"라고 하여, 만주에서 조선인이 다른 민족과 '협동과 상조의 대도'를 함께하기를 주문하였다.[81]

그러나 그는 재만조선인 교육의 '만주화' 정책에 대해서는 반대하였다. 그는 '만주국'에서 재만조선인의 존재는 "전통을 달리하는 문화 민족으로서의 공동 생활상의 필연적인 객관 조건"이라고 보았다. 따라서 "만주국은 그 천연 지리의 여러 조건과 국제 교통의 착종한 인문적 관계, 또는 건국 당초 이래의 특수한 정치적 여러 경향에 의해서도 당연 그 국가 구성의 하나의 주요 성원이 되는 조선인에게 병존·협력의 자치적인 정치·문화의 생활을 허여하고 보장하여야 할 것이다"라고 주장하며, 이어서 "무릇 동일 지역에 주거하면서 혹은 서로 우월성을 주장하고 혹은 급히 그 사회관계를 동화시키려고 하는 것은 많은 경우에 그 가능성이 부

80 다나카 류이치[田中隆一], 앞의 논문, 104쪽.

81 《조선일보》, 1935년 9월 25일, 「교육 만주화 문제 - 조선인 문화 존중론」.

족한 부자연스러운 일이다"라고 비판하였다.[82] 그는 '만주국'하에서 '민족협화' 정책을 부정적으로 보면서, 조선인의 '자치적인 정치 문화의 생활' 보장을 주장한 것이다.

1935년 9월 21일자《동아일보》사설에서도 일제 당국의 "조선인 교육 만주화" 방침은 "조선인에 대하여 심대한 차별적 대우를 행하는 것"이라며 반대하였다. 재만조선인이 '만주국'의 국적을 갖더라도 모국어에 의한 교육을 받도록 하는 것이 마땅함에도 불구하고 조선인 교육을 '만주화'한다는 것은 이해할 수 없는 조치라고 하였다. 더욱이 일본인에게는 꿈에도 그런 교육을 생각하지 않으면서 조선인의 교육을 '만주화'하는 것은 불가하다고 항의하였다. "만주어에 의한 만주 교육을 강제하게 된다는 것은 요컨대 조선 사람의 교육을 조장시키는 것이 되지 못하는 동시에 무리하게 조선 사람의 활동을 억제하는 것"이라며,[83] 관계 당국의 반성을 촉구하였다.《동아일보》는 10월 14일자 사설에서도 "우리는 재만조선인 교육 문제를 교육의 근본의(根本義)에 즉하여 진실로 생각하는 바 있다면, 그것은 모국어 교육의 충실을 꾀하지 않으면 안 된다"고 하면서, "재만조선인의 교육이 만주화한다면, 그곳 조선인의 불행은 물론 만주의 당국자로서도 큰 불편을 초래할지도 모르는 바"라고 경고하였다.[84]

국내 언론의 반대에도 불구하고 이른바 재만조선인 교육의 '만주화'는 진행되었다. 조선총독부는 만철 연선의 주요 도시 20여 개 학교와 간

---

82 위와 같음.

83 《동아일보》, 1935년 9월 21일, 1면, 사설「만주조선인 교육 문제」.

84 《동아일보》, 1935년 10월 14일, 1면, 사설「교육의 근본의 – 다시 재만조선인 교육 문제에 대하여」.

도 6개 학교를 직접 경영하려 했지만, 관동군이 이 문제는 '오족협화'를 국시로 하는 '만주국' 지도의 근본 문제라며 반대하였고, 결국 1937년 11월 조선총독부는 만천 연선 주요지를 제외한 지역에서 재만조선인 교육행정권을 만주국으로 이관하였다.[85]

3) '만주국'으로의 이민정책 비판

'만주사변' 이후 조선인의 만주 이주는 해마다 5~6만 명으로 급증하여 이전보다 훨씬 많아졌다. 1927년 말 재만조선인 총수는 55만 8280명이었는데, 1930년 말에 이르러 60만 7119명으로 늘어나 3년 사이에 모두 4만 8839명으로 매년 평균 1만 6279명이 증가하였다. '만주사변' 이후 상황을 보면, 1933년 말 67만 3794명이던 재만조선인은 1936년에 이르러 88만 8181명으로 증가하여, 3년 사이에 21만 4387명, 매년 평균 7만 1462명씩 증가하였다.[86] 최근 연구에 따르면 1939년과 1940년에는 매년 15만여 명이 이주하였다. 이 연구에 의하여 1930년 이후부터 1945년까지의 재만조선인의 수를 보면 〈표 6-3〉과 같다.

이렇듯 '만주사변' 이후 조선인의 만주 이주가 급증하는 상황이었지만, 이에 관해서 조선총독부나 일본 정부의 대책은 취해지지 않았다. 보통 '만주국'의 인민정책을 '통제와 안정' 시기(1932~1936년), '통제와 무육

85 다나카 류이치[田中隆一], 앞의 논문, 105~106쪽.

86 손춘일, 앞의 책, 282쪽.

표 6-3 1930~1945년 재만조선인 인구수

연도	인구수	연도	인구수
1930	602,495	1938	1,106,181
1931	623,048	1939	1,264,504
1932	650,072	1940	1,450,384
1933	680,898	1941	1,573,556
1934	745,116	1942	1,653,181
1935	818,566	1943	1,714,166
1936	901,152	1944	1,777,423
1937	1,002,021	1945	1,948,375

참조 박정숙, 2009, 「식민지 시기(1910년-1945년) 조선의 인구동태와 구조」, 『한국인구학』 제32권 제2호, 47쪽. 인구수는 재만조선인의 자연성장과 해당 연도 이주 조선인 수를 합하여 추정한 것임.

(撫育)' 시기(1937~1945년)로 나누고 있다. '통제와 안정' 시기에는 재만 조선 농민에 대한 안정을 도모하는 데 주안하고 조선인의 신이주를 장려하지 않는 방침을 정책으로 삼았다. 그러나 1937년 이후 일본이 중국 대륙에 대한 침략전쟁이 임박하자, 일본인 개척민들과 함께 조선인들도 본격적으로 만주로 이주시켜 신규로 입식하게 하고, 수전 농사를 짓도록 강요하였다. 이때부터 이주한 조선인 개척민은 이전의 자유방임적인 이민과 달리 조선 국내로부터 만주에 이르기까지 모두 계획적이었고 일제의 대륙침략정책의 한 부분이었다.[87]

87 위의 책, 239쪽.

1932년 12월 일본 관동군은 「조선이주민처리요강」을 발표하여 1934년까지 '만주사변'으로 피해를 입은 재만조선인을 모두 처리하고, 1935년부터 신규로 각종 이주 준비를 하는 것으로 정하였다. 1934년에 반드시 처리해야 할 사업은 무고정 직업자, 부정한 영업에 종사하는 자, 귀순자 등 2300호 가운데 약 400호를 동아권업회사에서 경영하는 하동(河東)과 영구(營口)에 수용하며, 나머지는 영사관·총독부 혹은 개인들이 계획하고 있는 농장에 수용한다는 것이었고, 1935년부터 신규 이주자는 간도와 동변도에 수용하며 이를 위한 토지를 준비하기로 하였다.[88]

1935년 《조선일보》는 조선인을 만주로 이주시키려는 계획 자체를 부정적으로 보았다. "조선인이 꼭 만주로 이주하지 않으면 안 될 아무런 이유도 없고, 만주로만 가고자 하는 희망도 가지는 바가 아니다. 그러나 현실은 조선인으로 하여금 만주 이주를 불가피하게 하고 있다. 그러므로 우리도 이 문제에 대하여 싫으나 좋으나 붓을 대지 아니할 수 없다"라고 하였다.[89] 그러면서 목격담이라면서 만주로 이주한 조선인들이 일자리가 없어서 정거장마다 방황하고 있고, 집단적으로 이주했어도 그들을 받아주는 곳이 없어 진퇴유곡에 빠져 있다고 전하였다.

그리고 총독부 당국의 이민 정책에 대해 다음과 같이 말하였다.

> 5천만 원의 이민회사를 만드느니 2천 호의 단체이민을 시키느니 하는 계획은 관료식 사무로는 훌륭한 일이 될지는 모르나 이민문제를 해결

88 위의 책, 249~250쪽.

89 《조선일보》, 1935년 3월 11일, 1면, 사설 「자유이민대책 - 시급히 보호하라」.

> 하는 근본적 방법은 되기 어렵다. 이미 만주에 이주한 사람의 생활을 안정시키지 못하고, 또 저절로 만주로 밀려 나가는 자유이민을 어떻게 든지 보호하고 지도할 생각은 아니하고, 돈을 써가며 이민을 모집하여 몇 천 호씩 이주시키겠다는 「이야기」는 이야기로는 화려할 것이오, 업적으로는 자랑거리가 될지 모르나, 먼저 할 것과 나중할 것을 모르고 하는 일이고, 완급을 생각하지 않는 일이라 하여도 과언은 아닐 것이다.[90]

기존 재만조선인의 생활도 안정되지 못하고, 지금의 자유 이민자에 대해서도 보호정책을 펴지 못하고 있는 실정에서, 단체이민을 계획한다는 것은 앞뒤가 뒤바뀐 처사라고 비판한 것이다.

《동아일보》도 조선인의 만주 이주를 '눈물'로 지켜보았으며, 이주자에 대한 보호정책이 없는 상황을 비판하였다.《동아일보》는 조선인의 만주 이민이 국내에서 "시달리고 시달린 나머지 나아가는 이민"이라며, 이민 열차의 광경을 '눈물 열차'라고 하였다. "이민 열차는 눈물을 싣고 가는 눈물 열차인 감이 없지 않다. 이주의 필요가 있어서 이주하는 것이니 거기에 무슨 이유로 불찬성의 뜻을 표할 것이랴마는 사실에 있어서는 이민들은 눈물로써 떠나게 되니 이 비애를 어찌하랴? '평안이 가오' '잘 있거라' 하는 그 목메는 소리에 춘광도 무색하여지는 듯한 것이다. 한숨짓고 돌아설 때에 가는 자와 보내는 자 사이에 서려 있는 그 정서는 과연

90 위와 같음.

어떻다 할 것인가?"라고 하였다.[91]

1936년 5월경 최근 3개월간 평안북도 만주 이주자는 574호에 1965명에 달했으나 같은 기간에 돌아온 자가 314호에 1121명이나 되었다.《동아일보》는 이 사실에 대해 비평하기를, "이와 같이 귀환자가 많이 생긴다는 것은 경제의 이중적 파산자가 많이 생긴다는 것을 의미하는 것이니 이 이상 비참한 일이 또 있을까? 살 수 없어 간 사람이 살 수 없어 돌아온들 살 수 있을 까닭이 없을 것은 자명한 일일 뿐만 아니라 그 출발 시 이상의 생활난이 겹쳐들 것도 십분 상상되는 바이라. 이주민의 문제보다도 이 귀환자의 문제가 더욱 중대한 까닭도 여기에 있다"라고 하였다.[92] 이어서 "'살 수 없는 곳'이란 말이 해소되기까지는 아직도 앞으로 갈 길이 아득히 먼 감이 없지 못한 것이니 이민과 보호가 병행되지 못하는 이민 현상을 어찌 그냥 두고 볼 수 있을 것이랴. 우리는 재만조선인에 대한 금융적·문화적 여러 현상을 낱낱이 들어 모두 말하기 힘들 정도이거니와 귀환자의 격증이란 사실 만으로서도 그 보호 활동이 부족한 것을 십분 미루어 알 수 있으니, 이에 대하여 가장 실효적인 대책이 수립되기를 요청한다"라고 하였다.

위의 평안북도의 예처럼, 당시 만주는 이주한 자의 57퍼센트나 다시 돌아오는 '살 수 없는 곳'으로 여겨졌다. 이렇게 이주자에 대한 보호대책도 없는 상황 속에서 추진하는 만주 이민정책은 실효를 거둘 수 없다고 강조한 것이다. 이처럼《동아일보》와《조선일보》는 일제 당국의 만주 이

---

91 《동아일보》, 1936년 4월 28일, 3면, 사설「북으로 가는 同胞들께」.

92 《동아일보》, 1936년 5월 7일, 3면, 사설「만주 이민과 귀환자」.

민 정책의 추진에 대해서 이보다는 재만조선인에 대한 보호정책의 수립이 보다 더 선결해야 할 과제라고 비판하였다.

1937년부터 일제는 '20년간 100만 호 만주 이주 계획'을 본격적으로 시행하고, 조선인 만주 이민 정책도 '통제·안정'에서 '통제·무육(撫育)'으로 전환하였다. 이를 실행하기 위해 조선총독부와 일(日)·만(滿) 관계 당국은 1936년 9월에 조선과 만주에 각각 '선만척식회사(鮮滿拓植會社)'와 '만선척식회사(滿鮮拓植會社)'를 설립하였다. 선만척식회사가 만선척식회사에 대한 투자를 감당하여 만주에 조선인을 이주시키는 등 모든 사업에 책임을 졌다. 기존의 동양척식주식회사와 동아권업주식회사는 조선인 이민사업을 만선척식회사에 양도하였다. 이로부터 조선인의 만주 이주와 재만조선인에 대한 각종 정책은 선만(만선)척식회사를 통해 이루어졌고, 조선인을 매년 평균 1만 호씩 입식시키는 정책을 추진하였다.[93]

1937년 3월 11일부터 선만척식회사가 만주로 조선인 이민의 첫 사업을 시작하자, 《조선일보》는 다음과 같이 사업을 비판하는 사설을 실었다. 먼저 "정든 고향을 떠나 기후·풍토 한랭하고, 인정·풍속 서투르며, 교통·문화시설 불충분한 만주 광야에 비록 떼를 지어 간다 한들 어찌 이역(異域)에 대한 외로움·불안·고통의 감이 없으랴"라며 "슬프고 가슴 아픈 감상"을 표하였다.[94] 무조건 만주 이민을 미화하는 '만주국' 협력 인사들의 언사와는 사뭇 다른 태도이다. 이어서 《조선일보》는 선만척식회사의 계획대로 이주민이 제대로 정착할 수 있는지에 대해서 회의하는 견

---

93 손춘일, 앞의 책, 280~289쪽.

94 《조선일보》, 1937년 3월 16일, 사설 「대량적 만주 이민 - 그들의 안주책 여하」.

해를 표명하였다. 그 이유는 "과연 그 수확물을 팔아 원리(元利)를 연부(年賦)로 상환할 만한 수입이 있을지 확실치 못하"기 때문이고, "더욱 풍토·기후·인정·풍속이 전연 상이한 이역에 가서 건강을 보전하고 그곳에 흥미를 부처 영주(永住)할 땅으로 삼기에는 아직 전도가 요원하기 때문이다"라고 보았다. "그러므로 당국은 모름지기 이민이 안심하고 영주할 만한 계획과 시설을 보태야 할 터이니, 숫자상의 이민만은 결코 좋은 결과를 나타내지 못할 것이다"라고 비판하였다.[95]

《조선일보》는 집단부락에서 재만조선인의 생활이 불안정하다고 비판하며 해결 대책을 촉구하였다. 1937년 12월 간도 지역 집단부락의 조선인 생활 상태를 보면 소작료 5할을 제하면 식량이 부족한 자가 집단부락 전체의 54퍼센트인 9200여 명에 달하고, 6개월간이나 식량이 부족한 자도 근 700명에 달하였다고 하였다. 더욱이 이민 장소에서 농사를 지을 수가 없어 귀환하는 자까지 있다면서, 당국이 이민 숫자만 목표하지 말고 이민의 제반 시설의 질적 향상을 도모하여 새로운 이민으로 하여금 "안주(安住)의 땅"을 갖도록 해야 한다고 요구하였다. 또한 일본인의 만주 이민에는 매호당 1천 원과 20정보를 보조하는데 조선인 이민에 대해서는 그렇게 못할망정 최소의 여비와 거주비 등은 부담할 것도 요구하였다. 그리고 경작지 면적에 대해 매호 평균 3정(町) 6단(段) 3무(畝)는 조선과 일본 내지에 비하여 나은 편이지만, 일본 이민자의 20정보에 비하면 극히 빈약하다면서, "조선 농촌의 특질인 영세경작 농노제도를 그대로 새 토지에 옮기는 것이 아닌지 우려되는바"라며, "이민 당국의 맹성을 촉구"

95 위와 같음.

하였다.[96]

이처럼 《조선일보》는 '만주국'과 조선총독부의 만주 이민 정책이 조선인의 안전한 영주생활을 확보하지 못하고 있다고 비판하였다. 재만조선인의 안전한 생활권을 기본적인 해결 과제로서 계속 주장해 왔던 것이다. 하지만 1938년 말 이후 《조선일보》의 논조는 만주 이민에 대한 기대와 지지를 표명하기 시작하고, 총독부의 이민정책을 홍보하기도 하였다.[97]

이상 살펴본 것처럼 《동아일보》와 《조선일보》는 '만주국' 성립 이후에도 기회마다 재만조선인문제를 비판적으로 보도하였다. '만주국'에서도 재만조선인의 안위를 중대 문제로 여기면서 '자작농 창정' 정책보다 생활 안정 정책이 더 급선무라고 하였다. '민족협화' 정책에 대해서 부정적으로 평가하면서 재만조선인의 자치적인 정치·문화생활의 보장을 요구하였다. 재만조선인에 대한 '만주화' 교육 정책에 대해서도 반대하며 재만조선인에게 조선어로 교육할 것을 요구하였다. 집단이민 정책에 대해서도 재만조선인에 대한 보호 정책이 수립되지 않은 상태에서 과연 성공할 수 있을지 의문을 표하면서 이를 반대하였다. 이렇게 '만주국' 시기에도 《동아일보》과 《조선일보》는 재만조선인문제에 있어서 조선인 자치와 생활 안정을 제일의 과제로 인식하면서, 이에 반하는 '만주국'의 제반 정책을 비판하고 있었다.

---

96 《조선일보》, 1937년 12월 17일, 1면, 사설 「집단부락과 이민대책」.

97 김기훈, 2011, 「만주국 시기 조선인 이민담론의 시론적 고찰 - 조선일보 사설을 중심으로」, 《동북아역사논총》31호, 동북아역사재단, 119~120쪽.

4. '만주국'에 대한 협력적 인식

1) 최남선 단군론의 변화

1930년대부터 최남선은 '만주국' 성립과 중일전쟁에 대해 역사적 당위성을 옹호하는 글들을 계속 발표하였다. 이 글들에서 중국에 대한 끝없는 '제국의식'과 파시즘 논리의 개진을 주저하지 않았다. 최남선의 이러한 태도에는 '민족의 원향(原鄕)'으로서 '만주'를 향한 '우리들의 제국의식'이 배경이 되었다고 평가되고 있다.[98]

이 시기 최남선의 만주에 대한 고토의식을 살펴본다면, '제국의식'적인 고토의식의 면모를 보여줄 수 있을 것이라고 생각된다. 1937년 11월 최남선은 「북지(北支)의 역사적 특수성」(일본어 논문)이라는 글에서, 중일전쟁에 대해서 "오늘날은 중원에 대한 남북 세력의 대항전의 제5단계로서, 만주국은 권토중래의 의미로서, 조선인은 고구려 이래 무보(武步)를 중원에 진입시키려고 한 이상 실현의 기회로서 …… 중원을 무대로 한 오늘날의 중국사변이 일어났다고 말할 수 있다"라고 하였다.[99] 최남선은 '만주국'하의 조선인은 중일전쟁을 계기로 '중원에 진입'할 기회를 맞이했다고 말하고 있는 것이다. 그는 1915년 「고조선인의 지나연해 식민지」라는 글에서 중국 회수의 남북 일대가 고조선의 식민지였다고 주장한 바 있었다.

---

98 강해수, 2006, 「최남선의 '만몽'인식과 제국의 욕망」, 《역사비평》76호, 역사문제연구소, 86쪽.

99 위의 논문, 63쪽.

1939년 4월 최남선은 만주 건국대학에 교수로 부임한 후 곧 「동방 고민족의 신성관념에 대하여」라는 글을 발표하였다. "동방세계에 있어서 지형·역사 내지 실제 신앙 등의 면으로 보더라도 가장 대표적인 영산은 만주에서 말하는 장백산, 조선에서 말하는 백두산입니다"라고 한 뒤, "일 민족만의 것이 아니라, 실로 동방 전 민족의 보편적 존재인 것이 장백산입니다"라고 하였다.[100]

단군에 대해서도 말하기를, "단군 조국(肇國)의 태백산을 역사지리적으로 해석을 시도할 경우에는 조선의 국토가 시방의 만주에서 차차 남으로 치우쳐 이동해 왔음에 비추어 보아, 국조(國祖)의 영지(靈地)로서 태백산의 위치도 차차 남하시키는 경향도 있습니다마는, 단군의 고전(古傳)은 신화학적(神話學的)으로는 조선만의 것으로 하기보다, 훨씬 소원적(遡源的) 또 포괄적(包括的)으로 고려되어야 할 이유가 있"다고 하였다.[101]

또한 말하기를 "모름지기 비교적 방법으로 널리 동일 문화권 내의 사실을 검토해 볼 필요를 느껴야 할 것입니다. 이것을 조선반도에서 시도해 보건대, 조선 역사의 중심무대가 반도 가운데 갇혀 있는 동시에, 민족적 영지(靈地)도 차차 남쪽으로 옮겨졌다고 생각되는데, 반도 안에서의 국조 단군의 천강지(天降地)라고 하는 곳은, 시방의 평안북도에서의 대표적 명산인 묘향산이었습니다. 현재 단군의 성적(聖蹟)이라는 암굴이 이 산중에 있습니다"라고 하였다.[102]

---

100 최남선, 1939, 「동방 고민족의 신성관념에 대하여」, 육당전집편찬위원회 편, 1974, 『육당최남선전집』 9, 현암사, 261쪽.

101 위의 책, 262쪽.

102 위의 책, 266쪽.

이처럼 최남선은 백두산이 '동방 모든 민족의 보편적 존재'라고 하면서, 단군 신화가 조선만의 것이라고 보는 데에 부정적 관점을 보이고, 또 단군의 발상지를 묘향산으로 보는 견해에 긍정적인 태도를 보였다. 1926년경 「고조선 그 문화」라는 글에서, 백두산을 단군 '조선국과 조선 인문의 시초'라고 말했던 것과는 다르게 변한 것이다. '만주국' 건국대학교 교수 시절 최남선에게 단군조선이 차지했던 위상은 만주로부터 한반도 이남으로 이동했다고 말할 수 있다.

반면에 이제 최남선의 만주에서는 단군조선을 대신하여 '만주국'이 차지하였다. 「만주약사(滿洲略史)」라는 글에서

> 만주 일역(一域)은 옛날부터 지금까지 여러 민족이 각축한 연무장(演武場)이요, 새로운 제국 생성의 요람지로서 역사도 길고 풍운도 야단스러워 왔지만은, 이제 민족협화(民族協和)와 왕도실현(王道實現)의 이상국을 건설한 나라로 뽑힌 것은 진실로 만주에 역사가 있어온 이래의 빛나는 책장일 것이다.[103]

라고 하였다. 이 글에서 최남선은 만주가 북부여·고구려·발해의 강역이었다는 점은 언급했지만, 단군에 관해서 이름조차 언급하지 않았다. 이제 최남선의 만주 역사에서 단군조선은 사라지고, '만주국'이 '왕도실현의 이상국'으로서 등장한 것이다.

그는 역사상 만주를 '조선인의 자연한 발전지'로, 또 만주 진출을

---

103 최남선, 1943, 「만주약사」, 신형철 편, 『반도사화와 낙토만주』, 만선학해사, 143쪽.

'역사적 고향으로의 귀환'으로 보았다. 조선 시대에 "북방의 인접지인 두만·압록강 양 유역은 토지가 평평하고 넓고 또 텅 비어 있어 소속이 대개 명백하지 않음으로써, 조선인에게는 극히 자연한 발전지(發展地)이었었다"라며, "조선인의 만주 진출은 아는 듯 모르는 듯 꾸준히 행하여 온" 것이고, "우리의 만주 진출에는 역사적 고향으로의 귀환이라는 의미도 붙어 있어서, 심리적으로도 아무 서슴고 거리낌이 없으므로 그 패연(沛然)한 기세는 거의 막을 무엇이 없었다"라고 하였다.[104]

이어서 조선인의 만주 이주를 다음과 같이 평가하며 긍정적으로 전망하였다.

> 조선인의 용감한 개척의 발전은 벌써부터 간도에서 벗어나가서 한편으로는 동만주로부터 북만, 한편으로는 남만주로부터 서만 곧 동몽(東蒙)을 향하여 사방으로 씩씩한 보취(步驟)를 내켜서 일찍 간도를 조선화하듯 장차 만주를 간도화하려는 기세를 보여 왔다. 돌아보건대 기사(己巳)(1869년, 고종 6년) 70년간의 우리 만주 진출사는 지도와 보호는 새로이 군박(窘迫)하고 신산(辛酸)하기 이를 길 없는 심혈(心血)과 눈물의 점철이 있건마는, 이 중에서 오히려 작게는 간도 인구 도합 63만 6917 중에 조선인 47만 4381(강덕 4년[1937] 1월 조사) 곧 약 8할을 점하고, 크게는 백만의 많은 무리가 만주 전체를 내 집으로 여기는 성과를 지었으니, 그 활발한 발전력이 과연 놀랍지 아니한가.
>
> 이제 풍우(風雨)와 회명(晦冥)의 만주는 오족협화(五族協和)의 왕도낙

104 최남선, 1943, 「간도와 조선인」, 위의 책, 144쪽.

토(王道樂土)로 새 출발을 하여 자광(慈光)과 은로(恩露)가 물론 조선민족의 위에 보급균점(普及均霑)하고 있나니 이 신천지에 있는 금후 조선인의 발전은 진실로 측량하지 못할 것이 있게 되었다.[105]

최남선은 조선인의 만주 진출사가 간도를 조선화하듯 장차 만주를 간도화하려는 기세를 보여 왔다면서, '만주 전체를 내 집으로 여기는 성과'를 거두었다고 평가하였다. 마치 만주 이주를 '만주의 조선화'로 보고 있다. 그러면서 동시에 이제 '조선인의 발전'은 '오족 협화의 왕도낙토로 새 출발하는 만주'에서 '진실로 측량하지 못할 것'이라고 하였다. '간도의 조선화' 내지 '만주의 간도화'란 간도나 만주를 조선처럼 만들겠다는 뜻이고, 반면에 '오족협화'란 '만주국' 안에서 다섯 민족의 평등한 관계를 지향한 이념이다. 따라서 '만주의 간도화'와 '오족협화'라는 두 의식은 서로 모순되는 관념이다. 이러한 모순 관념이 최남선에게는 아무런 갈등도 없이 병존하였던 것이다. 그 이유는 아마도 단지 '만주국'으로의 이주가 조선인의 무한한 발전을 가져온다고 맹목적으로 전제하고 있었기 때문이 아니었을까?

105 위의 글, 145쪽.

2) 만주 고토의식과 대륙진출론

'만주국' 협화회의 위원이기도 했던 이선근은 1930년대 말에 다음과 같이 주장하였다.

> 만주는 인연 먼 고장, 고향에서 살 수 없는 무리가 막다른 발길을 옮겨놓은 서글픈 고장으로 생각해 왔지만, 기실 우리의 조상이 비로소 국가사회를 건설하였던 곳이며 남 못지않은 정치·경제·문화의 열매를 맺어 그 옛날 동양사를 좌우하였던 곳이니, 한 말로 말한다면 오늘날 우리 겨레의 역사적 발상지지가 이곳이 아니고 그 어디였는가.
> 인류학상으로 보아 퉁구스족의 한 가닥인 「환(桓)」족 — 우리의 조상이 동북아시아의 산악 지대를 거쳐 대흥안-소흥안의 산록으로부터 동해의 욱일(旭日)을 바라보며, 물 좋고 벌 좋은 안주지라 하여, 목축을 잡어매고 밭 갈아 씨 말리기 시작하였던 곳이 오늘날 송화강 유역의 만주이었던 것이다. 단군 조선의 건국신화가 이야기해주는 태백산이 부세(浮世)의 정신 빠진 학자가 일컫던 묘향이 아니요, 기실 장백산 동북록 송화강 상류라는 것도 오늘 와서는 누구나 부인치 못하는 사실이다.[106]

백두산과 송화강 유역이 단군조선의 발상지라는 것이다.

만주가 단군, 부여와 고구려, 발해의 고토였다는 의식은 "만주에 정치 경제의 중심을 두고 문화의 꽃을 피게 하였을 때 이 겨레 이 족속도 비

106 이선근, 1939, 「만주와 조선 - 역사적인식의 새로운 검토」, 《조광》5권 7호, 58~59쪽.

로소 국제적 세력을 발휘할 수 있었던 것이며 역사상 지반을 자랑할 수도 있었던 것"이라는 인식이 그 배경에 깔려 있었다.[107] 이러한 만주관은 대륙진출론과 결부되어 일제와 '만주국'에 협력의 길로 나아가고 있다.

> 우리 조상의 뼈가 묻히고 영혼이 아직도 배회하는 곳이 만주라 함은 누구나 인식에 새로울 줄 믿는다. …… 우리는 대담하게 압록, 두만의 공상적 경계를 뛰어넘어 대륙으로 향해볼 것이 아닌가. 더욱이 오늘의 만주국은 그 건설의 거름으로 우리 농민의 피와 땀도 적지 않게 제공한 곳이라. 만주사변의 중요 원인의 하나가 만보산 조선 농민사건이었다 함은 누구나 짐작하고도 남는 바 아니랴. 일본제국의 힘찬 후원 아래 만주국이 건설되었고, 그의 일 구성요소로 우리 겨레도 참획을 허용 말았으며, 더욱이 제국정부의 국책으로써 이주개척을 장려까지 하게 된 이상 그 무엇 때문에 대륙진출을 주저할 것이랴.
>
> 옛날도 남의 땅이 아니라 우리 조선의 살던 곳이요, 오늘은 「만선일여(滿鮮一如)」란 부르짖음 아래 불가분 관계를 맺게까지 되었으니 무엇보다 머릿속에 박힌 백두산, 압록강, 두만강이라는 경계선적 관념을 버리고, 이웃 동리, 우리 벌판을 왕래하는 친밀사협(親密私協)한 정신 아래 가장 용감한 개척민으로 진출해야만 될 것이다.[108]

압록강과 두만강을 '공상의 경계'라 하고, '백두산·압록강·두만강

---

107 위의 글, 59쪽.

108 위의 글, 61쪽.

의 경계선적 관념'을 버리라고 주문하였다. 대륙진출론이 조선이라는 관념을 버렸다는 것을 스스로 보여준 것이다. 민족주의 만주 인식의 하나였던 '만주=단군강역'론에서 만주는 조선의 주권을 상징하는 표상이었다. 반면에 대륙진출론에서 조선은 자신의 고유성을 버리면서 '만주국'으로 흡수되는 방식이었다. 이 점이 민족주의 고토의식과 대륙진출론 고토의식의 차이라고 생각된다.

만선일보 사장 이성재(李性在)는 조선인의 만주 진출을 이렇게 평하였다.

> 역사가들은 근세에 있어서의 조선인의 만주 진출을 조선민족의 대륙 환원(大陸還元)이라고 한다. 대륙에서 반도로 삐친 조선민족이 그 넘치는 전력을 가지고 그의 고토인 만주를 찾아 돌아오는 것이라는 게다. 그런데 이러한 역사적 관계와 혈연적 유대관계를 가지고 흘러 들어오는 조선인의 만주 진출에 대하여 하늘의 뜻에 거슬리는 압박을 가한 것이 포악무도한 구(舊) 동북정권이었다.[109]

조선인의 만주 진출을 '조선민족의 대륙 환원'으로 본 것이다. 또한 이성재는 "우리 조선인이 만주에 이주하는 것은 결코 타국에 이주하는 것은 아니고, 말하자면 선조의 향토에 귀환하는 것이라고 보는 것은 결코 궤사(詭辭)만도 아닐 것이다"라고 하였다.[110] 만주 이주를 조상의 고향

---

109 이성재, 1943,「재만조선인의 십년혈한사」, 신형철 편, 앞의 책, 146쪽.

110 위의 글, 149쪽.

으로 귀환하는 것이라고 본 것이다.

대륙진출론자들은 만주에 비해 조선을 부정적인 시각으로 보았다. 목단강성(牧丹江省)에 거주한 이웅길(李雄吉)은 "조선민족은 만주 땅에서 발상하고 이곳에서 융성하였으니 만주는 조선인에게 역사상 인연이 깊은 땅이다"라고 한 뒤, 경제적으로 조선과 만주를 이렇게 비교하였다.

> 경제적 견지로 보면 조선은 토지가 협소하고 척박한데 인구가 과잉되어 농촌은 상당히 피폐하였다. 다시 말하면 조선 인구의 절대 다수로 전인구의 약 8할인 농민은 해마다 곤궁에 빠져 허덕이는 현상이었다. 이에 비하면 만주는 토지가 광대하고 비옥하며 인구가 희박하므로 농경을 하려면 만주는 왕도낙토(王道樂土)이다. 현재는 치안이 확립되었고 토지소유권도 확정되었으므로 안심하고 농사에 종사할 수가 있으니, 조선에서 굶주림을 걱정하는데 대하여 만주에서는 어떻게 하면 돈벌이할까를 생각하고 있는 만치 만주는 자연 혜택이 많다. 그러므로 농업인으로서 만주에 살아보면 조선으로 돌아갈 생각이 나지 않을 만치 농업낙토(農業樂土)인즉 해마다 조선으로부터 대거하여 국경을 넘어 이주하여 오니, 말하면 민족 이동이라고 볼 수 있다. 만주는 조선인에게 대하여 진정 생명선이며 왕도낙토이다.[111]

조선 농민을 '척박'하고 '피폐'한 땅에서 매년 '곤궁'하게 살아가는 '과잉' 인구로서 묘사한 뒤, 만주를 '농업낙토' '생명선' '왕도낙토'로 미화

111 청원웅길, 1943, 「재만조선인 역사적 사명과 지도문제」, 신형철 편, 위의 책, 627쪽.

하고, 조선 농민의 만주 이주를 권유하고 있다.

3) '만주국 구성분자'로서 재만조선인

만선일보 사장 이성재는 '만주사변' 시에 재만조선인이 입은 피해를 '만주국' 건국을 위한 '희생'으로 보았다. "미리 피난을 하지 못하였던 오지의 조선 농민들은 이때부터 패잔병, 비적 혹은 공산비 등으로부터 살해, 방화, 약탈, 부인 능욕 등 가진 고난의 세례를 받기 시작하였다. 수만의 피난민이 철도 연선에 범람하여 참담한 광경을 도처에 현출하였고, 수천의 생령이 잔악한 총검 아래 의미 없는 희생을 당하였다"라고 하면서, "만주 건국을 위한 조선인의 희생은 다만 이러한 비전투원만이 아니었다. 귀순공작에 혹은 치안공작에 몸소 앞장서 나아가 건국의 초석이 된 자도 적지 않다. 김동한(金東漢)(간도협조회 대표), 김사호(金司鎬)[북안성(北安省) 사무관], 최창헌(崔昌憲)(국군헌병 중위), 조선인 특설부대의 17명의 전사 등 일일이 매거할 겨를도 없다. 그리하여 우리는 또한 남과 함께 피로써 건국에 참획하고 우리나라 만주국의 발전에 일익을 담당하였던 것이다"라고 하였다.[112] 위의 김동한이라는 자는 간도협조회를 총지휘하면서 조선인 항일부대원들을 살해·체포한 인물이다. 그가 주도한 활동으로 체포되거나 투항한 항일세력은 최소 2500명 이상으로 추산되고 있

112 이성재, 앞의 글, 146~147쪽.

다.[113] 이성재는 항일운동세력을 탄압한 김동한 등을 '만주국'의 건국에 초석이 된 자라고 칭송하였다.

'만주국' 명예총영사인 김연수(金季洙)는 '만주국'에서 재만조선인의 장래는 유망하다면서 조선 농민의 '만주국' 이주를 장려하였다. '만주국' 이후 재만조선인의 생활이 안정되고 있다고 말하였다.

> 그러나 과거의 재만조선인의 생활은 관헌의 가렴주구, 지주의 무리한 착취, 비적의 박해 등 이중삼중으로 곤란이 막심하여 그의 생활은 형극의 길이었으며 사선에서 뛰어다녔음은 구차하게 말할 필요가 없는 바이다. 그런 것이 만주국 건국 이후로 만주국은 그 건국 정신인 여러 민족협화의 실적을 나타내고자 재만조선인에 대한 지도와 유액(誘掖)도 게으르지 않게 하여 조선 동포의 생활은 점차 안정되어 모든 경우가 일변한 현상이다.[114]

이어서 "조선인의 만주국 진출은 장래 더욱 유망하다"면서, "일만(日滿) 양국 정부에서도 만주국 여러 민족협화의 핵심이 될 일본 내지인에 준하여 조선인을 취급하게 된 오늘에 이르러 그 전도는 더욱 양양하다고 할 수 있다"라고 하였다. 그는 "조선인의 만주국 이주의 의의"에 대해 이렇게 말하였다.

---

113 친일인명사전편찬위원회, 2009, 『친일문제연구총서 인명편 1, 친일인명사전』, 민족문제연구소, 318쪽.

114 김연수, 1943, 「재만조선인의 장래」, 신형철 편, 앞의 책, 40쪽.

> 1. 조선 측으로 보면
>
>   인구 과잉에 기인한 각종 사회문제의 해결, 특히 농촌궁핍 타개를 위한 과잉 농민의 조정으로써 농촌을 구제할 수 있는 것.
>
> 2. 만주국 측으로 보면
>
>   일반산업의 개발 특히 수전 등의 영농기술로써 만주국의 개발에 이바지할 수 있는 것.
>
> 3. 선만(鮮滿) 양측으로 보면
>
>   선만일여(鮮滿一如)의 정신을 발휘함으로써 일만(日滿) 불가분관계를 강화하고, 만주국 건국정신의 발양(發揚), 광의의 국방치안의 확보 등에 기여할 수 있는 것 등이다.
>
> 이로써 보아 조선인의 만주 진출, 또는 재만조선인의 책임이 대단히 중대하다 함은 생각하지 않을 수 없다.[115]

여기에서 재만조선인은 조선에서는 '과잉인구'이고, '만주국'에서는 수전 개발과 국방치안의 역할자로서 간주되고 있다.

앞에서 언급하였던 이웅길은 재만조선인에게 '만주국' 구성분자로서 '만주국'에 충성할 것을 주문하였다.

> 요컨대 만주는 도의(道義)를 주로 한 왕도정치(王道政治)이며 민족협화(民族協和)를 한 협화정치(協和政治)이다. 특히 조선인에 대하여는 역사적으로 인연 깊은 땅이며, 이곳이 안심하고 살만한 낙토이므로 우리는

115 위의 글, 40~41쪽.

만주를 분묘(墳墓)의 땅으로 삼고 만주국 구성분자적 확고한 자각하에서 만주국에 대하여 충성을 다하여야 한다.[116]

이어서 그는 "우리 조선인은 어떤 태도로 동아 공영권 건설운동에 임할 것이냐"면서, "동아 공영권 건설에 우리도 적극적으로 참가하여 우리의 지위와 입장을 얻어야 한다"고 하고, "1. 생산인으로써 국가[만주국-인용자]에 공헌하자" "2. 국내치안[만주국-인용자] 확립에 적극적으로 협력할 것!" 등을 주장하였다.[117] 여기서 '생산'이란 "국방재 생활필수품으로서 쌀"을 생산한다는 것을 말하였고, '치안'이란 '비적(匪賊)토벌공작'으로 일컬어진 항일운동세력탄압을 가리켰다. 이웅길이 재만조선인의 과제 가운데 가장 우선시한 것은 '만주국 구성분자'로서 쌀을 생산하고 항일세력을 탄압하는 것이었다.

이상 살펴본 것처럼 1937년 중일전쟁 이후 국내에서 '만주국' 정책에 협력하는 자들의 글이 다수 발표되었다. 이들은 대개 '만주국'에서 조선인 생활은 안정적으로 발전할 것이라며 조선인의 만주 이민을 적극 권유하고, 조선인이 '만주국'에 구성분자로서 충성할 것을 촉구하였다. 이들이 만주 이주를 '역사적 고향으로의 귀한' 또는 '민족의 대륙 환원'이라고 표현한 것은 만주 땅에 대해 제국 신민으로서 욕망을 표출한 것이었다. 앞 절에서 보았듯이 '만주국' 정책에 비판하는 자들이 조선인의 안

116 청원웅길, 앞의 글, 627~628쪽.

117 위와 같음.

정적인 생활 보호와 다른 민족과의 평등에 입각한 자치를 제일의 과제로 삼았던 것에 비교하면 선명하게 대조되는 주장이다. '만주국'으로 이주를 종용하는 주장에는 만주 고토의식도 함께 나타났다. '만주국' 협력자들의 만주 고토의식에는 민족의 주권의식은 보이지 않고 '만주국'을 이상화할 뿐이었다. 이점은 1920년대 '만주=단군강역'론이 만주를 민족 주권의 역사적 표상으로 삼았던 것과도 극히 대조된다. 이렇듯 '만주국' 협력자들의 재만조선인에 대한 인식은 민족평등론에 입각한 자치와 생활 안정보다 '만주국' 구성분자로서의 위상을 더 우선시한 것이었다.

결론

근대 한국인의 만주 인식은 다음과 같이 여섯 시기의 질적 차이를 보이며 전개하였다. 첫 번째, '병자호란' 이후 조선 후기에는 반청숭명의 조선중화론 입장에서 '만주=고토' 의식이 대두하였다. 두 번째, 대한제국기에는 만주 이주가 본격화되고 자주독립의식도 각성되면서 간도영토론과 '만주=단군강역'론 등이 등장하였다. 세 번째, '합병' 이후 1910년대에는 망국 조선인의 만주 이주가 급증하는 가운데 일련의 '만주=단군강역'론 등이 만주의 독립운동가들 사이에 공유되었고, 국내에서는《매일신보》를 중심으로 만주식민지론이 대두하였다. 네 번째, 1920년대에는 '만주=단군강역'론과 '만주족=단군후예'론이 국내에서도 일반적으로 확산되는 가운데 만주에서 일어난 조선인 박해와 이에 대한 대응, 즉 재만조선인문제가 만주 인식의 또 하나 새로운 관심 분야를 형성하였다. 다섯 번째, '만주사변'과 '만주국' 시기에는 재만조선인의 생활 안정과 자치구 설립이 재만조선인문제를 해결하는 제일의 방안으로 인식되었고, 이 같은 관점을 가지고 '만주국' 시기에도 여러 조선인 정책에 대한 비판론이

주류를 이루었다. 여섯 번째, 1937년 중일전쟁 이후의 시기로, 조선인의 만주 이주를 부추기고 일제의 대륙진출을 찬미하는 등 '만주국'에 협력하는 인식이 나타나기 시작하였다. 다음은 이와 같은 각 단계에서의 만주 인식의 발생과 전개 양상을 요약하고, 이러한 만주 인식이 가지는 성격을 정리하고자 한다.

조선 후기 만주에 대한 관심을 촉발한 계기는 청조가 조선을 침략한 '병자호란'이었다. 이후 '북벌대의'가 조선왕조의 국가 이념으로 확립되면서, 만주 인식의 양상으로 '만주족=오랑캐[夷狄]' 의식, '만주=고토' 의식이 대두하였다. 나아가 '만주=고토' 의식은 '만주족=오랑캐' 의식과 결합하여 만주 고토 회복 의식으로까지 전개하였다.

'만주'란 문수보살이라는 뜻을 가진 호칭으로 청조의 존호였다. 그런데 조선에서 만주라는 호칭은 "만호(滿胡)" "만노(滿虜)" "청호(淸胡)" 등과 같이 오랑캐로 멸시하는 의미로 사용되었다. '만주족=오랑캐[夷狄]' 의식은 '병자호란' 이후 강화되었다. 송시열은 오랑캐[夷]를 청인(淸人)으로 실체화하고 복수를 위한 북벌을 존화양이(尊華攘夷)의 대의로 수립하였다. '신구 상소사건'처럼 북벌에 반대하는 세력은 정치적 생명을 유지할 수 없었다. 북벌대의는 만주족이나 청에 대해 그 실체를 인정하지 않고 오랑캐[夷狄]로만 보았으며, 나아가 적대감의 표적은 조선 내부로 옮겨와서 국내의 북벌 비판 세력에 대해서도 적대시하였다. 이리하여 만주는 북벌대의 통치 이데올로기 속으로 들어와서 조선의 정체성을 만들어내는 또 하나의 조선이 되었다.

효종의 승하와 남명(南明)의 멸망 이후, 북벌론이 퇴조하는 가운데 만주를 조선의 고토로 보는 학인들이 나타났다. 유형원 이후 요동 일대를 기자강역으로 보았고, 허목은 '선춘령 두만강 이북설'도 주장하였다.

이익은 단군강역의 중심을 요심(遼瀋)으로 보았고, 기자의 강역이 요서까지 미쳤다고 보았다. '만주=단군·기자강역'설은 안정복·이종휘 등에게로 전승되었고, 이 밖의 대다수 학인들도 기자조선의 강역은 요서에까지 미쳤다고 보았다. '만주=단군·기자강역' 의식은 북벌론이 퇴조하는 한편 폐사군 복치 주장이 대두하는 속에서 발전하였다. 이런 점에서 '만주=고토' 의식은 현실적 영토의식의 각성이 역사적 고토의식으로 나타난 것이었다.

'만주=고토' 의식에는 '조선=중화'라는 자존 의식이 결부되어 있었다. 이익이 요심 일대를 단군·기자의 강역으로 보는 의식의 기저에는 '조선=하(夏)'라는 자부심이 있었다. 안정복은 청(淸)이 중화를 도둑질한 도적이라고 보았으며, 조선은 소중화로서 중화의 도를 지켜 왔다고 자부하였다.

'만주=고토' 의식은 영·정조 대에 이르러 고토 회복 의식으로까지 나아갔다. 비현실적인 북벌론이 퇴조함에 따라서, 북벌론이 가지고 있던 '만주족=오랑캐[夷狄]' 의식이 '만주=고토' 의식과 결합하면서 나타난 현상이라고 생각된다. 예컨대 '만주족=오랑캐[夷狄]' 의식과 '만주=고토' 의식이 누구보다도 강하였던 이종휘는 「취요심(取遼瀋)」라는 글에서 만주를 취할 것을 적극 주장하였다. 그는 「선춘령기」에서도 백두산정계비로 인해 청석령과 선춘령을 "오랑캐의 땅[胡地]"으로 넘겨주었다고 개탄하면서, 발해 고토를 수복할 필요성을 역설하였다. 또한 박지원은 평양, 패수의 위치를 요동 지역에 비정하였고, 성해응은 「복설의(復雪議)」에서 요동은 말할 것도 없고 북경까지 취할 것을 주장하였다. 숙종 대에 주로 남인에 의해 선도되었던 '만주=고토' 의식은 정조 대에 이르면 당파에 구애되지 않고 거의 모든 지식인에게 공통적으로 나타났다.

조선 후기 '만주=고토' 의식이나 만주 고토 회복 의식은 청에게 당한 치욕을 씻기 위해 '만주족=오랑캐[夷狄]'론과 '조선=중화'론을 함께 내세우면서 만주를 조선 역사의 기원으로 여겼던 단군과 기자의 강역으로 보았던 점에 특징이 있다. 만주 고토 회복 의식에는 조선 후기 '존화양이'의 이념이 그대로 표현되었다.

'만주=고토' 의식은 18세기 말부터 두만강 너머의 분계강이 조선의 국경이어야 한다는 주장으로 이어졌다. 분계강론의 확산은 19세기 말 간도 영토 문제가 발생하는 사상적 요인이 되었다. 1860년대 말부터는 두만강 대안으로의 이주자가 크게 증가하였다. 1880년대 청국이 이들을 청국의 국적으로 편적시키려고 하자, 조선인들은 백두산정계비에 적힌 토문강은 두만강이 아니고 분계강이 조선의 국경이어야 한다며, 정부로 하여금 청국과의 감계를 통하여 국경을 바르게 정하도록 요청하였다. 간도 이주라는 현실 요구가 증대하면서 이제 분계강론은 영토 주장의 이론적 근거로 되었다. 이로 인해서 결국 1885년과 1887년 청국과 두 번의 국경선 감계 회담이 열리게 되었다.

대한제국 시기는 만주에서 러시아와 일본의 경쟁이 심화되고, 대한제국의 국권은 점차 상실해 가며, 한국인의 만주 이주가 본격화되던 때였다. 만주 인식의 양상은 정부 출범과 함께 간도영토론이 주류를 이루었고, 1908년 중반부터 간도영토론이 사라지는 대신에 '만주=단군강역'론, '만주족=단군후예'론이 나타났으며, 만주를 이주지나 상품 시장으로 보는 견해도 나타났다.

간도 일대에 대해 한국의 영토 권리를 주장한 간도영토론은 대한제국기에 본격적으로 전개되었다. 1712년 백두산 정계 이래로 조선 정부는 간도 일대를 영토로 삼은 적이 없었다. 1880년대에 있었던 청국과의 국경선 감계회담에서도 결국 조선 정부는 간도를 영토로 주장하지 않았다. 그런데 1897년 대한제국에 들어서자 백두산정계비를 근거로 조야에서 간도에 대한 영토 권리를 주장하기 시작한 것이다. 간도영토론은 한청통상조약의 교섭에 즈음해서 대한제국의 자주독립의식을 대표하는 상징처럼 되었다.

간도영토론은 조선 후기 고토의식의 하나였던 '선춘령 두만강북설'과 '분계강론'에 입각하여 전개되었다. 고려의 경계비였던 윤관비가 있는 선춘령이 두만강북 700리에 있다는 설에 기초하여, 한국은 고려의 강역을 계승했으므로 간도는 한국의 영토이어야 한다고 주장한 것이다. 분계강론이란 백두산에서 발원하여 두만강 이북을 흐르다가 온성에서 두만강과 합류한다고 상상된 분계강이 국경이어야 한다는 주장이었다. 윤관비가 두만강북에 있다는 주장은 실증적으로 확증되지 않은 지식이었고, 분계강은 상상이 만들어낸 강으로 실제로 존재하지 않은 것이었다.

간도영토론은 청조의 선조 여진족의 근거지였던 두만강 이북 일대에 대해 영토권을 주장한 것이다. 이런 점에서 간도영토론은 청국에 대해 대한제국의 독립의식이 발현한 것이었다. 그렇지만 간도영토론은 영토로 주장하는 경계선이 일정하지 않고, 송화강과 흑룡강 이동지역까지 영토로 보는 비현실적인 영토의식이었으며, '선춘령 두만강북설'이나 '분계강론'과 같이 불명확한 지리 지식에 기초했다는 점에서 취약한 영토의식이었다고 평가할 수 있다.

간도영토론은 통감부 시기에 일진회와《대한매일신보》의 두 계열로 분화되었다. 일진회는 통감부 간도파출소와 함께 간도영토론을 강력히 주장하였다.《대한매일신보》는 일진회와 통감부가 간도 소속 문제를 해결하지 않고 청국과 군사적 긴장만을 고조시킴으로써 간도 한국인의 생활을 불안하게 만들었다고 비판하였다.《대한매일신보》는 일진회와 통감부를 비판하면서 간도에 대해 청국의 주권을 승인하였다.《대한매일신보》의 이러한 태도는 일본의 간도 침략에 대한 비판인 동시에, 일본의 '창귀' 노릇하는 일진회의 간도영토론 주장에 대한 반성의 결과였다. 이것은 일제의 국권침탈 속에서도 주권회복의 현실적 기반을 획득하려는 《대한매일신보》의 분투였다.

간도의 영유권이 청국의 소유로 결정되는 것이 가시화되는 시기 즉 1908년 중반에 이르면 만주 인식의 새로운 양상이 나타났다.《대한매일신보》와《황성신문》에서는 백두산을 단군의 발상지로 보면서 단군의 강역과 도읍지 평양을 모두 만주에 비정하는 동시에 만주족을 단군의 후예로 보는 인식들이 등장한 것이다. 만주를 민족의 시조로 여기고 있던 단군의 발상지이자 도읍지·강역으로 보기 시작했으며, 이제까지 오랑캐로 여겼던 만주족에 대해서도 단군 후예로서 동족으로 보기 시작한 것이다. 만주에 대한 단군강역론과 만주족에 대한 단군후예론은 만주를 민족의 독립과 주권 회복을 역사적으로 증명해 주는 근거지로서 표상하였다. 이는 국권 상실의 상황 속에서도 대한 사람이 '신성위무'한 역사를 가진 민족으로서 '자비자굴'의 사상과 '노예열등'의 처지에 빠지지 말고 '자존자립의 주권'을 확립하기 위한 것이었다.

이와 더불어 만주는 민족의 이주지와 상품 시장이 될 것으로 기대되었다. 신채호은 만주에서 열강의 경쟁이 심해질수록 일본의 한국 지배가 강화되고, 이에 따라 한국인의 만주 이주도 늘어날 것으로 예상하였다. 그는 만주를 민족의 정치적·경제적 주권을 회복하기 위한 이주지로 인식하였다.《황성신문》은 만주를 열강이 경쟁하는 세계시장인 동시에 민족의 활로를 찾아주는 상품 시장으로도 보았다. 만주는 지리·민족·생업 등 세 가지 면에서 민족의 산업기지가 될 수 있는 이점을 가졌다고 보았다. 만주를 이주지나 상품 시장으로 보는 인식에는 만주에서 일본을 비롯한 열강과 경쟁하여 민족의 정치적·경제적 주권을 회복하겠다는 의지가 담겨 있었다.

일제강점 이후 다수의 조선인은 일제 치하의 정치·경제적 압박에 대한 불만을 품고 조선을 떠나 간도 등의 만주로 이주하였다. 간도 이주는 항상적으로 전개되어 간도의 조선인 수는 급속히 증가했고, 만주로 이주하는 조선인의 증가 속도도 비교적 빨랐다. 1909년 약 21만 명이던 재만주 조선인은 1919년에 이르면 43만여 명이 되었다. 이들의 대다수는 빈농 출신이었다.

1910년대 초에 조선 농민의 만주로의 이주 열기는 삼남 지방까지 확산되었다. 간도 등 만주로 이주한 조선 농민은 대개 소작농이나 노동자로 살아갔다. 이주민의 생활은 이주지에 도달하는 과정도 곤란했을뿐더러 이주한 후에도 빚과 세금으로 빈궁한 생활을 벗어나지 못하였다. 그럼에도 조선 농민은 특히 간도에 대해 '영생처(永生處)' '요지정토(瑤池淨土)' '낙토 이상향' 등으로 생각하며 계속 이주하였다. 항일의식을 가진 조선인은 간도를 '조선인의 자유천지'라고 생각하고 이주하였다.

한편 조선총독부 기관지《매일신보》는 간도 이주 조선인을 '생존경쟁 패배자'로 간주하였고, 간도에 대해서도 '사지(死地)' '생지옥(生地獄)' 등으로 표현하며, 이주 조선인의 귀환을 종용하며 간도 이주에 적극 반대하였다. 그러나 1914년 7월 제1차 세계대전의 발발을 즈음하여《매일신보》는 조선인의 만주 이주를 '일본 대륙 경영의 밑바탕'으로 간주하기 시작하였다. 전쟁을 계기로 일본은 만주에서 이권을 확대하기 위해 1914년 11월 11일 중국에게 '21개조 요구'를 하였고, 이로 인해 이듬해

5월 25일 중국과 '남만동몽조약'을 체결하였다. 이후부터 《매일신보》는 지면을 통해 조선인의 만주 이주를 적극 권장하였다.

'남만동몽조약' 체결 이후 《매일신보》는 만주에 대해 '조선인의 활동 목적지'라거나 '조선인의 발전 지점'으로 강조하였다. 조선인이 만주로 이주하는 것을 '고토 회복'에 비유하면서, '남만동몽조약'이 조선인의 만주로의 발전을 기약하는 복음이라고 하였다. 만주는 조선의 '발원지'라거나 '발전 지점'이라는 말은 이 시기 《매일신보》가 만주와 조선인에 관해 표현할 때 전형적으로 사용하는 언사가 되었다. 이에 더 나아가 《매일신보》는 만주와 조선이 불가분리의 관계에 있다고 주장하였다. 이는 '남만동몽조약' 이후 장차 만주를 일본의 영토로 삼으려는 속내를 드러내 보인 것이다. 만주와 조선은 하나라고 말함으로써 만주를 조선과 같이 일본의 영토로 삼으려는 침략의 속뜻을 내비친 것이었다.

1910년대 중반 이후 《매일신보》의 이런 방침에 협력한 국내 지식인이 장지연이었다. 그는 부여·기자·고구려·발해가 만주의 개척자이고 주인이라 하였고, 현재의 만주는 조선인에게 '조선인의 목숨을 구해주는 기름진 땅'이요 '생활의 복지(福地)'라면서 만주 이주를 권유하였다. 총괄하자면 장지연은 '합병' 이후의 만주를 '조선인 식민지(殖民地)'로 보았다. 그는 만주를 조선인의 이주식민지로 만드는 데 관심을 가졌다고 할 수 있다. 또한 이 시기 잡지 《반도시론》에서는 조선인의 만주 이주에 대해 만주를 조선인의 식민지로 만들기 위한 '북진'으로도 비유하였다. 이러한 견해들은 만주를 민족의 고토로 보면서 항일 독립운동의 근거지로 삼았던 독립운동가들의 만주 인식과는 차이가 있는 것이었다.

이상과 같이 《매일신보》와 장지연 등의 만주식민지론은 1915년 일본이 만몽 지역의 '특수 권익'을 획득하기 위해 중국과 체결한 '남만동몽조약'의 영향을 받은 것으로 일본의 대륙침략에 협력하는 담론이었다. 이는 만주를 조선인의 식민지로 만들자는 주장인 것으로 '합병' 전후 만주를 항일운동의 근거지로 삼으려는 독립운동을 무산시키려는 담론으로서의 역할을 하였다. 결국 만주식민지론은 조선인의 만주 이주의 목표를 경제문제의 관점에만 국한시킴으로써, 일제 치하의 경제적 궁핍과 정치적 억압에 대한 불만을 품고 만주로 이주한 조선인의 현실을 왜곡하는 담론이었다.

한말 이후 일제강점기 조선인들의 만주 고토 인식에는 커다란 변화가 나타났다. 만주를 단군조선의 발상지는 물론이고 도읍지 평양의 위치도 만주에 있는 것으로 보았으며, 강역의 경계선도 동·북·서쪽을 모두 만주에다 구체적으로 비정한 것이다. 이는 지금까지 단군강역을 대체로 한반도 안에 비정하였던 기존 견해와는 크게 차이가 있는 것이었다.

단군의 발상지·도읍지·강역의 중심 등 세 가지 모두를 만주에 비정하는 인식은 1908년 신채호의 『독사신론』에서부터 비롯되었다. 조선 후기 안정복이 '요지(遼地)'를 단군강역으로 보았고, 단군이 내려온 곳을 백두산이라고 언급했으나, 단군의 도읍지 평양은 한반도 안에 있는 것으로 보았다. 또한 박지원은 평양이 요동의 봉황성이라고 했는데, 그가 말한 평양은 기자나 고구려의 도읍지였지, 단군의 도읍지로서 언급한 것은 아니었다.

신채호에 의해 다시 새롭게 제창된 '백두산=단군발상지'론은 1910~1920년대를 거치면서 조선민족의 역사와 문명의 기원을 입증하는 역사 담론으로 확립되었다. '평양(단군도읍지)=만주'설도 역시 신채호의 선도적 주창으로 1910~1920년대 지면을 통해서 크게 확산되었고, 1930년대 이후에는 통사적 저서들 속에서 일반적 사실로서 수용되기에 이르렀다. 특히 단군의 도읍지로서 평양이 만주에 있었다는 인식은 한말 이후 일제강점기의 독특한 역사 인식이라고 할 수 있다.

1910~1920년대의 '만주=단군강역'론은 조선 후기에 비해 한층 더 분명하고 구체적이며 확대된 지리적 경계를 갖고 전개되었다. 단군의 실재를 의심하거나 부인하는 견해를 비판하기 위해서 단군조선의 실체를 증명하려는 노력의 결과였다. 1910년대 '만주=단군강역'론 속에서 만주는 조선민족의 영원한 생명과 독립을 약속해 주는 역사적 공간의 표상으로 정립되었다. 1920년대를 거치면서 '만주=단군강역'론은 그 강역의 범위가 동몽고·북경 부근·산서성에까지 확대되었다.

더욱이 이제까지 인정되고 있던 '기자조선'설도 철저히 부정함으로써 만주는 오로지 단군의 강역으로서만 확립되기에 이르렀다. 당시 조선 소중화 의식에 근거하고 있는 기자조선설을 처음으로 부정한 사람이 신채호였다. 그가 '백두산=단군발상지'론이나 '만주=단군강역'론을 주창할 수 있었던 이유는 조선 소중화사상의 극복이 결정적인 것이었다. 박은식도 조선 소중화사상을 망국의 원인으로 크게 지탄하였다. 기자조선설과 조선 소중화사상에 대한 비판은 '만주=단군강역'론이나 '만주=단군후예'론이 보여준 특징이었다. 조선 후기의 학인들이나 일제강점기 독립운동가들이 만주를 조선의 고토로 보았다는 점에서 공통적이다. 그렇지만 독립운동가들에게 만주는 중화이데올로그 기자의 성지가 아니라 민족이데올로그 단군의 성지였다는 점에서 조선 후기의 학인들과 차이가 있었다.

1910~1920년대 일련의 '만주=단군강역'론은 조선의 국토와 민족이 온통 일제의 치하로 전락된 상황에서 조선 역사의 출발점이자 민족의 요람지 및 발전 무대를 한반도가 아닌 만주에 비정하였다는 점에 특징

이 있다. 망국 조선의 지식인들은 만주를 민족의 생존과 독립의 역사를 실증하는 공간으로서 해석한 것이다. 만주에서의 단군강역이 갖는 의미는 단군조선의 실체를 객관적으로 증명해 주는 공간적 좌표의 일종이었던 것이다. 따라서 단군강역론에서 강역의 크기는 만주를 향한 영토적 욕망을 나타낸 것이라기보다는 조선민족이 유사 이래로 독립적인 영토국가를 영위하며 존재했다는 점을 증빙하는 객관성을 보여주려 한 것이었다.

아마도 '만주=단군강역'론 속에서 조선 지식인들은 자신을 단군으로 투사하고 있었는지도 모르겠다. '만주=단군강역'론에는 한반도가 아닌 만주에다 민족의 발상지와 강역 중심을 비정하였다는 점에서 조선 지식인들의 나라를 잃은 현실과 그 속에서 민족의 독립과 자유를 갈구하는 그들의 자의식이 그대로 발현되었다.

1910~1920년대를 거치면서 일제의 '토지조사사업'과 '산미증식계획'으로 궁핍화된 조선 빈농은 생로를 찾아 만주로 많이 이주하게 되었다. 조선인 빈농의 만주 이주는 조선의 정치·경제적인 억압의 필연적 산물이었다. 이미 1924년경 만주는 머지않아 '조선인 무산자의 천하'가 될 것으로 예상될 정도였다. 이제 현실의 만주에서는 단군이나 고주몽, 대조영이 아니라, '무산자'라는 일반 조선 빈농이 관심의 초점이 되기 시작하였다. 역사상 만주는 신성한 단군의 강역이었지만, 현실의 만주는 빈궁한 '무산자의 천하'가 되었다.

조선으로부터 활로를 찾아 만주로 이주해 온 조선인들이 1920년대 중후반부터 중국 관민으로부터도 박해받는 사태가 발생하였다. 이제 만주에서 "무산자화하는 피압박 인민의 장래는 조선 내지 2천만의 대중과 함께 잠시도 분리하여 생각할 수 없는 문제"가 되었다. 1925년 '미쓰야협정'이 재만조선인을 탄압하는 구실을 제공한 가운데, 1927년 봄부터 중국 측은 정책적으로 재만조선인을 구축하기 시작하였다. 1927년 3월 일본이 임강현 모아산에 영사분관을 설치하려는 사건은 곧 만주 전역에서 대대적인 반일운동을 일으켰고, 이후 조선인에 대한 배척운동은 봉천성 전역으로 확대되었으며, 9월부터는 길림성에서도 조선인 배척을 위한 훈령들이 제정되었다. 중국 관민이 재만조선인을 박해한 방법은 토지·가옥 대차의 거절, 소작료와 집세 인상, 학교 해산과 폐쇄, 퇴거 명령, 구타나 폭행 등뿐만 아니라 학살까지 자행한 경우도 많았다.

《매일신보》는 이러한 재만조선인문제가 '남만동몽조약' 제2조의 '토지상조권'이 해결되지 않았기 때문에 일어난다고 보았다. 일본의 정부나 육군, 조선총독부 등은 재만조선인의 박해 문제의 '근본적 해결'은 '토지상조권의 확립'에 있다는 방침을 고수하였다. 이들은 재만조선인의 중국 귀화를 허용하자는 의견에 반대하고 일본 국적 유지라는 방침을 고수하면서, 토지상조권 시행을 계속 주장하였다. 남만주에서 토지상조권의 해결이 난국에 봉착하자,《매일신보》는 조선인의 이주 정책을 길림 등 북만주 중심으로 변경할 것을 주장하였다. 이러한 방침은 재만조선인문제를 해결하지 않은 채, 그 모순을 더욱더 확대시키는 것이었다.

《조선일보》는 재만조선인에 대한 압박이 격심해진 사태는 중국인의 반일운동, 중국 군벌의 탄압정치, 일제의 만몽 침탈정책이 동시에 어우러져 빚어낸 결과라고 말하였다. 삼중의 압력이 가해지는 상황 속에서, 조선인이 일본의 국적을 가지고 일본의 정책을 좇아 만주로 이주하고 있기 때문에, 중국 관민으로부터 박해를 당한다고 말하였다. 그러나《조선일보》는 재만조선인이 박해받는 원인을 재만조선인이 '일제의 앞잡이'라거나 또는 '적화의 선봉자'라고 보는 것에 반대하였다. 왜냐하면 재만조선인의 대다수는 다만 빈농으로서 '시민적 안전 생활'을 찾으려 할 뿐이기 때문이었다. 대다수의 재만조선인에게는 오직 토지를 찾아 '시민적 안전 생활'과 '일정한 자치호조(自治互助)의 생활'을 유지하는 것이 기본적 과제라고 본 것이다.

1924년경에도 《조선일보》는 만주에서 조선인과 중국인의 관계가 일본과 주구 세력에 의해서 억압적이고 왜곡된 내용을 갖게 되었음을 강조하고, 조선인과 중국인의 관계가 '적(敵)'이 아니라 '친(親)'한 관계를 유지하기 위해서는 서로의 과실을 경계할 것이 요구하였다. 1927년 만주에서 배일운동이 고조되고, 중국인의 조선인 박해가 심해지는 상황 속에서, 재만조선인이 생로를 확보하는 길은 중국인과의 화친에 있다는 점을 더욱 크게 강조하였다.

《조선일보》는 재만조선인이 중국에 귀화하여 토지소유권과 자치권을 확보할 것을 주문하였다. 만주를 개척한 조선인이 중국 국적을 취득하여 '조선인의 자치와 공권'을 획득하는 것이 재만조선인문제를 해결하는 방안이라고 말하였다. 《조선일보》는 조선인의 중국 귀화에 반대하는 것은 "쇄국적이고 배타적인 민족 감정"으로서 "타파할 봉건적인 사상"이라고 하였다. 이어서 "만주에서 영구한 생존발전의 길을 열기 위하여 이주한 동포는 대거 입적"할 것을 주장하였다. 재만조선인으로 하여금 오지나 상부지 모든 지역에서 집단적으로 중국 입적을 단행하여, 중국 법령하에 "민족 평등권[民族同權]의 원칙에 의하여 하나의 시민으로서의 정치적·경제적 및 기타 일반의 법익을 확보하기를 기약하도록 노력해야 할 것이다"라고 주문하였다. 쇄국적인 배타적 민족의식을 비판하고 민족평등주의에 입각하여 중국인과 평등한 민족으로서의 권리를 확보할 것을 제창한 것이다. 이로써 이제 재만조선인 '무산자'는 만주족 또는 중국인에 대한 적대적 인식을 지양하는 역사적 임무를 담당하게 되었다.

1931년 만보산사건과 '만주사변'으로 국내 언론에서 재만조선인의 생활 안정과 자치구 설립의 필요성을 더욱더 강조하였다. 재만조선인문제가 일본과 중국의 무력 충돌로 이어져서, 재만조선인에 대한 약탈·폭행·학살 사태가 이전보다 더욱 극심하게 벌어졌기 때문이다. 민족주의 계열의 잡지《동광》에서는 재만조선인이 "개인적으로 정치상, 경제상 평등의 시민권을 가지고 중국인과 잡거하거나 그렇지 아니하면 구역을 정하여 조선인의 자치부락"을 만드는 것이 당면 과제라고 말하였다. 사회주의 계열의 잡지《비판》에서는 재만조선인이 "자유로운 민족발전과 민족평등의 원칙이 실현될 조건의 수립을 위하여 싸워야 할 것이고, 이 투쟁은 원칙상 중국 프롤레타리아트의 지도하에서 수행되어야 할 것"이라고 말하였다. 이렇듯 '만주사변'을 전후하여 국내 운동 진영에서는 재만조선인 자치권 획득의 방안에 대해 각각 다른 방략을 갖고 분기하고 있었다. 그렇지만 재만조선인의 민족 평등권을 확립하고 자치구를 설립해야 한다는 점에서는 공통적이었다. 이만큼 재만조선인이 중국인과 평등한 민족으로서 기본권을 확립하고 자치구를 설립하는 일은 재만조선인문제 해결을 위한 기본 과제로 인식되었다.

1932년 '만주국' 성립 이후에도 국내의 비판적 언론은 재만조선인의 안전한 생활과 인권보장 그리고 자치부락의 건설을 급선무 과제로 인식하였다.《동아일보》와《조선일보》는 '만주국'의 '자작농 창정' 정책, 교육의 '만주화' 정책, '민족협화' 정책 등은 재만조선인의 안정적 생활을 확보하지 못하고 있다며 비판하였다.《조선일보》의 안재홍은 재만조선인의 경제적·사회적·문화적 생활이 퇴보하고 있는 현실에서 '집단적 자작농 창정' 정책은 무의미하다고 보았다. 또한 토지 매수나 수전 개척이 아닌 생활 안정을 위한 기본조건을 해결하는 것이 근본적 과제라고 하였다. 그는 '만주국'이 "조선인에게 병존·협력의 자치적인 정치 문화의 생활을 허여 및 보장하여야 할 것이다"라며 조선인 교육의 '만주화' 정책에 대해서도 비판하였다. 재만조선인의 정치·문화생활의 자치권을 요구한 것이다. 《동아일보》도 '만주화' 교육정책에 반대하며 재만조선인에게 조선어로 교육할 것을 요구하였다. 《동아일보》와 《조선일보》는 조선인 집단이민을 추진하는 정책에 반대하였다. 아직도 재만조선인의 생활이 불안정하고 보호도 받지 못하는 상태이므로 새로 이민을 추진하는 것보다 생활 안정을 위한 정책을 먼저 실시해야 한다고 비판하였다. 이렇듯 '만주국' 시기에도 국내 언론은 재만조선인의 자치와 생활 안정을 기본적 과제로서 인식하였다.

한편 1937년 중일전쟁 이후에는 국내에서 '만주국' 정책에 협력하는 자들의 글이 다수 발표되었다. 이들은 '만주국'에서 조선인 생활이 발전할 것이라며 조선인의 만주 이민을 적극 장려하였다. 최남선은 '만주국'을 조선인의 발전지로 보고 조선인의 만주 이주를 '역사적 고향으로의 귀환'이라며 장려하였다. 이선근도 조선인의 만주 진출을 '민족의 대륙 환원'이라며 '하늘의 뜻'에 비유하고, '선조의 향토에 귀환하는 것'이라고 보았다. 이들이 만주 이주를 '역사적 고향으로의 귀한' 또는 '민족의 대륙 환원'이라고 미화한 것은 만주 땅에 대하여 제국신민으로서 욕망을 표출한 것이었다. 이들의 '만주=고토' 의식에는 민족의 자주독립의식은 보이지 않았다. 이들은 '만주국'을 이상화할 뿐이었고, 조선인에게 '만주국'에의 충성을 종용하였다. '만주국' 정책에 비판하는 자들이 조선인의 안정적인 생활 확립과 민족평등주의에 입각한 자치를 제일의 과제로 삼았던 점에 비교하면 선명하게 대조되는 주장이다. 재만조선인에 대한 인식에서 '만주국' 협력자들이 우선시한 것은 자치와 생활 안정이 아니라 '만주국 구성분자'로서의 위상이었다. 이처럼 '만주사변'과 '만주국' 시기 국내에서 재만조선인문제에 대한 인식이 분화하는 데에는 재만조선인의 생활 안정 확립과 민족평등주의에 입각한 자치구 설립이라는 문제가 핵심적인 요소로 자리 잡고 있었다.

이상과 같이 17세기 이후의 한국인은 시대의 변천 및 현실적 과제에 따라 다양하게 만주를 인식하여 왔다. 이것은 언제나 한국 사회의 내적 변화, 또 만주로 이주하는 한국인이 증가하는 상황 속에서 진행되었다. 조선 후기에는 북벌대의와 복수설치, 존화양이 등의 시대적 요구가 제기되는 가운데 '만주족=오랑캐[夷狄]' 의식과 '만주=고토' 의식, 나아가 만주 고토 회복 의식이 나타났다. 대한제국기에는 민족의식의 성장에 따라 주권독립과 국권회복을 위한 각성 속에서 간도영토론과 '만주=단군강역'론과 '만주족=단군후예'론 등이 나타났다. 일제강점 아래 1910년대에는 국권을 상실한 현실 속에서 '만주=단군강역'론과 '만주족=단군후예론'은 만주에 독립운동 근거지를 건설하려는 민족독립 운동가들의 실천을 정당화하는 이론이 되었다. 국내에서는 남만주로 진출하려는 일제의 요구에 부응하여 '만주=식민지'론도 대두하였다. 1920년대에는 민족주의가 고양되는 상황 가운데 '만주=단군강역'론과 '만주족=단군후예'론은 국내에도 일반적 인식으로 확산되었다. 이러 가운데 1920년대 중후반부터 조선의 농촌 궁핍화가 심화되고 만주로의 이주자가 급증하는 가운데 만주에서는 조선인 박해라는 문제가 발생하면서 재만조선인문제라는 것이 새로운 관심의 대상이 되었다. 이 곤란을 겪으면서 국내에서는 재만조선인이 중국에 귀화하여 중국인과 평등한 민족으로서 생활할 수 있는 권리를 확보해야 한다는 주장이 확산되었다. '만주사변' 전후와 '만주국' 시기에는 재만조선인의 안전한 생활이 기본 과제로 제기되는 가운데 재만조선인의 생활 안정을 위해서 민족평등주의에 입각한 자치구를 설립해야 한다는 주장이 제기되었다. '만주국' 정책에 대해 국내 언론이 비판과 협력으로 분화하는 데에도 재만조선인의 생활 안정과 자치 문제에 대한 태도 여하가 중심적인 요소가 되었다.

이렇듯 17세기 이래 한국인은 자신의 현실적 요구에 따라 만주를 인식하였으며, 이에 따라서 만주는 한국인의 현실적 과제를 해결하는 실천의 장이 되어 왔다. 만주 땅에 대한 인식으로 '만주=고토' 의식, 간도영토 의식, 단군강역 의식, 독립근거지 의식, 이주식민지 의식, 민족자치구 의식 등이 전개하였고, 만주의 사람에 대한 인식으로는 오랑캐[夷狄] 의식, 단군 동족 의식, 민족 평등 의식 등으로 발전하였다. 이러한 의식들은 시대에 따라 복수설치, 주권회복, 독립운동, 조선인 박해, 농민궁핍화 등의 현실적 문제를 해결하기 위한 사상적 실천이었다. 특히 민족 평등 의식이나 민족 자치구 의식은 1920년대 말 재만조선인 박해 문제를 해결하기 위해 만주라는 타자와의 상호이해를 지향함으로써 획득될 수 있었다. 만주에서 중국인에 대하여 민족평등주의를 지향하고서야 재만조선인의 생활 안정과 민족자치구 설립을 추진할 수 있었다. 조선 후기 만주를 오랑캐라는 타자로 배제하는 데서부터 시작된 만주 인식은 '만주=단군강역'론과 '만주족=단군후예'론처럼 만주를 자기와 동일시하는 과정을 거쳤고, 이제 재만조선인 박해 문제를 겪으면서 만주를 자기와 평등한 세계로 인정하기에 이르렀다. 민족평등주의에 입각한 만주 인식을 얻고야 비로소 조선인은 자신의 정치·경제적 모순의 산물인 조선인 빈농문제 즉 재만조선인문제를 해결할 수 있는 길을 열게 되었다.

요컨대 근대 한국인의 만주 인식을 통해서 살펴본 한국 근대사의 경로는 한국인이 근대 민족으로서의 자기정체성을 만들어간 길은 만주 또는 만주족이라는 타자와의 상호이해의 폭을 넓혀감으로써 비로소 개척할 수 있었다는 사실을 보여준 것이었다.

후기

책을 마감하는 마당에 필자는 이제까지 만주를 한국과는 전혀 다른 세상으로만 보아왔다는 점을 고백하고 싶다. 코흘리개 철부지 시절에는 의기에 넘쳐 '무찌르자 오랑캐'라며 노래하던 기억도 희미하게 가물거리며, 청년 시절에는 우선 분단만은 극복하자는 짧은 생각에 '북진 통일' 나아가 '만주 수복'에도 눈을 돌린 적도 있었다. 이 책은 과거의 이러한 치기 어린 태도에 대한 자기반성의 결과물이다. 물론 이런 의도가 처음부터 필자에게 있었던 것은 아니다. '만주 인식'을 논문의 주제로 삼는 데서부터 시작하여 사료를 찾아 분석하고 논문 지도와 심사를 받기에 이르는 과정을 거치면서 비로소 만주를 배타적 타자로서 바라보던 태도에서 벗어날 수 있었던 것이다. 매우 감사하고 다행스런 일이 아닐 수 없다.

이 책에서는 17세기 중반부터 20세기 중반까지 한국인의 만주 담론을 분석하였다. 한국인은 만주에 대해 무엇이라고 말하였고, 이것이 한국인에게 어떤 영향을 미쳤는지를 살펴보기 위한 것이다. 한국인에게 만주는 언제나 역사로서의 만주와 현실로서의 만주가 공존한 것이었다. 그러므로 만주에 대한 고토의식과 현실의식을 함께 검토하여, 고토의식과 현실의식 사이에 어떤 유기적 관계를 갖고 있는지 파악하려고 노력하였다. 이를 통해서 만주 고토의식은 만주에 대한 현실적 이해와 함께 맞물리면서 다양한 형태로 발전하였음을 확인할 수 있었다. 이와 동시에 만주는 한국인의 다양한 현실적 과제를 해결하는 실천의 장이 되어 왔다는 사실도 함께 확인할 수 있었다. 역사상 한국은 결코 한국 자신의 것만으로는 자신의 문제를 해결할 수 없었던 것이다. 바꿔 말하자면 한국인은 만주라는 타자를 매개로 하여 자신의 시대적 과제를 해결하면서 자기 정체성을 만들어 왔던 것이다.

돌이켜 보면, 만주를 고토 수복의 대상으로만 생각하는 태도는 만주에 있는 한국인의 처지를 더욱 곤란하게 만드는 요인이 되었다. 1920년대 후반 '재만조선인문제'가 발생한 것은 바로 그런 연유 때문이었다. '재만조선인문제'의 고난을 겪고 나서야 한국인은 만주를 자신과 평등한 세계로 인식하기 시작하였고, 비로소 만주에서의 안정된 자치주 생활을 획득할 수 있는 길로 들어서게 되었다.

이제 우리는 만주를 북벌이나 수복의 대상으로 여겨 배타적 타자로 보는 태도에서 벗어나야 한다. 한국이 자주독립의 주권을 확보하기 위해서는 만주와 평화적 공존을 도모하는 일이 필수불가결한 길이라는 것은 역사가 입증하고 있다. 더 이상 만주를 배타적 타자로 적대시함으로써 한국의 안위를 해치는 실수는 범하지 말아야 한다. 그러기 위해서는 만주에 대해 적대시하는 인식의 태도를 버리고 만주와 공존하는 상호이해적 인식의 태도로 나아가야 한다. 이래야만 개항 이래 우리 한국의 염원이었던 자주독립의 주권을 영원히 확보할 수 있을 것이라고 확신한다. 아무쪼록 한국의 영원한 자주독립과 평화 유지를 위한 북방 인식의 전환에 이 책이 조금이라도 기여하는 바가 있다면 다행이다. 나아가 만주에 대하여 한국과 중국의 상호이해를 위한 역사인식의 지평을 모색하는 데에도 도움이 되기를 기대해 본다.

이 책은 필자의 박사학위논문 『근대 한국인의 만주 인식 연구』(한양대학교대학원, 2014)를 수정·보완한 것이다. 이 책에는 부분적으로 학위논문의 내용과 관련하여 학술지에 발표한 논문들도 포함되었는데, 「대한제국기 간도영토론의 등장과 종식」(『동아시아문화연구』 54집, 2013. 08.), 「17·18세기 조선에서 '만주=고토' 의식의 출현과 전개」(『동아시아문화연구』 58집, 2014. 08.), 「1910·1920년대 조선 지식인들의 '만주=단군강역' 담론」(『한국근현대사연구』 74집, 2015. 09.), 「1910년대 조선 농민의 만주 이주와《매일신보》 등에서의 '만주식민지'론」(『한국근현대사연구』 78집, 2016. 09.) 등이 그것이다. 물론 이 논문들의 내용도 이 책의 편제에 맞게 다시 새롭게 수정하고 보완하여 수록하였다.

필자가 학위논문을 통해서 상호이해적 만주 인식을 얻기까지에는 많은 선생님들의 헌신적인 지도와 격려가 있었다. 당초 '만주 인식'이란 논문 주제를 권유해 주신 분은 지도교수이신 박찬승 선생님이시다. 처음에는 주제의 문제의식과 중요성을 제대로 인지하지 못한 탓으로 연구의 진행이 매우 지지부진하였다. 그럼에도 지속적인 관심으로 지도해주셔서 소기의 성과를 얻을 수 있게 해주신 선생님께 깊이 감사를 드린다. 논문 심사 과정에서 많은 조언을 아끼지 않으신 이석규 선생님, 하원호 선생님, 강진아 선생님, 배성준 선생님께도 깊이 감사를 드린다. 선생님들의 날카로운 지적과 따뜻한 격려가 없었다면 학위논문은 현재의 완성된 체제를 제대로 갖추지 못했을 것이다. 한양대학교 사학과 김현식 선생님과 신성곤 선생님의 관심과 격려에도 깊이 감사드린다.

그리고 한양대학교 석사 과정 시절부터 애정 어린 관심과 지도를 베풀어 주셨던 고 정창렬 선생님, 이완재 선생님, 임계순 선생님, 최문형 선생님께도 감사의 뜻을 표하지 않을 수 없다. 선생님들은 선행 연구를 통해서 학위논문의 중요한 부분에서 방향을 이끌어 주셨다. 특히 고인이 되신 정창렬 선생님의 선행 연구는 학위논문의 기본 방향을 정립하는 데 결정적인 도움이 되었다. 선생님께서 살아계신다면 이 연구에 대해 어떤 말씀을 주실지 자못 걱정부터 앞선다.

학위논문 초고의 상당 부분은 동국대학교 철학과 홍윤기 선생님이 주관하시는 관심공동체라는 학술모임의 세미나를 통해서 이루어졌다. 선생님을 비롯한 관심공동체 구성원들은 오랜 기간 필자의 초고에 대해 애정 어린 코멘트를 해주었는데, 이 자리를 빌려서 깊이 감사드린다.

우둔한 필자가 석박사 과정을 마칠 수 있었던 데는 한양대 사학과 대학원의 선후배님 동학들로부터의 도움이 절대적이었다. 뒤늦게 복학한 필자에게 따뜻한 동정과 깊은 배려를 아끼지 않으신 선후배님께 깊이 감사드린다. 선후배님들의 얼굴이 지금 이 순간도 주마등같이 지나가지만 일일이 감사의 뜻을 밝히지 못해 미안한 마음뿐이다.

끝으로 학위논문을 '한양 학술총서'로 선정해주신 한양대학교 출판부 관계자 선생님들께 감사드린다. 더구나 산만한 원고를 편집하고 교열하는 데 수고를 마다하지 않으신 한양대학교 출판부의 정준기 선생님께도 깊이 감사드린다. 한양대학교 출판부의 넉넉한 기다림과 정성스러운 노고가 없었다면 이 책은 세상에 나오지 못했을 것이다.

2018년 3월
한국과 만주의 영원한 평화를 바라며, 이명종

참고문헌

1. 1차 자료

(1) 문집

『강한집』. 『기언』. 『동사강목』. 『성호사설』. 『송자대전』. 『수산집』. 『순암선생문집』. 『연경재전집』. 『열하일기』. 『자암집』.

(2) 실록

『광해군일기』. 『인조실록』. 『숙종실록』. 『정조실록』.

(3) 신문

《대한매일신보》. 《대한민보》. 《대한신문》 필사본. 《뎨국신문》. 《독립신문》. 《동아일보》. 《매일신보》. 《조선일보》. 《황성신문》.

(4) 잡지

《동광》.《반도시론》.《비판》.《삼천리》.《신민》.《제일선》.《조광》.《혜성》.

(5) 개인 전집

『국역 석주유고』(안동독립운동기념관 편, 2008, 경인문화사).
『단재신채호전집』(단재신채호전집편찬위원회, 2007~2008, 독립기념관 한국독립운동사연구소).
『민세안재홍선집』(안재홍선집간행위원회, 1992, 지식산업사).
『백암박은식전집』(백암박은식선생전집편찬위원회, 2002, 동방미디어).
『석주유고』(고려대학교 중앙도서관 편, 1973, 고려대학교출판부).
『육당최남선전집』(아세아문제연구소 육당전집편찬위원회 편, 1973, 현암사).
『호암문일평전집』(2001, 민속원).

(6) 기타

『간도영유권관계발췌문서』(한국국회도서관 편, 1975).
『반도사화와 낙토만주』(신형철 편, 1943, 만선학해사).
『만주와 조선인』(이훈구, 1932, 평양숭실전문학교경제학연구실).
『북여요선』(김노규, 1903).
『원한국일진회역사』(이인섭, 1911, 문명사).
『태종문황제실록(太宗文皇帝實錄)』[청실록(淸實錄) 제2책, 중화서국(中華書局) 영인].

〈일본어〉
『間島事情』(東洋拓植柱式會社京城支店, 1918).
『間島龍井村地方を視察して』(中村玄濤, 1931, 大陸之日本人社).
『間島問題の回顧』(篠田治策, 1930).
『間島之現勢』(太田勝, 1935, 鮮滿事情出版社).

『更生途上に在る滿蒙の朝鮮人』(金曉星, 1934, 滿洲新民團).
『國境地方視察復命書』(조선총독부, 1915).
『國聯支那調查委員 關係書類 九』(조선총독부, 1932).
『吉林省を中心として見たる滿洲民族變遷史』(峯箕良充, 1932, 滿洲文化協會).
『圖說 滿洲地理風俗』(仲摩照久 編, 1930, 新光社).
『東亞の新勢力』(友枝英三郎 編, 1913, 朝鮮通信士).
『滿蒙問題硏究資料』(偕行社 編, 1931).
『滿鮮北支視察報告』(東京市派遣學事視察團, 1936).
『滿鮮事情』(相良長廣 編, 1936, 福德生命保險株式會社).
『滿鮮視察の全國中學校長招待會席上に於ける演述』(조선총독부, 1921).
『滿洲 -東亞共榮圈の核心·日滿ブロック それは觀念でなく現實の經濟である-』(神原周平, 1940, 東洋經濟新報社).
『滿洲共產匪の硏究』 1, 2(滿洲國軍政部顧問部 編, 1937).
『滿洲國經濟調查報告書, 滿洲大博覽會視察報告書』(경성상공회의소, 1933).
『滿洲關係資料集成』(河村淸 編, 1939, 滿洲事情案內所).
『滿洲近代變遷史論』(梁村奇智城 編, 1935, 鮮滿硏究社).
『滿洲及西比利亞地方に於ける朝鮮人事情』(조선총독부 내무국 사회과, 1927).
『滿洲問題の關鍵間島』(長野郎 著, 支那問題硏究所發行, 1931).
『滿洲事情』(日本 大藏省理財局 國庫課 編, 1902).
『滿洲事情』(山崗次郎 編, 1904).
『(教材) 滿洲事情 其の一·二』(新京市 中央警察學校校友會, 1937).
『滿洲歷史地理』(南滿洲鐵道株式會社, 1913).
『滿洲地名考』(滿洲事情案內所 編, 1939).
『滿洲·支那·朝鮮 - 新聞記者卅年回顧錄』(楢崎觀一, 1934, 大阪屋號).
『滿鐵調查資料 第47編 - 滿洲現代史』(南滿洲鐵道株式會社 庶務部調查課, 1925).
『黎明の半島と大陸』(早川已之利, 1925, 滿洲公論社出版部).
『日本外交文書』(日本外務省 編).
『日韓外交資料集成』(김정명 편, 1964, 巖南堂書店).
『日本ト滿蒙』(再訂假定版)(國際聯盟支那調查 外務省準備委員會, 1932).
『日本外交年表竝主要文書』(일본 외무성편, 1965, 原書房).
『在滿鮮人壓迫事情』(二村光三, 1928, 남만주철도주식회사).
『在滿鮮人ト支那官憲 附滿洲ニ於ケル排日運動』(조선총독부경무국, 1930).

『在滿朝鮮人の窮狀と其の解決策』(金三民, 1931, 新大陸社).
『在滿洲朝鮮關係領事官打合會議報告』(조선총독부, 1923).
『朝鮮と滿洲案內』(釋尾春芿, 1935, 朝鮮及滿洲社).
『朝鮮と滿洲を觀ろ』(高橋晃昌 編, 1932, 財界往來社).
『朝鮮と滿洲國』(小野久太郎, 1932, 朝鮮經濟日報社).
『朝鮮滿洲臺灣實狀要覽』(高橋邦周, 1924, 東洋時報社).
『朝鮮統治史料』(김정주 편, 1971, 한국사료연구소).
『駐韓日本公使館記錄』(국사편찬위원회 편, 1997).
『支那側ノ暴虐行爲』(출판사항 불명, 일본국회도서관 소장).
『統監府文書』(국사편찬원회 편, 1998).
『統監府臨時間島派出所紀要』(篠田治策 편, 1910, 통감부임시간도파출소잔무정리소).
『最近間嶋事情』(牛丸潤亮·村田懋麿 공편, 1927, 朝鮮及朝鮮人社出版).

2. 연구 논저

(1) 단행본

강만길, 1990,『신채호』, 고려대학교 출판부.
강석화, 2000,『조선후기 함경도와 북방영토의식』, 경세원.
강창석, 1995,『조선 통감부 연구』, 국학자료원.
고구려연구재단, 2004,『중국의 동북변강 연구 3 -동향분석-』, 고구려연구재단.
______, 2005,『만주 그 땅, 사람 그리고 역사』, 고구려연구재단.
고구려연구회 편, 2008,『동북공정과 한국학계의 대응논리』, 여유당.
구범진·이지영, 2010,『국역 동문휘고』, 동북아역사재단.
김경일·윤휘탁·이동진·임성모, 2004,『동아시아의 민족이산과 도시 - 20세기 전반 만주의 조선인』, 역사비평사.
김경춘, 1997,『압록·두만강 국경문제에 관한 연구』, 국민대대학원 국사학 박사학위논문.
김기봉·방영춘·권립, 1987,『일본 제국주의의 동북침략사』, 연변인민출판사.
김도형, 1994,『대한제국기의 정치사상연구』, 지식산업사.

______ 외, 2009, 『식민지 시기 재만조선인의 삶과 기억』, 선인.

김성호, 1999, 『1930년대 연변 민생단사건 연구』, 백산자료원.

김영, 2003, 『근대 만주 벼농사 발달과 이주 조선인』, 서울대대학원 박사학위논문.

김영필, 2013, 『조선족 디아스포라의 만주아리랑』, 소명출판.

김주용, 2001, 『일제의 대 간도 금융침략정책과 한인의 저항운동 연구 - 1910~1920년대를 중심으로』, 동국대대학원 사학 박사학위논문.

김태국, 2002, 『만주 지역 '조선인 민회' 연구』, 국민대대학원 국사학 박사학위논문.

김창국, 1992, 『동북항일근거지사연구』, 연변인민출판사.

김춘선, 1998, 『'북간도' 지역 한인사회의 형성 연구』, 국민대대학원 박사학위논문.

동국대학교 문화학술원 한국문학연구소 편, 2010, 『제국의 지리학, 만주라는 경계』, 동국대학교 출판부.

류시현, 2009, 『최남선 연구 - 제국의 '근대'와 식민지의 '문화'』, 역사비평사.

맹삼(孟森), 2006, 『만주개국사강의(滿洲開國史講義)』, 중화서방.

모리야마 시게노리[森山茂德] 지음, 김세민 옮김, 1994, 『근대일한관계사연구 - 조선식민지화와 국제 관계』, 현음사.

박걸순, 2004, 『식민지 시기의 역사학과 역사 인식』, 경인문화사.

박영석, 1978, 『만보산사건연구 - 일제 대륙침략정책의 일환으로서의』, 아세아문화사.

______, 1982, 『한민족독립운동사연구 -만주 지역을 중심으로』, 일조각.

박인호, 2003, 『조선시기 역사가와 역사지리인식』, 이회문화사.

박일우, 2009, 『한국근대문학의 만주 표상에 관한 연구』, 국민대대학원 국문학 박사학위논문.

박찬승, 1992, 『한국근대 정치사상사연구 - 민족주의 우파의 실력양성운동론』, 역사비평사.

______, 2007, 『민족주의의 시대 - 일제하 한국 민족주의』, 경인문화사.

______, 2010, 『민족·민족주의』, 소화.

박한용, 2013, 『일제강점기 조선 반제동맹 연구』, 고려대학교대학원 한국사학과 박사학위논문

배우성, 1998, 『조선후기 국토관과 천하관의 변화』, 일지사.

백동현, 2009, 『대한제국기 민족담론과 국가구상』, 고려대학교 민족문화연구원.

백산자료원 편, 1987, 『한민족의 대륙관계사』, 백산자료원.

백산학회 편, 1998, 『한국의 북방영토』, 백산자료원.

______, 2000, 『중국내 조선인의 생활상 논고』, 백산자료원.

______, 2000, 『간도영유권문제논고』, 백산자료원.

______, 2006, 『한·중 영토에 관한 논고』, 백산자료원.

______, 2006, 『간도영토의 관한 연구』, 백산자료원.

백준기 외, 2007,『아시아의 발칸, 만주와 서구 열강의 제국주의정책』, 동북아역사재단.
서굉일 · 동암 공편, 1993,『간도사신론』(상) · (하), 우리들의 편지사.
손춘일, 1999,『"만주국"의 재만한인에 대한 토지정책 연구』, 백산자료원.
송금영, 2004,『러시아의 동북아 진출과 한반도 정책(1860-1905)』, 국학자료원.
신용하, 2003,『증보 신채호의 사회사상 연구』, 나남출판.
______, 1982,『박은식의 사회사상연구』, 서울대출판부.
신주백, 1999,『만주 지역 한인의 민족운동사(1920~45) - 민족주의운동 및 사회주의운동 계열의 대립과 연대를 중심으로』, 아세아문화사.
아사히신문 취재반 지음, 백영서 · 김항 옮김, 2008,『동아시아를 만든 열가지 사건, 한국 일본 중국 대만이 함께 읽는 근현대사』, 창비.
앙드레 슈미드 지음, 정여울 옮김, 2007,『제국 그 사이의 한국 1895~1919』, 휴머니스트.
에드워드 사이드 지음, 박홍규 옮김, 2002,『오리엔탈리즘』, 교보문고.
오카베 마키오[岡部牧夫] 저, 최혜주 역, 2009,『만주국의 탄생과 유산』, 어문학사.
유지원 외, 2011,『이민과 개발 - 한 · 중 · 일 삼국인의 만주 이주의 역사』, 동북아역사재단.
육낙현 편, 2000,『백두산정계비와 간도영유권』, 백산자료원.
윤병석, 2003,『간도역사의 연구』, 국학자료원.
유병호, 2002,『재만한인의 국적 문제 연구 - 1881~1911』, 중앙대학교대학원 한국사박사학위논문.
윤휘탁, 1996,『일제하「만주국」연구 - 항일무장투쟁과 치안숙정공작』, 일조각.
이만열, 1990,『단재 신채호의 역사학 연구』, 문학과지성사.
이명종, 2014,『근대 한국인의 만주 인식 연구』, 한양대대학원 사학 박사학위논문.
이시바시 다카오 지음, 홍성구 옮김, 2009,『대청제국 1616~1799』, 휴머니스트.
이완재, 1999,『박규수연구』, 집문당.
______, 1998,『한국근대 초기개화사상의 연구』, 한양대학교 출판부.
이우성 · 강만길, 1976,『한국의 역사 인식』(상) · (하), 창작과비평사.
이은형 옮김, 왕승금, 2006,『중국 동북지역 이민사 - 만주국시기 일본 제국주의의 이민침략』, GCIG ECONOMIC RESEARCH INSTITUTE.
이인영, 1954,『한국만주관계사의 연구』, 을유문화사.
이종휘 저, 김영심 · 정재훈 역주, 2004,『동사』, 소명출판.
이호재, 1994,『한국인의 국제정치관 - 개항후 100년의 외교논쟁과 반성』, 법문사.
이화자, 2008,『조청국경문제연구』, 집문당.
임성모, 1998,『만주국협화회의 총력전체제 구상 연구 - '국민운동' 노선의 모색과 그 성격』,

연세대대학원 사학 박사학위논문.
인하대학교 한국학연구소 편, 2010, 『범월과 이산 - 만주로 건너간 조선인들』, 인하대학교출판부.
장진근 역주, 2008, 『만주원류고』, 파워북.
전월매, 2009, 『일제강점기 재만조선인 시에 나타난 만주 인식 연구』, 한국정신문화연구원 한국학대학원 국문학 박사학위논문.
정옥자, 1998, 『조선후기 조선중화사상연구』, 일지사.
정해림 편역, 1995, 『신채호 역사논설집』, 현대실학사.
조동걸 · 한영우 · 박찬승 엮음, 1994, 『한국의 역사가와 역사학』(상) · (하), 창작과비평사.
조인성 외, 2009, 『일제시기 만주사 · 조선사 인식』, 동북아역사재단.
중국조선족청년학회 수집 · 정리, 1992, 『중국조선족 이민실록』, 연변인민출판사.
최덕규, 2008, 『제정러시아의 한반도 정책, 1891~1907』, 경인문화사.
최문형, 2001, 『한국을 둘러싼 제국주의 열강의 각축』, 지식산업사.
______, 2013, 『일본의 만주 침략과 태평양전쟁으로 가는 길 -만주와 중국 대륙을 둘러싼 열강의 각축』, 지식산업사.
최삼룡 · 허경진 편, 2010, 『만주 기행문』, 보고사.
최장근, 1998, 『한중국경문제연구』, 백산자료원.
최홍일, 2006, 『1930년대 만주 지역 한인공산주의자들의 항일무장투쟁에 관한 연구』, 숭실대대학원 사학 박사학위논문.
친일인명사전편찬위원회, 2009, 『친일인명사전』, 민족문제연구소.
프래신짓트 두아라 저, 한석정 역, 2008, 『주권과 순수성 - 만주국과 동아시아적 근대』, 나남.
한국사연구회 편, 1985, 『한국사학사의 연구』, 을유문화사.
한석정, 2007, 『만주국 건국의 재해석 - 괴뢰국의 국가효과 1932~1936』(개정판), 동아대출판부.
한석정 · 노기식 편, 2008, 『만주, 동아시아 융합의 공간』, 소명출판.
한석정 외, 2009, 『근대 만주 자료의 탐색』, 동북아역사재단.
한영우, 1973, 『정도전사상의 연구』, 서울대학출판부.
한영우, 1989, 『조선후기사학사연구』, 일지사.
한영우, 1994, 『한국민족주의역사학』, 일조각.
허태용, 2009, 『조선후기 중화론과 역사 인식』, 아카넷.
현광호, 2009, 『한국 근대 사상가의 동아시아 인식』, 선인.
현규환, 1967, 『한국유이민사』, 어문각.

황민호, 2005, 『일제하 만주 지역 한인사회의 동향과 민족운동』, 신서원.

〈일본어〉

姜在彦, 1993, 『滿洲の朝鮮人パルチザン – 1930年代の東滿·南滿を中心として』, 青木書店.

稻葉博士還曆紀念會, 1938, 『稻葉博士還曆紀念 滿鮮史論叢』, 朝鮮印刷株式會社.

稻葉岩吉, 1935, 『增訂 滿洲發達史』, 日本評論社.

鈴木隆史, 1992, 『日本帝國主義と滿州 1900~1945』(上)·(下), 塙書房.

滿州移民史研究會, 1976, 『日本帝國主義下の滿州移民』, 龍溪書舍.

山崎摠與, 1937, 『滿洲國地名大辭典』, 日本書房.

矢野仁一, 1941, 『滿洲近代史』, 弘文堂.

歷史學研究會 編, 1936, 『滿洲史研究』, 四海書房.

田中隆一, 2007, 『滿洲國と日本の帝國支配』, 有志舍.

中見立夫 外, 2004, 『滿洲とは何だったのか』, 藤原書店.

淺田喬二, 1978, 『日本帝國主義下の民族革命運動 – 臺灣·朝鮮·'滿洲'における抗日農民運動の展開過程』, 未來社.

(2) 논문

강석화, 2007, 「19세기 북방 강역에 대한 인식」, 《역사와 경계》 65, 부산경남사학회.

강진아, 2012, 「만주사변 전후 재한화교 문제의 양상 – 조선총독부 외사과와 재한중국영사관 간 왕복문서를 중심으로」, 《동양사학연구》 12, 동양사학회.

______, 2013, 「조선총독부의 화교 노동자 입국 관리와 중국 언론」, 《중국근현대사연구》 59, 한국중국근현대사학회.

강해수, 2006, 「최남선의 '만몽'인식과 제국의 욕망」, 《역사비평》 76, 역사문제연구소.

계승범, 2009, 「조선후기 중화론의 이면과 그 유산」, 《한국사학사학보》19, 한국사학사학회.

고바야시 레이코, 2011, 「만보산 사건과 『리턴 보고서』 – 재만조선인에 관한 조사 결과를 중심으로」, 《만주연구》 11, 만주학회.

고승희, 2009, 「1880년대 조·청감계협상과 국경문제 인식」, 구범진 외, 『근대변경의 형성과 변경민의 삶』, 동북아역사재단.

______, 2009, 「근대 한중관계사의 연구경향과 쟁점 분석」, 『한중일 학계의 한중관계사 연구와 쟁점』, 동북아역사재단.

권립·김성호, 2002,「연변지역 조선민족 항일혁명투쟁의 특수성 연구 1 - 연변지역사회의 특수성과 조선인문제를 중심으로」,《국사관논총》100, 국사편찬위원회.

김기훈, 1996,「근대 중국동북(만주)사 연구의 동향」,《백산학보》47, 백산학회.

______, 1998,「일제의 조선인 만주 이주정책 논쟁, 1932~1934」,《한국민족운동사연구》20, 한국민족운동사연구회.

______, 2001,「'만주국'사 연구의 국제적 동향」,《중국사연구》16, 중국사학회.

______, 2011,「만주국 시기 조선인 이민담론의 시론적 고찰 - 조선일보 사설을 중심으로」,《동북아역사논총》31, 동북아역사재단.

김도형, 2008,「한말·일제하 한국인의 만주 인식」,《동방학지》144, 연세대학교 국학연구원.

김문식, 1993,「성해응의 경학관과 대중국 인식」,《한국학보》70, 일지사.

______, 2009,「조선후기 지식인의 대외인식」,『중국 없는 중화』, 인하대학교출판부.

김원석, 1992,「중국 조선족의 遷入史에 대한 연구」,《동아연구》25, 서강대학교 동아연구소.

김재용, 2006,「일제말 한국인의 만주 인식 - 만주 및 '만주국'을 재현한 한국 문학을 중심으로」,《북방사논총》12, 고구려연구재단.

김정배, 2003,「고조선 연구의 현황과 과제」,《단군학연구》9, 단군학회.

______, 2005,「'만주국'에서 일제의 식민지배 논리」,《한국근현대사연구》35, 한국근현대사학회.

김창규, 2006,「일본의 중국 침략과 중국 자유주의 지식인의 '만주' 인식, 1931~1937 -『獨立評論』을 중심으로」,《중국근현대사연구》32, 한국중국근현대사학회.

______, 2007,「부사년(傅斯年)의 민족문제 이해와 '동북' 인식」,《역사학보》193, 역사학회.

김철성, 1997,「중화인민공화국 수립전 중국 조선족의 민족자치 운동」,《지역과 역사》4, 부경역사연구소.

노태돈, 1988,「고조선 연구의 현황과 과제」,『한국상고사』, 민음사.

다나카 류이치[田中隆一], 2004,「일제의 '만주국 통치'와 '재만한인'문제 - '오족협화'와 '내선일체'의 상극」,《만주연구》1, 만주학회.

류시현, 2007,「한말 일제 초 한반도에 관한 지리적 인식 - '반도' 논의를 중심으로」,《한국사연구》137, 한국사연구회.

______, 2009,「중일전쟁 직후 식민지 조선인의 만주와 중국에 관한 인식 - 최남선의 기행문을 중심으로」,『동아시아의 지식교류와 역사기억』, 동북아역사재단.

민경준, 2009,「〈만주국〉 조선인의 '황국신민'관 - 1930년대 후반을 중심으로」,《역사와 경계》72, 부산경남사학회.

박걸순, 2004,「일제강점기 망명 인사의 고구려·발해인식」,《한국독립운동사연구》23, 한국독립운동사연구소.
박금해, 2005,「만주사변 후 일제의 재만조선인 교육정책 연구」,《동방학지》130, 연세대학교 국학연구원.
박민영, 2005,「장지연의 북방강역 인식」,《한국독립운동사연구》25, 한국독립운동사연구소.
박성진, 2009,「만주국 조선인 고등 관료의 형성과 정체성」,《동양정치사상사》8-1, 동양정치사상사학회.
박영석, 1984,「중국동북(만주)지구 한민족독립운동사 연구의 새로운 시각」,《사학연구》38, 한국사학회.
박창욱, 1991,「조선족의 중국이주사 연구」,《역사비평》17, 역사문제연구소.
박찬승, 2013,「백두산의 '민족 영산'으로의 표상화」,《동아시아문화연구》55, 한양대학교 동아시아문화연구소.
박찬홍, 2007,「만선사관에서의 한국고대사 인식 연구」,《한국사학보》29, 고려사학회.
배성준, 2005,「중국의 '간도문제' 연구동향」,『중국의 민족·변강문제 연구동향』, 고구려연구재단.
______, 2005,「간도협약이 무효면 간도는 우리 땅인가」,『만주 그 땅, 사람 그리고 역사』, 고구려역사재단.
______, 2008,「한·중 간도문제 인식과 갈등구조」,《동양학》43, 단국대동양학연구소.
배우성, 2005,「홍양호의 지리인식 - 조선후기 만주 지리지식과의 관련성을 중심으로」,《진단학보》100, 진단학회.
______, 2007,「18세기 청의 지리지·지도와 백두산의 수계」,《역사와 경계》65, 부산경남사학회.
배주영, 2003,「1930년대 만주를 통해 본 식민지 조선인의 욕망과 정체성」,《한국학보》112, 일지사.
백영서, 1997,「대한제국기 한국언론의 중국 인식」,《역사학보》153, 역사학회.
______, 2008,「동아시아론과 근대적응·근대극복의 이중과제」,《창작과 비평》139, 창비.
서영수, 1988,「고조선의 위치와 강역」,『한국사시민강좌』2, 일조각.
서영인, 2007,「일제말기 만주담론과 만주기행」,《한민족문화연구》23, 한민족문화학회.
석화정, 1999.9,「러시아의 한반도 중립화정책 - 위떼의 대(對)만주정책과 관련하여」,《중소연구》83, 한양대학교 아태지역연구소.
손승회, 2004,「만주사변 전야 만주한인의 국적 문제와 중국·일본의 대응」,《중국사연구》31, 중국사학회.
______, 2006,「청말 송교인의 만주 인식」,《북방사논총》12, 고구려연구재단.

______, 2007, 「만보산사건과 중국의 언론」, 《역사문화연구》28, 한국외국어대학교 역사문화연구소.

______, 2009, 「1931년 식민지조선의 배화폭동과 화교」, 《중국근현대사연구》41, 한국중국근현대사학회.

손춘일, 1997, 「만주국성립후 토지상조권 문제와 재만한인에 대한 토지정책(1932~1937)」, 《아시아문화》13, 한림대학교 아시아문화연구소.

______, 1999, 「'만주국'에서 일제의 對 조선인 신규입식정책과 조선인 개척민의 입식실태 – 중일전쟁시기를 중심으로」, 《한국민족운동사연구》21, 한국민족운동사연구회.

______, 2001, 「만주사변 전후 재만조선인 문제와 그들의 곤경」, 《정신문화연구》83, 한국정신문화연구원.

송인재, 1974, 「한 · 만을 중심한 열강간의 관계(1895-1906)」, 《연구논문집》7, 성신인문과학연구소.

신규섭, 2003, 「'만주국'의 치외법권 철폐와 재만조선인에 대한 인식」, 《대동문화연구》43, 성균관대학교 대동문화연구원.

______, 2003, 「재만조선인의 '만주국'관 및 '일본제국'상」, 《한국민족운동사연구》36, 한국민족운동사학회.

______, 2004, 「'만주국'의 협화회와 재만조선인」, 《만주연구》1, 만주학회.

______, 2004, 「1920년대 후반 일제의 재만조선인 정책 – '선만일체화'의 좌절과 '삼시협정'」, 《한국근현대사연구》29, 한국근현대사학회.

______, 2006, 「재만 친일 조선인의 만주(국) 인식」, 《북방사논총》12, 고구려연구재단.

신기석, 1984, 「한국을 둘러 싼 일 · 로의 각축(1894~1903), 심촌추헌수교수회갑기념논문집 간행위원회, 『한 · 중 정치의 전통과 전개』, 대왕사.

신주백, 1994, 「1935~38년 시기 재만한인 민족운동의 새로운 모색, 동남만 지역을 중심으로」, 《한국사연구》84, 한국사연구회.

오강원, 1997, 「고조선 위치비정에 관한 연구사적 검토」, 《백산학보》48, 백산학회.

오병수, 2006, 「중국 국민사학의 인종 · 강역 문제 – 양계초 · 장병린의 만주 인식을 중심으로」, 《동북아역사논총》14, 동북아역사재단.

유병호, 1991, 「일제의 조선인이민정책에 대한 연구 – 만주 지역을 중심으로」, 《한국학연구》1, 숙명여자대학교 한국학연구소.

유선영, 2012, 「'동아' 트라우마, 제국의 지정학적 공간과 '이등신민'의 정치학」, 《사회와 역사》94, 한국사회사학회.

유수정, 2011, 「식민지 조선이 재현하는 '만주' – 김동인의 「붉은 산」과 1920년대 신문기사의

'만주' 담론-」, 『근대 동아시아 담론의 역설과 굴절』, 소명출판.
육건의, 1985.9, 「만주명칭 급 획분(划分) 동·서·남·북만적 유래」, 《동북지방사연구》1985년 제3기, 요녕(遼宁)사회과학원.
윤휘탁, 2000, 「'만주국'의 '민족협화' 운동과 조선인」, 《한국민족운동사연구 26 - 한국 항일 민족운동과 중국》, 한국민족운동사학회.
______, 2001, 「만주국의 2등국(공)민 - 그 실상과 허상」, 《역사학보》169, 역사학회.
______, 2001, 「'만주국' 농촌의 사회상 - '복합민족구성체'의 시각에서 본 식민지 농촌의 단상-」, 《한국민족운동사연구 27 - 한국민족운동사연구의 역사적 과제》, 한국민족운동사학회.
______, 2004, 「중국학계의 영토·민족·국가 인식 - '통일적 다민족국가론'과 그 한계」, 『한국사론 40 - 중국의 동북공정논리와 그 한계』, 국사편찬위원회.
______, 2005, 「침략과 저항의 사이에서 - 일·중 갈등의 틈바귀에 낀 재만조선인」, 《한국사학보》19, 고려사학회
______, 2010, 「근대 조선인의 만주농촌체험과 민족인식 - 조선족의 이민체험 구술사를 중심으로」, 《한국민족운동사연구》64, 한국민족운동사학회.
______, 2011, 「'뿌리 뽑힌 자들의 방랑지!' - 조선인에게 비쳐진 만주국 사회상」, 《한국민족운동사연구》 66, 한국민족운동사학회.
은정태, 2005, 「1899년 한·청통상조약 체결과 대한제국」, 《역사학보》186, 역사학회.
______, 2007, 「대한제국기 '간도문제'의 추이와 '식민화'」, 《역사문제연구》17, 역사문제연구소.
이규수, 2006, 「일본의 간도영유권에 대한 인식과 통감부 임시파출소」, 《담론21》22, 담론사.
이노우에 나오키[井上直樹], 2004, 「근대 일본의 고구려사 연구 - '만선사'·'만주사'와 관련해서」, 《고구려연구》18, 고구려연구회.
이동환, 1983, 「북여요선 국역(探界公文攷)」, 《영토문제연구》1, 민족문화연구원.
이명종, 2013, 「대한제국기 간도영토론의 등장과 종식」, 《동아시아문화연구》54, 한양대학교 동아시아문화연구소.
이선근, 1962, 「백두산과 간도문제 - 회상되는 우리 강역의 역사적 수난」, 《역사학보》17·18 합집, 역사학회
이성환, 2006, 「간도문제 연구의 회고와 전망」, 《백산학보》76, 백산학회.
______, 2007, 「통감부 시기 대한제국의 간도문제 인식」, 《역사문제연구》17, 역사문제연구소.
______, 2009, 「일본의 대륙정책에서 본 간도 - 러일전쟁 후부터 제1차 세계대전까지를 중심으로」, 《동북아역사논총》25, 동북아역사재단.
이종석, 2010, 「1960년대 북한 - 중국 간 백두산 국경 확정 과정」, 김정배·이서행 외, 『백두산

- 현재와 미래를 말한다』, 한국학중앙연구원출판부.

임계순, 1998,「백두산정계비와 조청간의 을유·정해 국경회담」,『한국의 북방영토』, 백산자료원.

임성모, 2001,「일본 제국주의와 만주국 - 지배와 저항의 틈새」,《한국민족운동사연구 27 - 한국민족운동사연구의 역사적 과제》, 한국민족운동사학회.

______, 2006,「근대 일본의 만주 인식 - 제국의식의 정치·문화적 자장」,《북방사논총》12, 고구려연구재단.

임유경, 2002,「황경원의「명배신전」연구」,《한국고전연구》8, 한국고전연구학회.

장세윤, 2005,「중국의 조선족 현황과 전망 연구 동향 - 1990년대 이후를 중심으로」,『중국의 민족·변강문제 연구동향』, 고구려연구재단.

장원석, 2010,「민족의 상징, 백두산의 탄생」,『백두산 - 현재와 미래를 말한다』, 한국학중학연구원출판부.

전해종, 1990,「동북(만주)사에 대한 중국에서의 연구」,『학술원논문집 -인문사회과학편)』29, 대한민국학술원.

______, 1993,「한족(韓族)의 만주(특히 간도)이주에 대하여 - 19세기 중기까지의 약사와 연구의 문제점」,《동아연구》26, 서강대학교 동아연구소.

정안기, 2011,「만주국기 조선인의 만주 이민과 만주척식(주)」,《동북아역사논총》31, 동북아역사재단.

정종현, 2005,「근대문학에 나타난 "만주" 표상 - '만주국' 건국 이후의 소설을 중심으로」,《한국문학연구》28, 동국대학교 한국문학연구소.

정창렬, 1985,「한말의 역사 인식」, 한국사연구회 편,『한국사학사의 연구』, 을유문화사.

______, 2005,「러일전쟁의 한일관계 - 일본·한국 정부·한국민중의 관계」,『한일관계사연구논집 7 - 일본의 한국침략과 주권침탈』, 경인문화사.

______, 2006,「실학의 세계관과 역사의식」, 연세대학교 국학연구원 편,『한국실학사상연구 1 - 철학·역사학편』, 혜안.

조광, 1974,「조선후기의 변경의식」,《백산학보》16, 백산학회.

조명철, 1998,「의화단사건과 일본의 외교전략 - 만주 문제와 한국 문제를 중심으로」,《일본역사연구》8, 일본사학회.

조법종, 2009,「한국 고중세 백두산신앙과 만주명칭의 기원」,《한국사연구》147, 한국사연구회.

조영록, 1996,「조선의 소중화관」,《역사학보》149, 역사학회.

조춘호, 2010,「'9.18'사변 후, 중국 동북지역 한인자치운동과 중국 공산당 대응 -민생단자치와 국민부자치를 중심으로-」,《한국학논총》33, 국민대학교 한국학연구소.

지수걸, 1995, 「1930년대 초반의 조선민족주의와 마르크스레닌주의 - 만주(동포)문제에 대한 인식을 중심으로」, 《인문과학연구》1, 동덕여자대학교 인문과학연구소.

최덕규, 2005, 「러일전쟁과 러일협상(1905-1910) - 러일전쟁 이후 러시아의 동아시아정책을 중심으로」, 《아시아문화》21, 한림대학교 아시아문화연구소.

______, 2008, 「제국주의 열강의 만주정책과 간도협약(1905-1910), 《역사문화연구》31, 한국외국어대학교 역사문화연구소.

최병도, 2006, 「만주동포문제협의회의 결성 및 해체에 관한 연구 - 1930년대 초 국내 민족진영의 동향과 관련하여」, 《한국근현대사연구》39, 한국근현대사학회.

최봉룡, 2003, 「만주국의 종교 정책과 재만조선인의 종교 활동」, 《민족과문화》12, 한양대학교 민족학연구소.

______, 2011, 「만주국의 국적법을 둘러싼 딜레마 - 조선인의 '이중국적' 문제」, 《한국민족운동사연구》69, 한국민족운동사학회.

최혜주, 2004, 「한말의 고구려·발해인식」, 《한국독립운동사연구》23, 한국독립운동사연구소.

______, 2010, 「잡지 『조선급만주』에 나타난 조선통치론과 만주 인식 - 1910년대 기사를 중심으로」, 《한국민족운동사연구》62, 한국민족운동사학회.

추헌수, 1969, 「1920년대 재만한인에 대한 중·일의 정책」, 『삼일운동 50주년기념논집』, 동아일보사.

하원호, 1991, 「1930년대 사회주의자들의 농업·농민론」, 『일제말 조선사회와 민족해방운동』, 한국근현대사회연구회.

______, 2006, 「개화기 조선의 간도인식과 정책의 변화」, 《동북아역사논총》14, 동북아역사재단.

______, 2008, 「동아시아의 세계체제 편입과 한국사회의 변동」, 《중앙사론》27, 중앙사학연구소.

한석정, 1997, 「만주국의 민족형성과 외래 거류민의 사회적 위치에 관한 연구 - 조선인과 일본인의 경우」, 《한국사회학》31, 한국사회학회.

______, 2001, 「만주국의 주권에 관한 연구」, 《한국민족운동사연구》28, 한국민족운동사학회.

______, 2003, 「만주국과 조선과의 관계」, 《아시아문화》19, 한림대학교 아시아문화연구소.

______, 2011, 「만주국 시기 조선인의 사회적 지위」, 《동북아역사논총》31, 동북아역사재단.

한철호, 2003, 「근대 한중 국경조약과 국경문제의 연구현황과 과제」, 국사편찬위원회·한국사학회 편, 『한중관계사연구의 성과와 과제』.

한홍구, 2001, 「만주의 한국민족해방운동과 중국공산당 - 민생단사건을 중심으로」, 《한국민족운동사연구 27 - 한국민족운동사연구의 역사적 과제》, 한국민족운동사학회.

현은주, 1999, 「1930년대 만주 이민에 대하여 - 영구(營口) 안전농촌 건설을 중심으로」, 《백산학보》53, 백산학회.

홍종필, 1995, 「'만주사변' 이후 조선총독부가 간도 지방에 건설한 조선인 집단부락에 대하여」, 《명지사론》7, 명지사학회.

황민호, 1994, 「1930년 재만한인사회주의자들과 중국공산당의 합동에 관한 연구」, 《역사학보》141, 역사학회.

______, 1995, 「1920년 후반 재만한인에 대한 중국 당국의 정책과 한인사회의 대응」, 《한국사연구》90, 한국사연구회.

______, 2006, 「재만 한인의 합법적 자치운동의 전개와 '자치'에 대한 국내 언론의 인식」, 《한국민족운동사연구》47, 한국민족운동사학회.

______, 2006, 「만주 지역 친일언론 '재만조선인통신'의 발행과 사상통제의 경향」, 《한일민족문제연구》 10, 한일민족문제학회.

〈일본어〉

姜在彦, 1984, 「朝鮮獨立運動の根據地問題 - 1910年前後における二つの思想的對應」, 《朝鮮民族運動史硏究》1, 朝鮮民族運動史硏究會.

廣岡淨進, 2003, 「在滿朝鮮人の'皇國臣民'言說 - 總力戰下の滿洲國協和會を中心に」, 《朝鮮史硏究會論文集》41, 朝鮮史硏究會.

文純實, 2002, 「白頭山定界碑と十八世紀朝鮮の疆域觀」, 《朝鮮史硏究會論文集》40, 朝鮮史硏究會.

梶村秀樹, 1967, 「1930年代滿州における抗日闘爭に對する日本帝國主義の諸策動 - '在滿朝鮮人問題'と關連して」, 《日本史硏究》94, 日本史硏究會.

박인철, 2009, 「1930-1940年代における朝鮮人の「滿洲」への移住に關する硏究 - 全羅北道地域を事例として」, 《한일민족문제연구》17, 한일민족문제학회.

松村高夫, 1970, 「日本帝國主義下における'滿洲'への朝鮮人移動について」, 《三田學會雜誌》63-6, 三田學會.

水野直樹, 2001, 「國籍をめぐる東アジア關係 - 植民地期朝鮮人國籍問題の位相」, 『近代日本における東アジア問題』, 吉川弘文館.

市村瓚次郎, 1909.10, 「淸朝國號考」, 『東洋協會調査部學術報告』 第1冊, 東洋文庫.

佐佐充昭, 2003, 「植民地朝鮮における檀君教の沿革と活動」, 《朝鮮史硏究會論文集》41, 朝鮮史硏究會.

千葉 功, 1996,「滿韓不可分論=滿韓交換論の形成と多角的同盟·協商網の摸索」,《史學雜誌》105-7, 史學會.

秋月望, 2002,「朝淸境界問題にみられる朝鮮の'領域觀' - '勘界會談'後から日露戰爭期まで」,『朝鮮史研究會論文集』40, 朝鮮史研究會.

許春花, 2004,「滿洲事變以前の間島における朝鮮人の國籍問題」,『朝鮮史研究會論文集』42, 朝鮮史研究會.

홍종필, 2000,「在滿朝鮮人移民に對する中國官憲の壓迫問題 - 1920年代後半における在滿朝鮮人移民の抗日運動理解のために」,『명지사론』11·12합집, 명지사학회.

찾아보기

ㅇ

이명종 한양대학교 사학과를 졸업하고 같은 대학원에서 석사와 박사학위를 받았다. 현재 강릉원주대학교 인문학연구소의 연구교수로 재직 중이며, 한양대학교 등에서 한국 근현대사를 강의하고 있다. 주요 논문으로 「일제 말기 조선인 징병을 위한 기류제도의 시행 및 호적조사」(2007, 《사회와 역사》 74집), 「대한제국기 간도영토론의 등장과 종식」(2013, 《동아시아문화연구》 54집), 「17·18세기 조선에서 '만주=고토' 의식의 출현과 전개」(2014, 《동아시아문화연구》 58집), 「1910·1920년대 조선 지식인들의 '만주=단군강역' 담론」(2015, 《한국근현대사연구》 74집), 「1910년대 조선 농민의 만주 이주와 《매일신보》 등에서의 '만주식민지'론」(2016, 《한국근현대사연구》 78집)이 있고, 번역서로 『새로운 현대 역사학의 명저들』(2016, 한양대학교출판부)이 있다.

한양학술총서 007

근대 한국인의 만주 인식

펴낸날 2018년 4월 30일 초판 1쇄

지은이 이명종 ● **펴낸이** 이영무

펴낸곳 한양대학교출판부 ● **출판등록** 제4-7호(1972.2.29)

주소 서울 성동구 왕십리로 222 ● **전화** 02.2220.1432-4 ● **팩스** 02.2220.1435

홈페이지 press.hanyang.ac.kr ● **이메일** presshy@hanyang.ac.kr

디자인·편집 정준기 ● **인쇄** 현문

ISBN 978.89.7218.577.2 (94910)

978.89.7218.470.6 (세트)